日本の暮らしと信仰365日

著 渋谷申博
shibuya nobuhiro

JN057795

GB

1年のどの日もみな特別な日であり
どの行事、出来事にも、
祈りや願いが込められている

藤原氏の全盛期に摂政・太政大臣を務め、
娘3人を3代の天皇の中宮とし、朝廷の実権を握って
「この世をばわが世とぞ思う」繁栄を成し遂げた藤原道長（966〜1027）は、
26年以上にわたって詳細な日記を書き記していた。
これを通称『御堂関白記』という。驚くべきことに、道長の直筆原本が残っており、
世界最古の直筆日記としてユネスコの世界記憶遺産に登録されている。

平安中期のことであるから、当然のことながら日記帳などはない。
それゆえ、道長はあるものを利用して日記を書き続けていた。
そのあるものとは、「暦」であった。
暦を使ったのは、日付が入っているから
日記として使うのに便利だったということ以上に、深い意味があった。

近世頃まで日記は個人的な心の問題（悩みとか恋情など）を書くものではなかった。
その日の行事の次第、特別な出来事の顛末、事件の詳細などを記録し、
後に似たようなことが起こった際に参照できるようにするものであった。
そして、それは次世代に引き継がれることを前提としていた。
実際、『御堂関白記』にはいくつかの写本が残されており、
年中行事の参考書とされてきたことがうかがえる。

ありがたいことに近年現代語訳も刊行されたので、
私のような者も平安貴族のしきたりを垣間見ることができるようになった。
たとえば、寛弘7年（1010）10月14日は「弓場始め」
（天皇が弓の競技を御覧になる儀式）を行なう日であったが、
雨なら延期してもよかったことが、この書によってわかる。

前置きが長くなってしまったが、古来日本人はその日その日をどう過ごし、
何を行なうべきかを考えながら生きてきた。
田の神を祀るのはいつか、子どもの成長祝いの日取りはどうすべきか、
何の日になったら小豆餅が食べられるのか、などなど。
そこには、どう生きていけば幸せに近づけるか、
皆が仲良く暮らせるかといったことへの知恵や願い、祈りが込められている。

中には時代とともに変化し、目的が変わってしまった行事、
失われてしまった行事もある。しかし、それはそれで意味がある。
時代時代で求められるものが違うからだ。変わっていくこと、
失われたことを思うのも、未来を考える参考になる。

さて、本書は1年365日それぞれの日の行事や出来事などの
歴史や背景を解説したものである。
全体を通して日本人の信仰のありかたを浮き上がらせようとしたものであるが、
どのような読み方をされてもけっこうだ。
毎日該当の日を読んでいただいてもいいし、興味ある日を読んでいっても、
任意のページを拾い読みしてもよい。
キーワード索引をつけたので、辞書的にも使えると思う。

ただ、注意していただきたいのは、旧暦を使っていた時代のことも、
新暦に換算せずに掲載していることだ。
旧暦は新暦より1カ月前後遅いので季節感に違いがある。

わかりにくいところもあるかもしれないが、続けて読んでいただければ、
かつての日本人の季節や暦についての考え方が自ずとわかってくることと思う。

それでは、みなさん、よい1年を。

渋谷申博

本書の見方

古くから伝わる行事や風習の中には、日本の文化や歴史が刻み込まれています。1月1日から12月31日までの365日に、どんな習わしがあり、どんな出来事があったのか。それらを知ることで、教科書を読んだり、歴史を学んだりするだけではわからない、日本人の暮らしや信仰の軌跡が見えてきます。

本書では、各ページで取り上げる365日の各日にまつわるものごとの中で、メインで取り上げる項目を「衣」「食」「住」「祭事」「歳時」「人生」「歴史」「文芸」の8つに分類し、解説しています。

［衣］ ……… 着物について など

［食］ ……… 食事について など

［住］ ……… 住居・建物について など

［祭事］ ……… 社寺や国家の祭・行事 など

［歳事］ ……… 季節の話題、二十四節気・七十二候 など

［人生］ ……… 人生儀礼、家庭内行事 など

［歴史］ ……… 歴史上のできごと・人物 など

［文芸］ ……… 文学、学問、芸術、芸能 など

また、各ページ右上の「KEYWORD」で、各日付の解説の中でも特に注目すべき用語を表示し、各ページ最下段の「用語解説」では、本文中で取り上げた人物や物事、行事ほかの補足解説をしています。

目次
CONTENTS

1月1日

若水 | わかみず

 ［食］

若水は元日の朝に汲む水のことで、年神に捧げたり雑煮の調理に使ったりして、1年間の健康を願う。この習俗の背景には、正月には生命力が更新されるという信仰がある。古くは宮中でも定められた作法として若水を汲む儀礼が行なわれていた。

鏡餅。正月に神棚や床の間などに据えられる

元日の朝に汲む水のことを若水という。本来は立春（2月4日参照）の朝に汲むものをいったが、平安後期頃より元日の朝の水を指すようになった。

若水はどこの水でもよいというわけではなく、清浄な水が湧く井戸や泉から汲むものとされていた。水道が普及してからも若水だけは昔からの場所で汲むということが多かった。また、特定の場所ではなく、恵方[*1]の井戸・泉から汲むという地域もある。

宮中にも古くから若水の習慣があった。あらかじめ吉方の井戸から適当なものを選んでお清めをしておき、立春または元日の早朝に水を汲んで天皇に献じた。天皇が若水を口にされる際には寿命が長久であることを祈る呪文が唱えられたともいう。なお、若水に使われた井戸は用が済むと廃し、二度と用いない定めであった。

民間では年神[*2]に捧げるほか、雑煮を煮たり、飯を炊いたりするのに用いた。口をすすいだり、茶を点てたりするのに用いることもある。

「若水」と呼ぶのは、この水には若返りの霊力があると信じられたことに由来する。生命力が更新される時とされる新年。その一番に湧いた水には力強い生命力が宿っていると考えられたのだろう。

なお、奈良に春を呼ぶ行事といわれる東大寺二月堂の修二会で行われる「お水取り」（3月14日参照）も若水と同様の意味をもつ儀礼とされる。

用語解説

*1【恵方】明きの方ともいう。福徳を司る歳徳神がいる方角のこと。歳徳神は年ごとにいる方位を変えるとされ、たとえば甲の年は東北東、乙の年は西南西となる。

*2【年神】正月（大晦日の夜）に訪れる神で、きちんと祀れば幸運をもたらすとされる。

1月2日

掃き初め | はきぞめ

🏠 [住]

1年最初の掃除は1月2日に行なうものとされ、ここから「掃き初め」という。これは元日に掃除することを忌むことから出た言葉とされる。いっぽう、おせちはもともと正月を含む節供のごちそうを意味する言葉であった。

古 くから元日は掃除をしないものとされてきた。元日だけではなく三が日の間は掃除をしないとするところもあり、「ぶらぶらと箒もあそべ三ヶ日」という江戸中期の句もある。

　元日に掃除をしてはいけない理由について、「正月に掃除をすると福の神*1を掃き出してしまうから」と説明する地域もあるが、もともと元日は年神を祀る

おせち料理。保存性を高めるため味付けの濃いものが多い

ための日であるから、自分自身のためにすることは控えて、身を慎んだことに由来すると思われる。それゆえ行なわないのは掃除だけではなく、農作業・山仕事・漁・針仕事など多岐にわたっている。

　元日が忌み日とされるため、1月2日は（農作業などの）仕事始めの日、縫い始めの日などとされる。ただし、本格的に仕事をするのではなく、形式的に行なうだけのことが多い。草鞋を片方だけ作って*2年神に供えるところもある。

　いっぽう「おせち」は「お節会の料理」の意で桃の節供や端午の節供といった節供の際に作るご馳走のことであったが、もっとも贅沢に作られる*3正月のもののみを指すようになった。

　宮中でも元日には「晴の御膳」が天皇に供される。しかし、これは儀礼のための料理で、天皇は箸を持つだけで実際には食されない。民間のおせちも本来は年神に捧げるものだが、こちらは祭祀の後でお下がり（あるいは別にしておいた同じ料理）をいただいた。

用語解説

*1 **【福の神】** 福神ともいう。福をもたらす神のこと。大黒天や恵比須神などを指すこともあるが、多くの場合具体的な神名をもたない。

*2 **【草鞋を片方だけ作る】** これは年神が片足のためと説明されることが多い。

*3 **【贅沢に作られる】** おせち料理は、鯛（めでたい）、黒豆（まめに働く）、昆布巻き（よろこぶ）など縁起のよい意味が込められているものが多い。

1月3日

福沸かし | ふくわかし

［食］

福沸かしは神棚や仏壇などに供えた餅を細かく切って湯で煮ることをいう。また、雑煮は正月三が日に食べる特別な汁物。また、1月3日は比叡山を再興した平安時代中期の天台宗の僧、元三大師の命日でもある。

福 沸かしは、神仏に供えてあった干からびた餅を細かく切り、湯で煮て砂糖で味つけをする素朴な料理。高浜虚子の句にも「福鍋や田舎に住めば瓦斯恋し」というものがある。甘いものが貴重だった頃の人にとっては立派なスイーツで（雑煮にすることも福沸かしという）、福鍋、御福の湯ともいった。

福沸かしをする日は地域によって異なり、4日・7日・15日などのところもある。江戸では上野の護国院[*1]でふるまわれる御福の湯が有名で、『東都歳事記』[*2]には「大黒天の尊前へ供うる所の餅を湯に浸して、参詣の諸人に与う。これを大国の湯または御福の湯という。これを飲めば福智を得るという」とある。なお、元日の朝に湯を沸かすこと、あるいは七草粥のことを福沸かしと呼ぶ地域もある。

いっぽう、雑煮は三が日に食べる汁物をいう。大晦日のお供えをごった煮にしたとするところもあるが、年男が作る神聖な料理とする地域もある。

雑煮の具材は地域によって大きく異なるが、味噌汁に丸餅を入れる関西風とすまし汁に切り餅を入れる関東風の2種に大別される。

なお、比叡山を再興した良源（912 ～ 985）は1月3日に亡くなったことから元三大師と呼ばれる。この日、天台宗の寺院では遺徳を偲んで法要が営まれる。元三大師は祈祷中にその影が鬼の姿になったといわれるため、それを写した角大師のお札が授与される。

角大師のお札（比叡山延暦寺）

用語解説

*1 【護国院】寛永2年（1625）に天海が創建した天台宗の寺院。
*2 【東都歳事記】天保9年（1838）に刊行された江戸の年中行事紹介本。

蹴鞠始め | けまりはじめ

 ［文芸］

1月4日は蹴鞠始め。蹴鞠は、サッカーのリフティングのように鞠を地面に落とさないように蹴り続ける芸能。勝敗を決めるものではなく、蹴る技能を披露する。また、この時期に行われる七福神めぐりは、7柱の福神を祀る社寺をめぐる巡礼のこと。

毎年1月4日には下鴨神社（正しくは賀茂御祖神社）に蹴鞠が奉納される。これを「蹴鞠始め」と呼ぶ。

蹴鞠は4〜8人で輪になって鞠*1を地に落とさないよう蹴り合う伝統芸能。勝敗を決めるものではなく*2、鞠を蹴る技能を披露し合う

『七福神宝の参宮』（国立国会図書館蔵）

のが目的。したがって相手が蹴りやすいように鞠を飛ばさなければならない。蹴る時に「あり」「やあ」「おう」といった掛け声をかける。

蹴鞠は中国で始まり7世紀初め頃に日本に伝わったという。皇極天皇3年（644）に法興寺で行なわれたもの*3が記録に残る最初の蹴鞠という。

いっぽう七福神めぐりは、氏神神社や崇敬社寺への初詣をすませた後、1月7日頃までに行なう（期間は地域・霊場によって異なる）。

七福神は福をもたらす7柱の神のことだが、実際には仏やヒンドゥー教・道教の神も入っている。具体的には神道の恵比須（恵比寿・戎）、仏教の毘沙門天と布袋、道教の福禄寿と寿老人*4、バラモン教の弁才天、これに大黒天を加えたものをいう。大黒天は本来ヒンドゥー教の神だが、神道の大国主神と同一視されている。福神信仰は室町時代に遡るが、七福神めぐりが盛んになるのは江戸時代になってからだ。

用語解説

*1 【鞠】鞠は鹿革2枚を縫い合わせて作る。中は空で直径20センチ、重さ150グラムほど。

*2 【勝敗を決めるものではなく】中国では2チームに分かれて勝負することもあった。

*3 【法興寺で行なわれたもの】この時に中大兄皇子と中臣鎌足が出会ったとされる。

*4 【福禄寿と寿老人】この2神は本来同じ神なので、どちらかの代わりに吉祥天を入れることもある。

1月5日

小寒 | しょうかん

 ［祭事］

1月5日は二十四節気の一つ、小寒に当たる（ずれる年もある）。この頃から寒さが厳しくなるため「寒の入り」といわれる。こうした寒い時期に修行や参拝をするとご利益が大きいと信じられていたため、この時期から寒行や寒参りがなされた。

二十四節気とは、一年を春夏秋冬の4つに分け、さらにそのそれぞれを6つに分けたものをいう。立春・立夏・立秋・立冬や春分・夏至・秋分・冬至も二十四節気の区分である。二十四節気は季節を体感させる言葉として和歌・俳句にもよく用いられるが、成立した中国の季節感に基づいているので日本とは異なるところもある。また、年により1日ほどのずれが生じることがある。

1月5日は小寒に当たる。寒さが厳しくなり始める時期という意味で、次の大寒と合わせた期間*1を寒・寒中といい、小寒を「寒の入り」と呼ぶ。

『名所江戸百景　虎の門外あふひ坂』
（国立国会図書館蔵）

こうした寒い時期に行を行なったり参拝したりするとご利益が大きいと信じられ、水をあびる寒垢離や念仏を唱えながら町を歩く寒念仏などが行なわれた。歌川広重の「名所江戸百景」の1枚「虎の門外あふひ（葵）坂」には、褌一つで提灯を掲げて歩く2人の男（1人は少年）が描かれているが、これは虎ノ門の金毘羅大権現*2（現・金刀比羅宮）へ寒参りする者たちである。彼らは職人の卵で、技量の上達を願って裸参りをしているのだ。

寒の期間は酒や味噌、醤油などを仕込む時期でもある。気温が下がるため原材料が腐りにくく、じっくり熟成できるからだ。これを寒仕込み、寒造りなどという。

用語解説

*1 【合わせた期間】言い換えると「寒の入りから立春の前日まで」の期間。
*2 【金毘羅大権現】讃岐国（香川県）丸亀藩主であった京極高和が、藩内に鎮座する金毘羅大権現（金刀比羅宮）の分霊を万治3年（1660）に芝の藩邸に勧請したもの。延宝7年（1679）に現在地に遷座した。

1月6日

KEYWORD ◎ 芹之栄（せりすなわちさかう）、七十二候（しちじゅうにこう）、良寛（りょうかん）、曹洞宗（そうとうしゅう）

良寛忌 | りょうかんき

 ［歴史］

1月6日は江戸時代の禅僧で歌人・俳人・漢詩人・書家として知られる良寛の忌日（命日）。また、1月5日から9日頃は七十二候の「芹之栄」に当たる。呼称の由来は芹がよく育つ時期であるからとされる。

新潟県の燕三条駅前にある像
「天上大風 良寛と子供」

良寛（1758～1831）は子どもと遊ぶ老僧として表わされることが多い。これは良寛の「この里に手まりつきつゝ子供らと　遊ぶ春日（はるひ）は暮れずともよし」といった和歌から定着したイメージといえよう。

しかし、良寛の生涯はこの歌のようにのどかなものではなく、名利を避けて各地を行脚（あんぎゃ）（諸国を歩きめぐって修行すること）し続ける苦行者そのものであった。

良寛は越後国出雲崎（えちごのくにいずもざき）（現・新潟県三島郡出雲崎町）の名主（なぬし）[1]の家に生まれた。父の山本以南（やまもといなん）は神職を兼ね俳人でもあった。良寛も名主を継ぐつもりであったが、18歳の時に曹洞宗（そうとうしゅう）[2]の光照寺（こうしょうじ）で出家、備中国（びっちゅうのくに）（岡山県）の円通寺（えんつうじ）で修行を積んだ。印可（いんか）（師から一人前の禅僧として認められること）を受けた後も故郷へは帰らず、諸国をめぐり、40歳頃に国上山（くがみやま）（新潟県燕市）山麓の五合庵（ごごうあん）に落ち着き清貧の暮らしを送った。61歳の時に近くの神社の草庵に移り、74歳で世を去った。

和歌は『万葉集』を理想とするなど、その文学は骨太で自由な発想のものであった。平易な言葉で教えを説くいっぽう、「死ぬる時節には死ぬがよく候（こうろ）」と述べるなど硬骨な禅僧の一面ももっていた。

いっぽう、1月6日は七十二候の一つ芹之栄の時期にあたる。七十二候は二十四節気（1月5日参照）の各節気を3つに分けたもの。芹之栄は小寒の最初の候で、1月5日から9日頃をいう。芹がよく育つ時期とされる。

用語解説

*1 【名主】代官のもとで村を治めた村役人。名主という呼び方は主に関東で用いられ、関西などでは庄屋といった。

*2 【曹洞宗】道元（1200～53）が日本に伝えた禅宗の一派。只管打坐（しかんたざ）（ひたすら坐禅をする）を標榜することから黙照禅（もくしょうぜん）という。

人日 ｜ じんじつ

［人生］

1月7日を人日という。これは中国の古い占いの本に1月7日は人を占う日とされていることによる。また7日は七草粥を食べて邪気を払う日でもある。和歌山県の熊野本宮大社では牛王宝印の捺し始めの儀礼、八咫烏神事が行なわれる。

牛王宝印（熊野那智大社）

1月7日を人日と呼ぶのは、東方朔*1の作とされる中国の古い占い書に、1月1日は鶏を占い、2日は犬を、3日は豚を、4日は羊を、5日は牛を、6日は馬を、そして7日は人を占うとしていることによるとされる。

人日は五節供*2の一つであるが、七草粥を食べることのほかに特別な儀礼はない。

七草粥は7種の野草*3を細かく刻んで粥に入れたもので、これを食べると邪気を払うとか1年間病気にならないなどといわれる。七草を刻む時は包丁で音をたてて行なうものだとされ、この時に「七草なずな、唐土の鳥と日本の鳥と、渡らぬ先に七草なずな」などと歌う（歌詞は地域よって違う）。こうした作法は年の初めに農作物を食い荒らす鳥を追い払う鳥追いと、新春に現われる鳥の妖怪を音をたてて遠ざける中国の習俗が混じったものとされる。

いっぽう、和歌山県田辺市の熊野本宮大社ではこの日、八咫烏神事が行なわれる。これは熊野三山*4特有のお札、熊野牛王神符*5に捺される牛王宝印の捺し始めの儀礼で、これを行なうことで印に祭神の神霊が吹き込まれるという。

牛王宝印は神門前に飾られた門松で作られており、これを火と水で清める。そして、暗闇の中で禰宜が神殿の柱に「えーい」という気合いとともに3度印を捺す。これにより、その年の印が祭神に報告されるのだという。

用語解説

*1 【東方朔】紀元前2世紀頃の中国の政治家。前漢の武帝に仕えた。

*2 【五節供】節供（節句）は季節を代表する行事のこと。五節供は人日・桃（上巳）（3月3日）・端午（5月5日）・七夕（7月7日）・重陽（9月9日）をいう。

*3 【7種の野草】春の七草はセリ・ナズナ・ゴギョウ・ハコベラ・ホトケノザ・スズナ・スズシロとされるのが一般的だが、実際は地域によって異なる。

*4 【熊野三山】熊野本宮大社・熊野速玉大社・熊野那智大社のこと。

*5 【熊野牛王神符】文字を熊野三山のお使いであるカラス（八咫烏）の形で表わしたお札。このお札を牛王宝印と呼ぶこともある。

1月8日

初薬師 | はつやくし

 ［祭事］

毎月8日（寺院によっては8のつく日）は薬師如来の縁日。1月8日は1年で最初に訪れる薬師如来の縁日なので初薬師と呼ぶ。この日に東寺で行なわれる後七日御修法は真言宗でもっとも重要な法要。かつては宮中で行なわれていた。

1 年で最初に訪れる薬師如来の縁日である1月8日は初薬師と呼ばれる。

縁日は神仏と特別な縁を結べる日とされ、有縁日・結縁日ともいう。仏教に基づく習俗であるが、25日の天神・午の日の稲荷神など神にも縁日はある（すべての神仏に縁日があるわけではない）。

寺院によっては有縁の日であることをより実感できるよう、秘仏*1の開帳を行なったり、特別なお札を授与したりする。人気のある社寺では参道に露店が並ぶこともある。

薬師如来像（筆者による模写）

薬師如来は正しくは薬師瑠璃光如来という。東方にある浄瑠璃世界にいて、人々の心身の苦しみを抜く仏とされる。日本では仏教が伝来して間もない時期から信仰が広まり、薬師寺や新薬師寺*2といった薬師如来を本尊とする寺院が建てられた。

いっぽう、京都の東寺*3では、1月8日から14日まで後七日御修法が行なわれる。これはもともと宮中の真言院で行なわれていた密教行事で、天皇の健康や国家の安泰、五穀豊穣などが祈られる。「後七日」というのは、宮中では元日から7日まで伝統的な神道儀礼が行われるので、その後7日間に修することによる。

真言宗は歴史的経緯からいくつもの宗派に分かれているが、この法要には各宗派の高僧が出仕して行なわれる。

用語解説

*1【秘仏】霊威が特別に強いなどの理由から直接拝するのは畏れ多いとされ、厨子などの中に秘蔵される仏像・仏画のこと。定期・不定期に開帳が行なわれるものと、誰も拝見することができない絶対秘仏の2種類がある。

*2【新薬師寺】寺の名の「新」は新しいという意味ではなく、「霊験があらたか」という意味である。

*3【東寺】正しくは教王護国寺。平安京を守護する寺院として計画されたが建設が進まず、空海に下賜され真言宗の中心的寺院となった。1月19日参照。

1月9日

卯杖・卯槌 | うづえ・うづち

 ［人生］

平安時代の宮廷儀礼は○月△日に行うというのではなく、○月の□番目の☆の日に行なうといったものも多かった。たとえば、子の遊びは正月最初の子の日に行なうもので、貴族たちは野に出て小さな松の木を抜いて根の長さを競ったりした。卯杖・卯槌は正月最初の卯の日の儀礼で魔除けの意味がある。

平 | 安時代の正月儀礼には形を変えつつ今に伝わっているものと、すっかり絶えてしまったものがある。子の日の遊びはすっかり違ったものになってはいるが、今も生き続けているものの一つだ。

　子の日の遊びは、正月最初の子の日に野に行って小さな松の木を抜いてくるという貴族の遊びで、小松引きともいう。根の長さを比べたり、庭に植えてみたりしたそうだ

『小松引絵巻』（国立国会図書館蔵）より小松引きをする女性

が、もとは長寿を祈る儀礼であったようだ。この小松引きが形式化して現代の門松になったとされる。今でも関西では根付きの松を玄関前に飾る風習が残っている。

　消えてしまった儀礼*1には卯杖・卯槌があげられる。卯杖は梅や桃、柳の木を5尺3寸（約160センチ）ほどに切った棒で、黄・緑・褐色などの色をつける。中国の漢時代（紀元前3世紀～紀元後1世紀）に行なわれていた桃の枝で鬼（死霊）を追い払う儀礼にならったもので、卯杖で地面を叩いて魔除けとした。卯杖は朝廷の役所で作り、正月最初の卯の日に天皇・皇后・東宮に献上するものであったが、のちに貴族が互いに贈答するものとなった。

　卯槌は卯杖を装飾用に変えたもので、杖が槌に変えられている。といっても長さ3寸（約10センチ）ほどの直方体で、これに五色の糸を通して掛けられるよう*2になっている。なお、太宰府天満宮など各地の天満宮・天神社で1月に行われる「鷽替え」*3（1月25日参照）はこの卯槌が変形したものとする説がある。

用語解説

*1【消えてしまった儀礼】今でも伊勢神宮・上賀茂神社・伊太祁曽神社などでは卯杖を用いた行事が行なわれている。

*2【掛けられるよう】腰に下げたり、帳台（寝所を囲むように下げられた一種のカーテン）に掛けられた。

*3【鷽替え】ウソという小鳥を模した木彫を交換しあうことで悪しきことを嘘に変える行事。

1月10日

十日戒 | とおかえびす

 ［祭事］

十日戒は1月10日に恵比須を祀る神社を参拝することをいう。主に関西で行なわれており、兵庫県西宮市の西宮神社や大阪市浪速区の今宮戒神社が有名だ。

　十日戒は1月10日に西宮神社や今宮戒神社といった恵比須[*1]を祀る神社を参拝することをいう。十日戒には商売繁盛・開運招福・家運隆盛などのご利益（ご神徳）があるとされ、商家の者を中心に多くの参詣者で賑わう。

東京都の恵比寿駅西口に据えられた恵比寿像

　恵比須はもともと漁師が信仰する神で、『古事記』『日本書紀』の神話には登場しない。海の向こうからやって来る神とされ、祀る者に福運をもたらすと信じられた。いつ頃から広く信仰されるようになったのか不明だが、平安末期には恵比須を祀る廣田神社[*2]の境外摂社（境内の外にある付属社のこと、今の西宮神社）が信仰を集めていたことが知られている。

　漁業の神であった恵比須が商売の神としても信仰されるようになったのは、市場で祀られたことによるとされる。ちなみに、恵比須が古事記・日本書紀神話のどの神にあたるかについては諸説あり、西宮神社は蛭子[*3]、今宮戒神社は事代主神[*4]とする。

　十日戒では福笹が授与される。孟宗竹の枝に鯛や千両箱、打出の小槌といった縁起物が吊り下げられている。

　なお、江戸では1月20日と10月20日に恵比須講が行なわれた。これは家庭内で恵比須を祀る行事であった（10月20日参照）。

用語解説

- *1【恵比須】「えびす」の表記は恵比寿・戎・夷・蛭子・ゑびす（ヱビス）など、さまざまある。
- *2【廣田神社】兵庫県西宮市に鎮座する神社。天照大神の荒魂（神霊の荒々しい面）を祀る。
- *3【蛭子】日本の国土を生んだとされる伊邪那岐命・伊邪那美命の子。足腰が立たないため船に乗せて流されたという。
- *4【事代主神】出雲神話の最高神・大国主神の子。美保岬の沖で漁をしたという。

1月11日

鏡開き | かがみびらき ［食］

1月11日にはお供えの鏡餅を割る鏡開きを行なう。この時、刃物を使うのを忌んで、木槌などで割ることが多い。近世の商家ではこの日に蔵開きも行なわれた。また、武家では具足開きといった。

1月10日から14日頃は七十二候（1月6日参照）の「水泉動」にあたる。凍りついていた泉が溶け出して、水が流れ始めるという意味だ。

実際には一番寒い大寒（1月20日参照）はこれから。まだまだ氷や雪に閉ざされた生活が続くが、見えないところでは春が近づいている、ということであろう。

鏡開きのあとは、砕いた餅を雑煮や汁粉に入れて食べて祝う

一般には1月10日は鏡開きの日として知られる。正月に各家庭に訪れてくる年神のご神体、あるいは供物とされてきた鏡餅だが、その役割を終えたので解体して家族で食すのである。

もっとも、飾っている間にすっかり乾燥しているので、切り分けるのも容易ではない。縁起が悪い*1として刃物を使うのを忌む地方があるが、固くなった餅を包丁などで切るのは危険ということもあるのだろう。力任せに割ったり、木槌などで叩き割ることが多い。割った餅は雑煮やお汁粉にして食べる。

武家では鏡餅を具足*2に供えるので具足餅といった。鏡開きも具足開きといい、もとは1月20日に行なうものであった。しかし、3代将軍家光の忌日と重なったため慶安5年（1652）から1月11日になったという。

いっぽう商家では11日に蔵開きをした。正月の間閉じていた蔵を開き、大黒柱にスルメと昆布、米を供えた。

用語解説

*1【縁起が悪い】「鏡割り」ではなく「鏡開き」というのも、縁起が悪い言葉「割る」「切る」を避けるため。ちなみに、樽酒の蓋を木槌で割ることも鏡開きという。

*2【具足】鎧兜のこと。

1月12日

まないた開き | まないたびらき

 ［食］

1月12日には料理人の仕事始めともいうべきまないた開きが、東京都台東区にある報恩寺で行なわれる。ちなみに、十二支は年だけではなく月・日にも割り当てられており、1月12日までに日の十二支が一巡する。それぞれの日を初子・初寅などといい、ゆかりの社寺へ参拝する。

包丁式（包丁儀式）と呼ばれる調理法がある。右手に包丁、左手に真菜箸（菜箸）を持って、食材に直接手を触れずに魚を三枚におろし切り分けるものである。

板東報恩寺のまないた開き

包丁式は清和天皇の命により貞観元年（859）に定められたという伝説があるが、食材にケガレをつけない調理法として社寺に奉納される[*1]ことが多い。東京都台東区の報恩寺（通称、坂東報恩寺）では、毎年1月12日にまな板開きとして仏前で演じられる。この儀礼は天福元年（1233）から行なわれているとされるが、そこには次のような伝説がある。

報恩寺が今の茨城県常総市豊岡町にあった頃、寺を創建した性信上人の説法を熱心に聞きに来る翁があった。翁は性信上人の弟子となることを願い、許されると沼に姿を消した。その後、地元の天満宮の宮司の夢に菅原道真が姿を現わし、「性信上人は我が師である。今後は境内の池より鯉を毎年2尾ずつ上人に届けるように」と言ったという。

いっぽう1月12日までに日の十二支たちが一巡するが、この中でも弁才天の縁日である初巳と毘沙門天[*2]の縁日である初寅が信仰を集めている。寅の日が毘沙門天の縁日とされるのは、仏教の受容をめぐって蘇我氏と物部氏が戦った際、蘇我氏側に加担していた聖徳太子のもとに毘沙門天が現われて必勝法を授けたが、それが寅の年、寅の月、寅の日であったとされることによる。のちに報恩のために聖徳太子が創建したのが、信貴山の朝護孫子寺（奈良県生駒郡平群町）という。

用語解説

*1 【社寺で奉納される】三重県志摩市浜島町の宇気比神社では、毎年1月11日に「盤の魚」神事として包丁式が行なわれる。

*2 【毘沙門天】仏教の守護神である四天王の1神で、北方を守護する。多聞天ともいう。財福の仏としても信仰されてきた。

1月13日

寒九の雨 ｜ かんくのあめ

 ［歳事］

寒九の雨は寒に入って9日目の雨のこと。この日に雨が降ると豊作になるという。また、1月13日は年の最初の虚空蔵菩薩の縁日（初虚空蔵）。虚空蔵菩薩像を安置する寺院は多くないが、民俗信仰において意外な広がりがある。

寒（1月5日参照）に入って9日目の雨を寒九の雨という。この日に雨が降ると豊作になるといわれるが、これは太平洋側、関東あたりの伝承であろう。この地域は冬に晴れて乾燥した天気が続くので、雨は豊作につながる。

虚空蔵菩薩像（最御崎寺）

似たような言葉に「寒の雨」があるが、これは俳句で使われる季語で農作業との結びつきはない。松尾芭蕉には「雁さわぐ鳥羽の田づらや寒の雨」という句がある。

これが「寒の水」となると、また特別の意味をもつようになる。寒の水は寒の間に汲んだ水のことで、この水は薬になるといって服薬などに用いた。また、餅を長持ちさせるために寒の水に浸けるといったこともなされた。

いっぽう13日は虚空蔵菩薩の縁日である。虚空蔵菩薩は智慧を授ける仏とされ、若き日の空海（弘法大師）は四国の室戸岬で虚空蔵菩薩求聞持法[*1]という超人的な記憶力を得る修法を行なって、明星が口に飛び込む奇跡体験をしたという。13歳になる少女が旧暦3月13日頃に虚空蔵菩薩を安置する寺院を詣でる十三詣り（4月13日参照）もこうした信仰に基づく民俗行事で、「智慧もらい」ともいう。

また、虚空蔵菩薩は水神信仰とも結びついており、仙台近辺ではウナギを虚空蔵菩薩の神使として食べることを禁じていた。

用語解説

*1【虚空蔵菩薩求聞持法】虚空蔵菩薩の真言（呪文）を1日に1万遍唱えることを100日間続けるという行（他にも細かい定めがある）。

餅花 | もちばな

［食］

餅花は餅を小さく丸めて柳の枝などにつけたものをいう。枝先から根元まで数センチの間隔を空けてつけるので、遠目には花が満開になっているように見える。養蚕地域では繭玉ともいう。

餅花は1月15日を中心とした数日に行なわれる小正月の儀礼の一つ。餅など[*1]で小さな玉を作って木の枝につけ、満開の花、あるいは穀物が実った状態を表わす。

これは豊作になった秋の様子を模したもので、あらかじめ豊作を祝っておくと現実もその通りになるという予祝[*2]の信仰に基づいている。それゆえ、養蚕地域では花ではなく蚕の繭を模したもの（繭玉）を、野菜作りが盛んな地域では野菜を模したものを作ってつける。

兵庫県神戸市の長田神社で節分に行なわれる古式追儺式では、柳の枝に餅とミカンをつけた餅花が拝殿などに飾られる。

『江戸自慢三十六興』より「目黒不動 餅花」（国立国会図書館蔵）

庭先や神社の境内（社殿内）で一連の農作業を演じ、それによって豊作を得ようとする予祝儀礼もある。これを「おんだ（御田）祭」という。

都市の商家ではこうした農業信仰とは無縁であるがゆえに、餅花は新春の縁起物として飾られ、浅草寺など縁起物として授与する社寺もあった。小判や千両箱を模した飾り物を下げて商売繁盛を願うこともある。

芭蕉の有名な句に「餅花やかざしにさせる娵が君」がある。「かざし」とは髪に草花を挿した古代の風習である。すでに芭蕉の頃、餅花がおしゃれに使われるほど形式化していたことがわかる。

用語解説

*1 【餅など】地域によって紙や木片などが用いられることがある。

*2 【予祝】通常は豊作になったので豊作祝いをするという流れになるが、この因果関係を逆転させて、豊作祝いを行なったことにより豊作をもたらそうとすることをいう。

1月15日

小正月 | こしょうがつ

 ［歳事］

小正月は1月15日を中心とした諸行事に対する呼称。元日を中心とした大正月に対する言葉である。農村部では豊作を祈願する儀礼が神社や家庭で行なわれる。また、地域によっては「女の正月」と呼び、女性だけで集まって飲食などをすることもある。

左義長では、正月の松飾りや注連縄などを積み上げて焼く

1月は1年でもっとも行事が多い月といえるが、15日前後は正月三が日に次いで行事が集中する時期である。一般に小正月と呼ぶのは、正月（元日、大正月）に準じる重要な日と考えられていたからだと考えられる。

現在は太陽暦を使っているので月の満ち欠けと暦が連動していないが、旧暦を使っていた時は、15日はかならず満月[*1]となった。こうしたことから1月15日には、年占（としうら）など豊作を願う儀礼が行なわれる。年占はその年の穀物の生育や気象などを占うもので、粥の中に筒を入れて米粒が何粒入るかを見たり（粥占）、餅や穀物を台に置いて烏の食べ具合を見たり（烏勧請（からすかんじょう））する。このほか一連の農作業を演じて豊作を願う予祝儀礼がなされることもある。餅花（1月14日参照）も予祝儀礼の一種である。

また、1月15日には正月飾りを集めて焼く左義長（さぎちょう）（トンド焼き）[*2]が行なわれることも多い。左義長では竹などの心棒を中心に正月飾りを円錐形に高く積み上げる。地域によっては下部に小部屋を作って、ここで子どもが飲食をすることもある。正月の書き初めを一緒に燃やすこともあり、その際に燃え殻が高く上がると書道が上達するともいわれる。餅花をこの火であぶって食べることもある。

なお、江戸では火事になる恐れがあるため左義長は禁止されていた。

用語解説

[*1] 【15日はかならず満月】ここから満月（の夜）のことを「十五夜」という。なお、天文学的には15日が必ず満月（望（もち））になるわけではないが、肉眼で見ている上では違和感はない。

[*2] 【左義長（トンド焼き）】地域によって名称がさまざままで、このほかにサイト焼き・サンクロウ焼き・オンベ焼き・ホッケンギョウなどの呼び方がある。

1月16日

藪入り | やぶいり

 ［人生］

藪入りは江戸時代の奉公人の休日のことで、1月16日と7月16日だった（店によって日が変わることもあった）。また、16日は閻魔王の縁日。1月16日の初閻魔では、閻魔王像を安置する寺院に多くの参詣者が訪れる。

職 種・雇用形態によって違いはあるものの、現代では週1〜3日の休日に加えて年数日の有給休暇を取得するのが、一般的になっている。だが、江戸時代はそうではなかった。幼い頃から店に住み込んで働く奉公人が、仕事から解放されるのは年に2日、1月16日と7月16日だけであった。これを藪入りという。

閻魔像（筆者による模写）

なぜ藪入りというのか判然としないが、草深い田舎に帰る意味ともいわれる。もっとも休みは1日きりなので、帰れるのは江戸府内や近郊出身者にかぎられていた。彼らは朝早く家を出て実家に戻ると、墓参りをして近所に挨拶に回った。手土産をもって帰るのも慣例になっていた。

地方出身者は家に帰れないので、芝居見物などをして休日を過ごした。関西では芝居見物料を店が出すこともあった。

また、1月16日は初閻魔の縁日でもあった。地獄で死者の裁きを行なう閻魔王に来世での安穏を祈るため、多くの者が閻魔王像を安置する寺院を参拝した。寺院では閻魔王像を開帳するほか十王図[*1]や地獄極楽図を掲げて絵解き説法[*2]をした。閻魔王は地蔵菩薩の化身とされたので、地蔵菩薩像を安置する寺院を詣でる者もいた。

江戸では深川の法乗院（深川閻魔）、小石川の源覚寺（こんにゃく閻魔）、新宿の太宗寺が有名であった。

用語解説

- [*1]【十王図】死者の霊を裁く10人の冥王を描いた仏画のこと。閻魔王はその5番目にあたる。この裁きに合わせて仏事を行なうのが初七日から三回忌まで続く追善供養である。
- [*2]【絵解き説法】地獄極楽図や参詣曼荼羅（境内図に社寺の伝説を描き入れたもの）、高僧の伝記絵などを見せながら説法をするもの。

雉始雊 | きじはじめてなく

［歳事］

1月15日より19日頃は七十二候の雉始雊の期間にあたる。雄の雉（キジ）が鳴き始める時期を示している。都会はもちろん、地方でも野生の雉を見るのは珍しくなってしまったが、神話や昔話に登場しており、日本の国鳥に選ばれている。

雉 は日本の国鳥である。「桃太郎」の話でサルやイヌとともに桃太郎の家来となって鬼退治をしていることからもわかるように、かつて雉は身近に見られる鳥であった。

『古事記』『日本書紀』では、国譲り神話[*1]に雉が登場する。交渉のため地上に派遣した天若日子がいつまでも報告をしてこないので、問いただすために雉（の神）の鳴女が遣わされる。しかし、天若日子はその雉を射殺してしまうのだ。

三吉梵天祭（写真提供：一般社団法人秋田県観光連盟）

この神話もそうであるが、雉には悲劇的な印象が伴う。その典型的な例が「雉も鳴かずば打たれまい」だろう。これは「長柄の人柱」と呼ばれる昔話に語られる言葉で、話の細部は地域によって異なる。基本的な内容は、ある特徴をもつ人物を人柱にしようと言い出した本人にその特徴があり、人柱にされてしまう。そのことを後で聞いた子どもが「雉も鳴かずば打たれまいに」と言ったというものだ。これらの神話・昔話は、雉が神の使いと考えられていたことの反映と考えられる。

いっぽう1月17日は秋田市に鎮座する太平山三吉神社で三吉梵天祭が行なわれる日でもある。江戸時代に始まった祭といわれ、氏子・崇敬者たちが色鮮やかな梵天[*2]を競って神前に奉納する。

用語解説

*1 【国譲りの話】天照大神の子孫が地上を統治することを、国津神（地上にいる神）の王である大国主神に認めさせるため、天上から次々と使者が派遣され、最終的には武神の建御雷神の実力行使により交渉が成立するという神話。

*2 【梵天】もとは仏教の守護神のことであるが、神社の祭で用いられる神霊が宿る柱状の依り代のこともいうようになった。

1月18日

KEYWORD ◈ 観音菩薩（かんのんぼさつ）、煩悩（ぼんのう）、観音霊場（かんのんれいじょう）

初観音　｜ はつかんのん

[祭事]

1月18日はその年最初の観音菩薩の縁日「初観音」。観音菩薩は東アジアでもっとも信仰されてきた仏で、日本では平安時代頃から女性の信仰を集め、霊験寺院への参詣・巡礼がさかんに行なわれてきた。

観音菩薩[*1]は東アジアでもっとも人気があった仏だ。人気の理由はさまざまだが、最大のものは慈悲の仏であるところだろう。

仏教は智慧の力で煩悩[*2]を断ち切って悟りを開くことが究極的な救いになる、と説く。しかし、誰もが高僧や聖人のように修行を積めるわけではない。日々の生活に追われたり、欲望についつい負けてしまったりする。そこから心ならずも罪を犯すことさえある。そうした者たちは悟りを開いて浄土に赴くところか、来世でも苦しみに満ちた生涯を送ることになる。場合によっては地獄に墜ちることもある、とされる。

聖観音像（筆者による模写）

観音菩薩はそうした人々を憐れみの目で見つめ、広大無辺の慈悲をもって救ってくれる仏である。時には代受苦（だいじゅく）といって苦しむ人の身代わりとなって、その身に苦しみを受けてくれるという。こうしたことから観音菩薩は貴族から庶民に至るまで信仰されてきた。その観音菩薩と深い縁を結ぶことができるという18日の縁日は、どこも多くの参詣者で賑わった。奈良の長谷寺（はせでら）や京都の清水寺（きよみずでら）といった霊験（れいげん）寺院には、泊まり込みで祈りを捧げる参籠者（さんろうしゃ）も多くいた。

観音菩薩はさまざまな姿に変わって人々を救うとされ、その種類は33あるとされる。西国霊場や坂東霊場など観音信仰の寺院をめぐる霊場が33カ寺で構成されている[*3]のは、これに基づいている。

用語解説

- **[*1]【観音菩薩】**観世音菩薩（かんぜおんぼさつ）の略であるが、観自在菩薩（かんじざいぼさつ）とも呼ばれる。これは経典を漢語（中国語）訳者の違いによるもので、観世音菩薩は鳩摩羅什（くまらじゅう）、観自在菩薩は玄奘（げんじょう）の訳語である。
- **[*2]【煩悩】**欲望をかりたてたり、憎しみに囚われたり、間違った判断をしてしまう元となるもの。むさぼりの心、怒りの心、愚かさなどをいう。
- **[*3]【33カ寺で構成】**秩父霊場は34カ寺であるが、これは3霊場（西国・坂東・秩父）合わせて100になるよう1カ寺増やされたためという。

1月19日

空海、東寺を下賜される
くうかい、とうじをかしされる

[歴史]

空海は密教を完全な形で日本に伝えた僧で真言宗の開祖。弘法大師は死後に贈られた称号で、弘法大師としての空海は宗派を超えて尊崇されている。空海は高野山に本拠地を置いたが、嵯峨天皇から東寺を下賜され、ここを都での布教の拠点とした。

密教は仏教の歴史の中で最後に現われた教えであった。5世紀以降のインドは仏教教団が拠点とした都市が衰退したこともあって、農村を拠点としていたヒンドゥー教が勢力を拡大していった。さらにイスラム教徒の侵攻もあって仏教は存立の危機に直面していた。

『弘法大師行状記図会』
(国立国会図書館蔵)より
「大師東寺を賜る図」

そこで農民にもアピールするため、それまで忌避していた呪術を教理に取り入れる大変革を行なった。しかし、無批判に呪術を採用したわけではない。仏教の究極の目的である悟りを得るための方法とすべく、呪術を仏教教理で再解釈したのだ。これが密教である。

発展段階の密教[*1]は奈良時代には日本に伝えられていた。だが、完成された段階の密教[*2]が完全な形で日本に伝えられるのは、空海(774～835)の登場を待たねばならなかった。

いっぽう東寺は平安京を守護する寺院として、西寺とともに朝廷によって建設されていた。ところがその工事は進捗せず、金堂が建てられたところで頓挫していた。そこで嵯峨天皇は、仏教のみならず土木や寺院経営にも並々ならぬ才能を発揮していた空海に、東寺の建設と経営を任せることにした。こうして東寺は空海に下賜された。弘仁14年(823)1月19日のことである。

空海は高野山を密教の根本道場とすべく開発しているところであったが、東寺を教王護国寺と名づけて密教寺院として整備することにした。これにより真言宗は都にも拠点ができ、密教が広まるきっかけとなったのであった。

用語解説

- *1 【発展段階の密教】これを雑密という。
- *2 【完成された段階の密教】これを純密という。密教はさらに発展し後期密教という段階に進んだが、これは日本には伝えられず、チベットで命脈を保った。

1月20日

二十日正月 | はつかしょうがつ

 ［歳事］

二十日正月と呼ばれた1月20日は、正月儀礼を終わらせる日とされてきた。これは、この日に正月用の食材を食べきるためで、骨正月、頭正月などとも呼ばれた。また、小正月の飾りを仕舞う日でもある。

1月20日頃より二十四節気（1月5日参照）の大寒に入る。1年でもっとも寒い時期だ。この寒さが厳しい時期を選んで大寒禊*1が行なわれたりする。厳しい寒さであるがゆえに身が引き締まり、修行の成果も充実すると考えられたからだ。

いっぽう民間では1月20日は二十日正月と呼ばれてきた。20日にもう一度正月を祝うというわけではもちろんなく、この日で正月も終わりという意味である。近畿地方では食べ残っていたブリの骨やアラで出汁をとって雑煮を作ったので、骨正月・頭正月・アラ正月などとも呼んだ。東北地方では小正月で室内に飾りつけた餅花（1月14日参照）などを片づける日とされた。

武家では1月20日に具足（鎧兜）に供えた具足餅（鏡餅）を下げて雑煮などにする具足開きを行なった（一般家庭における鏡開きに相当）。しかし、3代将軍家光が1月20日に亡くなったことから、この日に祝い事をするのを忌んで11日に変えられたという（1月11日参照）。

また、関東の商家*2では恵比須講が行なわれた。『東都歳事記』によれば、恵美須と大黒天の像を安置して新鮮な鯛を供え、親戚・知人を集めて終夜宴を開いたという（10月20日参照）。

二十日正月には小豆粥を食べて無病息災を願う地域もある

用語解説

*1 【禊】水中に身を浸して罪ケガレを落とす、日本古来の行。伊邪那岐命が黄泉の国でついたケガレを落とすため海で身をすすいだことに始まるという。

*2 【関東の商家】関西では「十日戎」といって1月10日に恵比須の祭が行なわれる（1月10日参照）。

1月21日

初大師 | はつだいし

 ［食］

弘法大師空海の命日は3月21日。そのため21日が縁日となった。1月21日はその年最初の弘法大師の縁日なので、初大師・初弘法という。この日、東寺では弘法市が開かれ、ゆかりの和菓子店では期間限定の菓子が売られる。

「大師は弘法にとられ、太閤*1は秀吉にとられる」という格言*2がある。大師という称号は朝廷から名僧に与えられる諡号*3で、日本では最澄に与えられた伝教大師が最初とされる。このほかに慈覚大師（円仁）・円光大師（法然）・承陽大師（道元）など多くの「大師」がいるにもかかわらず、弘法大師があまりに有名になってしまったため、大師といえば弘法大師のことを指すようになったのである。初大師の大師も弘法大師空海のことだ。

弘法大師像
（島根・神宮寺）

　その空海は承和2年（835）3月21日に高野山で没した。ここから21日が弘法大師の縁日とされる。1年で最初の縁日である1月21日は、初大師・初弘法という。ゆかりの東寺（1月19日参照）では弘法市という縁日が開かれ、京の和菓子店・笹屋伊織では21日の前後3日間だけ、とら焼きが販売される。これは江戸末期に東寺の僧から「副食となる菓子を作ってほしい」という要望を受けて開発したものだという。

　ちなみに、真言宗では「空海が没した（亡くなった）」といった表現をしない。空海は今も高野山の奥之院にある廟で瞑想しているとされるからだ。仏教用語で瞑想を始めることを「定に入る」ということから、空海の死も「入定」と呼ばれる。

　生きているのなら食事も必要であろうということから、高野山では今も瞑想している空海のために、日に2度、廟にいる空海に食事が運ばれる。これを生身供という。修行僧が丹精を込めて作った、旅館の食事としても出せるようなご馳走*4だ。

用語解説

*1【太閤】関白の地位を息子に譲った者に対する敬称。

*2【格言】後半は「黄門は光圀にとられる」「漬物は沢庵にとられる」など、いくつかのバリエーションがある。

*3【諡号】死後に与えられる称号のこと。

*4【ご馳走】天ぷらなどもあるが、肉類は使わない精進料理である。

1月22日

KEYWORD ◈ 電灯、鹿鳴館、灯明、自灯明・法灯明、円教寺

電灯営業の初め

でんとうえいぎょうのはじめ ［住］

明治20年（1887）1月22日、東京の鹿鳴館の夜会で、東京電燈株式会社が白熱灯を灯した。これが電灯営業の始まりとされている。これより遡ること889年、今の京都市右京区に円教寺が創建された。

日本で初めて電灯が灯ったのは明治11年（1878）3月25日、東京虎ノ門にあった工部大学校（現・東京大学工学部）で開催された電信中央局開業祝賀晩餐会でのこと。現在、この日は電灯記念日となっている。

『東京銀座通電気灯建設之図』
（写真提供：電気の資料館）

しかし、これはイベントとしての点灯であって、商業化にはまだ時間が必要であった。営業用白熱電灯が初めて灯されたのは明治20年（1887）1月22日、鹿鳴館*1においてであった。文化的にも西洋に追いつこうと、舞踏会などの西洋流社交の舞台とされた鹿鳴館で、その夜会を照らしたのである。といっても、まだ常設の設備ではなく、移動用の発電機が使われていた。

信仰とは関係ない話と思われるかもしれないが、電灯の出現は日本の信仰の形にも大きな影響を与えている。というのも、明かりは神仏への供物として重視されていたからだ。とくに仏教では悟りの象徴で、釈迦は「自灯明、法灯明」*2という言葉を遺言として残したとされる。

そのため神前・仏前には灯明が欠かせないものとなっていたのだが、それが原因となる火災が多く、それによって廃絶した社寺も少なくない。電灯の出現はその不安を大きく減少させることになった。

いっぽう長徳4年（998）1月22日には、今の京都市右京区に円教寺が創建された。一条天皇の御願によって建てられた寺で、開山法要には天皇の行幸もあったが、室町時代に廃絶した。

用語解説

*1 【鹿鳴館】明治16年（1883）に落慶した2階建ての西洋館。館内には舞踏室・食堂・談話室・書籍室のほかバーやビリヤード場もあった。

*2 【自灯明、法灯明】釈迦の死後は自分自身を頼りとし、それまで釈迦が説いてきた教え（法）を頼りとして修行せよの意。

028 ｜ 睦月

1月23日

若草山焼き

わかくさやまやき　　　［祭事］

毎年1月の第4土曜日に奈良公園（奈良市）内にある若草山の草を焼く山焼きは、花火も打ち上げられ、早春の奈良を代表するイベントとなっている。また、1月23日は建暦2年（1212）に浄土宗の開祖・法然が「一枚起請文」を書いた日である。

東大寺の東側にこんもりとした巨大なとら焼きのような山がある。これが若草山である。標高342メートル、広さ33ヘクタール。奈良らしい穏やかな印象の山だ。のんびりした様子に見える理由の一つとして、木がほとんど生えておらず、山全体が草に覆われていることがある。これは、毎年山焼きが行なわれていることによる。

若草山の山焼き

なぜ山焼きが行なわれるようになったのか、実はわかっていない。地元では山を焼かないと災いが起こる[*1]と信じられており、時期になると誰ともなく火をつけていたらしい。しかし、無計画な山焼きは麓にある東大寺や春日大社などに延焼する恐れがあるので、18世紀半ばには奈良奉行所の命令により禁止された。

だが、それでも焼く人が絶えないので、奉行所の立ち会いのもとで行なわれるようになった。現代の山焼きもこの流れを汲むもので、消防団約300人が警戒するなか行なわれる。

山焼きはカレンダー次第では1月23日ではない年もあるが、法然（1133〜1212）はこの日に弟子の勢観房源智に「一枚起請文」を書き与えている。1212年のことである。これは法然の宗教的遺書というべきもので、極楽往生ができると信じて念仏[*2]（南無阿弥陀仏）を唱えることの重要性を説いている。そして、「一枚起請文」を書いたのは、自分が亡くなった後に間違った教えが広まらないようにするためだ、としている。

用語解説

[*1]【災いが起こる】幽霊が出るなどといわれた。

[*2]【念仏】もともと念仏は頭に仏の姿を思い浮かべる修行であったが、これには経典の知識が必要なので、誰もができる称名念仏（仏の名前を唱えること）が重視されるようになった。

1月24日

大浦天主堂献堂式
おおうらてんしゅどうけんとうしき

[歴史]

大浦天主堂は長崎市にあるカトリックの教会で、長崎で殉教した26人の聖人に捧げられたものである。元治2年(1865)に献堂式が行なわれて間もなく、潜伏キリシタンが訪れて信仰告白をしたことはヨーロッパに伝えられ、奇跡といわれた。

日本にキリスト教が伝えられたのは天文18年(1549)のことである。イエズス会の宣教師フランシスコ・ザビエル(1506~1552)はインドのゴアで布教をしていたが、ここで日本のことを知り、日本人信徒のヤジロウとともに来日、鹿児島・平戸・山口・京都・豊後(大分)などで布教活動をした。

大浦天主堂。「長崎と天草地方の潜伏キリシタン関連遺産」として、世界遺産の文化遺産にも登録されている

ザビエルによって信徒となった日本人は700人に及ぶといわれるが、ザビエルが離日した後も急速に増えていった。織田信長や豊臣秀吉などが寛容な態度をとったためでもあったが、天正15年(1587)に秀吉は方針を転換して宣教師の国外追放を定めた。そして、慶長元年(1597)12月19日[*1]、京都や大阪などで捕縛したキリスト教徒26人[*2]を長崎で処刑した。

フランス人神父のジラール、プティジャンらによって建てられ、元治2年1月24日に献堂式[*3]がなされた大浦天主堂は、この日本二十六聖人に捧げられており、正式名称を日本二十六聖殉教者聖堂という。

献堂式から1カ月ほど経った頃、堂内で祈っていたプティジャン神父に潜伏キリシタン[*4]たちが近寄ってきて、自分たちもキリスト教徒であることを告白した。激しい弾圧により日本の信徒は全滅したと考えられていただけに、このことは奇跡として受け止められた。

なお、大浦天主堂は現存する日本最古の教会建築として国宝に指定されている。

| 用語解説 |

*1 【慶長元年12月19日】太陽暦に換算すると1597年2月5日。

*2 【キリスト教徒26人】彼らは1862年に聖者に列しているので日本二十六聖人と呼ばれる。

*3 【献堂式】完成した教会を神に捧げる儀式。

*4 【潜伏キリシタン】キリスト教徒であることを隠しながら信仰を保ってきた者をこう呼ぶ。日本の民俗と習合したキリスト教を信仰する隠れキリシタンと区別する場合に用いる。

初天神 | はつてんじん

［祭事］

1月25日は1年で最初の天神様の縁日。天神こと菅原道真を祀る各地の天満宮・天神社には露店が並び、多くの参拝者が訪れる。神社によっては鷽替え神事が行なわれる。

菅原道真（845～903）はすぐれた学者・漢詩人であるとともに有能な政治家でもあり、宇多天皇・醍醐天皇に重用されて右大臣にまで出世した。しかし、その異例の出世を妬んだ者[*1]の讒言により太宰府に左遷され、失意のうちにこの地で亡くなった。

『てんじんき』（国立国会図書館蔵）より、落雷により炎上する清涼殿

それから都では異変が続く。左大臣であった藤原時平をはじめとした公卿[*2]らが次々と死去し、さらには清涼殿への落雷で死傷者が出るという事態まで起こったのだ。これらは菅原道真の怨霊の祟りだと恐れられ、その怒りを鎮めるためさまざまな祀りが行なわれた。

そうした中でいろいろな伝説も生まれた。中でも「道真は死後、天満大自在天神になった」というものが広まり、略して天神と呼ばれて尊崇されるようになった。

天神信仰の特徴は、時代が下るにつれて怨霊としての性格が薄れ、参拝する者に利益を与える神として信仰されるようになったことである。近世には文芸や学問の神として信仰された。

太宰府天満宮などでは初天神の夕刻、鷽替え神事が行なわれる。鷽はスズメ科の小鳥であるが、蜂に襲われた道真を救ったという伝説があり、神使[*3]とされている。初天神の日に道真を祀る神社の一部でこの鷽の木彫が授与されるのだが、これを参詣者同士が交換するのを鷽替えという。これによって1年間の凶事を嘘にし、幸運に替えることを願う。

用語解説

[*1]【出世を妬んだ者】一般に広まっている伝説では藤原時平だとされる。

[*2]【公卿】貴族の中でも摂政・関白など政治を担った高位の者をいう。

[*3]【神使】神のお使い。稲荷神のキツネが有名。

1月26日

法隆寺炎上 | ほうりゅうじえんじょう

 ［歴史］

昭和24年(1949)1月26日、法隆寺の金堂が失火により炎上。歴史的にも芸術的にも貴重な飛鳥時代の壁画が焼損してしまった。この事件がきっかけになって「文化財保護法」が制定され、その後文化財防火デーが定められた。

　　昭　和24年1月26日の朝7時頃、法隆寺金堂の解体修理に携わっていた技師たちが金堂より火の手が上がっているのを発見した。すぐに通報され消火活動が始まったが、堂の扉が閉まっていたこともあってなかなか鎮火しなかった。法隆寺管主[*1]であった佐伯定胤は「壁画だけは助けてくれ」と叫びながら堂内に入ろうとしたが、周囲の者に止められた。

明治33年(1900)刊行『地理写真帖内國之部第4帙』(国立国会図書館)より法隆寺

管主の悲痛な願いも空しく、修理のためはずされていた小壁の飛天の壁画を除き、12面の大壁画が焼損。解体修理のため建物の大部分と仏像などが運び出されていたため被害を受けなかったのは不幸中の幸いであったが、取り返しのつかない悲劇であった。失火の原因が壁画保護のために模写をしていた画家の電気座布団であったというのも皮肉なことであった。この事件がきっかけになって昭和25年(1950)に文化財保護法が制定され、昭和30年(1955)に文化財防火デーが定められた。

　時は変わって元和4年(1618)1月24日の信州・松本城。ちょうど月が出た頃、本丸御殿で警備についていた川井八郎三郎は自分を呼ぶ声に気づいた。振り向くとそこに美しい姫が立っていた。姫は川井に「以後、26日の夜には二十六夜様[*2]を祀り、3石3斗3升3合3勺の米を炊いて祝いなさい」と教えると、天守のほうに消えていった。このことを聞いた藩主は天守6階の梁に二十六夜様を祀り、毎月の祭祀を欠かさなかったという。享保12年(1727)に本丸御殿が火事になった時も天守が焼けなかったのは、二十六夜様を祀っていたおかげとされる。

用語解説

*1 【管主】大寺院の住職、あるいは宗派のトップの称。宗派によって貫首・貫主とも書き、扱いも異なる。

*2 【二十六夜様】旧暦26日の月を神格化したもの。26日の夜に行なう儀礼では愛染明王や阿弥陀三尊を本尊とすることもある。

1月27日

KEYWORD ◇ 水沢腹堅、日布渡航条約、
大和神社(ヒロ大神宮)

ハワイ移民第一号出発

はわいいみんだいいちごうしゅっぱつ

[歴史]

19世紀中頃、ハワイで大規模に展開されていたサトウキビのプランテーションは人手不足に悩まされていた。その解消として求められたのが日本や中国からの移民であった。これに応じた日本人移民たちは日本の信仰をハワイに伝えた。

1月25日から29日頃は七十二候(1月6日参照)の水沢腹堅にあたる。沢の水がすっかり凍りつくことをいう。

布哇島総鎮守として崇敬されるヒロ大神宮。日本国外の神社として最古の歴史を持つ

いっぽう、そういう季節感とは無縁なのがハワイである。19世紀前半頃より人手不足に悩まされていた同地では、アメリカ大陸から渡ってきてサトウキビのプランテーションを展開していた白人たちは先住民を労働力としていたのだが、欧米から持ち込まれた病気により多くの死者が出て、人口が激減してしまったからだ。そこで期待されたのが日本や中国からの移民であった。

当初の日本とハワイの交渉は明治維新の時期と重なって日本側の責任者が替わってしまったことにより正式な合意に至らず、153人が不利な条件[*1]で送られることになった。公式に移民が派遣されたのは、日布渡航条約が締結された後の、明治18年(1885)1月27日が最初[*2]である。南国の島とはいえ、そこでの労働は厳しく辛いものであった。これに耐える精神的な支えとなったのが宗教である。移民が始まって間もなく宗教家もハワイに渡り、社寺を建てることとなる。ハワイへの進出は仏教の浄土宗が早く、次いで浄土真宗、神道は三番目であった。

ハワイ最初の神社はハワイ島の大和神社(現・ヒロ大神宮)で、明治31年(1898)に創建された。これは国外最初の神社創建でもあった。

用語解説

*1 【不利な条件】のちに日本政府は交渉人を派遣し待遇改善を勝ち得た。また、帰国を希望する40名も連れ帰った。

*2 【最初】ここから1月27日は「ハワイ移民出発の日」と定められている。

『古事記』撰上

こじきせんじょう ［文芸］

『古事記』は本居宣長によって再発見されるまで忘れられた書であった。偽書説まで出されたことがあったが、撰者の太安万侶の墓が発見され、和銅5年（712）に『古事記』が元明天皇に撰上された事実が確認された。

日┃本神話といえば『古事記』がまず思い浮かぶことだろう[1]。神話の概略を紹介する際にも『古事記』をもとにするのが一般的だ。ところが、このように『古事記』が重視されるようになったのは、本居宣長が『古事記伝』などを著して再評価をした江戸後期以降のことである。それ以前は神話にしろ古代史にしろ『日本書紀』[2]をもとに語られるのが常であった。

『肖像集』（国立国会図書館蔵）より本居宣長

こうしたことに加えて古い写本が残されていない[3]こともあって、平安時代に作られた偽書ではないかと疑われたこともある。その後、仮名遣いなどから本文が奈良時代に成立したことは認められたが、撰者の太安万侶が書いたとされる序文については後世の偽作を疑う研究者が少なくなかった。

ところが、昭和54年（1979）に奈良市此瀬町の茶畑から発見された墓から「太朝臣安萬侶」と記された墓誌[4]が発見されるに至り、序文も含めて偽書ではないことが判明した。そして、序文に書かれている『古事記』成立の事情も、ほぼ事実であろうと考えられるようになった。

その序文によると、氏族によって伝えられている神話・歴史が異なっており、このまま放置すれば真実が失われてしまうだろうと憂えた天武天皇は、正しい歴史を調べさせ、それを稗田阿礼に覚えさせることにした。しかし、事業は完成に至らなかったので、元明天皇が太安万侶に命じて稗田阿礼が覚えたものを撰述させた。こうして3巻の書が完成し、和銅5年1月28日に天皇に奉献されたのだという。

用語解説

- [1] 【『古事記』がまず思い浮かぶ】『日本書紀』冒頭にも神話が収録されているが、『古事記』とは異なる部分が少なくない。
- [2] 【『日本書紀』】日本最初の正史。養老4年（720）成立。神代から持統天皇までの歴史が記されている。
- [3] 【古い写本が残されていない】現存最古の『古事記』の写本は、真福寺本と呼ばれるもので応安4年（1371）頃に筆写されている。
- [4] 【墓誌】故人の経歴などを記した石や金属のプレート。この場合は銅製であった。

1月29日

藤原道長摂政になる
ふじわらのみちながせっしょうになる

［歴史］

日本史には「天下を取った」と呼ばれる人物が何人かいる。そのほとんどは武力でこれを達成しているが、藤原道長だけは政治力——娘を天皇に嫁がせることで成し遂げた。道長は、生涯神仏への祈りを欠かさなかったことでも知られる。

『前賢故実』（国立国会図書館蔵）より藤原道長

藤原道長（966～1028）が「この世をば我が世とぞ思う望月の　欠けたることも無しと思えば」（この世は私のものだと思えるよ、満月のようにどこも欠けたところがないのだから）と詠んだのは有名な話だ。寛仁2年（1018）10月16日に娘の威子が中宮*1となった祝いの宴席でのことである。

さすがにここまで自慢されると宴は微妙な雰囲気になったようだが、そこはおべっか上手の貴族たち、みんなでこの歌を歌って道長を喜ばせたという。

道長が自分を満月にたとえたくなるのももっともであった。3人の娘（彰子・妍子・威子）が太皇太后・皇太后・中宮になるなど古今未曾有のことであったし、道長自身も摂政・太政大臣と位人臣を極めていた*2。長和5年（1016）1月29日の摂政就任は、まさに道長が天下に手をかけた瞬間といえる。

まさに何一つ不足のない栄華であったはずだが、そのいっぽうで道長は、巨大な寺院を建て、法要を行ない、写経をし、金峯山や高野山に参詣するなど、しきりに功徳が大きいとされることを行なった。

それは、どんな栄華も地位も富も来世まで持って行けないことを知っていたからだろう。死後に地獄に墜ちないよう、少しでもいい場所に生まれ変われるよう、できれば極楽浄土に往生できるよう、せっせと善行に努めたのである。

用語解説

*1 【中宮】皇后のこと。天皇が2人の皇后をもつ時に一方を中宮と呼んだ。彰子がなった太皇太后は先々代の天皇の皇后もしくは天皇の祖母、妍子がなった皇太后は先代天皇の皇后もしくは天皇の母のこと。

*2 【位人臣を極める】天皇の臣下として最高の地位につくこと。望みうるもっともよい地位を得ること。

1月30日

鶏始乳 | にわとりはじめてとやにつく

 ［食］

1月30日から2月3日頃は七十二候の「鶏始乳」にあたり、ニワトリが卵を産み始める時期とされる。いっぽう正徳5年（1715）の1月30日は幕府が三笠附禁止のお触れを出した日である。

　いろいろな食物から季節感が失われている。多くの野菜が1年を通して売られているし、リンゴなどの果物も同様だ。それゆえ旬ということがわからなくなってきている。暦に「鶏始乳」とあっても、卵は1年中あるではないかと思ってしまう。

　江戸時代の日本人にとって鳥は魚とともに重要な動物性タンパク質の摂取源であった。というのも、牛肉・豚肉といった獣類の肉を食べなかったからだ。獣類を食べなくなったのは仏教の影響[*1]といわれるが、それならば鳥や魚もダメなはずで、牛馬は農耕に不可欠なものだったので食べなくなったのだと思われる。豚に関しては飼料が大量に必要になるので、大切な穀物を餌に使うことが嫌がられたのだろう。

『楳嶺花鳥画譜』（国立国会図書館蔵）より「桔梗・鶏」

　それゆえ山村などでは、鹿やイノシシなどのジビエは食べられていた。江戸などの都市ではそういうことは少なかったが、病気の時は薬食いといって肉を食べることがあった。ちなみにウサギは鳥の仲間とされて獣肉扱いされなかった[*2]。

　いっぽう江戸幕府は正徳5年1月30日に三笠附の禁令を出した。発端は俳諧のコンクールであった。最初は師匠が出した前句[*3]に対して上手な付句をつけた者に賞品を出すものであった。これがどの5・7・5の組み合わせがよいのかを選ぶものとなり、参加料を払って高額の賞金を狙うなど博打化されていったため、幕府によって禁止された。

用語解説

- ***1【仏教の影響】** 仏教は在家信者にも殺生戒の遵守を求める。殺したのは他人でも、肉を食せば殺生戒に抵触する。
- ***2【獣肉扱いされなかった】** ウサギを1羽・2羽と数えるのは、これに由来する。
- ***3【前句】** 7語・7語からなる句。これに5・7・5の付句をつけるのである。

1月31日

雪だるま | ゆきだるま

 ［歳事］

31日は歳時記的な要素が少ない。旧暦には31日という日がないからだ。歴史的な出来事も太陽暦を用いるようになった明治6年(1873)以前には存在していないことになる。そこでそれゆえこのページでは雪だるまについて書くことにしたい。

雪だるまは文字通り雪で作ったダルマだ。ダルマとは禅の教えをインドから中国に伝えた菩提達磨[*1]のことで、当時の皇帝[*2]に教えを説いたが理解できる者がいなかったので、洛陽郊外の嵩山に籠もって後継者が現われるまでの9年間、壁に向かって坐禅をしていたとされる。正月の縁起物などになっている張り子のダルマはその姿を模したものだが、雪だるまは張り子のダルマを雪で作ったものといえる。

しかし、現在の雪だるまは雪玉を二つ重ねて作るのが一般的で、張り子のダルマには似ていない。どうやらこの形はアメリカのスノーマンの影響らしい。では昔はどうだっ

『江戸名所道戯尽 廿二 御蔵前の雪』(国立国会図書館蔵)

たかというと、もっとずんぐりした、まさにダルマ体型であった。明治の写真を見るとほぼ円形に近いものもある。江戸時代の浮世絵になると、もっとリアルにダルマを模したものが描かれている。

ただ、この「雪だるま」という言葉は、あまり古いものではないようだ。というのも、雪だるまを使った古句が見当たらないからだ。代わりに出てくるのか「雪仏」だ。たとえば小林一茶[*3]には「とる年もあなた任せぞ雪仏」という句がある。

さらに古い用例もある。吉田兼好の『徒然草』だ。兼好は、世間の人たちが将来のためにせっせと蓄財することを雪仏のために堂を建てて飾り立てるようなものだとして、無常観を説いている。古い諺にも「雪仏の水遊び」[*5]というのがある。

用語解説

*1 【菩提達磨】ボーディダルマの音写。6世紀初め頃に実在したと考えられている(10月5日参照)。

*2 【当時の皇帝】梁の武帝(464〜549)のこと。

*3 【小林一茶】1763〜1828 (?)。江戸後期の俳人。

*4 【吉田兼好】1283〜?。鎌倉末期から南北朝の随筆家。

*5 【雪仏の水遊び】自ら危険を招くことのたとえ。

2月1日

ついたち参り | ついたちまいり

 ［祭事］

「ついたち参り」は毎月1日に神社を参拝すること。朔日詣りともいうが、旧暦の1日に参るものを指すこともある。神社によってはついたち参りにあわせて特別な授与品を出すところもある。

毎　月1日に神社をお参りすることを「（お）ついたち参り」「朔日詣り」などという（寺院に参るものを含める場合もある）。古来、年が改まると神の霊威も更新され高まると信じられてきたが、月が改まった1日も祭神の霊威が高まっていると考え、参拝を行なうものだ。

赤福の朔日餅

　「ついたち参り」という呼称は比較的最近のものと思われるが、神社では1日に朔旦祭や月次祭[*1]が行なわれるので、これに合わせて参拝する例は中世以前に遡ると思われる。毎月必ず1日に参ることを「月参り」というが、「月参り」は月命日[*2]の墓参りを指すこともあるので注意したい。

　生活習慣の変化から神社行事への参加者・参列者は減少する傾向にあるが、「ついたち参り」に関しては少しずつ増えている神社も多く、これに合わせて行事を行なったり、特別な授与品を用意したりするところも増えてきた。

　たとえば、宮崎市の宮崎神宮では月ごとに変わる参拝餅を授与し、1年間ついたち参りを続けた者には証書と御幣を与える。奈良県桜井市の大神神社ではご神木の杉の枝に紙垂（白紙を段々に折ったもの）をつけた「お杉」が授与される。伊勢神宮の門前町では朔日朝市が開かれ、老舗の和菓子屋赤福で朔日餅が販売される（伊勢神宮が直接関わるものではない）。

　いっぽう役者や初詣客を相手にした商売人などは1月は仕事で忙しく年頭の挨拶ができないので、2月1日に行うことがあった。これを二月礼者といった。

用語解説

*1 【月次祭】現在は「月次」を「毎月」の意にとって毎月1日と15日に国家や地域、氏子・崇敬者の安寧と繁栄を祈る行事をいうが、もとは6月と12月の11日に行うものであった。

*2 【月命日】故人の亡くなった日のこと。たとえば、2月10日に亡くなったのであれば、毎月10日が月命日。2月10日は祥月命日という。

2月2日

如月と更衣 | きさらぎときさらぎ

［衣］

如月は旧暦2月の異称。更衣とも書く。新暦2月の意としても使われることがある。また、2月2日に据える灸のことを二日灸という。この日に行なうと平常の数倍の効果があるともいわれた。

旧暦2月のことを如月と呼ぶ。その由来は不明だが、寒さがまだ残る時期なので一枚重ね着をする「衣更衣」だと説明されることが多い。しかし、旧暦の2月は新暦では3月の中旬から4月上旬頃にあたるので、この説明とは季節感が異なるようにも思える。

2月にはほかにも令月[*1]、仲春、梅見月、雪消月、木芽月、雁帰月、恵風といった別名がある。

令月は何をするにもよい時期という意味。2月8日が事始め（2月8日参照）なので、このようにいうのだろう。「仲春」は、春の真ん中の月という意味。旧暦では1月から3月を「春」とすることによる。「恵風」は植物などを育てる恵みの風の意味で、春の風を表わしている。

『風俗三十二相 あつさう 文政年間
内室の風俗』（国立国会図書館蔵）

2月2日に据える灸[*2]は二日灸という。灸は陰干したモグサの葉を揉んで小さな三角錐形にして皮膚の上に置き、火をつけて経穴（ツボ）を温熱刺激するもの。日本以外にも中国やチベット、モンゴルなどで親しまれている。

灸は近世には身近な治療法として、専門医にかかるだけではなく自分で行なうことも一般化していた。肩こりや腰痛の治療、疲労回復などにも使われ、日常的に行なわれていたが、2月2日は普段の数倍の効能があると信じられた。「二日やいと」ともいう。

用語解説

*1 【令月】「令月」は『万葉集』でも使われている。令和の出典となった「梅花歌三十二首 幷 序」であるが、ここでは1月に対する褒め言葉として使っている。

*2 【2月2日に据える灸】8月2日の灸を二日灸ということもある。

2月3日

節分 | せつぶん

 ［歳事］

節分は立春・立夏・立秋・立冬の前日を指すが、立春前日以外はこれといった行事がないため、節分といえば現在では2月3日のイメージが強いだろう。節分に行なわれる豆まきは追儺行事に由来するもので、本来は大晦日に行なうものであった。

「節分」は「季節を分ける日」を意味し、立春・立夏・立秋・立冬の前日を指す。しかし、立春前に多くの行事が行なわれるのに対し、立夏・立秋・立冬前にはこれといった行事がないので、節分といえば一般的には立春の前日をいうようになった。

『千代田之大奥 節分』（国立国会図書館蔵）

　節分の行事といえば「豆まき」が思い浮かぶが、これは8世紀初め頃に中国から伝わった追儺に由来している。追儺は4つ目の面をかぶり盾と矛を持った方相氏（ほうそうし）という役が目に見ない邪気（邪鬼）を祓うというもので、宮中儀礼として定着した後、社寺にも広まった。

　当時の追儺は大晦日に行なうものであったが、旧暦では立春が元日の前後となるので節分の儀礼として行なわれるようになった。その後、方相氏の姿が恐ろしいため方相氏を邪鬼と見立てるようになり、鬼を追い払う儀礼となった。

　豆をまくのは、厄除け*1の習俗と混じり合ったためではないかといわれる。節分・立春は厄除けを行なう時期でもあるのだが、その方法の一つに豆*2に厄を移して辻などに捨ててくるというものがある。こうしたならわしが、豆で災厄の元凶というべき鬼を追い払うという意味に解されて節分の豆まきになったと思われる。

　節分に行なわれる行事として他に特筆すべきは、密教系の寺院や日蓮宗の寺院での星祭り（星供）（ほしく）だろう。これは北極星の神格化である妙見菩薩を本尊として、延寿や除災招福などを祈るものである。

用語解説

*1 【厄除け】災害に遭ったり病気になったりしやすい年齢のことを厄年という。いくつか説があるが、一般的には男の25歳・42歳・61歳、女の19歳・33歳・37歳（いずれも数え年）をいう。これらの年齢の時に災難に遭わないよう、社寺に参拝したりして厄を落とす儀礼を行なうことをいう。

*2 【豆】大豆など。年齢の数の豆を使うことが多い。

2月4日

立春 りっしゅん

［歳事］

立春は二十四節気の第一節気で、春の始まりを示す。冬至と春分の中間で、今の暦では2月4日か5日になる。2月4日は栄西が源実朝に『喫茶養生記』を献じた日でもある。

立春は二十四節気（1月5日参照）の一つで、その最初の節気である。冬至から約46日目、あるいは黄経[*1]が315度になった時をいう。

立春は「春の気が立つ時」、すなわち「春が始まる」この日は、新暦では2月4日か5日にあたり、年によっては冬のように寒いこともある。それでも暦の上ではこの日から立夏の前日（節分）までが春の扱いになる。

東アジアでは立春を1年の始まりとするところがあり、日本でも若水（1月1日参照）など立春に新春の儀礼を行うことがあった。しかし、旧暦では立春が元日の前後[*2]にくるため、その多くは元日の儀礼に取り込まれていった。

栄西を開山とする建仁寺（京都市東山区）境内の茶碑

旧暦では元日より立春の方が先にくることもあるから、『古今和歌集』には「年のうちに春は来にけり一年を 去年とやいはむ今年とやいはむ」（年が明けないうちに立春が来てしまった。昨日までの1年間は去年というべきだろうか、今年というべきだろうか）という和歌もある。

2月4日は栄西（1141〜1215）が鎌倉幕府第3代将軍の源実朝（1192〜1219）に『喫茶養生記』を献じた日でもある。栄西は臨済宗[*3]を本格的に日本に伝えた人物で、『喫茶養生記』では茶の薬効や服用法などを説いている。一説では二日酔いに苦しむ実朝に一服の茶とともに差し出したのだという。

用語解説

- [*1]【黄経】太陽が空を移動する見かけ上の軌道を黄道という。この黄道を、春分点を起点として360度に分割したものを黄経という。
- [*2]【旧暦では立春が元日の前後】二十四節気は太陽の運行によって決められているのに対し、旧暦は月の運行に基づく太陰暦（正確には太陽暦で補正した太陰太陽暦）なので、旧暦上の二十四節気の日付は毎年異なる。
- [*3]【臨済宗】禅宗の一派。唐の臨済義玄（?〜866）を開祖とする。

2月5日

はるかぜこおりをとく　いなりしん　いなりずし

初午 ｜ はつうま

［食］

「東風解凍」は七十二候の一つで、2月4日から8日頃までを指し、春風に氷が溶け出す季節を表す。初午は稲荷社の縁日の日で、稲荷神のみ1月ではなく2月に新年最初の縁日を祝う。

春 の始まりを知らせる立春（前項参照）は、二十四節気の第一の節気で2月の4日か5日、あるいは2月4日から18日頃をいう。「東風解凍」は、その初候（節気の期間を3分割した最初の5日間）のこと。「東風」（この場合は「こち」と読む）は春に吹く東寄りの風のことで、暖かさを運んでくると信じられていた*1。菅原道真の「東風吹かば匂いおこせよ梅の花

『都名所之内 伏見稲荷社』（国立国会図書館蔵）

あるじなしとて春な忘れそ」という有名な歌の「東風」も、この風のことである。

　この東風が吹いてくる頃にめぐってくるのが初午。2月最初の午の日のことで、稲荷社の縁日だ。

　初観音や初天神など新年最初の縁日は1月に行なわれるものだが、稲荷社のみは2月に行なわれる*2。これは、全国の稲荷社の総本社である伏見稲荷大社の御祭神が、2月最初の午の日に出現された*3ことにちなむものとされる。

　この稲荷社のお供えとして定番なのが油揚げだ。稲荷神のお使いであるキツネはネズミが好物だが、神前にネズミを供えるわけにはいかないので精進料理で肉の代わりに使われる油揚げを供えたことに始まるとされる（異説もある）。

　この油揚げを甘辛く煮て寿司飯をつめたものが稲荷寿司。稲荷神ゆかりのお寿司という意味でつけられたものと思われる。ちなみに稲荷寿司を円筒形に作るのは米俵を模したためともいう。

用語解説

*1 【暖かさを運んでくると信じられていた】海では時化を招く風として恐れられた。

*2 【2月に行なわれる】神社によっては旧暦の2月に行なうことがある。

*3 【2月最初の午の日に出現された】『山城国風土記』によると、秦氏の祖先の秦伊呂巨が餅を的にして矢を射ったところ、餅は白い鳥になって稲荷山に飛び、そこに稲が生えたので、ここに社を建てて神を祀ったことが稲荷大神の始まりという。

2月6日

海苔 | のり

［食］

2月6日は全国海苔貝類漁業協同組合連合会が決めた「海苔の日」。これは海苔を租税の一つである調に定めた『大宝律令』が頒布された日が今の暦で2月6日あたることによる。

『**大**』宝律令』は日本で初めて制定された[*1]本格的な法律で、大宝2年（702）2月1日に全国に頒布された。この定めの中に海苔（紫菜）を調[*2]と定めた記述があることから、全国海苔貝類漁業協同組合連合会は頒布の日を新暦に換算した2月6日[*3]を「海苔の日」と決めた。

日本における海苔の歴史は古く、縄文・弥生時代に遡る可能性が指摘されている。記録の上では『出雲国風土記』（733年完成）に「紫菜は楯縫郡がもっとも優れている」といった記述が見られる。また、『常陸国風土記』には「倭武天皇[*4]、海辺に巡幸でまして、乗浜に行き至りたまう。時に浜・浦の上に多に海苔（俗に「のり」と云う）を乾

『江戸自慢三十六興 品川海苔』（国立国会図書館蔵）。火鉢で海苔をあぶる女性の姿が描かれている

せり」と記されており、当時すでに干し海苔が食べられていたことがわかる。

海苔が広く食べられるようになるのは近世に入ってからのことだが、その普及には長野県諏訪地方の者たちが深く関わっていた。海のない諏訪と海苔は結びつかないと思われるだろうが、そこにはこんな事情があった。

諏訪の冬は寒さが厳しい。農作業ができないので出稼ぎに出る者も多かった。彼らが向かったのは江戸の品川・大森の海苔問屋である。寒さに強い諏訪の人は海苔問屋から重宝されていたのだ。問屋で奉公するだけではなく、商人として海苔を売り歩く者もおり、海苔の普及、販売の拡大に大きな寄与をした。彼らは江戸へと向かう際、諏訪大社に参り旅の無事と商売繁盛を祈ったという。

用語解説

*1 【初めて制定された】 法律としては『大宝律令』以前に『飛鳥浄御原令』があったが、これには律（今の刑法にあたる）がなく、律と令が揃ったものとしては『大宝律令』が初めて。

*2 【調】 古代の現物税の一つ。基本的には布類であるが、海苔などの特産品も認められた。

*3 【新暦に換算した2月6日】 吉川弘文館編集部編『日本史「今日は何の日」事典』は3月3日とする。

*4 【倭武天皇】 ヤマトタケルは即位していないが『常陸国風土記』には数カ所、こうした記述がある。

2月7日

2月7日

2月7日

2月7日

2月7日

2月7日

KEYWORD ◇ カワウソ、『礼記』、李商隠、正岡子規

獺祭魚 | だっさいぎょ ［歳事］

旧暦1月頃のカワウソは捕った魚をすぐに食べず、川岸などに並べておく習性がある。これがお供えをして先祖の祭をしているように見えるので「獺祭魚」という。唐の詩人・李商隠は詩作する際、カワウソが魚を並べるがごとく周囲に本を並べていたので獺祭魚と号した。

つてカワウソは身近な動物であった。それは「尻尾の釣り」「拾いもの分配」といった昔話に登場していることや、美人に化けて人を騙したといった伝承が各地に残されていることからもわかる。鈴木棠三『日本俗信辞典 動物編』に「島根では、水泳をするとカワウソが尻を抜く、とカッパ同様の俗信がある」とあるように、カワウソはキツネやタヌキと同じように霊的・妖怪的な動物と考えられていた。

『百鬼夜行拾遺』（国立国会図書館蔵）より「獺」

カワウソが霊獣と思われるようになった理由の一つに「獺祭魚」がある。これは捕った魚をすぐに食べず川岸などに並べておくことを祖先の祭になぞらえたもので、中国の古典『礼記』*1に出典がある。『礼記』ではこの獺祭魚を孟春*2のこととしているが、中国の七十二候では雨水の初候*3（2月19日から23日頃）の呼称としている。

唐時代の詩人の李商隠（813？〜858）は華麗かつ難解な詩を書いたことで知られるが、周囲に本を並べて詩作をしたことから自らを獺祭魚と呼んだ。日本の俳人の正岡子規（1867〜1902）はこれにちなんで獺祭書屋と号したことがあり、彼の命日を獺祭忌とも呼ぶ。なお、松尾芭蕉にも「獺の祭見て来よ瀬田のおく」という句がある。

なお、カワウソのそうした習性は飼育されていても変わらないらしく、ある水族館の飼育員は「自分のからだの半分近くあるような魚を、カワウソは簡単にしとめてしまい、食べるのかと思ったら、次々と捕まえ、岩の上に並べだしたのです。」とブログで述べている（「海遊館日記」2017年8月1日）。

用語解説

*1 【『礼記』】儒教経典。礼に関する文献を集めたもので、五経の一つ。漢時代に成立。

*2 【孟春】早春、旧暦1月のこと。

*3 【雨水の初候】日本の七十二候では「土脈潤起」を雨水の初候とする。

2月8日

KEYWORD ◈ 事始め・事納め、針供養

事八日 | ことようか

[人生]

2月8日は12月8日とともに「事八日」と呼ばれる。「節目となる行事を行なう8日」といった意味で、「事始め」または「事納め」ともされる。また、妖怪が訪れる日ともいわれる。

2月8日と12月8日は「事八日」と呼ばれる（旧暦で行なうところもあり、関西などでは12月8日のみをいうところもある）。

針供養の様子

「事」とは家で行なう祭事・行事を指す言葉で、結婚式や成人式などを「お祝い事」という時の「事」と同意である。事八日はその中でも代表的な行事で、節目となる年中行事とされてきた。ここから「事始め」もしくは「事納め」ともいわれる。

しかし、2月8日と12月8日のどちらを「事始め」とし、どちらを「事納め」とするかは、時代や地域によって異なる。滝沢馬琴編の『増補俳諧歳時記栞草』には「十二月八日を年頭嘉祝の事はじめとし、二月八日を事納とするのは近世の誤也」とあるが、かならずしもそうとはいえない。「始め」と「納め」は、何に対するものであるかによって変わるからだ。

すなわち、準備も含めた正月儀礼の「始め」と「納め」と考えるなら12月8日が「始め」となる[*1]し、農作業のこととすれば2月8日が「始め」となる。

事八日には仕事を休んで道具の手入れなどをするものとされるが、これは神を迎えるために物忌みをした名残ではないかともいわれる。針仕事をする者は針供養[*2]をする。事八日に一つ目小僧などの妖怪が出るといわれるのも、神が集落や各家にやって来る神迎えの日であった名残と思われる。家の前に目（編んだ竹によってできる穴のこと、これを人間の目に見立て、目の多さで妖怪を圧倒する）の多い籠・ザルなどを出して妖怪除けにする。

用語解説

*1 【12月8日が「始め」となる】正月が「稼ぎ時」となる花街などはこちらの説をとる。ただし、京都祇園は12月13日を事始めとする。

*2 【針供養】古針や折れ針を柔らかい豆腐に刺して慰労する。個人宅で行なうものであったが、社寺で行なうところもある。

玉風 | たまかぜ

［歳事］

玉風は北西から吹く冬の暴風のこと。おもに北陸から東北の日本海側で用いられる言葉。束になって吹くように思えることから束風ともいう。風は農漁業に深く関わることから古くから神として祀られてきた。

2月9日は暦の上では春であるが、実際はまだ冬の天気になることも少なくなく、玉風が吹くこともある。実際、旧暦に換算すると12月の終わり頃となり、暦の上でもまだ冬ということになる。

写真家である高橋健司の『空の名前』には、玉風は「もともとは魂風と書き、北西風に名付けられたのは、その方向から鬼や外敵が来る、との言い伝えによるものといわれます」とある。

この冬の北西風を関西(奈良県・大阪府南部など)では「あなじ」と呼ぶ。興味深いのは、この地方には「穴師」が

『長春閣鑑賞』(国立国会
図書館蔵)より「風神図」

つく神社が分布していることだ。現在では祀られている神*1は神社により異なっているが、もとは風の神を祀っていたのではないかと考えられている。

風の神を祀ることで有名なのが、奈良県生駒郡の龍田大社である。崇神天皇の御代に凶作と疫病が続いたが、神の託宣によりこの地に天御柱大神・国御柱大神を祀ったところ疫病は収まり作物は豊作になったという。天武天皇4年(675)以降、勅使が派遣されて風神の祭が行なわれてきた。

いっぽう級長津彦命と級長戸辺命を祀る伊勢神宮内宮の別宮、風日祈宮*2は、元寇の際に神風を起こして元軍を壊滅させた*3と伝わる。

なお、風の神(風神)が袋を背負った鬼神の姿で表わされるようになるのは室町時代以降のことである。

用語解説

*1 【祀られている神】奈良県桜井市の穴師坐兵主神社は兵主大神、大阪府泉大津市の泉穴師神社は天忍穂耳尊、栲幡千千姫命を祀る。

*2 【風日祈宮】外宮にも風宮という風の神を祀る別宮がある。

*3 【神風を起こして元軍を壊滅させた】龍田大社にも同様の伝承がある。

2月10日

KEYWORD ◈ ウグイス、初音、林羅山、孔子、湯島聖堂

釈奠 | せきてん

［歴史］

2月9日から13日頃は七十二候の「黄鶯睍睆」にあたる。ウグイスが鳴き始める時期である。2月10日は儒学者の林羅山が孔子を祀る儒教の祭・釈奠を復活させた日でもある。

梅 の花とウグイス[*1]は日本人にとって春の訪れの象徴となっている。都会ではウグイスの声を聞くのは難しくなっているが、和菓子屋の店頭に鶯餅が並ぶのを見て春を感じることもある。したがって「黄鶯睍睆」が立春の次候として七十二候（1月6日参照）に取り入れられていることは、季節感的にもしっくりくる。

　ちなみに、ウグイスの初音[*2]を右耳で聞くか左耳で聞くかによって、その年の運勢が変わるという。「宮城では、初音を右の耳で聞くと、その年は収入が多く、左で聞くと出費が多い、長野でも、右耳で聞くと縁起が良く、左で聞くと縁起が悪い」（鈴木棠三『日本俗信辞典 動物編』）というが、左で聞いた方が運勢がよくなるとする地域もある。

　いっぽう2月10日は林羅山（1583〜1657）が釈奠を復活させた日である。釈奠は儒教の祖・孔子[*3]（紀元前552？〜479）を祀る祭典のことをいう。中国では前漢の高祖が紀元前195年に孔子の故郷である魯（曲阜）を訪れ、肉を捧げて孔子を祀ったという記録が残っている。日本では飛鳥時代の末に伝わり、大学寮（官僚育成機関）で行なわれていたが、牛や豚の肉を捧げるということが日本の宗教風土に合わず、しだいにすたれていった。

　これを憂いた林羅山は3代将軍徳川家光から賜った上野忍ヶ岡の土地に聖堂を建て、寛永10年（1633）2月10日に釈奠を復活させた。ちなみに、この釈奠は元禄3年（1690）に建てられた湯島聖堂[*4]に引き継がれ、今も神田神社（神田明神）の神職によって執り行なわれている。

用語解説

- **[*1]【梅の花とウグイス】**取り合わせのよい組み合わせの例ともされる。18世紀の浄瑠璃『袂の白しぼり』にも「梅に鶯、紅葉に鹿、竹に雀や花に蝶」とある。
- **[*2]【ウグイスの初音】**ウグイスがその年最初に鳴くこと、また、その鳴き声。
- **[*3]【孔子】**中国春秋時代の思想家。儒教の事実上の開祖。『論語』はその語録。
- **[*4]【湯島聖堂】**東京都文京区にある孔子廟。第5代将軍綱吉が林羅山の忍岡聖堂に代わるものとして建設。のちに昌平坂学問所とされた。

甘酒 | あまざけ

 ［食］

2月11日は京都市右京区の梅宮大社で甘酒祭が行なわれる日。これは『日本書紀』で木花咲耶姫命が出産後に天甜酒（甘酒）を醸して神に捧げた故事に由来するもので、神前に甘酒が供えられる。

天照大神の孫の瓊瓊杵尊[*1]は、地上に降り立って間もなく美女と出会った。山の神・大山祇神の娘、木花咲耶姫命である。一目惚れをした瓊瓊杵尊は大山祇神の許しを得て木花咲耶姫と結婚をした。

木花咲耶姫像（成子天神社）

この木花咲耶姫、美しい女神ではあったが気の強い面もあり、1回の交わりで妊娠したことで国津神[*2]との関係を疑われると、産屋に火をつけて出産をした。天津神の子であれば火に焼かれることなく無事に産まれるはずというわけだ。そして、その言葉どおり子どもも自分自身も少しの火傷も負うことなく出産を終え、潔白であることを示したのであった。

『日本書紀』の一書[*3]によると、出産後に木花咲耶姫は天甜酒を醸して神に捧げたとある。天甜酒がどのような酒なのか具体的なことはわからないが、「甜」とあることから甘い酒であることは間違いないようだ。応神天皇19年の条には、吉野宮にいた応神天皇に吉野の国栖の人が醴酒を捧げたという記述があり、これも天甜酒と同じようなものと考えられている。『和名類聚抄』によれば醴酒は「一日一宿酒」、つまり一晩で作る一夜酒としており、糀を使った甘酒[*4]のようなものであることがわかる。

伊勢神宮では今も神前に醴酒が捧げられており、それは矢野憲一『伊勢神宮の衣食住』によると「醴酒は一夜酒ともいい、甘酒の素のように米粒がブツブツしていて、飲むのではなく御箸を用いてカワラケに盛る酒である」という。

なお、2月11日は神武天皇が橿原宮で即位した日とされることから建国記念日となっている。

用語解説

* ***1【瓊瓊杵尊】**『日本書紀』の表記に従う。木花咲耶姫と甘酒の話は『日本書紀』にあるのでこの項は神名を『日本書紀』の表記で統一した。ちなみに『古事記』では邇邇芸命。
* ***2【国津神】**地上の神。天照大神や瓊瓊杵尊は高天原を本拠とする神であるので天津神という。
* ***3【一書】**『日本書紀』に収録されている神話などの別伝。
* ***4【糀を使った甘酒】**甘酒の作り方には2種類あり、糀を使ったもののほかに酒粕に砂糖を加えて作る方法がある。

2月12日

長屋王没す

ながやおうぼっす

 ［歴史］

2月12日は謀反の疑いをかけられた長屋王（684〜729）が自殺した日。昭和63年（1988）に発掘中の遺跡から大量の木簡が発見され、そこが長屋王邸跡だということが判明した。

昭和61年（1986）、奈良市二条大路南に大型商業施設が建設されることになり、工事に先立って現場の発掘調査がなされることになった。この場所は平城宮のすぐ南側にあたり、朝廷で重要な地位を占めていた皇族あるいは貴族の屋敷が建てられていた可能性が高かった。

なまはげ

　実際、そこから現われたのは約240メートル四方の敷地を瓦葺きの築地塀で囲い、さらにその内をいくつかの区画に区切った大邸宅であった。その中心となる建物（正殿）は正面幅が24メートル、奥行きは15メートルもあった。

　この屋敷の主人が誰であったのかいろいろ取り沙汰されたが、敷地から発掘された3万5千点にも及ぶ大量の木簡[1]により長屋王であることが判明した。

　長屋王は天武天皇の孫で、太政大臣を務めた高市皇子の子。自身も左大臣まで出世し、藤原不比等の死後の政治をリードし三世一身法[2]を定めるなどしたが、謀反の疑いをかけられ自害した。

　なお、木簡からは長屋王の生活の様子も明らかになり、アワビのウニあえ、酢鮎、イノシシの醤油付け焼き、鹿肉の熟鮨[4]などを食べていたことがわかった。

　時は降って現代、秋田県男鹿市に鎮座する真山神社では2月の第2金・土・日曜に「なまはげ柴燈まつり」が行なわれる。なまはげは一見鬼のようだが、正月に家々を訪れて幸いをもたらす来訪神の一種である。

用語解説

- ***1【木簡】** 荷札やメモなどに使われた木製の板。長さが15〜30センチくらいのものが多い。呪符に使われたものもある。
- ***2【三世一身法】** 養老7年（723）に施行された田畑開墾奨励法。自ら開拓開墾した土地は3世代にわたって私有を許可するというもの。
- ***3【熟鮨】** 熟鮓とも。塩とご飯を使って発酵させた食品のこと。

2月13日

魚上水 | うおこおりをいずる

［食］

2月14日から18日頃は七十二候の「魚上水」にあたる。池や川の氷の一部が溶けて、そこから魚の様子が見える季節になることをいう。周囲を海に囲まれ、多くの川が流れる日本では、魚は生活に密着した食べ物であった。

『渓斎鯉の滝登り』(国立国会図書館蔵)

仏教の影響で鳥以外の獣肉を避けるようになったこともあって、魚は日本人の食生活には欠かせないものである。魚の名前を列挙していくだけでも1冊の本が書けるほど多いというのも、それだけ魚に関わる文化が広く厚いということを示している。

　それでも冬は池や川が氷で閉ざされ、海にも出にくくなるので、新鮮な魚は入手が難しくなる。その間は乾物や塩漬けなどで過ごすことになるので、往時は「魚上水」の季節が待ち遠しかったことだろう。氷に穴を開けて釣りをするワカサギ釣りなどが考案されたのも、新鮮な魚への希求の強さからであろう。

　今も祝い事には魚が欠かせない。正月、結婚、誕生など、さまざまな祝い事で鯛の尾頭付きが膳にあげられる。鯛が祝いに不可欠とされるようになったのは「めでたい」との語呂合わせとともに、その色が朝日を思わせるからともいわれる。しかし、かつては鯛ではなく鯉が祝いの主役を担っていた。

　吉田兼好の『徒然草』[1]にも「鯉ばかりこそ、御前にても切らるる物なれば、やんごとなき魚なり」(鯉だけが天皇陛下の御前でも切られるものなのだから、この上もなく貴い魚なのだ)と述べている。

　鯉が尊ばれる理由の一つに、滝を登って龍になるという俗説がある。つまり、出世する魚と考えられていたのだ。同様の理由で宴席に出される魚に鰤などの出世魚[2]がある。

用語解説

[1] 【『徒然草』】鎌倉末期から南北朝にかけて活躍した遁世者で歌人・随筆家の吉田兼好が書いた随筆集。244段からなる。引用は第118段。

[2] 【出世魚】成長とともに名前が変わる魚のこと。鰤、鱸、鯔など。ちなみに鰤はツバス→ハマチ→メジロ→ブリと変わる(関西での呼び方)。

2月14日

将門忌 | まさかどき

 ［歴史］

2月14日はバレンタインデー。聖ヴァレンティヌスの記念日で好きな人にチョコレートをプレゼントして告白する日とされるが、これは日本独自の風習。ちなみにこの日は、平将門（903 ?〜 940）の命日でもある。

平将門の首を祀る「将門塚」
（東京都千代田区）

2月14日はバレンタインデーというのは日本では周知の事実になって久しい。女性が男性にチョコレートをプレゼントして恋を告白するという習慣はヨーロッパ起源のように思われがちだが、日本で作られたものだ。『岩波キリスト教辞典』には「ヨーロッパで恋人たちが贈り物をする習慣は、この日から鳥がつがい始めるという民間伝承や、古代ローマの豊穣祈願祭ルペルカリアから来たとされるが、正確な起源は不明である。日本では、戦後、チョコレート会社が売り上げ向上のためにこの日を宣伝したことから、女性が男性にプレゼントを贈る現在の習慣が始まった。3月14日のホワイトデーとともに日本独特の商業習慣であり、ヴァレンティヌス*1と直接の関係はない」とある。

ちなみにこの日は、10世紀の日本で平将門が戦死した日にあたる。

平将門は10世紀の初めに、今の千葉県佐倉市付近に生まれたと考えられている。父の平良将は鎮守府将軍*2であったともいう。若い頃に都に出て藤原忠平*3に仕えたが、承平元年（931）頃に下総（千葉県北部）に戻った将門は、領地のことなどで叔父と対立し、その紛争が拡大する形で常陸国（今の茨城県）の国府を占領。続いて関東地方を掌握する。自ら新皇を称し、独立国家とした東国の王になろうとしたが、天慶3年（940）2月14日に藤原秀郷に討たれた。

興味深いのは、怨霊となったとされる将門が信仰対象となってきた反面、将門を調伏*4したとされる社寺にも信仰が集まったことだ。前者の代表が神田神社（神田明神、東京都千代田区）であり、後者の代表が成田山新勝寺（千葉県成田市）である。

用語解説

- *1【ヴァレンティヌス】3世紀にローマで活動したキリスト教の聖職者。2月14日に殉教したと伝えられるが、複数の人物の伝承が混淆しているらしく、現在のカトリックは2月14日をヴァレンティヌスの記念日とはしていない。
- *2【鎮守府将軍】奈良時代から平安時代にかけて東北におかれた軍事拠点、鎮守府の長官。
- *3【藤原忠平】880〜949。平安中期の公卿。摂政・関白として朱雀・村上天皇の時代に権力を握った。
- *4【調伏】霊力で仏敵などを打ち倒すこと。

2月15日

涅槃会 | ねはんえ

［祭事］

2月15日は仏教の開祖・釈迦が肉体を捨てて完全な涅槃に入った日とされ、寺院では涅槃会が行なわれる。この日に合わせて菓子を作る風習が各地にみられ、たとえば北陸では涅槃団子が作られる。また、旧暦の2月15日頃に吹く西風のことを涅槃西風という。

　　仏 教の開祖・釈迦は紀元前500年頃のインドで活動をした実在の人物である。経典に記された伝承によると、釈迦はシャカ族の王の長男として生まれたが29歳の時に出家し、厳しい修行を経て35歳で悟りを開いた。インド各地をめぐって教えを広め、多くの弟子を育てた後、80歳でこの世を去ったという。この死のことを、完全な悟りの境地に入ったという意味で「涅槃[*1]」という。肉体を滅して煩悩の火を消し去るということから「入滅」ともいう。

『涅槃図』（国立国会図書館蔵）

　しかし、釈迦は35歳で悟りを開いたのではなかったのか、と思われるかもしれない。実はこの時、肉体を捨てて釈迦は完全な悟り[*2]に至ろうとしていた。だが、そうしてしまうと人々がその教えに触れることができなくなってしまうため、あえて煩悩の源になる肉体を残して布教を行なうことにしたのだとされる。そのため晩年の釈迦は肉体の衰えや病気に苦しんだと『涅槃経』[*3]は説いている。

　仏教は日本に伝わって以降いくつもの宗派に分かれたが釈迦の教えを受け継ぐという意味では共通しているので、釈迦の生涯に関わる行事、誕生を祝う降誕会、悟りを開いた日を祝う成道会、そして涅槃会はどの宗派も行なう（4月8日および12月8日参照）。涅槃会では釈迦の入滅の様子を描いた涅槃図を掲げて『涅槃経』の読経がなされる。

　福岡県柳川市では涅槃会に麦焦がしを作るなど、この日に合わせて菓子を作る習俗が各地にある。富山県などでは白・赤・緑などのカラフルな涅槃団子が作られ、これを食べると厄除けや無病息災などのご利益があるとされる。

用語解説

- *1 【涅槃】古代インドの聖典語サンスクリット語の「ニルヴァーナ」の音写。煩悩の火が消えた悟りの境地を示す。
- *2 【完全な悟り】肉体を捨てた完全な悟りを無余涅槃といい、悟りを得ながら肉体を維持している状態を有余涅槃という。
- *3 『涅槃経』釈迦の生涯最後の旅を記録した経典。釈迦の入滅の前後がくわしく記されている。

2月16日

KEYWORD ◈ 西行、きさらぎの望月のころ、沙羅の木

西行忌 | さいぎょうき

［文芸］

西行（1118〜1190）は平安末から鎌倉初期にかけて活動した歌人。各地を旅して多くの歌を残し、その作風・生き様は後世に大きな影響を与えた。また、もと武士であった西行は朝廷にも幕府にもパイプがあり、その交渉にも一役を果たした。

西行の没年は建久元年（1190）2月16日とされる。しかし、西行の業績を顕彰する西行忌は2月15日に行なわれることがある。それは西行の「願わくは花の下にて春死なんそのきさらぎの望月のころ」という歌の心に沿うためだ。「できることなら春に死にたい。それも2月の満月の頃に」という意味である。「きさらぎの望月」*1は旧暦では2月15日——前項を読まれた方はおわかりだろうが、2月15日といえば釈迦が死去した日、涅槃会にあたる。沙羅の木*2の花のもとで釈迦が死んだように、西行も花（桜）の下で死にたいと願ったのだ。ここには歌人としての西行とともに、僧としての西行の顔もみえ隠れする。

『武者かゞ美 一名人相合 南伝二』（国立国会図書館蔵）より「西行法師」

西行は俗名*3を佐藤義清という。藤原氏の末流であるが、西行の父の頃は皇居の警備などにあたる武官を務め、西行も20歳の時に鳥羽上皇の北面の武士*4となっている。ちなみに同い年の同僚に平清盛がいた。

そんな生活も長くは続かず、23歳の時に突如出家した西行は、各地の歌枕などを旅しながら歌を詠む生活に入った。それでも、政治の世界からまったく隔絶してしまったわけではなく、平清盛や源 頼朝とも関わりをもち、時には社寺との交渉役も務めている。

文学者としての西行の生き方は後の世に大きな影響を与えた。とくに連歌師の宗祇（1421〜1502）と松尾芭蕉（1644〜1694）は西行を理想とし、その足跡を追って旅している。

用語解説

- **＊1【きさらぎの望月】**旧暦は月の満ち欠けを基準とした陰暦（太陰太陽暦）なので、15日はおおむね満月となる。ちなみに1日（朔日）は新月となる。
- **＊2【沙羅の木】**フタバガキ科サラノキ属の常緑高木。釈迦は2本並んだ沙羅の木（沙羅双樹）のもとで死んだとされる。
- **＊3【俗名】**出家する前の名。日本の仏式葬儀では故人を出家させる儀礼を伴う宗派が多いので、戒名に対する生前の名の意味で用いられることもある。
- **＊4【北面の武士】**上皇の護衛にあたる武官をいう。

2月17日

祈年祭 | としごいのまつり

［祭事］

2月17日には伊勢神宮をはじめとした全国の神社、また宮中でも祈年祭が執り行なわれる。稲の順調な生育、豊作を願う祭で、飛鳥時代に起源をもつものであるが、古代と現代では行事の内容が大きく変わっている。

祈年祭（「きねんさい」とも読む）は農耕の本格的な始まりに先立って豊作を祈る祭で、民間で行なわれる御田祭[*1]に通じるものといえる。しかし、古代と現代では行事の内容が大きく異なっている。

祈年祭（伊勢神宮内宮）
（写真提供：神宮司庁）

　古代の祈年祭は全国の主要神社から祝[*2]を神祇官[*3]に集め、豊作を願う祝詞を奏上したのちに、祝たちに幣帛を配るものであった。

　幣帛とは神への捧げ物のことで、岡田荘司編『事典 古代の祭祀と年中行事』によると神祇官で配られた幣帛は、さまざまな布類、布でまいた木製模造刀、武具、鹿の角、農耕具、海産物、酒、塩であった。祝たちはこれらを自分たちの神社に持ち帰り、祈年祭を執り行なって祭神に捧げたのである。

　この行事は神社を通して朝廷の支配を全国に及ぼすためのものでもあったが、遠方の神社にとって祈年祭のたびに祝を朝廷に出仕させるのは大きな負担であった上、帰途に盗賊に襲われる危険もあったため、しだいに出席しなくなった。こうしたこともあって祈年祭は室町時代にいったん廃絶した。

　復興したのは明治2年（1869）のことで、稲の豊作と国の繁栄を祈る祭として行われることになった。古代の祈年祭は天皇親祭[*4]ではなかったが、明治以降は天皇自ら宮中三殿[*5]に御親拝されるようになった。

用語解説

- **[*1]【御田祭】** 御田植え祭・田遊びなどともいう。稲の豊作を願う祭。農作業の始まりに先立って田植えから収穫までを演じて豊作を神に約束させる予祝行事として行われることが多い。
- **[*2]【祝】** 祝部とも。古代〜中世の神社で神事の執行を担う神職のこと。宮司や禰宜を含む神職全般に対する呼称として用いられることもある。
- **[*3]【神祇官】** 古代の官庁の一つ。朝廷の神事および全国の神社を司った。形式的には太政官の上だが、実際には太政官に準じる役所であった。
- **[*4]【親祭】** 天皇自らまたは代理が出席して行われた祭のこと。
- **[*5]【宮中三殿】** 皇居内にある神殿。天照大御神を祀る賢所、八百万の神を祀る神殿、歴代天皇・皇后・皇族の神霊を祀る皇霊殿の3殿よりなる。

2月18日

親鸞遠流

しんらんおんる

🏯［歴史］

2月18日には宮崎県高原町の苗代田祭や岐阜県揖斐郡揖斐川町の谷汲踊りといった祭が行なわれる。また、建永2年（1207）の2月18日は法然や親鸞が土佐や越後に配流された日でもある。

2月18日頃は沖縄などを別とすれば稲作を始めるにはまだ早い時期だが、各地で米の豊作を願う祭が行なわれる。それらは農作業を模した所作を行ない、あらかじめ豊作を祝うことで現実もそのようにしようとする、予祝行事であることが多い。青森県八戸市で行なわれる「えんぶり」（2月17日～20日）もそうした祭の一つだ。また、宮崎県高原町の苗代田祭（ベブがハホ）も、狭野神社境内を田に見立てて田打ちや代掻き*1を模した儀礼を行なう。「ベブがハホ」という呪文のような別名は、「ベブ」が牛、「ハホ」が主婦・妊婦を意味しており、豊穣を示すものと思われる。

『撰雪六々談 親鸞』
（国立国会図書館蔵）

やはり2月18日に行なわれる岐阜県揖斐郡揖斐川町の谷汲踊り（豊年祈年祭）は、祭そのものは豊作を願うものであるが、演じられる踊りは戦勝を祝ったことが起源だと伝えられている。伝承によれば平家を滅ぼした源氏の兵士が踊ったことに始まるとされ、鳳凰の羽を表わすというシナイを背負い、胸に抱えた大太鼓を叩きながら踊る。

また、2月18日（日付は鎌倉時代の歴史書『皇帝紀抄』による）は建永2年に浄土宗の開祖である法然（1133～1212）やその弟子で浄土真宗の開祖となる親鸞（1173～1262）が流罪になった日でもある。念仏宗の者たちが風紀を乱していると批判が強まるなか、後鳥羽上皇の留守中に女房が出家してしまうという事件がきっかけであった。この決定に怒った親鸞は非僧非俗*2として布教をする道を選び、浄土真宗の成立へと進むことになる。

用語解説

*1【田打ちや代掻き】田打ちは田起こしともいい、田を掘り返す作業をいう。代掻きは田打ちが終わった田に水を引き、さらに土を細かくする作業をいう。昔は牛や馬に鋤を引かせて行なっていた。

*2【非僧非俗】僧でも俗人でもないということ。『教行信証』にある言葉で、国が定める僧という資格は捨て去るが仏教を説く者ではあり続けるという親鸞の決意を表わす。

雨水 | うすい

📖 ［文芸］

雨水は二十四節気の第二節気で2月19日頃、あるいは2月19日から3月5日頃をいう。また、2月19日は初代・市川團十郎の命日でもある。初代團十郎は江戸歌舞伎を大成した歌舞伎役者であるが、成田不動尊の信仰を広めた人物としても知られる。

雨水は立春に続く節気で、春が本格化する時期といえる。春一番もこの時期に吹く。農耕も本格的に始められる季節でもある。

この雨水について高橋健司は『空の名前』で次のように述べている。

『下総国成田山境内生写之図』（国立国会図書館蔵）

「雪が雨に変り、雪や氷は溶けて水となる。忍びよる春の気配に草木が蘇る、の意味ですが、雪国の雪はいまだ深く、関東地方など太平洋側に雪が降るのはこの時期です」

2月19日は歌舞伎役者の初代・市川團十郎（1660〜1704）が死去した日でもある。舞台の上で共演者に刺されるという衝撃的な最期であったが、その業績は歌舞伎界のみならず江戸文化の形成に大きな影響を与えた。

初代團十郎は荒事[*1]を創始するなど、現代見られる歌舞伎の基礎を作った。また、文才もあって狂言作家（歌舞伎の台本作家）としても活躍した。

初代團十郎は成田不動尊[*2]を篤く信仰したことでも知られる。成田山新勝寺に子授けの祈願をして、のちに2代目團十郎となる男の子を授かったためといわれ、成田屋の屋号もこの信仰に由来している。歌舞伎の演目にも不動明王の霊験をモチーフとして取り入れ、江戸庶民に成田信仰が広まる一因となった。元禄16年（1703）に新勝寺が江戸で初めて出開帳[*3]を行なった時には、不動明王の申し子である2代目とともに『成田山分身不動』を上演し、芝居も出開帳も大好評となった。

用語解説

*1 【荒事】歌舞伎の演出法・演技法の一つ。豪傑や神仏、妖怪など超人的な能力を有する者を表わすため、隈取りや見得など派手で様式的な演出をする。

*2 【成田不動尊】千葉県成田市にある成田山新勝寺の本尊・不動明王のこと。もとは京都の神護寺に安置されていたが、平将門の乱を平定するために成田に移されたという。

*3 【出開帳】寺院の境内の外（多くの場合、江戸などの都市）に秘仏を運んで開帳を行なうこと。

2月20日

出雲阿国、江戸城で公演

[文芸]

いずものおくに、えどじょうでこうえん

2月19日から23日頃は七十二候の「土脉潤起」── 春雨が地面を潤す時期とされる。また、2月20日は歌舞伎の祖といわれる出雲阿国が江戸城で公演を行なった日ともされる。

二十四節気の「雨水」（2月19日参照）の初候である「土脉潤起」は「雨が土に湿り気を与える」といった意味で、春雨の季節になったことを示す。ただし、これは日本での話だ。七十二候のふるさと中国では雨水の初候は「獺祭魚」（2月7日参照）を用いる。

京都の四条大橋東岸にある出雲阿国像

一方、『当代記』*1 によると、慶長12年（1607）2月20日に「国」という「かぶき女」が江戸城で踊ったと記されている。「かぶき女」とは歌舞伎役者の女という意味だが、国（阿国）の「かぶき」は現代の歌舞伎とはまったく違うものであった。やはり『当代記』の慶長8年の条には「変わった男の格好をして妙な大刀・脇差しを腰に差し、茶屋の女とたわむれる様子を演じた」とある。しかも、この茶屋の女も別の資料の記述からすると男が演じていたものらしい。

日本ではすでに平安時代に男装の女性と女装の男性が主役の『とりかへばや物語』*2 が書かれており、また祭でも異装をするものが少なくなく、女装・男装そのものはめずらしくない。同性愛についても寛容的*3 であった。しかし、そうした風土にあっても国の演技は特殊で扇情的であったようだ。それゆえ人気も高く、貴族の中には屋敷に招いて踊らせる者もいた。慶長8年には伏見城で演じており、その流れをうけて江戸城公演が決まったらしい。

なお、国は出雲大社の巫女出身と称していたらしく、ここから後世「出雲阿国」と呼ばれるようになった。

用語解説

*1 【『当代記』】寛永年間（1624〜1644）に成立したとされる史書。安土桃山時代から江戸初期までの政治や紛争、世相、風俗などを記している。

*2 【『とりかへばや物語』】平安後期の物語。女性として育てられた男と男性として育てられた女がそれぞれ後宮・宮中に出仕し出世するが本来の性ゆえの問題に直面し、最終的には入れ替わってそれぞれ関白・中宮になるという話。

*3 【同性愛についても寛容的】男色をテーマとしたものに『稚児草紙』、レズビアンを扱った作品に『我身にたどる姫君』がある。いずれも鎌倉時代の作品。

2月21日

和気清麻呂没す

わけのきよまろぼつす

［歴史］

2月の和菓子といえば鶯餅。一説によると豊臣秀吉が茶会用に作らせた菓子が起源という。また、2月21日に没した和気清麻呂（733〜799）は、奈良時代から平安時代への過渡期にあって朝廷の危機に立ち向かった政治家であった。

春を象徴する鳥が鶯であることは2月10日の項で述べたが、それに応じて和菓子屋の店頭には鶯餅*1が並ぶ。奈良県大和郡山市の老舗菓子店の菊屋に伝わる話によれば、創業者の菊屋治兵衛が豊臣秀吉に命じられて考案したものが起源であるという。

それによると治兵衛が秀吉に連れられて大和国に来たのが天正13年（1585）のこと。ある時、秀吉は茶会を開くので客が喜ぶような珍菓を作るよう治兵衛に命じた。そこで治兵衛は粒餡を餅で包み、きな粉をかけたものを献上した。秀吉はこの菓子を大変気に入り、鶯餅という名を与えたという。

『皇国二十四功 和気清麻呂公』（国立国会図書館蔵）

さて、2月21日は和気清麻呂が没した日である。延暦18年（799）に没した清麻呂は、平安京400年の礎を築いた人物といえる。彼は恵美押勝*2の乱を鎮定するなど数多くの事績を残しているが、とくに重要なのは弓削道鏡による皇位簒奪を防いだことと平安遷都の建議であろう。

弓削道鏡は法相宗の僧で孝謙上皇（称徳天皇）の寵愛を受けて法王の地位まで登り詰めた。さらに宇佐神宮より「道鏡を皇位につければ天下太平」という託宣があったとして天皇になることさえ望んだが、和気清麻呂が宇佐神宮に赴いて神意を確かめ、その野望をくじいた。

平安京建設では造営大夫*3として事業を指揮、延暦15年（796）には造営の功により従三位に叙せられた。

用語解説

*1 【鶯餅】餡を求肥などで包み、青大豆で作ったウグイス粉をかけたもの。

*2 【恵美押勝】奈良時代の政治家、藤原仲麻呂のこと。光明皇后の信任を受けて権力を掌握したが弓削道鏡と対立、謀反を起こしたが捕らえられて斬殺された。

*3 【造営大夫】宮城の造営・修理を司る造営省の長官。

2月22日

聖徳太子忌 | しょうとくたいしき

🏯 ［歴史］

2月22日は聖徳太子（574〜622）の命日。ゆかりの寺院では法要が行なわれるが、月遅れや太陽暦に換算した日に行なうところも多い。日本に仏教を広めた聖人として尊崇されている聖徳太子だが、大工・鉱山師・鍛冶屋などからも信仰を受けてきた。

用　明天皇の皇子として生まれた聖徳太子[*1]は、推古天皇の摂政となって冠位十二階や十七条憲法の制定といった政治改革を行ない、仏教などの大陸の先進的な思想・学問・技術を積極的に取り入れるなど、大和朝廷が隋に匹敵する国家になるよう務めた政治家であった。蘇我氏と物部氏が仏教の受容をめぐって戦った時はまだ少年であったが崇仏派に加わって戦ったと伝えられ、また飛鳥寺・四天王寺・法隆寺といった寺院を創建したことにより、宗派を超えた崇敬対象となってきた。

『集古十種』（国立国会図書館蔵）より聖徳太子像

　その聖徳太子が亡くなったのは推古天皇30年の2月22日[*2]であった。『日本書紀』はその時の様子を「皇族も大臣をはじめとした臣下たちも庶民たちも、子どもを失った親のように嘆いて塩や酢の味さえわからないほどになり、あるいは親を亡くした子のように泣き叫んだ。田を耕す男もなく、米をつく女もなく、みな『日や月が光を失い、天地が崩れたようだ。この先誰を頼りにすればいいのだろう』と言った」とある。天台宗の開祖・最澄や浄土真宗の開祖・親鸞も聖徳太子を篤く信仰し、後世の太子信仰に大きな影響を与えた。中世になると聖徳太子が曲尺などの道具・技術を輸入または発明したという伝説が広まり、大工をはじめとした建築技術者、鉱山師・鍛冶屋などから崇敬され、各地に太子講[*3]が結成された。その集まりが1月・5月・9月などの22日に行われるのも、聖徳太子の忌日が22日であることによる。

用語解説

- [*1]【聖徳太子】「聖徳太子」は死後に贈られた称号。生前は厩戸皇子または厩戸豊聡耳皇子と呼ばれていた。
- [*2]【2月22日】『日本書紀』は聖徳太子の死去が推古天皇29年2月5日としているが、「天寿国繍帳」や法隆寺釈迦三尊像光背銘などから30年2月22日が正しいと考えられる。
- [*3]【太子講】聖徳太子を信仰対象とした組織のこと。大工・鳶・建具屋・石工などの職能集団が多く、聖徳太子忌などに集まって太子像に供え物をして業界の発展や安全を祈った。

2月23日

富士山の日 | ふじさんのひ

 ［祭事］

その高さだけではなく、姿の優美さから日本一の山と呼ばれる富士山。『万葉集』にも「います神」と詠まれ、古くから信仰の対象になってきた。江戸時代には富士登山できない者のために富士塚があちこちに築かれた。

富士山は日本人が考える山の理想型そのものといえる。美しい円錐形をした山容、ほどよく雪が降り積もる高さ、周囲の山に眺望を邪魔されない独立峰であることなど、日本一の称号に恥じない威容である。それゆえ古くから信仰の対象となっており、『万葉集』にも「日本の大和の国の鎮めとも います神かも 宝ともなれる山かも 駿河なる 富士の高嶺は 見れど飽かぬかも」[*1]と詠まれている。『竹取物語』[*2]でも天皇がかぐや姫からもらった不死の薬を焼かせたので「不死の山」という名になったと述べている。

しかし、不思議なことに『古事記』『日本書紀』は富士山について記していない。ヤマトタケルは東征の折に富士山の麓を通っている[*3]はずなのだが、そうした伝承も収録していない。記紀の編纂者が富士山を知らなかったはずはなく、謎となっている。

いまでは5合目までは車で行けるので多くの者が登山する山となっているが、古代の富士山はしばしば噴火をして大きな被害をだす恐ろしい山でもあった。先の『万葉集』の歌にも「燃ゆる火を 雪もち消ち 降る雪を 火もち消ちつつ」という一節がある。

噴火が収まった中世以降、信仰登山が行なわれるようになったが、庶民が登るようになったのは富士講[*4]が広まった18世紀以降のことである。富士講の者たちは富士山に登るだけではなく、地元に富士山を模した富士塚を築いて老人や子どもも富士登山体験ができるようにした。

【用語解説】

*1 【「日本の〜飽かぬかも」】高橋虫麻呂の長歌。

*2 【『竹取物語』】いわゆる「かぐや姫」の話。平安時代前期の物語。なお、富士山の名の由来については、不死の薬をもって多くの武士が登ったので「富士」（士で富む）というシャレにもなっている。

*3 【ヤマトタケルは東征の折に富士山の麓を通っている】山梨県富士吉田市に鎮座する北口本宮冨士浅間神社は、ヤマトタケルが東征の折に創建したと伝えられる。

*4 【富士講】富士山を信仰対象とした民間の宗教団体。16世紀末頃に長谷川角行によって始められ、17世紀末の食行身禄が発展させた。

2月24日

さんやれ祭 | さんやれさい

［祭事］

さんやれ祭は京都市北区に鎮座する上賀茂神社の祭で、氏子町に住む15歳の男子が成人したことを神社に報告する。また、2月24日は桃山時代の画家・長谷川等伯（1539〜1610）の命日でもある。

上賀茂神社は正しくは賀茂別雷神社という。賀茂別雷大神を祀り、その母と祖父にあたる玉依媛命・賀茂建角身命を祀る下鴨神社（賀茂御祖神社）と一体になって平安遷都以前から京を護ってきた神社である。

その上賀茂神社の祭といえば葵祭[*1]が思い浮かぶ。華やかな路頭の儀（勅使代・斎王代を中心とした平安朝風の行列）がある葵祭に比べると「さんやれ祭」は地味な祭であるが、これもまた昔ながらの京を今に伝える行事である。『週刊神社紀行 上賀茂神社・下鴨神社』（学習研究社）によると、この祭は「2月24日に行われる氏子町の独自の行事。男子が15歳になると『あがり』とよばれ、成人（元服）する。

『東海道名所之内 上加茂』（国立国会図書館蔵）。第14代将軍徳川家茂の上洛を描いた錦絵

大島紬の着物に羽織、首には白い襷巻姿で太鼓を打つ。年少の男子は鉦を鳴らして『おーめでとーござる』と囃す。上賀茂神社と大田神社と山の神に奉告する」ものという。

いっぽう2月24日は国宝の「松林図屏風」[*2]などで知られる長谷川等伯が亡くなった日でもある。能登出身の長谷川等伯は狩野派[*3]によって占有されていた貴族邸や寺社の障壁画の世界に彗星の如く現われ、圧倒的な画力で一派（長谷川派）を築いた。大徳寺・智積院・妙心寺といった京の主要寺院のほか、関係が深かった能登の日蓮宗寺院などに作品が残されている。

用語解説

- [*1] 【葵祭】正しくは賀茂祭。上賀茂神社・下鴨神社の祭で、京都三大祭の一つ。欽明天皇の御代に賀茂の神の祟りで暴風雨が起こったことから始まった。平安時代は祭といえば葵祭のことであった。毎年5月15日に行なわれる。
- [*2] 「松林図屏風」長谷川等伯が文禄3年（1594）頃に描いたと考えられる水墨画。現在は六曲一双の屏風に仕立てられている。霧の中の松林を描いた幻想的な作品で水墨画の傑作とされる。東京国立博物館蔵。
- [*3] 【狩野派】狩野正信を祖とする絵画の流派。その豪華な画風は権力者に愛され、室町時代から近世に至るまで日本の画壇に君臨した。

2月25日

KEYWORD ◈ 菅原道真、梅花祭、北野天満宮、太宰府天満宮

菜種御供 | なたねごく

[祭事]

2月25日は菅原道真の命日（1月25日参照）。各地の天満宮・天神社などではその霊を慰め遺徳を顕彰する神事が行なわれる。旧暦で行なっていた際は菜花が咲く季節であったので菜種御供といったが、新暦になってからは梅花祭というようになった。

文 人でありながら政治家としても手腕を発揮し、宇多天皇の信任を受けて右大臣にまで出世した菅原道真であったが、醍醐天皇の廃立をはかったという無実の罪をきせられて太宰府に左遷され、失意のうちにこの地で没した。延喜3年（903）2月25日のことである。

菅原道真に対する信仰は、道真が活躍した京都と埋葬された太宰府[1]でほぼ同時に起こった。一般にいわれているように、道真の政敵が相次いで死去したことや清涼殿に落雷

『皇国二十四功 贈正一位菅原道真公』（国立国会図書館蔵）

があったことなどが、道真の祟りと思われたのである。それらがきっかけであったと思われるが、それだけでは短い間に信仰が広まった説明はつかない。従来の天神（雷神）信仰と結びついたことに加えて、聖徳太子と同じく道真自身への崇敬が基礎にあったのであろう。

その命日の神事も早くから行なわれていたと思われるが、北野天満宮の場合、天仁2年（1109）2月12日に行なわれたことが記録に残っている。当時は神霊を慰めるために菜種の花が供えられた[2]ことから菜種御供と呼ばれていた。しかし、新暦では季節がずれるため北野天満宮や太宰府天満宮では現在、梅花祭[3]として神事を行なっている。北野天満宮では「お米を蒸して大小二つの台に盛った『大飯』『小飯』や白梅・紅梅の小枝を挿した『紙立』という特殊な神饌を供え、道真公のご遺徳をしのびます。授与所では『紙立』に用いた玄米を『厄除玄米』として授与しています」（公式ホームページより）という。

用語解説

*1 **【埋葬された太宰府】** 太宰府天満宮の伝承によれば、菅原道真の棺を牛車に載せて運んでいたところ、しばらくして牛が動かなくなってしまったという。そこでその場所に埋葬し、その墓の上に社殿を建てたのが太宰府天満宮の始まりとされる。

*2 **【菜種の花が供えられた】** 菜種を「なだめる」の意にかけてある。

*3 **【梅花祭】** 大阪府南河内郡の道明寺天満宮では2月25日に梅花祭、3月25日に菜種御供を行なう。

2月26日

延暦寺の寺号が下賜される

[歴史]

えんりゃくじのじごうがかしされる

弘仁14年(823)2月26日、嵯峨天皇より比叡山の比叡山寺に延暦寺の寺号が下賜された。日本宗教界に君臨することになる比叡山延暦寺の歴史はここより始まる。寺号に元号が使われたのはこれが初めてであった。

日本天台宗の開祖・最澄(767〜822)は、延暦4年(785)に東大寺で具足戒*1を受けて正式の僧となった。通例では受戒後は都の大寺で修行を積んで僧としての出世の道を歩むのだが、最澄は神が住むといわれていた比叡山に籠もる道を選んだ。真言宗の開祖・空海(774〜835)も若い頃は山岳で修行を積んだが、空海が険阻な山岳や海辺を踏破する肉体派であったのに対し、最澄は比叡山の山上に大蔵経*2を備えてこれを研究するという学究派であった。

延暦7年(788)には比叡山に薬師如来を本尊とした一乗止観院が創建された。これが延暦寺の総本堂である根本中堂の前身であり、延暦寺の始まりである。建てられた場所から比叡山寺(日枝山寺)とも呼ばれた。

その後、唐への留学を経て最澄は天台宗の教義を完成していった。また、比叡山も天台宗の総本山としてふさわしい伽藍が整えられていった。しかし、大乗戒壇を比叡山に造るという最澄の大きな願いはなかなか実現しなかった。最澄が授かった具足戒は小乗仏教に基づくもので、大乗仏教*3に属する天台宗にはふさわしくないと考えていたからだ。

その大乗戒壇設置の勅許は最澄の死の7日後に下った。最澄の死を惜しんだ嵯峨天皇は、比叡山寺が延暦7年に創建されたことにちなみ延暦寺の寺号を授けた。元号が寺号に用いられるのはこれが最初で、これを重視した延暦寺は、足利尊氏が天龍寺に元号を用いた寺号をつけようとした際には反対をしてやめさせている。

用語解説

*1 **【具足戒】** 正式な守るべき戒律のこと。経典によって内容・条数が異なるが、日本の場合、僧は250戒、尼僧は348戒であった。これを授かるためには東大寺などに設置された戒壇で受戒する必要があった。

*2 **【大蔵経】** 仏教典籍を集成したものをいう。仏の教えを記録した経、経の解説書である論、仏教徒が守るべきことを記した律の3部からなる。

*3 **【小乗仏教・大乗仏教】** 大乗仏教は多くの人を救済することを重視する仏教の一派のことで、まず自分が悟りを開くことを重視したそれまでの仏教を小乗仏教と呼んで批判した。

2月27日

KEYWORD ◈ 霞始靆、天武天皇、『古事記』、
『日本書紀』、大嘗祭、伊勢神宮

春一番 | はるいちばん　　　　　　　　🌀 ［歳事］

2月24日から28日頃は七十二候の「霞始靆」。霞がたなびき始める頃である。また、立春から春分までの間に吹く強い南風のことを春一番と呼ぶ。また、2月27日は天武天皇が即位した日である。

『集古十種』（国立国会図書館蔵）より天武帝御影

　2月24日から28日頃は雨水（2月19日参照）の次候「霞始靆」。早い年では春一番が吹いていてもいい頃だ。気象庁によると春一番は、「冬から春への移行期に、初めて吹く暖かい南よりの強い風です。気象庁の定義では、2月4日ごろの立春から3月21日ごろの春分までの間に、広い範囲で初めて吹く（やや）強い南風のことを言います。この際、急速に発達する低気圧の影響で、竜巻などの突風を伴うこともあり、注意が必要です」（東京管区気象台のホームページより）という。

　「春一番」という言葉は中部地方や九州北部などでは古く（近世）から使われていたらしいが、マスコミなどで一般に使われるようになったのは新しく1960年代以降のことらしい。ちなみに、筆者の手元にある昭和26年（1951）増訂版の高浜虚子著『新歳時記』（初版は昭和9年）には「春一番」の項はない。

　そんな折、天武天皇2年（673）2月27日は天武天皇（？～686）が即位した日である。天武天皇は天皇中心の中央集権体制を作り上げた天皇として知られるが、文化や宗教の面でも大きな功績を残した存在であった。

　文化面でいえば『古事記』『日本書紀』の編纂が始められたのが天武天皇の御代であった。宗教の面では大嘗祭*1を即位儀礼として整備したこと、伊勢神宮を重視し斎宮制度*2・式年遷宮*3を確立したことがあげられる。すなわち、天武天皇は現代に続く神道の基礎を整えたということができる。

用語解説

*1【大嘗祭】天皇の即位儀礼の一つ。大嘗宮という神殿を建て、ここで神に新穀などを捧げて自らも食する儀礼。即位礼が中国的な儀礼であるのに対し、古代日本の信仰を反映する儀礼といえる。

*2【斎宮制度】天皇に代わって未婚の皇女が斎王として伊勢神宮に仕える制度。『日本書紀』などの伝承では斎王は垂仁天皇の御代に始まるとされるが、制度として確立したのは天武天皇の御代である。

*3【式年遷宮】20年おきに社殿や神宝を造り替える（式年造替）する制度。その際に神体を新しい社殿に遷すので遷宮という。

椿餅 │ つばきもち

 ［食］

椿餅は椿の葉で餅をはさんだ菓子で、冬から初春にかけて和菓子店の店頭に並ぶ日本最古の菓子の一つである。『源氏物語』など平安文学にも描かれている。また、椿餅が並ぶ頃の2月28日は茶道を大成した千利休（1522〜1591）の命日でもある。

現 在も和菓子屋の店頭に並ぶ椿餅──冬から初春にかけて作られるもので、茶席に出されることもある。現在のものは道明寺*1の餅で餡を包み、椿の葉ではさんだものだが、平安時代の椿餅に餡は入っていなかった。

『肖像』（国立国会図書館蔵）より「利休」

青木直己『図説 和菓子の歴史』によると、「『源氏物語』にも椿餅は登場します。蹴鞠を終えた殿上人達が、硯箱の蓋に梨や柑子とともに、椿餅などを載せている様子が『若菜上』に描かれています。椿餅は『つばいもちい』と読み、当時は、椿の実ほどの大きさの餅に、甘葛煎*2で甘みを付け、餡のない菓子であったようです。青差や椿餅は、文献上知られているもっとも古い純国産の〈和菓子〉と言われています」という。

そして茶道を今の形に大成した千利休は、豊臣秀吉に重用され、その政治的イベントとして開催されたさまざまな茶会を演出するとともに、茶道界に大変革をもたらした。しかし秀吉の怒りを招いて天正19年（1591）2月28日に切腹した。

千利休は侘茶*3の完成者といわれるが、その神髄は茶道具などの表面的な価値に囚われることなく、茶を喫するということ全体を体験型の芸術に高めたことにある。茶室を極限まで狭めてみたり、採光にさまざまな工夫を凝らしたりしたほか、露地をもてなしの空間として整備したことも、その一環といえる。

用語解説

*1 【道明寺】道明寺粉で作った餅のこと。道明寺粉は蒸した餅米を乾燥させて粗めにひいたもの。大阪府藤井寺市の道明寺で発明されたものなのでこの名がある。もとは道明寺糒という保存食であった。

*2 【甘葛煎】ツタの樹液を煮詰めた甘味料。

*3 【侘茶】高価な唐物を鑑賞しながら宴会風に行なう室町時代の茶に対し、簡素な茶室の寂静の中で行なう精神性の高い茶の湯をいう。

3月1日

宝鏡寺ひなまつり
ほうきょうじひなまつり

［祭事］

毎年3月1日には人形の寺として知られる京都の宝鏡寺で「ひなまつり」が行なわれる。また、3月1日は加賀国が越前の国から独立した日でもある。

3月1日頃より3月5日頃は七十二候の「草木萌動」にあたる。まさに草木が芽生え始める季節の到来だ。

この芽生えの季節に生まれた国*1がある。加賀国である。もともと現在の福井県から山形県庄内地方に至る一帯は越国と呼ばれていた。これが7世紀の末に越前・越中・越後の3カ国に分割さ

宝鏡寺境内の人形塚

れた。しかし、それでも越前国は国が広すぎ、とくに加賀郡は国衙*2が遠く、陳情するのに不便だという不満が出ていた。そこで弘仁14年(823)3月1日、加賀郡と江沼郡が加賀国として独立した。律令制の歴史において最後に成立した国である。

いっぽう現代の3月1日には京都市上京区の宝鏡寺で「ひなまつり」が行なわれる。宝鏡寺は光厳天皇の皇女、華林宮恵厳禅尼によって応安年間(1368～1375)に創建された禅宗の尼寺で、寛永21年(1644)に後水尾天皇の皇女、仙寿院宮久厳理昌禅尼が住持(住職)になって以来、皇女が住持を務める慣わしとなってきた。このため父の天皇から人形が贈られることが多く、ここから人形の寺とも呼ばれる。かつては一部の人にのみ拝観を許していたが、昭和32年(1957)から春と秋に人形展が行なわれるようになった。「ひなまつり」は春の人形展のオープニング・イベントとして行なわれている。

用語解説

*1 【国】正しくは令制国(ただしこれは歴史用語で、当時はたんに国と呼ばれていた)。律令制に基づく行政単位で、ほぼ今の県に相当する。行政の長は国司(国主)。

*2 【国衙】国司が務める役所が置かれたところ。今でいう県庁。

※感染症等流行の際は、3月1日にひなまつりが開催されない場合があります。

3月2日

お水送り

おみずおくり

 ［祭事］

雛祭り（上巳の節供）が近づくこの時期、かつては雛人形を売る雛市が立った。また、3月2日には福井県小浜市の若狭神宮寺で東大寺の若狭井に水を送る「お水送り」が行なわれる。

3 月3日の上巳の節供に雛人形を飾る習慣は室町後期から江戸初期に成立したもので、庶民にも普及するのはさらにのちになってからのこととなる。しかし、太平の時代が続き、人々にも生活の余裕が出てくると雛人形も次第に立派なものになっていった（3月3日参照）。そして、雛人形や飾り物などを売る雛市が立つようになった。江戸では日本橋本石町十軒店が有名だった。

いっぽう福井県の若狭では3月2日に遠敷川の水を奈良・東大寺の若狭井に送る「お水送り」が行なわれる。これは東大寺二月堂で3月12日に行なわれる「お水取り」[*1]のために水を送るのだという。この行事の起源は東大寺の修二会[*2]の始まりに遡る。

二月堂の修二会は天平勝宝4年（752）に実忠[*3]によって始められたと伝えられるが、その第1日目に全国の神の名を読み上げて加護を祈る行が行なわれた。これに応じて神々も東大寺に集まったのだが、若狭の遠敷明神だけは漁に出ていて遅刻してしまったという。その詫びとして修二会の時には若狭から地下を通して東大寺まで水を送ると約束したのだという。若狭神宮寺別当尊護記『寺誌第一集　お水送りとお水取り』はこの行事について次のように述べている。

「そのお水取りの若狭井の水源は若狭神宮寺の前に流れる遠敷川の約1.5キロ上流にある鵜之瀬である。その鵜之瀬から遠敷明神が奈良若狭井へ水を送られたとき、その下流は河音が無くなったので、土地の人々は音無河と呼び、後世の人が籾殻を鵜之瀬で流したら若狭井へ浮かんだと伝える」

用語解説

*1【お水取り】 東大寺二月堂で3月1日から15日にかけて行なわれる修二会の中の一行事。二月堂前の若狭井から行に用いる水を汲む。大松明が二月堂に上がる行事などのことを指すと思われているが、正確には井戸の水を汲む儀礼のことである（3月12日参照）。

*2【修二会】 正月に行なう修正会に対し、（旧暦）二月に行なう寺院行事の意。天下泰平や五穀豊穣などを祈る。

*3【実忠】 生没年不詳。東大寺の開山（初代住職）の良弁に師事し東大寺の造営に携わった僧。西大寺の造営にも関わった。

上巳の節供 | じょうしのせっく

［人生］

3月3日は「雛祭」または「桃の節供」として知られているが、本来は上巳の節供という。古代中国では水辺で身を清める日であったが、日本では紙の人形に罪穢れを移して川に流す日となり、やがて人形を流さず飾るようになった。

5月5日の端午の節供が男の子のお祝いであるのに対して、3月3日は女の子のお祝いだと考えられているが、中世以前はそうではなかった。

『豊蔵五節句遊 桃の節句』
（国立国会図書館蔵）

上巳とはその月最初の巳の日のことで、古代中国では3月の最初の巳の日に水辺で身を清める風習があった。これが3月3日の行事となり、やがて貴族が曲水の宴[*1]を行なうようになった。この風習が日本に伝えられ、古来の祓いの信仰と結びつき、人形[*2]に罪穢れを移して川に流す習俗が生まれた。『源氏物語』の「須磨」にも、光源氏が舟に乗せて流される人形を見て、都を離れて須磨に退去している自身のことを思って身につまされる場面がある。この習俗と平安貴族の娘たちの雛遊び[*3]が結びつき飾り雛へと発展したのである。埼玉県秩父市などでは3月3日に雛人形を河原に飾りその前で粥を食べる習俗があったが、これは流し雛から飾り雛への過渡期の様相を示すものであろう。

なお、雛人形へのお供えというと菱餅が思い浮かぶが、かつては草餅が定番であった。この草餅は菱形に切る習慣があり、これに白や紅の餅も載せるようになって現在のような菱餅へと発展した。関西では「あこや」という菓子を供えるところも多かった。これは「こなし（羊羹製）の生地に餡の玉をのせた菓子で、真珠の養殖で知られる阿古屋貝を模した形ともいわれます」（青木直己『図説 和菓子の歴史』）という。

用語解説

*1 【曲水の宴】小川または人工の水路の畔で宴を行ない、盃を流して詩を詠んだ。日本では自分の前を盃が流れないうちに歌を詠むものとされた。

*2 【人形】紙または板を人の形に切り取ったもの。これで体を撫でたり息を吹きかけたりすることによって、自身の罪穢れを移した。

*3 【雛遊び】「ひいなあそび」ともいう。要するに人形遊びのこと。今と同じく人形用の道具・家具などもそろえて遊んだ。

3月4日

三味線の日 | しゃみせんのひ

［文芸］

3月4日は三味線の日。三味線は邦楽に欠かせない楽器で、浄瑠璃・歌舞伎・民謡といった芸能の発展と深く結びついている。天喜元年（1053）に平等院阿弥陀堂（鳳凰堂）が完成し、供養が行なわれた日でもある。

『五節句之内 九月』
（国立国会図書館蔵）より三味線を弾く女

三味線は中国の三弦[*1]を起源とする日本独自の弦楽器。3本の絹製の弦を扇形の撥で叩いて演奏する。同様の楽器に沖縄（琉球）の三線があるが、三弦や三線が胴に蛇皮を張るのに対し、三味線は猫や犬の皮を張る。

日本に三弦が伝わったのは16世紀後半で、琉球経由で大阪の堺に入ったのだという。その後、急速に普及し、用途に応じて形が変化していった。三味線の種類は棹の太さで区別され、義太夫[*2]などで用いる太棹、清元・常磐津[*3]などで用いる中棹、歌舞伎の伴奏（長唄）に用いられる細棹の3種に大別される。

三味線の登場は日本の芸能を大きく変化させた。後藤淑『日本芸能史入門』によると、「こういう語り物が琵琶法師によって語られているところへ、室町時代の末に琉球から三味線が伝わった。琵琶法師たちはこの三味線で浄瑠璃を語ったところ、非常に調子がよかったので、それ以後しだいに琵琶や扇拍手がなくなり三味線が主要楽器となった」という。今では人形浄瑠璃・歌舞伎で三味線は欠かせないし、落語・講談でも不可欠なものとなっている。

3月4日は、天喜元年に平等院阿弥陀堂（鳳凰堂）の供養が華々しく行なわれた日でもある。定朝[*4]作の阿弥陀如来坐像を本尊とする美しい堂で、極楽浄土の阿弥陀如来の宮殿をモデルとしている。なお、この堂は平等院の本堂ではなかった。本堂はその前年に大日如来像を本尊として建てられている。

用語解説

*1【三弦】 中国の伝統楽器。三味線同様、3本弦の弦楽器。胴には蛇皮を張り、撥ではなく指につけたピックで演奏する点は三味線と異なる。明時代以前よりあると推定されるが、現在の形になったのは元時代（13世紀後半〜14世紀半ば）のこと。三味線を「しゃみせん」と読むのは三弦の中国読みが起源とされる。

*2【義太夫】 三味線の伴奏で物語・台詞をリズミカルに語る芸能。人形浄瑠璃・歌舞伎に取り入れられている。

*3【清元・常磐津】 義太夫が語り的性格が強いのに対し、清元・常磐津は舞踊の歌謡・伴奏曲的性格が強い。

*4【定朝】 ？〜1057。平安後期の仏師。寄木造で仏像を造る技術を完成させ、仏そのものと称される円満な姿の像を造った。

3月5日

KEYWORD ◈ 地虫、五山制度、相国寺、足利義満

啓蟄 | けいちつ

［歳事］

啓蟄は二十四節気の一つで、土の中で冬ごもりをしていた虫などが顔を見せる時期という意味。3月6日前後、あるいは3月6日頃から3月20日頃をいう。3月5日は相国寺が京都五山の一位とされた日であるが、これは一時的なものであった。

『都名所図会』（国立国会図書館蔵）
より相国寺

二十四節気の「啓蟄」は「雨水」（2月19日参照）と「春分」（3月21日参照）の間の節気で、地中で冬眠していた生き物が地上に顔を出す季節であることを示す。「啓蟄」の「蟄」は「虫が（冬眠のために）地中に潜ること」を表わし、それを「啓く」（終わらせる）のがこの時期というのである。歳時記でも「地虫*1穴を出ず」「地虫出ず」「蟻穴を出ず」といった言葉が啓蟄と並ぶ。しかし、実際には地虫よりカエルやヘビを見かけることの方が印象が強い。「蛇穴を出ず」という言葉もあるので、啓蟄の「蟄」には両生類や爬虫類も含まれると考えてよいだろう。

3月5日は、応永8年（1401）に相国寺*2（京都市上京区）が京都五山の第一位とされた日でもある。五山とは禅宗寺院の寺格（寺院の格式）を表わす制度で、中国の南宋時代に始まったとされる。五山に次ぐ寺格とされる十刹（10の寺院）と合わせて五山十刹とも呼ぶ。日本では鎌倉幕府が取り入れ、延慶3年（1310）頃に鎌倉の浄智寺・建長寺・円覚寺・寿福寺を五山寺院に認定。その後、京都の南禅寺・建仁寺・東福寺も五山に加えた。その後、時の権力者の意向*3によって認定される寺院・順位は変動したが、至徳3年（1386）に南禅寺を五山の上に置き、天龍寺・相国寺・建仁寺・東福寺・万寿寺を京都五山、建長寺・円覚寺・寿福寺・浄智寺・浄妙寺を五山とすることが決まった。しかし、足利義満は自ら創建した相国寺を一位に据えたのであった（義満没後の応永17年（1410）に元の順位に戻された）。

用語解説

*1【地虫】コガネムシなどの甲虫の幼虫のこと。

*2【相国寺】臨済宗相国寺派大本山。足利義満は永徳2年（1382）に夢窓疎石を開山に迎えて創建した。かつては100メートルを超える七重塔がそびえていた。

*3【時の権力者の意向】十方住持制（住職を公募制にすること）を嫌って五山制度から離脱した大徳寺や妙心寺などの例もある。

3月6日

静御前、尋問される
しずかごぜん、じんもんされる

 ［歴史］

3月6日より10日頃は七十二候の「蟄虫啓戸」にあたる。また、文治2年(1186)3月6日は、吉野で捕らえられた源義経の愛妾・静御前が問注所の役人から義経の行方を白状するよう尋問された日である。

「蟄虫啓戸」は「啓蟄」(前項参照)の初候にあたるが、実は「蟄虫啓戸」も「啓蟄」も同じ意味だ。すなわち、春の陽気に誘われて虫が地中から出てくる時期であることをいう。

天気予報がなかった時代、農民たちは自然の変化に目を凝らして先々の気象を読み取ろうとした。虫の動向などもそうした判断基準とされた。たとえば、「広島ではカマキリが卵を高い所につければ大雪、低い所につければ小雪と伝えている」「アリの群れが高所に移動すれば洪水が起きる(秋田・愛知・三重・広島・愛媛)。高く蟻塚を築くと洪水が出る(福岡県北九州市)」「高知県物部村〈香美市〉では、アキアカネをソバマキトンボ(蕎麦播きとんぼ)といい秋ソバの種をまく目安にするという。和歌山県西牟婁郡でも、秋トンボが鍬の柄の高さに飛ぶときを待ってソバをまくという」(いずれも鈴木棠三『日本俗信辞典 動物編』)というように、農耕の開始時期などとの参考にしていた。

いっぽう文治2年の3月6日は源義経の愛妾・静御前(生没年不詳)が問注所[*1]の役人に尋問された日でもある。静御前は京の白拍子[*2]で義経の危機を救ったことからその寵愛を受けることになり、逃避行にも同行したが吉野で囚われて鎌倉に送られた。義経の逃亡先を白状しなかった静御前は鶴岡八幡宮で舞を披露することを命じられたといわれ、その際に「しづやしづしづの苧環繰り返し　昔を今になすよしもがな[*3]」と歌ったという。

『古今名婦伝 静御前』
(国立国会図書館蔵)

用語解説

*1【問注所】鎌倉・室町幕府の役所。主に訴訟に関わることを管轄した。

*2【白拍子】烏帽子に水干、太刀を帯びるといった男装で歌舞を披露する舞女。売春することもあった。

*3【しづやしづしづ〜よしもがな】倭文織りをするために糸を苧環に巻き取っていくように、昔を今に引き寄せられたら(昔に戻れたら)いいのに、といった意味。

3月7日

伊勢参り | いせまいり

［人生］

天皇のための神社ともいえる存在であったため、かつては天皇以外の参拝は厳しく制限されていた伊勢神宮。現在では一年を通して参拝者を集める伊勢神宮であるが、季語としては、「伊勢参り」は春となる。

『日本書紀』によれば、天照大神の神霊を宿した神鏡[*1]は、天照大御神の孫（天孫）の邇邇芸命が地上へ降臨する際にほかの2種の神器[*2]とともに邇邇芸命に託されたという。そして、その鏡を「私（天照大神）を見るように」扱い、自身が住む宮殿に祀るよう命じられた。この命令は神武天皇以後の歴代天皇

『伊勢参宮略図』（国立国会図書館蔵）

にも引き継がれたが、第10代崇神天皇の御代になると鏡に宿る神威があまりに強いため宮殿内で祀るのが難しくなってしまった。そこで天照大神を祀るのにふさわしい場所を見つけるため、鏡を皇女に託して[*3]皇居の外に出すこととなった。

安住の地が見つかったのは第11代垂仁天皇の御代であった。垂仁天皇の皇女の倭比売命が鏡を奉じて伊勢にやって来た時に、天照大神より「この神風が吹き常世[*4]から波が寄せる伊勢国は、都からは遠いが美しい場所だ。ここに居ようと思う」という託宣があり、ここで鏡を祀ることとなった。これが伊勢神宮（内宮）の起源とされる。

このように天皇と深い関わりがある神社であったため、みだりに参拝することは許されなかった。庶民が自由に参拝できるようになったのは中世後半以降のことで、江戸時代には伊勢参宮が一大ブームとなった。とくに20年に一度の遷宮の年は「おかげ参り」が全国的に流行し、伊勢に人が集中した。慶安3年（1650）には50日間で362万人が参拝[*5]したという。

用語解説

*1 【天照大御神の神霊を宿した神鏡】 三種の神器の一つ八咫鏡のこと。

*2 【ほかの2種の神器】 八尺瓊の勾玉と草薙の剣のこと。これに八咫鏡を加えた三種の神器は皇位を象徴する神宝である。

*3 【鏡を皇女に託して】 この時、草薙の剣もともに皇女に託された。また、神器を外に出した後も皇居内での祭祀を続けるため、鏡と剣の分霊が作られている。

*4 【常世】 海の向こうにあるとされた理想郷。不老長生の国、神々の世界。

*5 【362万人が参拝】 本居宣長『玉勝間』による。

3月8日

KEYWORD ◈ 豊葦原瑞穂国、
宇摩志阿斯訶備比古遅神、国常立尊

葦の角 | あしのつの

🌀 ［歳事］

3月はさまざまな植物が芽吹く季節。歳時記にも「ものの芽」「草の芽」「牡丹の芽」「芍薬の芽」「桔梗の芽」「菖蒲の芽」といった言葉が並ぶが、葦の芽は「葦の角」という。古代日本人にとって葦は豊かな土地の象徴であった。

葦（蘆、アシ、ヨシ[*1]）はイネ科ヨシ属の多年草。川岸や沼沢地などの水辺に群落を作り、2〜3メートルほどに育つ。現在のわれわれからすると葦の生える土地は居住に適さない湿地帯というイメージがあるが、古代の日本人にとっては豊かな土地の象徴であった。神話で日本のことを「豊葦原瑞穂国」と呼ぶのも、こうした考えに基づいている。

天地の始まりとともに出現した神の中にも葦の芽をイメージしたものがある。『古事記』には次のようにある。「国がまだ若く水に浮いた油やクラゲのようだった頃、葦牙（葦の芽）のように萌え上がって成った神は宇摩志阿斯訶備比古遅神である」

『神佛図會』（国立国会図書館蔵）より国常立尊

『日本書紀』のほうは天地の始めの最初に登場した神[*2]、国常立尊について「時に天地の中に一物生れり。状葦牙の如し」と述べている。

『古事記』『日本書紀』が「葦牙」と表現するように、葦の芽は尖っているのが特徴だ。季語でも「葦の角」という言い方をする。高浜虚子は「栞草[*3]に『あしのはえいづるは牛の角の如し』とある。かういふ呼び方自身にも俳諧独得の面白さがあるように思ふ」（『新歳時記』）と述べ、自身の「湖の此岸浅し蘆の角」という句などをあげている。

用語解説

*1 【ヨシ】葦(蘆)の本来の読みは「あし」であるが「悪し」に通じることから「よし」と言い換えられることが多い。現在は学術上の和名も「ヨシ」となっている。

*2 【最初に登場した神】『古事記』は最初に登場した神を天之御中主神とし、国之常立神（国常立尊）は6番目とする。

*3 【栞草】幕末に刊行された歳時記『俳諧歳時記栞草』のこと。

卒業式 | そつぎょうしき

［人生］

七五三や成人式など人生の節目に行なわれる行事・儀礼のことを人生儀礼という。人生儀礼には神仏に対する感謝の面と、共同体などに対するお披露目の面をもつが、時代による変遷もある。卒業式は近代以降加わった人生儀礼といえる。また3月9日には京の貴船神社で雨乞祭が行なわれる。

古くから日本人は人生の節目節目に儀礼を行なってきた。たとえば、誕生祝い、名付け祝い、お七夜[*1]（しちや）、初参り（初宮参り）、お食い初め[*2]（くぞめ）、七五三、十三詣り、成年式（成人式）、結婚式、還暦祝いなど。こうしたものを人生儀礼という。ここにあげた例からもわかるように、人生儀礼は幼少期に多く行なわれる。これは幼児の死亡率が高かっ

貴船神社雨乞祭（写真提供：貴船神社）

たことの反映で、その日まで無事に育ったことを神仏に感謝し、これからの加護を祈ったのであった。

それと同時に人生儀礼は共同体へのお披露目といった面もあった。初宮参りは共同体に新しく加わった命のお披露目、七五三は子ども組への、成年式は若者組への参加資格ができたことを示すものでもあった。

こうしたことから人生儀礼は時代により変化してきた。お七夜やお食い初め、歯固め[*3]（はがため）といった儀礼は行なわれなくなってきたが、代わって受験や入学・卒業式、就職祝いなどが新たな人生儀礼となっている。

人生儀礼ではないが、毎年3月9日には京都市左京区の貴船神社で雨乞祭が行なわれる。貴船神社のホームページによれば、「水の恵み、供給を司る神様が祀られていることより『雨乞いの社』とも称されています。農耕作業を開始する時節を前に、一年間の適量の雨（水）を賜り、秋の豊かな実りを祈ります。『雨乞』の名称ではあるが、晴雨の順調、つまり天候の順調と適度なる水の恵みを祈る神事です」という。

| 用語解説 |

*1 【お七夜】生後7日目の祝い。名付けもこの時に行なうことがある。
*2 【お食い初め】生後100日目頃に行なう儀礼。一生食べる物に困らないようにと子どもに料理を与える格好をする。
*3 【歯固め】丈夫な歯が生えてくるよう行なう儀礼。神社の石などを噛ませるふりをする。お食い初めの時に行なうことが多い。

天道念仏 | てんどうねんぶつ

 ［祭事］

天道念仏は太陽を祀る念仏踊り。彼岸行事の古い形を残すともいわれ、3月10日頃に行われる。また、文武天皇4年（700）3月10日は法相宗の僧・道昭（629〜700）が亡くなった日で、初めて仏式火葬が行なわれた。

3 月から4月にかけて太陽を祀る行事が各地で行なわれる。たとえば、近畿地方では4月8日頃にツツジの花などを軒先に高く掲げる。これは天道花といい、太陽（天道様、おてんとうさま）への供え物とされる。また、兵庫・京都・福井・和歌山・愛知などの地域では、彼岸[*1]に太陽が見える方角に向かって歩き太陽を拝む（その方向の神社を参拝する）「日迎え日送り」「日の供（伴）」といった行事がある。

海神の天道念仏（写真提供：船橋市教育委員会文化課）

　天道念仏もそうした行事の一つで、3月10日頃に行なわれる（違う時期に行なうところもある）。古くは広い範囲で行なわれていたと思われるが、現在も行なわれているのは関東地方や福島県などだ。千葉県船橋市海神の念仏堂で行なわれる「海神の天道念仏」は冬の間に弱まった太陽の力を復活させ、豊作をもたらすものとされる。その様子は長塚節の『土』[*2]に描かれた「おで念仏」[*3]によく似ている。

　「彼岸」には「死後の世界」の意もあるが、文武天皇4年の3月10日には道昭がこの世を去っている。道昭は唐に留学し、『西遊記』の三蔵法師のモデルとなった玄奘三蔵に師事した名僧。その死について『続日本紀』[*4]は次のように述べている。「弟子たちは遺言の教えに従って、栗原（高市郡明日香村栗原）で火葬にした。天下の火葬はこれから始まった」[*5]（宇治谷孟訳）。実際、これを機に仏式火葬が増えたと考えられている。

用語解説

- ***1【彼岸】** 春分の日・秋分の日を中日とした1週間に行なわれる彼岸会のこと。またはその期間のことをいう。
- ***2【長塚節の『土』】** 明治45年（1912）に刊行。鬼怒川沿いの農村の習俗などを描いた農民小説の代表作。
- ***3【おで念仏】** 『土』には「日輪に対する報謝を意味して居るのでお天念仏といって居る。彼等の口からさうして村落の一般から訛って『おで念仏』と喚ばれた」とある。
- ***4【続日本紀】** 平安初期に編纂された歴史書。『日本書紀』に続く第二の正史。
- ***5【天下の火葬はこれから始まる】** 正確には仏教式の火葬の第1号。火葬そのものは縄文時代からある。

3月11日

孝明天皇、賀茂社に攘夷を祈願する
こうめいてんのう、かもしゃにじょういをきがんする

［歴史］

3月11日から15日頃は七十二候の「桃始笑」にあたる。桃の花が咲き始める時節であることを示す。3月11日は、文久3年（1863）に孝明天皇が将軍・家茂などを引き連れて賀茂社に参拝して攘夷を祈願した日でもある。

古くから桃は邪気（邪鬼）を退ける力があると信じられていた。たとえば、大晦日に行なわれた宮中の追儺[*1]の際には、群臣は桃の杖、桃の弓、桃の矢を用いて邪気（邪鬼）を追い払った。神話においては、黄泉の国[*2]を訪れた伊邪那岐命が桃の実を投げて雷神[*3]を撃退している。大和政権の発祥の地、邪馬台国の跡ともいわれる纏向遺跡（奈良県桜井市）からは1076個もの桃の種が発掘されている。これらも厄除けなどに用いられたものと思われる。

『王城加茂社風景』（国立国会図書館蔵）。孝明天皇の攘夷祈願の賀茂社行幸が描かれている

　今では雛祭り（上巳の節供、3月3日参照）というと白酒だが、かつては桃の花を浸した桃花酒を飲んでいた。これも魔除けのためで、「これを飲めば病を除き顔色がよくなる」（松下幸子『祝いの食文化』）といわれていた。

　いっぽう文久3年3月11日に行なわれた孝明天皇（1831〜1867）の賀茂社行幸[*4]は時代を大きく動かすことになった出来事であった。攘夷派であった孝明天皇はそれまでも社寺に勅使を派遣して攘夷の祈願をさせていたが、事態が進展しないことに危機感を抱き、上洛中の将軍家茂を従えて自ら賀茂両社・石清水八幡宮を訪れ、攘夷を祈願したのである。江戸時代の天皇は幕府の規制により外出もままならず行幸は後水尾天皇以来の237年ぶり、神社行幸に至っては後醍醐天皇以来の529年ぶりであった。沿道には多くの見物人が集まり、将軍を引き連れる天皇の権威を目の当たりにした。これを機に時代は尊皇倒幕へと動き出したのである。

用語解説

*1 【追儺】大晦日に宮中などで行なわれた中国由来の儀礼。邪気や災厄を祓うもので、節分の豆まきの原型。

*2 【黄泉の国】地下にあるとされた死者の国。

*3 【雷神】黄泉の国の住人となってしまった伊邪那美命の腐った体にいたもの。そうした姿を見られたことを怒った伊邪那美命は雷神などに伊邪那岐命を追わせた。

*4 【賀茂社行幸】賀茂社とは京都の上賀茂神社・下鴨神社のこと。行幸は天皇が皇居の外に出かけられること。

3月12日

東大寺二月堂お水取り
とうだいじにがつどうおみずとり

［祭事］

一般に「お水取り」として知られている東大寺二月堂の行事は、正しくは修二会という。準備期間も入れると12月20日から3月15日まで続く長い行事である。「人々の幸福を願う行事」であるが、これが満行を迎えると奈良に春が訪れるという。

懸造り*1が印象的な東大寺の二月堂*2。この縁を燃えさかる巨大な松明を持った童子*3が駆け抜ける様子がテレビでも放映されるので、ご存じの方も多いだろう。これが「お水取り」だと思われているが、これは正しくない。これは「お松明」と呼ばれ、練行衆が二月堂へ上がる時の道明かりである（12月のひときわ大きな松明は「籠松明」と呼ばれている）。

東大寺二月堂の修二会（お水取り）

　そもそも修二会は正月に行なわれる修正会と同様の行事で天下泰平・五穀豊穣などを祈るものであるが、二月堂の修二会は特殊な由来をもつ。東大寺の伝承によると、東大寺を創建した良弁の弟子・実忠はある時、兜率天*4で天人たちが十一面観音を本尊とした法要を見る機会を得た。実忠はこれを地上でも行ないたいと考えたが、天人は「兜率天の1日は地上の400年にあたるから無理であろう」と言った。しかし、実忠は「勤行は調子を早め行道は走って行なう」と言って法要の次第を教えてもらったという。それが二月堂の修二会だとされる。

　修二会の本行は3月1日から15日にわたって行なわれる。そして、本当の意味での「お水取り」は13日未明にかけて行なわれる。二月堂の下にある若狭井へ行き、聖なる水を汲んでくるのである。汲まれた水は本尊近くの甕に納められ、「お香水」と呼ばれご本尊に供えられる。

用語解説

- *1 【懸造り】建物を崖の上に張り出すように建て、その床下を長い束柱で支える建築法またはその建物のこと。京都の清水寺本堂が有名。
- *2 【二月堂】旧暦2月に修二会が行なわれることからこう呼ばれる。2体の十一面観音を本尊とするが絶対秘仏で拝観は不可。現在の建物は寛文9年(1669)再建で国宝。
- *3 【童子】修二会の行法を行なう練行衆の世話を行なう者のことで子どもではない。
- *4 【兜率天】天上にある世界。仏となる者が最後の修行をする場所とされる。釈迦は前世で兜率天にいたとされ、今は弥勒菩薩が修行中とされる。

ぶと饅頭 | ぶとまんじゅう

 ［食］

3月13日は奈良市の春日大社で例大祭の春日祭が行なわれる。その際、古式に従った神饌（神様の食事）が供えられるが、その中に古代の菓子の姿を今に伝える「ぶと」がある。これは唐から伝わった唐菓子の一種で、かつては最先端のスイーツであった。

3月13日は、藤原氏の氏神神社であり奈良を代表する古社の一つである春日大社の例大祭*1、春日祭が行なわれる。春日大社のホームページによると、春日祭は次のような祭である。「宮中より天皇陛下のご名代である勅使の参向を仰ぎ、国家の安泰と国民の繁栄を祈ります。／嘉祥2年（849年）に始まったと伝えられ、（略）三大勅祭*2（葵祭、石清水祭、春日祭）の一つで氏神祭の典型。他の勅祭と異なる形態をとっています」

萬々堂通則の「ぶと饅頭」（写真提供：萬々堂通則）

「他の勅祭と異なる」点の一つに、『延喜式』*3に定められた通りの神饌（鯛・アワビ・カツオ・イカ・干し柿・鮨など）を勅使自らが神前に供えることがある。注目されるのは、この神饌の中に「ぶと」という唐菓子が含まれていることだ。唐菓子とは文字通り唐から伝わった菓子のことで、「米粉や小麦粉などの材料を油で揚げ、甘葛煎で甘味をつけた食品」（青木直己『図説 和菓子の歴史』）をいう。春日大社の「ぶと」は米粉を練って蒸したものをついて円盤状にし、二つに折って縁を縄目状にしたもので、見た目は揚げギョウザそのものだ。

　春日大社の「ぶと」は神様に捧げるものであったため古代のレシピがそのまま受け継がれたものと思われるが、これを現代風にアレンジしたものが奈良の和菓子屋で販売されている。近鉄奈良駅近くの萬々堂通則の「ぶと饅頭」だ。こちらは中にこし餡が入っているので、食感は餡ドーナツに近い。

用語解説

*1【例大祭】その神社が創建された日や祭神にゆかりの日などに行なわれる、その神社特有の祭。基本的には年に一度だが、春秋など二度行なうところもある。

*2【勅祭】天皇の勅使が派遣されて行なわれる祭のこと。三大勅祭は上賀茂・下鴨神社の賀茂祭（葵祭）、石清水八幡宮の石清水祭、春日大社の春日祭をいう。

*3【『延喜式』】延長5年（927）に完成した法律の施行細則集。神社や祭についての規定も書かれている。

数学の日 | すうがくのひ

［文芸］

3月14日は日本数学検定協会が定めた「数学の日」。制定理由は円周率の上3桁3.14に一致することから。同じ理由からアメリカなどでは「円周率の日」としている。

3月14日は「数学の日」とされている。3.14が円周率の上3桁と一致するからであるが、アメリカのように「円周率の日」[*1]としなかったのは数学の普及を図るためであったと、日本数学検定協会はしている。円周率を正確に計算する方法の探求が数学を発展させてきた面も考慮されたのだろう。

生國魂神社（大阪市天王寺区）の境内社・天満宮に掲げられている宅間流算法の算額

円周率の計算の歴史は長い。すでに古代バビロニア[*2]・古代エジプトでは円周率の存在と利用法（円の面積の算出など）が知られており、古代ギリシアのアルキメデスは円の面積が円周率と半径の平方の積に等しいことを証明している。そして、1630年頃には小数点以下38桁まで確定されていた。

日本では和算家[*3]が「円理」と呼んで円周率の算出に挑んでいた。1600年代には小数点以下21桁まで計算されていた（正しいのは7桁まで）が、こうした計算法は後継者などに受け継がれることがなかったので、学問としては深まっていかなかった。和算は武術や芸道のようなものと捉えられ、計算法も基礎学問ではなく武芸の技と同様に考えられた。算額という計算問題を記した絵馬を社寺に奉納したのも、そうした技の高さを誇示するためであった。一方、建築などに用いる実際的な数学は、早くから高い水準にあった。たとえば、大工たちは曲尺[*4]でかけ算や割り算を簡単に計算できたし、円に接する最大の正方形の一辺の長さなども算出できた。こうした技術を用いて複雑で美しい社寺建築が建てられてきたのである。

用語解説

*1 【円周率の日】円周率をπ（パイ）で表わすことから「パイの日」「パイを食べる日」と洒落ることもある。

*2 【古代バビロニア】メソポタミア南部、チグリス・ユーフラテス川中下流域に発展した文明。紀元前3000年頃から紀元前4世紀頃までをいう。

*3 【和算家】和算は日本流の数学。その研究・伝授を稼業とした者を和算家と呼ぶ。

*4 【曲尺】L字形になった物差し。裏面には√2倍の目盛りがあり、これを使って直角三角形の斜辺の長さを計算しないで知ることができた。

3月15日

梅若忌 | うめわかき

［文芸］

3月15日は梅若忌。梅若は架空の人物であるが、実在の人物であるかのように哀悼されてきた。また、寿永元年（1182）の3月15日は源頼朝が若宮大路の造営を行なった日。御台所の北条政子の安産祈願のためであった。

梅若（梅若丸）は観世元雅[*1]の『隅田川』などに登場する人物。京の貴族の子であったが人さらいに遭い、東国に連れてこられた末に隅田川の畔で亡くなったとされる。その遺骸は地元の人たちによって弔われ塚が築かれたが、梅若の母は正気を失いながらも子を探してこの地を訪れ、地元の人たちとともに念

『東名所墨田川梅若之古事』（国立国会図書館蔵）

仏を唱えていると、梅若の亡霊が現われて親子の再会を果たした、という話である。梅若の塚がある木母寺[*2]では、梅若の忌日とされる3月15日（現在は月遅れの4月15日）に梅若忌大念仏が行なわれてきた。『東都歳事記』には「このころ養花天とて大かた曇り又は雨ふる事あり、この日雨ふるを梅若が涙の雨といひならわせり」とある。

また、寿永元年の3月15日には源頼朝が若宮大路の造営を命じている。若宮大路は鶴岡八幡宮[*3]の参道であるが、鎌倉のメインストリートで平安京でいえば朱雀大路にあたる。頼朝は鎌倉の街造りを平安京をもとに行なったが、内裏にあたる場所に幕府を置かず、鶴岡八幡宮を据えた。すなわち、鎌倉は将軍が治める街ではなく、八幡神が治める街であったのだ。世継ぎとなるかもしれない子[*4]の安産祈願とあって、政子の父の北条時政なども造営のための石を運んだという。

用語解説

- [*1]【観世元雅】1394 ?〜1432。室町時代の能作者・猿楽師。能を大成した世阿弥の子。代表作に『隅田川』『弱法師』などがある。
- [*2]【木母寺】東京都墨田区にある天台宗の寺院。平安中期に忠円によって創建されたと伝えられる。古くは梅若寺といった。
- [*3]【鶴岡八幡宮】康平6年（1063）に源頼義が京の石清水八幡宮の分霊を迎えて創建。治承4年（1180）に源頼朝が現在地に遷座した。
- [*4]【世継ぎとなるかもしれない子】この時生まれた子が、第二代将軍の源頼家（1182〜1204）であった。

3月16日

十六団子

じゅうろくだんご

 ［食］

3月16日は田の神が山から里に下りてくる日なので、十六団子を供えて歓待するとされる（時期や供え物は地域によって異なる）。団子を16個供えるのは仁明天皇の故事に基づくともいわれるが、6月16日の嘉定喰いと関係があるともいわれる。

十六団子

農 民にとって田の神はもっとも身近で重要な神であっただろう。実は田の神は地域によって性質や呼び名も異なり、一概に説明するのが難しいのだが、神社の本殿にひっそりと鎮座しているのではなく、田の中や家の中などを去来する神とされる点ではほぼ共通している。また、多くの場合、春には里に下りてきて秋になると山に戻っていく[*1]といわれている。

　田の神が里に下りてくることをサオリ[*2]などといい、降りてきた神を出迎えて歓待することを田の神迎えという。農耕の時期は地域によって大きく異なるので、田の神がやって来る時期もさまざまで、2月や4月のところもあるが、3月16日としているところも多い。そして、その場合、十六団子が供えられる。十六団子とは文字通り団子を16個供えるものであるが、なぜ16個なのかについては明確な説明はない。

　俗にいわれているものとして、仁明天皇[*3]が神託により16個の団子を賀茂社に奉納して疫病の流行を収めたとするものがある。しかし、これは6月16日の嘉定菓子の起源（6月16日参照）であり、奉納したものも16個の団子ではなく16種類の菓子である。田の神は臼を叩く音や餅をつく音を聞くとやって来るともいわれるので、餅をついて団子にして供える習慣に嘉定菓子の伝承が混じって十六団子になったのであろう。

| 用語解説 |

*1【山に戻っていく】 山に戻るのではなく、田から農家の屋敷に移るとする地域もある。石川県の能登地方で12月5日に行なわれるアエノコトは、田の神を家まで案内してご馳走などをして歓待する儀礼である。

*2【サオリ】 これに対して田の神が田から去ることをサナブリ・サノボリなどという。

*3【仁明天皇】 810～850。第54代天皇（在位833～850）。嵯峨天皇の第一皇子。その治世には謀反騒動もあったがおおむね平穏で、平安文化成熟の基礎を作った。

3月17日

彼岸の入り | ひがんのいり

［人生］

彼岸は春分の日または秋分の日を中日とした7日間の仏教行事のことで、先祖の霊を供養する。多くの寺院で彼岸会の法要が行なわれる。

「**彼**岸」とは河の対岸という意味である。仏教が説く悟りの境地、あるいは仏に導かれて行く浄土のことを比喩的に表わすものだ。これに対して、われわれが暮らす迷いや苦しみが満ちた世界は「此岸」（こちら側の岸）という。

ぼた餅（おはぎ）

理想の世界である「対岸」に行くためには河を渡らなければならないが、そのためには読経などの修行を積んだり善行を積んだりしなければならない。菩提寺にお願いして先祖のためにお経を読んでもらい卒塔婆*1を立てるのも大きな功徳になるとされている。

このように彼岸（彼岸会）は仏教行事として行なわれ、その由来・意義についても仏教の教義から説明されるのが一般的になっている。しかし、彼岸会が行なわれているのは日本だけで、日本独自の行事である。民俗学ではこの春分・秋分前後に太陽を拝む習俗があることから、彼岸はもともと太陽信仰に基づく儀礼で「日願」が本来の意味だったのではないかとする。ただ、彼岸会の文献上の初見は大同元年（806）に遡り、『宇津保物語』*2や『源氏物語』にも記述がみられることから早くから宮中儀礼に取り込まれていたことがわかるので、民俗的な太陽信仰がそのまま年中行事化したとは考えにくい。

なお、彼岸にはぼた餅*3を仏壇などに供えるのが一般的だが、日によって供え物を変える（たとえば、彼岸の入りに小麦粉を練って焼いたスリヤキ餅、中日にぼた餅、彼岸明けは団子など）というところもある。

用語解説

- *1 【卒塔婆】塔を意味するサンスクリット語（インドの聖典語）「ストゥーパ」の音写。板の上部を五輪塔形にしたもので、これを墓地に立てると故人のために塔を建立したのと同じ功徳があるとされる。
- *2 【『宇津保物語』】平安中期（10世紀後半）の物語。琴の名人をめぐる伝奇的な恋愛物語。
- *3 【ぼた餅】うるち米ともち米を混ぜて炊き、軽くついたものに小豆餡やきな粉をつけたもの。牡丹餅の意だとして秋はおはぎ（お萩）と呼ぶともいう。

小野小町忌

おののこまちき ［人生］

小野小町は平安前期の歌人。美人の代表といわれ、さまざまな伝説が伝わる実在の人物である。その生涯は謎に包まれ、生没年も定かではないが3月18日が命日だとされる。また、3月18日から23日まで石川県羽咋市の氣多大社では平国祭が行われる。

石川県羽咋市の海辺に鎮座する氣多大社は大己貴命（大国主命）を祀る古社で、能登国一宮[*1]。伝説によると、この地に跋扈していた大蛇などの邪神・凶賊を退治し大己貴命に感謝した人々が、神社を創建して祀ったのが始まりとされる。平国祭（別名「おいで祭」）はその神話を忍ぶ祭で、神馬を先頭に神輿など総勢50余名が2市2郡（羽咋市・羽咋郡・鹿島郡・七尾市）300キロメートルを5泊6日かけて巡幸する。地元の人々は御祭神がおいでになられるということから「おいで祭」と呼ぶ。また、「寒さも気多のおいでまで」という。

『古今名婦伝 小野小町』（国立国会図書館蔵）

なお、巡幸は3月23日で終わるが、氣多大社に戻った神輿は4月3日の例大祭まで拝殿に安置されており、平国祭はそれまで続いているとされる。

いっぽう3月18日は小野小町が亡くなった日とされる。小野小町は小野妹子[*2]の子孫とされ、優れた歌人として活躍し、六歌仙[*3]の1人とされる。しかし、その生涯について明らかにわかっていることは『古今和歌集』に収録された18首のみで、そこから絶世の美人で多くの男から求婚されたとか、和歌で雨を降らせたといった伝説が生まれた。歌の内容から平安前期に活躍したことはわかるが、没年も享年も不明。それにもかかわらずこの日を小町忌とするのは、「彼女を観音の化身としてその縁日の三月十八日を忌日にあてたといわれる」（皆川盤水監修『新編月別仏教俳句歳時記』）からだという。

用語解説

*1【一宮】 旧国郡制での各国（武蔵国・甲斐国など）において一番の格式とされた神社のこと。大和国は大神神社、山城国は上賀茂・下鴨神社、武蔵国は氷川神社（小野神社とも）である。

*2【小野妹子】 生没年不詳。飛鳥時代の官人。聖徳太子の命により遣隋使として随に渡り、煬帝に国書を届けた。

*3【六歌仙】 『古今和歌集』の序文にあげられた優れた6人の歌人のことで、僧正遍昭、在原業平、文屋康秀、喜撰法師、小野小町、大伴黒主を指す。

菜虫化蝶 | なむしちょうとなる

 ［歳事］

3月16日から20日頃は七十二候の「菜虫化蝶」にあたる。青虫が蝶になる時節という意味だ。日本には多くの蝶が生息しているが、意外に神話や昔話には登場しない。ただ『荘子』にある「胡蝶の夢」のたとえは、松尾芭蕉など日本の文人に大きな影響を与えてきた。

春といえば花、花といえば蝶と連想がいくが、不思議なことに中世以前の文学では蝶はほとんど取り上げられていない。『源氏物語』に「胡蝶」の巻があるのがきわめて例外的な事象といえる。しかしながら、古代の人々が蝶を嫌っていたというわけではない。『源氏物語』「胡蝶」にもあるように、童子・童女に蝶の衣装を着せて行事に花を添えたり、着物や小物などに蝶の意匠を使ったりすることは行なわれていた。

神話や和歌などの文学の題材とされなかったため、中世以降の文学者たちは蝶の作品を作ろうとした時に先行作品を踏まえることができず、代わりに『荘子』*1の「胡蝶の夢」のエピソードを用いたケースが少なくない。『荘子』は『老子』*2と並ぶ道家*3の聖典で、「胡蝶の夢」はその2巻に出てくる。

「むかし、荘周*4は自分が蝶になった夢を見た。楽しく飛びまわる蝶になりきって、のびのびと快適であったからであろう。自分が荘周であることを自覚しなかった。ところが、ふと目がさめてみると、まぎれもなく荘周である。いったい荘周が蝶となった夢を見たのだろうか、それとも蝶が荘周になった夢を見ているのだろうか」(金谷治訳注の岩波文庫版による)

この話の影響を受けて芭蕉は「唐土の俳諧問はん飛ぶ胡蝶」「蝶よ蝶よ唐土の俳諧問はむ」「起きよ起きよ我友にせんぬる胡蝶」といった句を作っている。また、謡曲(能)の「胡蝶」も「胡蝶の夢」を題材としている。

用語解説

*1 【『荘子』】紀元前300年頃に活動した荘子の主著。世俗を離れて無為の生活に入ることを説く。

*2 【『老子』】紀元前500年頃に活動した中国の思想家で道家の祖とされる老子の著書。『老子道徳経』ともいう。あるがままの自分や世界を受け入れる無為自然を説く。

*3 【道家】老子によって始められ荘子によって大成されたとされる一派(宗派)。無為自然を旨とし道教の成立とも深く関わった。

*4 【荘周】荘子のこと。

踏青・野遊び・摘み草

とうせい・のあそび・つみくさ

🍵 ［歳事］

「踏青」「野遊び」「摘み草」は、いずれも春（3月）の季語。野や山に行ってヨモギやヨメナといった食用の草や花などを摘んでくることをいう。山遊び・磯遊びといった先祖祭祀に関わる民俗儀礼が、実用的な行楽に変化したものと思われる。

高 浜虚子の『新歳時記』の「三月」の項を見ると「踏青」「野遊」「摘草」といった項目が並んでいる。それぞれの説明の一部を引用しよう。「踏青…野辺に出て青々とした草を踏み、そぞろに逍遥する、春の野遊びのことと考えていい。昔は三月三日の俗であった」「野遊…なごやかな春の日を浴びながら野原に遊ぶ、所謂ピクニックをいうのである」「摘草…万葉の昔から*1 貴賤都鄙*2 を問わず行われ、花見・汐干狩などと共に、春興の一つである」。さらにこれらに続いて「嫁菜摘む」「蓬」「母子草」「土筆」「蕨」といった項目が続く。

『小供風俗 野遊』
（国立国会図書館蔵）

　近世まで八百屋などで買う野菜は主に根菜類で、葉物は自分で摘んでくるものであった。したがって摘み草は実用的なレクリエーションといえた。江戸のような大都市になると摘める場所は限られていたが、それでも尾久（現在の荒川区西尾久・東尾久あたり）などでは桜草狩りが名物となっていた。

　こうした習俗は山や磯に行って飲食をする「山遊び」「磯遊び」に由来するものと思われる（磯遊びについては3月27日参照）。これらは今のハイキングなどと違って先祖供養の儀礼としての意味があった。山や海の向こうに行った祖先霊にご馳走を供え、一緒に食べるのである。あるいは花に祖先の霊を迎えて、家や田に連れて行くのである。五来重氏によれば「日本人は季節の折り目（変わり目）に先祖をまつるという基本的な習俗がある」（『宗教歳時記』）という。野遊び・摘み草などは春の終わりの儀礼となる。

用語解説

*1【万葉の昔から】『万葉集』の「春日野に煙立つ見ゆおとめらし　春野のうはぎ摘みて煮らしも」（春日野に煙が立つのが見える。乙女たちが嫁菜を摘んで煮ているのだろう）などの歌を指すものと思われる。

*2【貴賤都鄙】身分の上下、都会と田舎の意。

3月21日

KEYWORD ◈ 寒の戻り、黄経、彼岸、縄文遺跡

春分 | しゅんぶん

［歳事］

春分は二十四節気の4番目にあたり、昼と夜の長さが等しくなる日。天文学的には太陽が黄経（後述）0度になる時を含む日をいう。この日を中日とした7日間を彼岸という。冬の寒さが終わる時ともいわれる。

年｜によって変わるが3月20日あるいは21日に春分が訪れる。立春（2月4日参照）以後も冬を思わせる寒い日[*1]があったりするが、この日以降、それもなくなるといわれる。ここから「暑さ寒さも彼岸まで」といわれる。ここで「春分」といわず「彼岸」としているのは、春分（秋分）が彼岸の中日とされるからで、春分の日には墓参りをするというところも多い（3月17日参照）。

正岡子規（国立国会図書館蔵『明治文学研究 第2巻 正岡子規』より）

　春分の説明として「昼と夜の長さが同じになる日」といわれることが多いが、天文学的には太陽が黄経0度になる瞬間をいい、その瞬間を含む日を「春分の日」としている。黄経とは太陽が見かけ上移動する天のルート（黄道）上の高さ（角度）をいう。黄経0度は天の赤道と重なる時をいう。ちなみに、夏至は黄経90度。冬至は270度、秋分は春分と反対側で天の赤道と重なるので180度になる。

　これで春も本番といいたいところだが、実際にはそうもいかず、正岡子規[*2]も「毎年よ彼岸の入りに寒いのは」と川柳っぽい句を詠んでいる。

　春分は農耕の始まりを示す日としても重視されてきた。長野県諏訪郡の阿久遺跡や山梨県韮崎市の女夫石遺跡、都留市の牛石遺跡などの縄文遺跡では春分（秋分）の日にランドマーク的な山に日が沈む（昇る）ことが知られている。縄文人はこうした現象を見て季節の移り変わりを知り、夏（冬）への準備を始めたのであろう。

用語解説

*1 【冬を思わせる寒い日】これを「寒の戻り」という。

*2 【正岡子規】1867〜1902。明治時代の俳人・歌人。俳句の改革運動を先導したが結核で倒れ、晩年は病床で執筆を続けた。

3月22日

KEYWORD ◈ 暦、十二支、十干、地神、薄葬令

社日 | しゃにち

［祭事］

春分あるいは秋分にもっとも近い戊の日を社日という。この日は土地の神（地神、堅牢地神）を祀る日で、輪番の家などに集まって地神の掛け軸を拝み、飲食を行なったりする。地神を田の神として祀る地域もある。また、大化2年（646）3月22日は薄葬令が出された日である。

社 寺で頒布されているような暦を見ると「つちのえ　たつ」とか「きのえ　いぬ」などと書かれている。これは各日にも年と同じように十二支[1]・十干が配されているためだ。十二支については生まれ年占いにも使われるのでおわかりかと思うが、十干のほうはわかりにくいと思う。

　十干は古代中国の五行思想[2]に基づくもので、その基本となる五行（5元素）、木・火・土・金・水をそれぞれ陰（弟）と陽（兄）に分けたものをいう。具体的には木の兄＝甲、木の弟＝乙、火の兄＝丙、火の弟＝丁、土の兄＝戊、土の弟＝己、金の兄＝庚、金の弟＝辛、水の兄＝壬、水の弟＝癸をいう。かつては十二支と十干の組み合わせ[3]で年や月、日を示していた。暦の記述はその名残なのだ。今でも一部の行事は十干十二支によっており、大黒天の縁日なども甲子の日に行なわれる。社日も春分・秋分にもっとも近い戊の日とされる。

　社日というと神社の祭のように思えるが民間の行事（神社で行なうところもある）で、土地の神を祀る。神奈川県などが盛んで輪番で集まる家を決め、地神（堅牢地神）の軸を下げて拝礼をする。石碑を建てることもある。また、田の神を社日様と呼んで神棚に赤飯などをあげて祀るところもある。

　この十干十二支でいうと、大化2年の甲申の日、すなわち3月22日は孝徳天皇が薄葬令を出した日である。民衆の負担を軽減するために巨大な墓（古墳）を造ることを規制したのだが、これによって古墳時代が終焉したわけではなかった。

用語解説

[1]【十二支】 子・丑・寅・卯・辰・巳・午・未・申・酉・戌・亥のこと。もとは天界を12方位に分け、それぞれに動物の名をつけたものであったが、暦にも用いられるようになった。

[2]【五行思想】 すべての物質は木・火・土・金・水から成り立っているとする考え方。戦国時代（紀元前5〜3世紀）に遡るという。

[3]【十二支と十干の組み合わせ】 十二支と十干の組み合わせは甲子から始まるが、十干のほうが二つ少ないので、一巡ごとに二つずつズレていき、両者の最少公倍数である60回で元の組み合わせに戻る。そこで60年目を還暦という。

3月23日

鎌倉大仏堂事始
かまくらだいぶつどうことはじめ

[歴史]

3月21日から25日頃は七十二候の「雀始巣」にあたる。スズメが巣を作り始める頃という。また、嘉禎4年(1238) 3月23日は鎌倉の大仏建設の事始めが行なわれた日である。

近 年、急速に数を減らしているといわれるが、スズメは日本人にとってもっとも身近な鳥であった。農民にとっては大切な米を食い荒らす害鳥[*1]の面もあり困った存在ではあるのだが、「舌切り雀」「雀孝行」「雀酒屋」といった昔話でスズメがよい鳥として描かれていることからも、スズメに対して親しみがもたれてきたことがわかる。

鎌倉大仏(阿弥陀如来坐像)(神奈川県鎌倉市・高徳院)

　スズメは霊的な鳥とも考えられていたようで、「一条天皇の時、陸奥に配流されて、その地で果てた藤原実方中将の亡霊が化して、ニュウナイスズメになったという伝説」(鈴木棠三『日本俗信辞典 動物編』)があり、夜道でスズメの声がするとオオカミや魔物に襲われる前兆ともいわれた。こうしたスズメに霊性を見る心象が、宝物や化物が詰まった葛籠を贈る(「舌切り雀」)、酒の造り方を教える(「雀酒屋」)といった昔話の展開を生んだのであろう。

　いっぽう『吾妻鏡』[*2]によると、嘉禎4年3月23日には鎌倉で大仏堂の事始めが行なわれている。具体的にどういうことがなされたのかはわからないが、大仏建設の着工式のようなものであったのだろう。ちなみに、この時の大仏は今のように銅造ではなく木造であった。木造大仏はその後壊れてしまったらしく、建長4年(1252)に改めて銅製の大仏の鋳造[*3]が行われている。その後、大仏殿も建てられたが、大風や津波で倒壊し、15世紀末頃からは今と同じ露座になったようだ。

用語解説

*1 【害鳥】スズメは害虫を駆除する役割も果たしているので害鳥とは言い切れない。実際、中国では1958年から1962年にかけて全国的にスズメ駆除を行なったため害虫が爆発的に増え、飢饉につながることになった。

*2 【『吾妻鏡』】鎌倉幕府の歴史を記録した歴史書。13世紀末～14世紀初めの成立。1180年の以仁王の挙兵から1266年の宗尊親王の上洛までを扱う。

*3 【大仏の鋳造】『吾妻鏡』はこの時鋳造された大仏を釈迦如来としているので、現在の大仏(阿弥陀如来)とは別のものではないかとする説がある。

藤原清衡、中尊寺の供養をする
ふじわらのきよひら、ちゅうそんじのくようをする

［文芸］

春は雨の季節でもある。梅雨にはまだ早いが雨が続くこともある。そうしたことを春霖、菜種梅雨などという。そんな折り、天治3年(1126)には藤原清衡が中尊寺の本堂や三重塔の供養を行なっている。

春 の雨を表わす言葉は多い。「春雨」「春時雨」「翠雨」*1 などで、こうした雨でできたぬかるみを「春泥」という。春は雨もぬかるみも詩的な匂いがする。「春霖」もそうした言葉の一つだ。高橋健司『空の名前』によると、「三月から四月にかけて、天気がぐずつく時期があります。これが春霖で、春の長雨ともいいます。日本の南岸地方に現われやすい天気で、冷たい雨が降り続き、時には雨が雪に変わることがあります」という。菜種梅雨も同じ時期の長雨だが、こちらの雨には暖かい印象がある。

『本朝百将伝』(国立国会図書館蔵)より「藤原清衡」

900年前もそんな気候であったのだろうが、天治3年(大治元年)の3月24日には藤原清衡が中尊寺*2の諸堂の供養を行なっている。この時のことは清衡の願文*3の写本が残っているので、その詳細まで明らかになっている。たとえば、清衡が建てた建物は、長い回廊をもった檜皮葺の本堂、三重塔が3基、二階建てで瓦葺きの経蔵、大門3つ、反橋2つ、斜橋(斜めに渡るようにした橋ともとれるが、どのようなものか不詳)、龍頭鷁首の船*4が2隻であった。

これだけでも驚きだが、藤原3代によって築かれた平泉は、平等院鳳凰堂のような華麗な堂宇があちこちにある一大宗教都市であった。文治5年(1189)に平泉に入った源頼朝はその秀麗さに驚き、中尊寺の二階大堂を模して鎌倉に二階堂を建てさせている。しかし、この宝石のような東北の宗教都市は度重なる火災により失われてしまった。

用語解説

*1 【翠雨】青葉に降る雨のこと。

*2 【中尊寺】岩手県平泉町にある天台宗の寺院。嘉祥3年(850)に円仁が創建したとされ、その後、藤原清衡が再興した。藤原4代の遺骸を納めた金色堂が有名。

*3 【願文】神仏に祈願をする際に書く文書。「敬白」で始まり「立願如件(願を立つること件の如し)」で終わるなど細かな書式が決まっていた。

*4 【龍頭鷁首の船】船首に龍と鷁(よく空を飛び水に潜るという架空の水鳥)を彫刻した船のこと。

3月25日

薬師寺花会式 | やくしじはなえしき　　［祭事］

国家の繁栄・五穀豊穣・万民豊楽を祈る薬師寺の花会式は、正しくは修二会という。旧暦2月の行事であるが、現在は3月25日から3月31日にかけて行なわれる。

奈　良市西ノ京町に建つ法相宗[*1]大本山の薬師寺。裳階[*2]が印象的な2基の三重塔がそびえるその伽藍は、奈良を象徴する風景の一つだ。その薬師寺で行なわれる花会式は、東大寺二月堂のお水取り（3月12日参照）とともに奈良に春を呼ぶ行事といわれる。また、正式には修二会という法会であることも共通している。修二会とは修二月会の

薬師寺の花会式。中央は薬師如来（写真提供：薬師寺）

略で、正月の修正会と同じく世の中の安泰と繁栄を祈るものである。

　薬師寺の花会式では、色鮮やかな造花が本尊に供えられる[*3]。花会式という通称もここから出ているのだが、これについて薬師寺は「造花の起源は、嘉承2年（1107）に、堀河天皇が皇后の病気平癒を薬師如来に祈られ、その霊験を得て病気が回復しました。翌年、皇后は感謝の心を10種類の造花（梅・桃・桜・椿・山吹・牡丹・藤・杜若・百合・菊）にこめて女官に造らせ、薬師如来の御宝前に供えられました。以来毎年造花を供えて修二会をするようになりました」（薬師寺のホームページより）としている。

　こうしたことについて仏教民俗学者の五来重氏は、日本人が季節の変わり目に先祖を祀ってきたとし、「そのなかで、冬の終り、春の初めには造花しかないので、造花やケズリカケ[*4]の花、あるいは餅花をもって祖霊をまつるのが正月行事で、これを仏教化して『修正会』と『修二会』になった。薬師寺の花会式は修二会の代表的な花供養である」（『宗教歳時記』）としている。

用語解説

*1【法相宗】『西遊記』の三蔵法師のモデルである唐の玄奘三蔵（602～664）とその弟子の慈恩大師を開祖とする宗派。日本には飛鳥時代に伝えられ、南都六宗の中心宗派として勢力を伸ばした。

*2【裳階】内部空間の拡張や建物の補強などのためにつけられる装飾的屋根のこと。法隆寺の金堂や五重塔にもみられる。

*3【造花が本尊に供えられる】東大寺二月堂のお水取りでも練行衆が作った椿の造花が供えられる。

*4【ケズリカケ】棒（枝）の先端をカールのかかった紐状に削って房を作り、御幣のようにしたもの。

3月26日

比良八荒 | ひらはっこう

［歳事］

比良は琵琶湖の西岸、比良山地の麓にあたる。ここに鎮座する比良大明神（白鬚神社）で延暦寺の僧が『法華経』を講じる「法華八講」を行なってきた。これが比良八講で、この時期に吹く局地的な強風を比良八荒と呼んだ。

比 良は琵琶湖周辺でもとくに美しい場所だ。今も白鬚神社[*1]の水中鳥居が琵琶湖の名所としてよく紹介されているが、かつては近江八景[*2]の一つとして知られていた。一見穏やかに見える場所だが、春には比良おろしの風（比良山地から吹き下ろす風）で荒れることでも有名である。比良大明神で法華八講が行なわれる時期と重なるため比良八荒と呼ばれてきた。過去には事故も起きていて、昭和16年（1941）には第四高等学校（今の金沢大学）漕艇部11人が犠牲になっ

『古今名婦伝 清少納言』
（国立国会図書館蔵）

ている。同年に発表された流行歌「琵琶湖哀歌」は、この事件を歌ったものだ。

　比良八荒の由来となった比良八講（法華八講）は、『法華経』を8回にわたって講ずる法会をいう。今風にいえば「法華経シンポジウム」といったものであるが、『法華経』を論じると大きな功徳があるとされ、天下の平安や追善供養のためにも行なわれた。比良八講も湖上の安全祈願のために修されてきた。

　平安時代の貴族たちにとっては、こうした比良八講のような法会を聴聞するのは一種のレクリエーションで、とくに女房たちにとっては美男・美声の僧が目当てのライブのようなものでもあった。清少納言も小白川の屋敷で行なわれた法華八講のことを「すべて尊きことの限りにもあらず、をかし見物なり」（ありがたい法会であるばかりか、心惹かれる見せ物でもある）と述べ、講師として登壇した僧についても「朝座の講師清範は、高座の上にも光にあふれたような感じで、まことにすばらしい」（石田穣二訳）と、まるでアイドルのファンのような感想[*3]を『枕草子』に書いている。

【用語解説】

*1【白鬚神社】 滋賀県高島市に鎮座する神社。猿田彦大神を祀る。垂仁天皇の御代に皇女の倭姫命が創建したと伝わる。

*2【近江八景】 中国の瀟湘八景（洞庭湖周辺の8カ所の景勝地）を模して琵琶湖周辺の8カ所の名所を選んだもの。比良の暮雪、堅田の落雁、唐崎の夜雨、三井の晩鐘、矢橋の帰帆、粟津の晴嵐、石山の秋月、瀬田の夕照をいう。

*3【アイドルのファンのような感想】 比良には、比良八講の講師の僧に恋した娘が籃で湖上を渡ろうとして、比良八荒の嵐で溺れて死んだという悲話が伝わっている。

3月27日

磯開 | いそびらき

 ［歳事］

この時期、磯・浜での漁が解禁され、潮干狩りに赴く人が増える。江戸時代も深川や品川などが潮干狩りの名所として賑わっていたが、もともとはこの時期に磯で飲食を行なって神や祖先の霊をもてなすものであった。

『北斎仮名手本忠臣蔵』(国立国会図書館蔵)より「潮干狩之図」

先に摘み草がレクリエーションと実益を兼ねた行事だということを書いた(3月20日参照)が、潮干狩りもまたそうした行事であった。江戸っ子も磯遊びを楽しんだといい、「江戸の潮干狩りといえば、深川、品川、高輪、佃島沖、中川沖、芝浦沖など。(略)例年三月三日は大汐干潟になるので、深川や品川の海上へ潮干狩りに出る者が大勢いました。(略)早朝から舟に乗り、はるか彼方の沖に行きます。卯の刻(午前六時ごろ)過ぎから汐が引き始め、午の半刻(昼の十二時)には海底が陸地に変わります。海岸からは潮干狩りに出た人々の姿が豆粒のように見えたといいます」(三谷一馬『江戸年中行事図聚』)という。

しかし、春に磯に行って日を暮らすというのは、この時期に山に入って飲食するのと同じく神あるいは祖先霊を祀るためのものであった。こうしたことを磯遊び・浜降りなどという。こうした古い形での磯遊びは沖縄や奄美などに残されている。沖縄では家族連れで潮干狩りをする場合と女性だけでご馳走をもって浜に行く場合があるが、女性だけの場合は身を清める意味があるという。これは美青年に化けた蛇の子を宿した娘を浜で清めたことに由来するとされる(赤嶺政信監修『沖縄の神と食の文化』)が、海の向こうからやって来る神を娘たちが接待した習俗が、本来の意味が忘れられてそのような伝承になったのだろう。

神話においても磯は重要な場所で、黄泉の国へ赴いて[*1]穢れてしまった伊邪那岐命は磯で身を清めている。これが禊[*2]の始まりとされる。『古事記』によれば、この時に天照大御神や須佐之男命が生まれたという。

用語解説

*1【黄泉の国へ赴いて】伊邪那岐命は妃の伊邪那美命を迎えに黄泉の国(死者の国)へ下っていったが、姿を見てはいけないというタブーを破ってしまったため連れ帰ることに失敗した。

*2【禊】海や川、泉などの清浄な水で心身の罪穢れをすすぐこと。神社に参拝する前に行なう手水は、禊を簡略化したものである。

3月28日

KEYWORD ◈ 藤原道長、藤原頼通、末法、『扶桑略記』

平等院創建

びょうどういんそうけん

 ［歴史］

永承7年（1052）3月28日、藤原頼通は宇治の別業（別荘）を寺に改め平等院と名づけた。この年、世は末法の時代に入ったとされていた。

京 都府の南部にある宇治は、古くから景勝地として知られ、皇族や貴族の別業が造られてきた。藤原氏にとっては、近くの木幡に墓所もあったので、より親しみがあったことだろう。

平等院が今建っている場所は、もともとは源融[*1]の別業があった場所であった。融の死後、その別業は宇多天皇のものとなり、さらにその皇子（源重信）のものとなり、さらに藤原道長のものとなった。道長はここに寝殿などを建て、しばしば訪れている。治安3年（1023）には、それまでの罪をすすぐために法華八講（3月26日参照）を催している。

『都名所図会』（国立国会図書館蔵）より「平等院」

道長は万寿4年（1027）に亡くなり、宇治の別業はその子の頼通が相続した。道長の生前からここに通っていた頼通は、相続後も別業として使っていたが、永承7年になると寺院に改造し、平等院と名づけた。この年はまさに『扶桑略記』[*2]が「この年より末法に入る」とした年であった。

仏教の歴史観によれば、開祖の釈迦の死後、しばらくはその教えが保たれ、悟りを得る者も出るが、やがて修行をしても悟りが得られなくなり、ついには修行する者もいなくなり、ただ教えのみが残る時代になるという。この3期を正法・像法・末法という。末法の世になると人の質も落ちて犯罪や災害が頻発するとされた。貴族たちは、来世は地獄に墜ちるのではないかと恐れ、少しでも多くの功徳を積もうと努力した。平等院の創建もそうした努力の一つであった。

用語解説

*1【源融】822～895。平安初期の貴族。嵯峨天皇の皇子。左大臣にまで出世し、贅沢な暮らしをしたことで知られる。『源氏物語』の光源氏のモデルのひとりとされる。

*2【『扶桑略記』】平安末期に成立した歴史書。天台宗の皇円の著で、神武天皇から堀河天皇までの出来事が記されている。

3月29日

KEYWORD ◈ 藤原京、平城遷都

薬師寺東塔建立

やくしじとうとうこんりゅう

 ［文芸］

現在、奈良市西ノ京町にある薬師寺は天武天皇9年（680）、藤原京にて創建された。実際に主要伽藍が完成したのはその8年後と考えられているが、平城遷都のため薬師寺も平城京に移ることとなった。その東塔が完成したのは天平2年（730）の3月29日のことである。

『薬師寺縁起』によると、藤原京[*1]より平城京へ薬師寺が移転したのは養老2年（718）のこととされる。しかし、この時点では主要伽藍は未完成だったらしく、『扶桑略記』は天平2年3月29日に東塔が建立されたと記す。薬師寺はその後、度重なる火災により金堂・講堂・西塔・回廊などを失い、移転当時の建物のほとんどを失ってしまったが、東塔のみは1300年近い歳月を耐えて建っている。

この東塔[*2]は他に例のない独創的な造形をしていることで知られる。三重塔なのだが、各層に裳階をもつため大小の屋根が交互に3段ずつ並んでいる。このため六重塔のようにも見える。裳階は内部空間を広くするためや建物を補強するためにつけられる装飾的な屋根のことだが、この場合そのどちらにも当てはまらない。なぜこのような形式が選ばれたのか不明だが、塔を高く建てるためであったのかもしれない。高くするために各層の間を伸ばすと間延びした塔になってしまう。そこで裳階を入れて緊張感を出したとも考えられる。だが、高い塔にしたいのであれば五重塔にすればいいわけで、あえてより複雑な建築にした理由はわからない。

東塔にはもう一つ謎がある。藤原京から移築したのか新たに建設されたのかという問題である。だが、新たに建てられたのだとしても、藤原京の薬師寺（本薬師寺という）の塔の形式を受け継ぐものであったと考えられている。

用語解説

*1 【藤原京】奈良県橿原市にあった日本初の本格的な都城。持統天皇8年（694）に飛鳥浄御原宮から遷都した。その規模は東西約5.3キロ、南北4.8キロあり、平城京・平安京を超える（12月6日参照）。

*2 【東塔】もともと西塔と並び建っていたが、西塔は兵火のため享禄元年（1528）に焼失。昭和56年（1981）に再建された。

※本項で解説している内容には諸説あり、薬師寺の見解とは異なる場合もあります。

3月30日

『方丈記』成立 | ほうじょうきせいりつ ［住］

『方丈記』は鴨長明が建暦2年（1212）に書いた随筆。清少納言の『枕草子』、吉田兼好の『徒然草』と並んで三大随筆の一つに数えられる。

『方丈記』の成立時期については、巻末に「時に、建暦の二年、弥生のつごもり*1ごろ」と書かれていることから、建暦2年3月30日頃とわかる。作者の鴨長明（1155～1216）は下鴨神社（賀茂御祖神社）の禰宜*2の家柄に生まれたが、父が早くに死んだためその道を断たれ、歌人として生きる道を選んだ。50歳の時にも下鴨神社の摂社の河合神社の禰宜になる機会を失い、出家して隠遁の生活を送った。『方丈記』はその隠遁生活の中で書かれたもので、政争や戦争、災害が続く世の中を冷めた無常感に満ちた視線で描いている。

『肖像集』（国立国会図書館蔵）より「鴨長明」

『方丈記』の方丈とは一丈四方*3の小さな庵のことで、大乗経典の『維摩経』に由来する。『維摩経』の主人公・維摩居士*4は在家信者であったが、智慧の仏である文殊菩薩に匹敵するほどの智慧と神通力*5をもっていた。この維摩居士は方丈に住んでいたが、神通力で内部を広げていたので、さまざまな世界から集まってきた仏と弟子たちが中に入っても狭くならなかったという。なお、禅宗寺院の塔頭*6の本堂のことも方丈というが、狭い建物にはなっていない。

なお、鴨長明が晩年住んでいた「方丈」が下鴨神社境内の河合神社に再現されている。一丈四方よりは少し広いようだ。

用語解説

*1 【つごもり】月の終わり、晦日のこと。旧暦は月の満ち欠けに基づく暦（陰暦）なので月の終わりは30日で、31日はない。
*2 【禰宜】神職の職掌（役目、担当の職務）の一つ。主に儀式を司る。
*3 【一丈四方】一丈は長さの単位。約3.03メートル。
*4 【居士】仏教における男の在家信者のこと。
*5 【神通力】深い智慧を得ることによって発揮される超能力。
*6 【塔頭】もとは元住職の墓を守る小寺院のことであったが、大寺院に付属する小寺院（子院）のことも指すようになった。

3月31日

KEYWORD ◈ 茶室、閉炉、風炉、囲炉裏

炉塞ぎ │ ろふさぎ

🏠［住］

3月の末（現在は4月の末）になると茶室の炉を塞ぐ。もう炉で部屋を暖める必要はないからだ。禅宗寺院でも似た習慣があり、こちらは閉炉という。いっぽう茅葺き屋根の民家の囲炉裏は茅葺きを保護するため夏でも火を燃やす。

「茶」の湯」ともいうこともあって、炉は茶道に欠かせないものとなっている。茶室のどこにどのような炉を設えるかによって茶室の性質が変わり、主人がどのような茶を理想としているかがわかるほどだ。とはいっても一年中炉を使うわけにはいかない。3月（4月）の末には炉を塞ぎ、茶室を気温が高い季節向けに改める。

茶室の炉

　禅宗寺院においても暖房に用いていた炉に蓋をする「閉炉」という習慣がある。『禅学大辞典』によると「暖房のため僧堂*1や諸寮*2に開いていた炉にふたをして閉じること。古くは陰暦二月一日に行われたが、〔瑩山清規〕（下、年中行事）は陰暦三月一日とし現今の曹洞宗*3は四月一日とする。この日を閉炉節といい、住持は説法をなす」という。

　しかしながら茶を点てるためには湯を沸かさなければならない。そこで炉を塞いでいる間は風炉という火鉢風の炉を使う。これを使うことによって茶室内の温度が上がることを防ぎ、客の目に炉や火が入るのを防げるのである。

　いっぽう古民家に見られる囲炉裏は夏も閉じることがない。それどころか囲炉裏から火が絶えることを忌む。これは囲炉裏の煙によって茅葺きの屋根や梁などの建築部材から害虫を駆除し防水性を高める必要性があったからだが、同時に囲炉裏の火に対する古い信仰*4に基づくところもある。

用語解説

*1【僧堂】修行僧が坐禅をし、食事をし、眠るための堂。
*2【諸寮】役目ごとに与えられた部屋・建物のこと。
*3【曹洞宗】道元（1200〜1253）が日本に伝えた禅宗の一派。中国の曹洞宗と区別するため日本曹洞宗と呼ぶこともある。ひたすら坐禅を行なう只管打坐を標榜する。
*4【古い信仰】縄文時代は家の中の炉が祭祀場所になっていた。

4月1日

ひな会式 | ひなえしき

 ［文芸］

毎年4月1日には奈良の法華寺で「ひな会式」が行なわれ、かわいい善財童子の像が55体、本尊の前に並べられる。また、4月1日は大正3年(1914)に宝塚少女歌劇団の第1回公演が開かれた日でもある。

宝塚大劇場

奈良市法華寺町の法華寺は総国分尼寺*1であり、かつては壮麗な伽藍が建ち並んでいた名刹であるが、光明皇后*2の寺院という印象が強い。もともとこの地には藤原不比等の邸宅があり、その死後は光明皇后宮とされていた。皇后はここを寺院に改め、その後、総国分尼寺となった。境内には皇后が湯施行をしたという浴室が残り、本尊の十一面観音立像(国宝)は皇后をモデルにして造られたという伝説が残る。ひな会式はそんな法華寺にふさわしい法会である。

「ひな」という言葉から雛人形を連想しがちだが、この法会で並べられるのは『華厳経』*3の「入法界品」に登場する善財童子である。この少年は55人の賢者を訪ねて教えを受けたと経に説かれており、これにちなんで55体の像が安置される。

4月1日は、大正3年に宝塚少女歌劇の第1回公演が行なわれた日でもある。公演の舞台となったパラダイス劇場は、阪急電鉄の前身、箕面有馬電気軌道が集客施設として宝塚に建てた温泉施設内にあった。当初は日本初の室内プールとして造られたものだったが、評判が悪かったため舞台に改装し、少女たちに歌や芝居を披露させたのが宝塚唱歌隊の始まりであった。

宝塚歌劇の公式ホームページによると、「演目は管弦合奏と合唱以外に、舞踊(白妙・胡蝶の舞・ほか)と歌劇『ドンブラコ』『浮れ達磨』。観覧料は無料であった」という。

用語解説

*1【総国分尼寺】聖武天皇は仏教に基づく国家統治を目指して全国に国分寺と国分尼寺を建てることを命じた。そして、東大寺と法華寺をそれらを統括する寺院(総国分寺・総国分尼寺)とした。ちなみに国分寺・国分尼寺の正式名称は金光明四天王護国之寺・法華滅罪之寺であり、法華寺も正式には法華滅罪之寺である。

*2【光明皇后】701〜760。藤原不比等の娘で、聖武天皇の皇后。皇族以外から初めて皇后となった。仏教への信仰が篤く、貧しい人に薬や湯を自ら与える施行などしたという伝説がある。

*3【『華厳経』】宇宙の中心にいて全宇宙を照らし、各小宇宙に分身(釈迦)を表わすとされる盧舎那仏(毘盧遮那仏)を説く経。東大寺大仏の典拠となっている。

行基詣で

ぎょうきもうで

🏯 ［歴史］

ため池の造成や貧しい人への食事などの施行といった社会事業を行ない、民衆からは「菩薩」と崇められた行基（668〜749）。その忌日の2月2日にはゆかりの昆陽寺（兵庫県伊丹市）を参拝する行基詣でがなされた。新暦になってからは4月2日とされる。

寺　院めぐりをしていると、行基によって創建されたと伝わるところが多いのに驚く。行基が訪れたとは思えない場所にも行基伝説をもつ寺院が少なからずあり、多くの人に慕われてきたことが偲ばれる。寺院だけではない。近畿圏には行基が造営したとされる池も数多く残る。それらはみな灌漑用のもので、

行基の墓（奈良県生駒市・竹林寺）

行基が民衆の生活の向上のために尽くしてきたことが、そうしたことからも知られる。

　行基はそうした社会事業*1を行なう時に、国などの助成を得なかった。民衆を集めて教えを説き、行基の教えに共感した者たちを動員して行なった。そして、それらの事業によって恩恵を受けた者たちも行基の信者となり、さらなる事業に参加していった。こうして行基の"教団"は拡大していったが、朝廷はこれを危険視して弾圧を加えた。

　それでもやがて、朝廷も民衆の声を無視しきれなくなり、行基の活動を公認するとともに、東大寺造営にその力を利用する方向に舵を切る。天平15年（743）に「大仏造立の詔」が出されると、行基は弟子を引き連れて大仏造立の費用を集める勧進を行なった。

　天平17年には仏教界のトップである大僧正*2にまで登り詰めた行基であったが、天平21年2月2日に菅原寺*3で没した。その遺徳を慕って忌日にはゆかりの昆陽寺に行基詣でをする人が多く、近世には季語にもなった。なお、行基詣での日は、新暦採用後4月2日に変更されている。

用語解説

*1【社会事業】ため池の造成のほか、橋の懸架、布施屋（救護・宿泊施設）の設置、治水工事などがある。なお、伊丹市の昆陽寺は布施屋が寺院に発展したものとされる。

*2【大僧正】朝廷が徳の高い僧に任じる僧官の一つで、その最高位。ちなみに、僧官には大僧正・僧正・大僧都・少僧都・律師があった。

*3【菅原寺】奈良市にある喜光寺のこと。行基によって創建され、平城京での活動の拠点となった。

4月3日

KEYWORD ◈ 黄檗宗（おうばくしゅう）、隠元隆琦（いんげんりゅうき）、木魚（もくぎょ）

萬福寺開山忌

まんぷくじかいざんき ［食］

4月3日は日本に黄檗宗を伝えた隠元隆琦の命日。黄檗宗の総本山である萬福寺（京都府宇治市）では開山忌が行なわれる。黄檗宗は、寺院数は多くないが、日本仏教に与えた影響は大きい。木魚も黄檗宗が日本に伝えた。

江戸時代、海外に開かれた唯一の港であった長崎には、通商や通訳に携わる唐人（中国人）が多数居住しており、中には貿易で富を築く者もいた。そうした唐人たちは出身地ごとに幇*1を作った。そのサロンとなったのが唐寺*2であった。日本では在日外国人でもキリシタンでないことを示す必要があり、唐人のための寺院が必要とされたという事情もあった。こうしたことから17世紀の初め、長崎では唐三箇寺と呼ばれる寺院が相次いで建てられた。興福寺・福済寺・崇福寺である。このうち崇福寺は福建*3出身者の寺院であったが、その檀家たちは中国の名僧・隠元隆琦（1592～1673）を招聘しようと運動していた。

隠元隆琦は禅宗の一派、臨済宗*4の正統を継いだ禅僧で、44歳で黄檗山萬福寺*5の住職になるなど、早くからその名声が世に広まっていた。日本にも語録が伝わっており、禅僧の中にも来日を願う者が多かった。当初は高齢を理由に断わっていた隠元も懇請に折れ、承応3年（1654）に日本へと渡る。そして、大ブームが起こった。隠元が行く先々には僧俗男女が集まり、その話を聞こうと群集した。当初はスパイではないかと疑っていた幕府も、将軍謁見後に態度を一変。日本に留まるよう説得に努め、ついには宇治に寺院を創建するまでに至った。やがてブームは隠元から黄檗宗が日本に伝えた明の文化に移っていった。木魚・煎茶・インゲン豆・スイカ・蓮根・普茶料理*6などもこの時に広まったものだ。

用語解説

*1【幇】 中国の互助組織。この場合は同郷組織のこと。

*2【唐寺】 江戸時代に在日中国人（唐人）が長崎などに造った寺院のこと。中国式の様式で建てられ、中国人の僧が中国と同じように法要を行なった。

*3【福建】 中国南東部の台湾海峡に面した地域。

*4【臨済宗】 日本の臨済宗と基本的には同じだが、儀礼面では日本と異なる。このため隠元が日本に伝えた宗派は日本の臨済宗と区別して黄檗宗と呼んでいる。

*5【黄檗山萬福寺】 福建省福清にある禅宗の名刹。宇治の萬福寺はこれを模して建てられた。

*6【普茶料理】 中国から伝えられた禅寺の精進料理。

獅子の日 | ししのひ

［文芸］

4月4日は獅子の日。4を「し」と読む洒落だ。日本に獅子（ライオン）は生息していなかったが、古くから親しまれてきた。正月には獅子舞がつきものであるし、社寺建築の装飾にも獅子は用いられている。狛犬も正しくは獅子と狛犬で一対になっているのだという。

ライオンが日本に生息していたことはないが、シシはいたことがある。いや、今も山中などに生息している。妖怪などではない。れっきとした動物のシシが現代の日本にいるのだ。それは一般的には、シカとかイノシシと呼ばれている。

狛犬（青井阿蘇神社）

　古い日本語では「シシ」は食用にする動物を指す言葉であった。「イノシシ」はその頃の名残を留めている言葉であり、シカも古くは「カノシシ」と呼ばれていた。実は獅子舞もライオン系とシカ系のものがあり、シカ系の踊りは鹿踊り*1ともいう。こうしたことから在来のシシと区別するためライオンとしてのシシを「唐獅子」と呼ぶことがある。

　ライオンとしての獅子は仏教とともに日本に伝えられたと考えられている。神や神殿をライオン（あるいはライオンをベースとした聖獣）が守護するという発想は古代オリエントに起源があり、その後、西と東に伝わった。仏教でもこの考えを取り入れ、ブッダ*2の座席のことを獅子座という。また、文殊菩薩*3のように獅子に座する仏像も考えられた。

　古代オリエントでは神殿の参道の左右に獅子像（有翼獅子像）が置かれたが、こうした形式も仏像に取り入れられた。2世紀頃には仏像の台座に仏を守護する獅子が彫られるようになり、この形式が中国を経て日本に伝わって狛犬になったと考えられている。日本では一対の片方を開口、もう一方を閉口とし、開口の像を獅子、閉口で角がある*4ものを狛犬とする独特の発展をした。

用語解説

*1【鹿踊り】「鹿踊り」と書いて「しかおどり」と読む場合と「ししおどり」と読む場合がある。

*2【ブッダ】悟りを開いた者のこと。仏陀・仏はその音写。

*3【文殊菩薩】釈迦に代わって説法することもあり、智慧の菩薩とされる。「文殊の知恵」はここに由来する。普賢菩薩とともに釈迦の脇侍とされ、剣と経を持ち獅子に乗る姿に造られることが多い。

*4【閉口で角がある】角がないものもある。なお、狛犬は「高麗犬」、つまり外国の犬の意だとされる。

4月5日

江戸城本丸完成
えどじょうほんまるかんせい

 ［歴史］

清明は二十四節気で5番目の節気。4月5日頃をいう。また、寛永17年（1640）4月5日には、前年の大火で焼けた江戸城本丸が再建されている。

「清明」は「清浄明潔」の略で、すべてのものが明るく清潔で清々しくなる時節のことをいう。この時期に南東から吹く爽やかな風のことを清明風といい、新緑の季節が近いことを感じさせる。

日本では清明の時期に特別な行事をすることはないが、中国や沖縄では清明節（清明祭）といって先祖の墓を掃除し、その前で飲食をする習俗がある。沖縄の清明節は「シーミー」といい、門中*1の構成員が集まって墓前で会食をする。『三省堂 年中行事事典』による

『江戸城天守櫓図』（国立国会図書館蔵）

と「供物や死者がでたときの作法で比べてみると、清明祭の雰囲気に陰気な感じはなく、祝い事として行なわれている。重箱に飾りつける蒲鉾の表面を赤く色づけ、餅も赤いものを用いる。同じ門中内に死者が出ると三年間は赤く色づけてはいけないとされ、那覇市では、三年間は清明祭を行なわないとする場合もあり、これが祝い事であることと関連するのであろう」としている。

そんな時候の折り、寛永17年には江戸城*2本丸が再建されている。「火事とケンカは江戸の花」といわれるが、ケンカはともかく火事は江戸城も無縁ではなかった。慶長11年（1606）から始められた江戸城の拡張工事は寛永14年（1637）に完成したのだが、その2年後に台所からの失火でほぼ全焼。すぐに再建が始まり、寛永17年のこの日に本丸殿舎が完成したのである。しかし、明暦3年（1657）のいわゆる「明暦の大火」で天守とともに再度焼失してしまった。

用語解説

*1【門中】沖縄の親族組織のこと。始祖を同じくする男系血縁組織で、墓地を共有していることが多い。

*2【江戸城】平安末から鎌倉時代にかけて江戸氏が居館を構えていたともいわれるが、それを裏づけるものは発見されていない。今の江戸城の前身を建てたのは上杉持朝の家臣、太田道灌であった。江戸に入った徳川家康は低湿地の排水や埋め立てといった土地改良を行なった上で大規模な拡張をし、その後も規模の拡大は続いた。

4月6日

玄鳥至 | つばめきたる

［歳事］

4月5日から9日頃は七十二候の「玄鳥至」にあたる。古来、ツバメは縁起のいい鳥として大切にされ、家に巣を作ることを歓迎していた。ツバメが家に来ることが家の繁栄を表わすことだと信じられたからだ。

ツバメの飛来は春の盛りを知らせるものだ。また、神や祖霊の乗り物とも信じられていた。ちょうど雁が北に帰るのと入れ替わりにやって来るので、常世 *1 との間を往来しているともいわれた。『万葉集』にも「燕来る時になりぬと雁がねは　国偲びつつ雲隠り鳴く」（燕が来る季節になったな、と雁は帰るべき国のことを思いながら雲隠れしつつ鳴く）という大伴家持の歌がある。中国では春の社日（土地の神を祀る日、3月22日参照）にやって来て、秋の社日に帰るといわれ、社燕 *2・社君とも呼ばれた。これはツバメの飛来を農作業の目安にしていた名残と思われる。

『絵本百千鳥』（国立国会図書館蔵）より燕の絵図

　こうしたことからツバメが家に来て巣を作ることは幸運の印、家が繁栄する兆しとされた。これはツバメが幸運を運んでくるというわけではなく、運気が盛んな家に巣を作るということらしい。その意味では座敷童 *3 に似ている。福島県耶麻郡ではツバメが巣を作ると赤飯を炊いて祝ったという。ツバメが巣を作るのを歓迎するのは東洋だけの習俗ではなく、ヨーロッパにもある。ドイツやギリシアなどでは歌をうたって出迎えた。ドイツではツバメのことを「主（神）の鳥」「聖母の鳥」とも呼んだ。それゆえ、ツバメの巣が落ちたり、雛などが死ぬのは不幸の兆しとして忌んだ。また、ツバメを殺したりすると病気になるとか家畜が死ぬとかいわれた（同様の信仰はドイツにもある）。ちなみに、「ツバメ」「ツバメの巣」は春の季語であるが、「ツバメの子」は夏、「ツバメ帰る」は秋の季語だ。

用語解説

- *1 【常世】『古事記』『日本書紀』の神話などに出る、海の向こうにあるとされた楽園。語られる文献によって性質が異なるが、神や祖霊が住むところで、豊かさ・豊穣の源泉と考えられていた。中世の物語では常盤の国とも呼ばれた。
- *2 【社燕】出会ってすぐ別れるたとえに「社燕秋鴻」がある。鴻は雁のことで、ツバメが去る時期に雁がやって来ることによる。
- *3 【座敷童】岩手県などで語り伝えられている妖怪。幼い子どもの姿をしており、家の中に住み着くという。とくに悪さはせず、家に居着くとその家は繁栄し、立ち去ると没落するという。

4月7日

亀鳴く | かめなく

 ［歳事］

春の季語に「亀鳴く」というのがある。実際に亀が鳴くことはないが、亀も求愛の歌を
うたっているように思える季節感をいうのであろう。なお、仏教には、存在しないもの
のたとえとして「亀毛兎角」という言葉がある。

季 語にはたまに妙なものがある。「亀鳴く」と
いうのも、その一つだ。亀には発声器官
がないので鳴くはずはない。鳴かないものに声を
聞くところに詩情があるのかもしれないが、それが
なぜ春なのかも判然としない。高浜虚子は『新歳
時記』の「亀鳴く」の項にこんな解説を書いている。

ニホンイシガメ

「夫木集[*1]にある為家[*2]の『川越のをちの田中
の夕闇に　何ぞときけば亀のなくなり』といふ歌が典拠とされてゐる。馬鹿げたことの
やうであるが、しかし春の季題として古くからなされてゐる。『亀鳴く』といふことを空
想する時、一種浪漫的な興趣を覚えさせられるものがある」

同じようなありえない季語に「蚯蚓鳴く」というのがある。

いっぽう仏教にもありえない存在を指す言葉がある。「亀の毛とウサギの角」を表
わす「亀毛兎角」だ。目を患った者が現実を見誤ってしまうように、煩悩[*3]で心が
濁っていると真理を正しく理解することができないということを示すものだ。

仏教には「盲亀浮木」というたとえもある。仏教に出合えることの希有さを表わす
比喩で、大海に住み百年に一度だけ海面に顔を出す盲目の亀が、流れてきた流
木の節穴に頭を突っ込む確率ほど珍しいという意味だ。『雑阿含経』『涅槃経』『法
華経』[*4]などに見られる。

用語解説

*1【夫木集】『夫木和歌抄』のこと。鎌倉時代後期の私撰和歌集。著者は今の静岡県牧之原市の勝間田城主、藤原
長清。

*2【為家】藤原為家のこと。藤原定家の子。鎌倉時代中期の歌人。

*3【煩悩】仏教で苦の根源と位置づけるもの。むさぼりの心、怒り、愚かさの三つをいう。

*4【法華経】大乗仏教の代表的な経典。正しくは『妙法蓮華経』。釈迦の寿命が無量であることなどが説かれる。天台宗・
日蓮宗が根本聖典としている。

4月8日

灌仏会 | かんぶつえ

🍵 ［食］

4月8日は仏教の開祖である釈迦が生まれた日とされ、寺院ではこれを祝う法会「灌仏会」が行なわれる。「灌仏」というのは誕生仏に甘茶をかけることに由来し、ほかに仏生会・降誕会・花祭などともいう。

仏 教行事には宗派独自のものと宗派に関わりなく行なわれるものの2種類がある。後者は主に仏教の開祖・釈迦の生涯に関わるもので、誕生を祝う灌仏会、悟りを開いたことを顕彰する成道会、その死(涅槃)を惜しみ偉業を讃える涅槃会がある。この三つの中でも灌仏会は庶民にもわかりやすく、めでたい行事であり、またもともとこの時期は天道花といって花を掲げて太陽を祀る時期でもあったことから、賑やかに行なわれるようになった。たとえば『江戸府内絵本風俗往来』*1には「両国回向院の灌仏会は夥しき参詣なり。其他、群衆なす寺院数ふるに堪へず」とある。

誕生仏(東京都練馬区・三宝寺)

　灌仏会では誕生仏*2を花で飾られた小さな御堂に安置し、甘茶をかけて拝する。灌仏会の名はこれに由来する(「灌」は「そそぐ」の意)。甘茶をかけるのは釈迦が誕生した時、龍が現われて香水*3をかけて沐浴させたという故事によるもの。甘茶はヤマアジサイの変種であるアマチャの葉を乾燥させて煎じたもので、蔓性植物のアマチャヅルを使う場合もある。いずれもほのかな甘みがある飲料で、灌仏会で甘茶を飲むと一年間風邪をひかないなどという。また、甘茶で墨をすって「五大力菩薩」と書いて衣装棚に入れると、服に虫がつかないともいわれた。

　なお、現代では灌仏会のことを花祭と呼ぶことが多いが、この呼称は明治以降広まったものである。

用語解説

*1 【『江戸府内絵本風俗往来』】幕末の江戸の風俗を挿絵つきで記したもの。明治38年(1905)刊行。
*2 【誕生仏】経典によると、釈迦は母の右脇腹から生まれ、すぐに7歩あいて「天上天下唯我独尊」(天上天下において我のみが尊し)と言ったという。その姿を仏像にしたものを誕生仏という。
*3 【香水】香木の香りがついた水。この場合は聖なる水を表わす。

4月9日

KEYWORD ◆ 聖武天皇、盧舎那仏（毘盧遮那仏）

東大寺大仏開眼
とうだいじだいぶつかいげん

 ［文芸］

天平勝宝4年（752）4月9日、聖武天皇（当時は太上天皇）の悲願であった東大寺大仏が完成し、開眼供養（仏像に魂を入れる法要）が行なわれた。日本最大の仏像と世界最大級の木造建築（大仏殿）がお披露目されたのである。

聖武天皇[*1]は仏教に基づく政治を目指していた。それを実現するために行なった大事業の一つが全国に国分寺・国分尼寺を置くことであった。これは、盧舎那仏（毘盧遮那仏）が大宇宙の中心で全宇宙を照らしながら、すべての小宇宙に分身を現わして教えを説いているという『華厳経』の世界観を、寺院の配置により地上に再現したものであった。したがって、その中心となる総国分寺には盧舎那仏が安置されねばならず、それも宇宙規模の仏であることを示すため巨大な像でなければならなかった。

『志貴山縁起』の写本（国立国会図書館蔵）に描かれた東大寺の大仏（盧舎那仏坐像）

天皇は天平15年（743）の「大仏造立の詔」で「それ天下の富を有つは朕なり、天下の勢を有つは朕なり、この富と勢とを以てこの尊き像を造らん」と言っている。

　それから9年、すでに聖武天皇は退位し、娘の孝謙天皇[*2]が皇位にあったが、開眼供養には聖武太上天皇・光明皇太后も参列していた。その様子を『続日本紀』は次のように描いている。

　「東大寺の盧舎那大仏の像が完成して、開眼供養をした。この日、天皇は東大寺に行幸し、天皇みずから文武の官人たちをひきつれて、供養の食事を設け、盛大な法会を行なった。その儀式はまったく元日のそれと同じであった。（略）仏法が東方に伝わって以来、斎会（食事を供養する法会）としていまだかつてこのような盛大なものはなかった」（宇治谷孟訳）

用語解説

*1【聖武天皇】 701〜756（在位724〜749）。第45代天皇。その治世には長屋王の乱、藤原広嗣の乱など政情不安や天災が続き、天皇は恭仁京・紫香楽宮・難波京と遷都を繰り返し、その間に国分寺建立や大仏の造立などの詔を発した。

*2【孝謙天皇】 718〜770（在位749〜758）。聖武天皇の第一皇女。母は光明皇后。聖武天皇の皇子が夭折したため史上初の女性皇太子となった。聖武天皇の跡を継いで東大寺を完成させた。いったん淳仁天皇に皇位を譲ったが、天平宝字8年（764）に重祚（再び皇位に就くこと）して称徳天皇（在位764〜770）となった。

KEYWORD ◈ 雁、大神神社、鎮花祭、京の三奇祭

今宮神社やすらい祭

いまみやじんじゃやすらいまつり

［祭事］

4月10日から14日頃は七十二候の「鴻雁北」にあたり、雁が北に帰る時節とされる。京都市北区の今宮神社では4月の第2日曜日に「やすらい祭」を行なう。

今宮神社の東門

前 の七十二候はツバメの飛来をいう「玄鳥至」（4月6日参照）であったが、今候は「鴻雁北」。ツバメと入れ替わるように雁が北に帰っていく。季語にも「帰る雁」「帰雁」というのがあり、与謝蕪村も「帰る雁田ごとの月の曇る夜に」（田一枚一枚に月が映る曇りがちの夜に雁が北に帰っていく）と詠んでいる。

そんな4月の中頃に、神社では疫病を祓う祭が行なわれる。奈良県桜井市の大神神社*1の鎮花祭と今宮神社*2の「やすらい祭」がその代表である。なぜ4月（旧暦では3月）かというと、古代の人たちは桜などの花が散る時に疫病がはやると考えていたからだ。花びら一枚一枚に疫神*3が宿って飛散していくとイメージしていたようで、これは現代の細菌やウイルスの考え方に共通するところがあり興味深い。

「やすらい祭（やすらい花）」も、花とともに飛散する疫神を鎮める祭である。この祭は鞍馬寺の火祭、広隆寺の牛祭とともに京の三奇祭に数えられる祭で、鉦・太鼓を打ち鳴らしながら独特の踊りを見せるのが特徴になっている。この祭では大きな花傘と赤毛・黒毛の赤熊をかぶった鬼たちが、練り衆と行列をなし街々を巡る。大鬼は鉦・太鼓を打ち鳴らし跳ね踊り、「やすらい花や」と唄い、疫神を追い立てて花傘に誘う役割を担っている。そうやって町内を回って集めてきた疫神は神社に運ばれて封印されるのである。

用語解説

*1【大神神社】大国主大神が国造りをしている時に、海の向こうから海を照らしながら現われた大物主大神を祀ったことに始まるとされる。崇神天皇の御代に大流行した疫病を鎮めるために大物主神の子に祭祀を行なわせたとも伝わる。

*2【今宮神社】正暦5年（994）に疫病を鎮めるため神輿を船岡山に安置して祭祀を行なったことに始まるとされ、長保3年（1001）に疫神を船岡山から現在の地に遷し社殿が築かれたという。

*3【疫神】疫病をはやらせる神。追い払うべき悪神の場合と、祇園信仰の武塔神のように疫病をはやらせる神であるとともに疫病を鎮める神でもある場合がある。

4月11日

KEYWORD ◈ 『万葉集』、『百人一首』、三十六歌仙

柿本人麻呂忌

かきのもとのひとまろき ［文芸］

柿本人麻呂は『万葉集』を代表する歌人。彼のことを『古今和歌集』の序文は「歌の聖」と呼び、近世には信仰の対象ともなった。しかし、正史にはその名前は記されておらず、その生涯は謎に包まれている。

柿本人麻呂というと、『百人一首』*1の「あしびきの山鳥の尾のしだり尾のながながし夜をひとりかも寝む」（山鳥の長い尾より長々しいこの夜を、たった一人で寂しく寝るのだなあ）を思い起こす方も多いだろう。しかし、この歌は人麻呂の作風をまねて作られた偽作だろうというのが定説になっている。なぜそんな歌が『百人一首』に収録されたのか。おそらく、人麻呂の生涯が謎のベールに包まれてきたことに由来していると思われる。

柿本人麻呂は『万葉集』の代表的な歌人である。その活動期間はおおむね天武天皇の治世から文武天皇の治世頃、すなわち7世紀末頃から8世紀初頭と考えられている。生没年がはっきりしないのは正史（『続日本紀』*2）をはじめとした諸記録にその事績が記されていないからだ。『万葉集』に長歌19首、短歌75首も載せている大歌人について歴史が沈黙しているのは不思議だが、これは身分が低かったためだと考えられている。ただ歌の詞書きや左注*3に断片的な事情が記されており、そこから人麻呂の生涯が垣間見られる。その一方で、『古今和歌集』*4の「仮名序」が「かきのもとの人まろなむ、うたのひじりなりける」としたことや三十六歌仙の1人ともされたことから神格化が進んだ。没年・命日は不明だが神亀元年（724）3月18日とされるようになり、人麻呂を祀る柿本神社*5などでは追悼の神事や歌会が行なわれてきた。新暦採用後は4月中旬に行なわれている。

用語解説

*1 【『百人一首』】13世紀前半頃に藤原定家が選んだ秀歌選。天智天皇から順徳天皇までの100人を選び、1首ずつ採録している。近世以後、カルタとして遊ぶことが広まった。

*2 【『続日本紀』】『日本書紀』に次ぐ勅撰の歴史書。文武天皇元年（697）から延暦10年（791）までの出来事を記している。

*3 【詞書き・左注】詞書きは歌の前に置かれた文で、歌が詠まれた事情や作者などについて述べるもの。左注は歌や文の左、すなわち後に記される注のこと。

*4 【『古今和歌集』】醍醐天皇の勅命により延喜5年（905）頃に成立した最初の勅撰和歌集。ちなみに序文は和文で書かれた「仮名序」と漢文で書かれた「真名序」がある。4月15日参照。

*5 【柿本神社】兵庫県明石市・島根県益田市などにある。

4月12日

KEYWORD ◈ 花見、田の神、徳川吉宗、長命寺

桜餅 | さくらもち

[食]

4月といえば桜、桜といえば花見。もとは田の神を迎える儀礼であったともいわれるが、近世には庶民の代表的な行楽となった。そこには倹約令を出した8代将軍吉宗の、庶民の欲望を物品ではなくアウトドアに向けようという政策の影響もあった。

サ クラといえばソメイヨシノやヤマザクラなどが思い浮かぶが、コブシなど田起こしの目安にする花のことをサクラと呼ぶところがある。この場合のサクラは「田の神の花」といった意味*1で、田の神を里に迎える時の依り代にもされたと考えられている。花見ももとは山にいる田の神に飲食を捧げ、ともに食したのち連れ帰るといった儀礼で

『江都名所 隅田川はな盛』（国立国会図書館蔵）

あったと思われる。しかし、近世にはそうした意義は忘れられ、春の行楽として受け止められるようになった。

　江戸の桜の名所としては隅田川の堤と飛鳥山が有名であったが、いずれも8代将軍・徳川吉宗*2が整備したものである。贅沢品を禁止した吉宗が庶民の不満を行楽に向けさせようとしたもので、その目論見は見事に的中した。天保9年（1838）刊の『東都歳事記』には隅田川の花見について「都下の良賤日毎にここに群游し、樹下に宴を設け歌舞して帰を忘るる」と書いている。

　この隅田川の花見の名物が長命寺*3の桜餅。堤の桜の葉を塩漬けにして餡を包んだ餅をはさんだもので、青木直己『図説 和菓子の歴史』によれば「文政七年（一八二四）には、長命寺桜餅の店では桜の葉三十一樽を漬け込んだ」という。ここから桜餅の数を推定すると38万7千500個。いかに人気商品だったかがわかる。

用語解説

*1【「田の神の花」といった意味】「サ」はしばしば田の神を表わす言葉として使われる。たとえば田の神がやって来ることをサオリ、山に帰ることをサノボリという。早乙女も同様の言葉だ。

*2【徳川吉宗】1684〜1751（在職1716〜1745）。紀伊藩主から8代将軍となり、倹約令などを含む享保の改革を行なった。

*3【長命寺】東京都墨田区にある天台宗の寺院。もとは常泉寺といったが、徳川家光の命により長命寺に改めたという。

4月13日

十三詣り | じゅうさんまいり

［人生］

十三詣りは旧暦3月13日または月遅れの4月13日に13歳になる少女が虚空蔵菩薩を安置する寺院を参詣して智慧を授けてもらう行事とされるが、もとは霊山などに登拝して一人前として認めてもらう行事で男子も行なっていた。4月13日は、正応6年（1293）に鎌倉で大地震が起きた日でもある。

　　鎌倉は地震がないところのように思っている人もいるようだが、関東平野の一部であり、相模湾に面していることもあって、これまで大きな地震に何度も襲われている。そのなかでも大きなものが鎌倉大地震と呼ばれる正応6年4月13日の地震である。この地震はマグニチュード8程度と推定され、多くの社寺や民家が倒壊し、死者は2万3千人を超えたという。その後も地震は続き、明応4年には津波で鎌倉大仏の大仏殿が壊れたと伝わる。その3年後にも同様の津波を伴う大地震があった。

　旧暦3月13日もしくは新暦の4月13日は、十三詣りの日でもある。「智慧もらい」ともいい、少女が振り袖などで着飾って虚空蔵菩薩像を安置する寺院*1に参って智慧を授けてもらう行事とされる。ただし、途中で振り返ると授けられた智慧が寺に戻ってしまう*2ともいう。十三詣りをすると一生金に困らないという地域もある。この行事、本来は成年式に相当するもので、霊山などに登って成年の資格があることを示す行事であった。13歳で成年というのは若すぎるように思えるが、貴族の間で行なわれていた元服や裳着*3も12～13歳頃に行なうものであった。現在でも十三詣りをすませた女子は着物を四つ身から本裁*4にするともいわれる。

用語解説

*1 【虚空蔵菩薩像を安置する寺院】京都市西京区の法輪寺、岡山県津山市の萬福寺、岡山県美作市の長福寺、福島市の満願寺、福島県河沼郡の圓蔵寺などがある。ただし、十三詣りを実施する時期は寺院によって異なる。

*2 【智慧が寺に戻ってしまう】十三詣りで有名な嵐山（京都市西京区）の法輪寺では、渡月橋を渡りきるまで振り返ってはならないとする。

*3 【元服や裳着】元服は男子が初めて冠をかぶる儀礼。初冠ともいう。裳着は女子が初めて裳を着る儀礼で男子の元服にあたる。

*4 【四つ身から本裁】四つ身は4～12歳の子ども用の着物のことで、布地の裁ち方からこう呼ぶ。本裁は大人用の着物で、布地一反を全部使う。

4月14日

KEYWORD ◈ ハマグリ、逃げ水、ファタ・モルガーナ

蜃気楼 | しんきろう

[食]

蜃気楼は光の異常屈折によって実際にはない場所に建物などが見える現象をいう。古代中国では蜃という霊獣が吐く息によって生じる幻だとした。蜃はハマグリといわれることが多いが、龍であるともいわれる。

夏 の暑い時にアスファルトの道路に水たまりができているように見えることがある。「逃げ水」といい、蜃気楼の一種だ。地面付近と上方の温度が大きく異なるため光が異常屈折して、そのような幻像を見せる。逆に海面などが非常に冷たく、上方の空気が暖かい時にも蜃気楼ができ、遠くの景色を海上に現わしたりもする。高浜虚子の『新歳時記』は「我が国では

『百鬼夜行拾遺』(国立国会図書館蔵)より「蜃気楼」

多く四・五・六月の候に海上などに現はれる」としているが、必ずしもそうではなく、名所として知られる富山県の魚津浦では春と秋に観測される。

この現象は各国でさまざまな呼び名がつけられている。イタリアの「ファタ・モルガーナ」はアーサー王伝説[*1]に登場する魔女に由来している。蜃気楼という言い方は古代中国に遡る。蜃という霊獣が吐く息が幻を生じると考えられたことによる。問題はこの蜃で、文献によってハマグリとしているものと蛟(龍の一種)とするものがある。日本ではハマグリと解されることが多く、鳥山石燕[*2]も『今昔百鬼拾遺』にハマグリの息に幻影が生じているところを描いている。蜃を蛟とした例は日光東照宮の奥社鋳抜門にあり、その口からカメレオンの舌のような息が3本出ているところが見られる。なお、日本には「蛤女房[*3]」という昔話があるが、これについて『日本昔話事典』は「ハマグリを瓜やうつぼ船[*4]と同じく神霊を宿すもの」と考えていたことが読み取れるとしている。

用語解説

* [*1] 【アーサー王伝説】フランスやイギリスなどに伝わるケルト伝説。アーサー王とその配下の騎士たちの物語で、キリストの血を受けたとされる聖杯の探求などを含み、その後の騎士道物語・ファンタジーの源流となっている。
* [*2] 【鳥山石燕】1712～1788。江戸中期の画家。妖怪画を多く描いたことで知られる。
* [*3] 【蛤女房】ハマグリの化身の女が漁師に嫁ぎ、おいしい料理や美しい反物などを作って幸せにするという話。
* [*4] 【瓜やうつぼ船】瓜は桃太郎の桃と同じ瓜子姫を運んできたと伝えられる。うつぼ船はうつろ船ともいい、民間伝承に登場する謎の船。美女が乗っていたなどと語られている。

『古今和歌集』奏上

こきんわかしゅうそうじょう

［文芸］

4月15日から19日頃は七十二候の「虹始見」にあたる。また、延喜5年（905）の4月15日は『古今和歌集』が醍醐天皇に撰上された日でもある。

七｜十二候の「虹始見」は「虹が見える季節になった」といった意味だが、虹は冬でも条件さえ整えば出るので、この表現はおかしい。俳句の方では虹を夏の季語としているので、暖かい季節のものという印象があったのだろう。

不思議なことに日本神話には虹は出てこない[*1]。星に関する記述もほとんどないので、古代の日本人は天空のことにあまり興味がなかったのかもしれない。奈良時代になると陰陽師が天界の観測を行なうようになったので、特殊な気象にも注意を払うようになった。通常の虹であれば問題はないのだが、白い虹[*2]が太陽を貫くように出ると問題であった。「白虹貫日」といって君主に危険が及

『名所江戸百景 高輪うしまち』（国立国会図書館蔵）。左上にアーチ状の虹が描かれている

ぶ予兆とされたからだ。養老5年（721）2月16日に白虹貫日が見られた時、元正天皇は詔を発して自分に至らぬところがあれば遠慮なく申し出るようにと臣下に申し伝えた。

4月15日といえば、『古今和歌集』が完成[*3]したのは延喜5年のこと。初の勅撰和歌集であり、「たおやめぶり」（女性的）といわれる王朝文学の規範となった『古今集』は、中世になると神仏の秘奥義が記されているなどといわれ神秘化されていった。歌の解釈も秘伝化していき、神道・密教・陰陽道などとの説を色濃く取り入れたものになった。

用語解説

[*1]【日本神話には虹は出てこない】伊邪那岐命・伊邪那美命が地上に降りる際に使った天の浮橋を虹とみる説もあるが、天の浮橋は虹のようにアーチ状になっているのではなく、『旧約聖書』に出てくるヤコブの梯子のように天と地をつなぐものと考えるべきだろう。

[*2]【白い虹】霧虹ともいう。霧によって太陽光が散乱して光の輪が見える現象。

[*3]【『古今和歌集』が完成】4月15日に完成したとしているのは『古今和歌集』の真名序で、仮名序は4月18日としている。

4月16日

KEYWORD ◈ 日本武尊、疫神

大鳥大社花摘祭

おおとりたいしゃはなつみさい

［祭事］

日本武尊を祀る大鳥大社（大阪府堺市）では、毎年4月の第3土曜日に花摘祭を行なう。花の時期に広まる疫病を鎮める祭だ。『日本書紀』によれば伊邪那美命を葬った地でも花を捧げて祭を行なったという。

『**古**事記』『日本書紀』が伝えるところによれば、日本武尊*1の魂は白鳥となって陵を抜け出し飛び去ったという。大鳥大社の社伝では、その白鳥が最後に降り立ったのが、大鳥大社が鎮座する地であり、その神霊を祀るために社殿が建てられたのだという。

大鳥大社で4月の第3土曜日に行なわれる花摘祭は、祭神の日本武尊とは直接の関係はない。大神神社の鎮花祭や今宮神社のやすらい祭（4月10日参照）と同じく、花の時期に広まる疫神（疫病を広める神）を鎮めるための祭である。大鳥大社のホームページによると、「花摘祭は平安時代に起源のある

『少年日本歴史読本 第五編』（国立国会図書館蔵）より日本武尊の挿絵

厄病・災厄除けを祈願して始まった祭」だという。また、「当社では花摘祭として、野に咲く花を摘んで神前にお供えし、花の精霊を鎮めて災厄を祓う祭を古くから行っていました。現在の花摘祭は、神社から1kmほど離れた南町会館を12時に花摘女、仕丁、稚児*2、花車等が列を整え時代絵巻さながらに神社まで進みます」としている。

花を摘んで神を祀るということは、神話の時代から行なわれていたようで、『日本書紀』は伊弉冉尊の墓*3に地元の人々が「花の季節には花をもって祀り、また鼓・笛・旗を用いて歌い舞って祀る」と述べている。

用語解説

- *1 【日本武尊】倭建命とも書く。景行天皇の皇子で、天皇の命により九州の熊襲や東国の敵対的な神・部族を平定したが、伊吹山の神の退治に向かった時に病にかかり、三重県の能褒野で没したという。
- *2 【仕丁、稚児】仕丁は貴族や寺社などに仕えた雑用係のこと、稚児は神に奉仕する児童のこと。
- *3 【伊弉冉尊の墓】『古事記』は「出雲国と伯耆国との堺の比婆山」とするが、『日本書紀』は「熊野の有馬村」としている。ちなみに「伊弉冉尊」は『日本書紀』の表記。『古事記』では「伊邪那美命」。

4月17日

八坂神社おびしゃ
やさかじんじゃおびしゃ

［祭事］

4月中旬、茨城県取手市の八坂神社では「オビシャ」と呼ばれる行事が行なわれる。境内に立てた的を矢で射るもので、「氏子区域の無病息災と五穀豊穣を祈願する春祭り」（八坂神社ホームページ）という。

大的式（おびしゃ）

境 内に的を立て（あるいは吊るして）、神職や氏子などがこれを射る行事は全国的に分布している。取手市の八坂神社[*1]は4月中旬であるが、1〜2月の新春に行なうところも多く、矢が的に当たるかどうかで作物の出来や天候を占うところもある。また、的に「鬼」や鬼の顔などを描いて魔除けの祭とすることもある。名称は地域によって異なるが、関東地方（特に千葉県・茨城県）では「オビシャ」と呼ばれることが多い。

　「オビシャ」の語源については柳田国男[*2]の説に基づいて、「流鏑馬のように馬に乗って射るのではないので歩射であり、これが訛って『びしゃ』になった」と説明されることが多い。しかし、この行事は歩いて射ることはなく、立ち止まったままで射るか座って射るものである。また、取手市の八坂神社の場合は的に鬼の顔が描かれるが、3本脚のカラスが描かれることもあり、ここから本来は太陽を射る意味をもつ「御日射」だったのではないかと考えられる。3本脚のカラスというと八咫烏[*3]が思い起こされるが、『古事記』『日本書紀』には八咫烏が3本脚だとは記述されていない。8世紀頃の中国神話に登場する太陽に住むカラスが3本脚で、これと混同されて八咫烏も3本脚とされるようになったらしい。したがって的に描かれる3本脚のカラスも太陽に住むカラスである可能性が高い。つまり、的は太陽を表わしており、オビシャは太陽を射落とす射日神話[*4]の再現だと推測できる。日照りがないようにという願いをこめた祭なのだろう。

用語解説

[*1]【取手市の八坂神社】寛永3年（1626）に創建された素盞嗚尊を祀る神社。旧取手市内の上町・仲町・片町の鎮守。

[*2]【柳田国男】1875〜1962。日本民俗学の祖。農商務省の役人から研究者に転身し、民俗や伝承の研究に尽くし学問として確立させた。

[*3]【八咫烏】神武天皇を熊野から大和へ案内した霊鳥。熊野三山の神使とされる。

[*4]【射日神話】射陽説話とも。空に多くの太陽が現われて人々が苦しんでいたため、英雄が一つを残して射落としたというもの。『世界神話事典』によると「射陽説話の分布は、大体インドネシア語族、タイ・シナ語族、チュルク＝モンゴル族、日本、北米西部インディアンに限られている」という。

4月18日

KEYWORD ◈ 熨斗紙（のしがみ）、雛包み（ひなつつ）、神饌・御贄（しんせん・みにえ）

熨斗 | のし

[食]

熨斗とはアワビを薄くスライスして生乾きにしたものを押し延ばして乾燥させたものをいう。本来は食品であるが、贈答品に吉事の贈り物であることを示すために添えられたことから贈答品の飾りとして定着した。現在では熨斗をかたどった意匠が印刷された熨斗紙が使われるのが一般的。

菓 子折りを買った時に店員さんに「熨斗紙をつけますか？」と尋ねられることがある。熨斗紙とは熨斗を紅白の紙で雛包み*1にした形を意匠化して印刷した紙のことで、これを贈答品にかけ、紅白の水引で結ぶ（水引も印刷されていることがある）。これをつけるこ

『伊勢の海士長鮑制之図（あまのしきせいのず）』（国立国会図書館蔵）

とで吉事の贈答品であることを示すことができるのだが、このような風習が生まれたのも日本人がアワビをこよなく愛したからであった。

　日本ではアワビは縄文時代から食べられており、平安時代には40種以上の加工食品が考案されていた。海辺では新鮮なものが食された*2であろうが、多くの場合干したものが調理に用いられた。干すのは保存のためであるが、これによって旨みが増すというメリットもあった。

　宮中料理でもアワビは欠かせなかったが神饌*3としても重視されていた。とくに伊勢神宮（いせじんぐう）では欠かせないものとなっている。矢野憲一（やのけんいち）『伊勢神宮の衣食住』によると、「とくに内宮では御贄*4調理の儀で、アワビをお調理する儀式が祭典に先立ってある」とし、「こうしたことからも、いかに神宮ではアワビが重視されていたかがおわかりいただけるだろう」としている。

　贈答品に熨斗をつけるようになったのは、アワビを延ばして作ることから吉事が長く続くようにという縁起担ぎであるが、食事や贈答品に生臭物（魚肉）を避ける葬儀などの凶事ではないことを示す意味もある。

| 用語解説 |

*1 【雛包み】雛人形のように左右から折り返して物（この場合は細く切った熨斗）を包む包装のこと。

*2 【新鮮なものが食された】アワビの旬は夏であるが、季語としては春（4月）である。

*3 【神饌】神に捧げる食事・食品のこと。

*4 【御贄】神饌に同じ。

4月19日

清凉寺御身拭い
せいりょうじおみぬぐい

 ［文芸］

毎年4月19日に京都市右京区の清凉寺で、本尊の釈迦如来立像（国宝）の体を布で拭って埃を落とす「御身拭い」が行なわれる。この像は三国伝来の釈迦瑞像といわれ、仏像の起源に関わる伝説をもつ像として古来崇敬の対象となってきた。

「**御**　身拭い」とは高貴な人の体を拭くのが本来の意だが、現在では信仰の対象となっている仏像を清掃する意味で用いられている。即物的に「清掃」「掃除」といわないのは、仏像を物としてではなく仏の分身として見ているからだ。御身拭いは各地の寺院で年末などに行なわれており、東大寺や薬師寺がとくに有名。しかし、そういった中にあっても清凉寺*1の釈迦像は別格である。なぜならこの像は生身の釈迦をモデルとして造られたもので、経典の記述をもとに仏の姿を思い描いて造ったその他の仏像とは本質的に違うとされるからだ。

　話は釈迦在世中のインドに遡る（仮にこれが歴史的事実だとすると紀元前6～5世紀頃ということになる）。ある時、釈迦は忉利天*2に転生した母の摩耶夫人に説法するため地上を後にした。釈迦を深く敬愛していた憍賞彌国の優填王は釈迦の不在を悲しみ病気になってしまった。そこで家来たちは牛頭栴檀という香木で釈迦の似姿を造ったとされ、これが仏像の起源とされる。この像が五台山に伝えられており、留学中に拝する機会を得た奝然*3はその模刻像を持ち帰ることにした。ところが模刻像と真像が夜中に入れ替わり、奝然はオリジナルを持ち帰ることとなったと伝説はいう。ここから清凉寺の釈迦如来像は「三国伝来の瑞像」と呼ばれる。

　もちろんこれは伝説であるが、鎌倉時代には真実と受け止められ多くの模刻像*4が造られ、釈迦信仰の隆盛の基となった。なお、清凉寺の釈迦像には布製の内臓が納められており、"生きた像"として造られたことがわかる。

用語解説

*1 【清凉寺】京都市右京区嵯峨釈迦堂にある浄土宗の寺院。宋に留学して五台山などで学んだ奝然は三国伝来とされる釈迦像を携えて寛和2年（986）に帰国、この像を本尊として寺院の建立を目指したが果たせなかった。このため奝然の死後、弟子の盛算が棲霞寺院内に釈迦堂を建てた。のちに棲霞寺は衰退し、清凉寺に吸収された。
*2 【忉利天】33あるとされる天界の一つ。帝釈天が住むとされる。
*3 【奝然】平安時代中期の東大寺の僧。永観元年（983）に東大寺と延暦寺の信書をたずさえて入宋。翌年太宗に謁見し、紫衣を賜った。
*4 【多くの模刻像】これらを清凉寺式釈迦像という。奈良の西大寺、高知の三室戸寺、鎌倉の極楽寺のものが有名。

4月20日

四頭茶会 | よつがしらちゃかい

 ［食］

4月20日前後は二十四節気の穀雨にあたる。穀物を育てる雨が降る季節という意味だ。そんななか、この日は京都市東山区の建仁寺で、中世の禅寺の雰囲気を今に伝える四頭茶会が行なわれる。

農業は雨が降らなくても困るが、降りすぎても困る。適当な時期に適切な量降ってくれるのが一番ありがたい。こうしたことを「和順」という。二十四節気の「穀雨」にも、そうした祈りが込められているといってよいだろう。

4月20日には建仁寺[*1]で四頭茶会が開かれる。この日は栄西[*2]の降誕会でもあるので、茶会には栄西の画像も掛けられ、その遺徳を顕彰する意味合いもある。

四頭茶会といわれるのは、4人の正客を一度に接待することに由来する。正客はそれぞれ8人の相伴客を伴って来るので36人が一緒に茶を喫することになる。狭い茶室での侘茶[*3]を見慣れた目には異様に感じられるが、四頭茶会は中世の寺院などで行なわれていたもの、すなわち侘茶以前の茶道を今に伝える貴重な行事なのだ。

四頭茶会の特徴の一つに、あらかじめ抹茶を入れた茶碗が客に配られることがある。客はこの茶碗を台ごと捧げ持って茶を点ててもらう。具体的には、「客が合掌して着座すると、供給と呼ばれる4人の僧によって茶盞（天目台に載る天目茶碗）と菓子器が配られ、点前が始まる。供給は左手に浄瓶[*4]、右手に茶筅を持ち、正客から順番に点ていく。正客には胡跪（片膝をつく座り方）して点前するが、相伴客には立ったまま腰を曲げて行なう」（「栄西禅師の誕生を祝う四頭茶会」『週刊古寺を巡る44 建仁寺』）といった特徴がある。

用語解説

*1 【建仁寺】臨済宗建仁寺派の大本山。建仁2年(1202)に栄西が創建。当初は天台・真言・禅の3宗兼学の寺院であったが、文永2年(1265)に蘭渓道隆が住持になって以後、純粋な禅寺となった。

*2 【栄西】1141〜1215。天台密教葉上流・臨済宗建仁寺派の祖。二度にわたって宋に渡って修学し、禅宗の一派である臨済宗を初めて本格的に日本に伝えた。茶の効能を説いた『喫茶養生記』の著者としても知られる。

*3 【侘茶】千利休によって完成された質素さの中に美を求める茶道のこと。

*4 【浄瓶】水差し。背の高い急須。

4月21日

正御影供 | しょうみえく

［祭事］

4月20日頃から4月24日頃は七十二候の「葭始生」にあたり、葦が芽を出す時節とされる。また、この日には京都市南区の東寺（教王護国寺）で弘法大師空海の忌日法要「正御影供」が行なわれる。

日本に純粋な密教[*1]を伝えて真言宗の開祖となり、以後の仏教に大きな影響を与えた空海は、承和2年（835）3月21日に入定[*2]した。「没した」と書かないのは、空海は今も高野山の奥之院で瞑想を続けながら人々を見守っていると信じられているからだ。空海の死についての最

東寺の御影堂

も古い文献は『続日本後紀』（869年成立）承和2年3月25日の条で、実はそこには「空海が死去したので天皇が弔書（追悼文）を送った」とあり、その死が明記されている。しかし、時代が下るにつれて空海個人に対する信仰が高まり、今も生きて高野山奥之院の廟にいると信じられるようになった。そして、この伝説が高野山の聖地性をさらに高め、貴族から庶民に至るまで多くの人が参拝に訪れるようになったのである。

こうしたことから空海の忌日法要の正御影供は、追悼の法要というより、空海の導きによって仏の世界へ赴くことを願うものになっていった。なお、旧暦の時は3月21日に正御影供を行なってきたのだが、新暦に切り替え後、新暦・旧暦・月遅れと寺院によって対応が違ってしまった。東寺は月遅れの4月21日に、空海の住房跡に建つ御影堂（国宝）で行なわれる。注目はこの日だけ開放される灌頂院で、ここの閼伽井[*5]に東寺長者（住職）が描いた馬の絵（絵馬）が掛けられる。その出来映えで、その年の作物の出来がわかるという。

用語解説

*1 【密教】秘密仏教。インド仏教の歴史において最後に登場した教えで、それまで忌避していた呪術的なことを悟りを得るための方法として取り込んでいる。複雑な修法、多面多臂（多くの顔や手をもつ）の仏像、曼荼羅といった特徴をもつ。

*2 【入定】定は密教の瞑想のこと。禅定・瑜伽（ヨーガ）も同義語である。

*3 【定身】定に入っている体、すなわち空海のこと。

*4 【陀羅尼】密教の呪文。言葉自体に霊力があるので梵語（サンスクリット語）のまま唱えられる。

*5 【閼伽井】法要のための水を汲む井戸。

4月22日

KEYWORD ◈ 多賀大社、古例大祭、春日局、延寿

多賀まつり

たがまつり

［人生］

毎年4月22日には滋賀県犬上郡多賀町の多賀大社で古例大祭、通称「多賀まつり」が行なわれる。すでに鎌倉時代には行なわれていたことが知られている古式ゆかしい祭である。

多賀大社は日本の国土と地上の神々を生んだ伊邪那岐大神・伊邪那美大神を祀る。『古事記』に「その伊邪那岐大神は淡海*1の多賀に坐します」とあるのは当社のこととされ、その歴史の古さが知られる。また、伊邪那岐大神・伊邪那美大神が天照大神の両親であることから、「お伊勢参らばお多賀も参れ。お伊勢お多賀のお子じゃもの」とも歌われ、近世には多くの参詣者が訪れた。春日局*2もその一人で、将軍家光の代参*3として伊勢神宮と多賀大社に参拝した。これに際して伏見奉行は多賀大社の参詣街道（御代参街道）の整備を行なったという。

この多賀大社で毎年4月22日に行なわれるのが古例大祭・多賀まつりである。この祭の最大の見所は調宮神社から多賀大社まで行進する神幸行列（供奉）だ。「その列次は、馬頭人、御使殿を中心に、氏子や崇敬者の騎馬供奉四十数頭、御神輿や御鳳輦の供奉者など実に五百名におよぶ行列」（多賀大社ホームページより）になる。

なお、多賀大社は延寿の御神徳でも知られる。これは重源*4が延寿の祈願をしたという逸話による。重源は61歳の時に後白河法皇より東大寺の復興を命じられたが、高齢ゆえに成し遂げられるのか悩んでいた。ところが当社に参拝した折、「莚」の形に虫食いのある葉が落ちてきた。「莚」は分解すると十が二つに延となる。これを20年の延寿のお告げと受け取った重源は見事に復興事業を成し遂げ、86歳の長寿を全うしたと伝えられる。

用語解説

*1 **【淡海】** 近江の意味にとる説と、淡路の意味にとる説がある。前者によると伊邪那岐大神の鎮座地は近江の多賀大社となり、後者をとると淡路の伊弉諾神宮となる。

*2 **【春日局】** 1579〜1643。3代将軍・徳川家光の乳母。無位無冠であったが朝廷と幕府の間をとりもつなど活躍し、権力を掌握した。

*3 **【代参】** 本人になり変わって参拝すること。

*4 **【重源】** 1121〜1206。俊乗房とも。浄土宗の僧。平家の焼き討ちで大きな被害を受けた東大寺の復興を成し遂げたほか、兵庫県小野市の浄土寺などの阿弥陀仏を本尊とする寺院を各地に建てた。

二上射水神社築山行事
ふたがみいみずじんじゃつきやまぎょうじ

 ［住］

毎年4月23日は富山県高岡市に鎮座する二上射水神社の例祭で、築山行事が行なわれる。この行事は、神社に本格的な社殿が建てられるようになる前の祭のありようを示すものといわれる。

二上射水神社は複雑な歴史をもっている。もとは射水神社といい二上山[*1]を神体として崇める社であった。越中国の一宮として崇敬を集めていたが、明治の神仏分離[*2]の折に、僧侶による神社支配に対する神職たちの反発から、遷座(移転)の要望が高まった。そし

二上山(写真提供：公益社団法人 高岡市観光協会)

て、明治4年(1871)に二上山の麓から高岡城本丸跡に遷座した。しかし、その後も旧社地周辺の住民の射水神社への愛着は強く、神社の復興が望まれたため、旧社地に射水神社の分社として二上射水神社が創建され、築山行事などの古くからの儀礼はこちらで執行されることとなった。

こうして旧社地で継続されることになった築山行事は次のようなものである。まず、境内の三本杉の前に3つの築山が建てられる。一般に築山というと庭に造られる人工の小山のことを指すが、この場合は仮設の祭壇をいう。おそらく神は山に降臨するという信仰に基づく名称で、二上山から神を招くために山を築くということで「築山」なのであろう(祭では社殿での神事の後に3基の神輿が築山へ向かう)。3つの築山はそれぞれ二上大神・日吉社・院内社の神を祀るものとされ、壇の上に3本の御幣、天狗の人形、四天王[*3]の藁人形が置かれる。そして、祭礼が終わると築山はすぐに解体される。解体が遅れると凶作になるともいわれるからだ。この祭は神社に社殿が建てられる前の神祀りの様子を、今に伝えるものといわれている。

用語解説

*1 【二上山】富山県の高岡市と氷見市にまたがってそびえる標高274メートルの山。霊山であるとともに歌枕でもあり、大伴家持などが二上山を詠んだ歌を残している。

*2 【神仏分離】慶応4年(1868)3月以降数度にわたって布告された「神仏判然令」(神仏分離令)によって起こった社会現象。政府は僧侶の読経や仏像の安置といった仏教色を神社から排除することを目的としていたが、地域によっては仏教排斥(廃仏毀釈)に発展した。

*3 【四天王】仏教の護法神。多聞天(毘沙門天)・持国天・広目天・増長天をいう。それぞれ多くの家来をもち、仏教とその信者を加護するという。

カシマ様 | かしまさま

 ［祭事］

秋田ではムラの境界を守る巨大な藁人形、カシマ様がつくられる。毎年4月下旬（地区によって時期は異なる）に、その衣替えが行われる。カシマ様と呼ばれるものは秋田県内にしかないが、類似の民俗は広く分布している

　道祖神というと、どんな像を思い浮かべられるだろうか。男女が肩を寄せ合った、素朴でほのぼのとした石像だろうか。こうしたものを双体道祖神といい、たしかに信州などには愛らしい像が多い。この、ほのぼの系の道祖神は比較的新しく登場したスタイルである。

カシマ様（秋田県湯沢市岩崎地区）

　では、昔はどうだったのかというと、性器を露出、強調したものであったと思われる。場合によっては男女の性器を模したものが道祖神として祀られることもあった（現在も一部にそうした道祖神が残されている）。『扶桑略記』*1によると、天慶2年（939）に、京のあちこちの辻に性器を刻んだ男女の像が祀られるということがあったという。この神像は岐神*2と呼ばれており、辻（岐）より内に悪しきものが入らないよう守る神、すなわち道祖神だとわかる。この岐神に性器が刻まれていたのは、魔除けの力を高めるためだと思われる。『日本書紀』にも、天の辻に立っていた謎の神*3の正体を明かすため、天鈿女命*4が乳房をさらけ出し、裳の紐を性器の前に垂らすという格好で問いただしたという神話がある。性器の霊力で相手を無力化したのだろう。

　秋田の各地で村境を守るものとして藁で作られるカシマ様にも、大きな男性器がつけられることが多い。像そのものが4メートル前後と大きいのだが、性器が1メートル以上あったりもする。その大きさと造型の大胆さには驚かされる。

用語解説

*1 【『扶桑略記』】平安末期に成立した歴史書。神武天皇から堀河天皇までを扱っているが、仏教的な内容に重点がおかれている。

*2 【岐神】伊邪那岐命が黄泉の国（死者の国）から逃げ帰った時、悪しきものが追ってこないよう杖を立てて祀った。この神についても岐神と呼んでいる。塞の神も同様の境界を守る神である。

*3 【謎の神】猿田彦神のこと。天照大御神の孫の瓊瓊杵尊が天降りすると聞いて道案内のため待っていた。

*4 【天鈿女命】天宇受売命とも書く。巫女を神格化した女神。天照大御神が天の岩屋に隠れた時も、岩屋の前で同様の格好で踊って天照大御神を誘い出した。

霜止出苗 | しもやみてなえいずる

 ［歳事］

4月25日から29日頃は七十二候の「霜止出苗」にあたる。霜が降りなくなり、稲の苗が育つ時候という意味だ。霜は農作物の大敵であることから、これを防ぐ神事も各地で行なわれている。

阿蘇山（平野台高原展望所から撮影）

地域にもよるが、4月25日頃ともなれば霜は降りなくなる。しかし、時には強い寒の戻りがあって遅霜が作物を襲うこともある。それゆえ、対策を立てたうえで神様にも霜が降りないよう願う、そんな神事があちこちにある。たとえば、茶所として知られる静岡県浜松市天竜区では、4月中旬に茶日待が行なわれる。茶の豊作と霜除けを祈願するもので、神前に5合の特大ぼた餅を供えるとともに、参列者にも配られる。かつては一気に食べれば豊作になるとして、みな競うように食べたという。

霜除けの神事としてユニークなのが阿蘇神社*1（熊本県阿蘇市）の火焚き神事だ。この神事の由来は御祭神の神話に遡る。阿蘇神社で祀られる健磐龍命*2は弓の名人で、毎日弓の練習を欠かさなかった。射った矢を拾うのは鬼八という鬼（従者とも）の役目で、99本まではちゃんと拾ってきたのだが、100本目を蹴り返したことで健磐龍命の怒りをかい、首を切られてしまう。怨んだ鬼八は阿蘇に霜を降らせたという。そこで霜を降らせないように、鬼八の頭を温めたのが火焚き神事の始まりとされる。

火焚き神事は阿蘇神社の境外社の霜宮で8月19日から10月16日まで行なわれる。その間、御神体を温めるため火焚乙女と呼ばれる選ばれた少女が火をたき続ける。

用語解説

*1【阿蘇神社】肥後国一宮。健磐龍命の御子、速瓶玉命が創建したと伝わる。中世には大宮司が阿蘇の領主を兼ね、大きな権威をもった。

*2【健磐龍命】阿蘇神社の主祭神。神武天皇の孫とされる。九州を平定し、阿蘇地方を開拓したという。

4月26日

遍路 | へんろ

［人生］

四国4県を海沿いに一周するように続く88の寺院をめぐる巡礼者、それが遍路である。西国・坂東・秩父の霊場が観音信仰の寺院をめぐるものであるのに対し、四国霊場は弘法大師空海の足跡を訪ねるものである。

　まれに誤解している人を見かけるのだが、「遍路」という言葉は四国霊場でしか用いない。霊場寺院をめぐるということでは、四国八十八箇所霊場も西国三十三箇所霊場・坂東三十三箇所霊場・秩父三十四ヵ所霊場も同じことなのだが、四国霊場をめぐる者のみを遍路という。「遍路」という言葉が四国の風土に由来するものだからだ。

太龍寺(徳島県阿南市)と遍路

　もともと四国の海辺のこと、あるいは四国の海辺を歩いて修行することを「辺地」といった。空海[*1]自身も若い頃に辺地で修行をしており、処女作の『三教指帰』に「阿国大滝の嶽に躋り攀じ、土州室戸の崎に勤念す」(阿波国の大滝嶽によじ登り、土佐国の室戸岬で読経したりしました)と述べている。

　当初は辺地をめぐるのは空海のような山岳修行者のみであったが、平安後期頃より弘法大師信仰が広まるにつれ空海の足跡を訪ねる者が増えていった。16世紀頃には「辺路」という言葉が使われるようになり、やがて「遍路」となった。寺院の数も当初は安定していなかったが、室町時代頃には88となった[*2]。

　なお、四国霊場をめぐる遍路は一年を通して見られ、季候のよい春秋に数が増えるが、俳句の季語としても「春」(4月)に分類されている。高浜虚子は「遍路はよく巡礼と混同されるが全然違つたもので、巡礼には季感はない」(『新歳時記』)としている。

用語解説

*1【空海】 774〜835。真言宗の開祖。弘法大師は諡号(死後に贈られる称号)。今の香川県善通寺市の生まれ。唐に留学して密教の正統を継承して帰国、密教の根本道場とするため高野山を開発するとともに、下賜された東寺も密教化し都における布教の拠点とした。なお、75番札所の善通寺は、空海が生まれた屋敷跡とされる。

*2【88となった】 四国霊場が88カ寺である理由ははっきりしない。煩悩の数とも男女・子どもの厄年の数を足し合わせたものなどの説がある。ちなみに、西国霊場などの観音霊場が33カ寺なのは、観音が33の姿に変身して人々を救うと経典に説かれていることによる。

4月27日

水口祭 | みなくちまつり

［祭事］

水口祭は稲作儀礼の一つで、苗代に種をまく時に行なわれる。春の季語にもなっており、高浜虚子の『新歳時記』は4月に分類している。田の神を田に迎える儀礼で、水口に木の枝や御幣などを立てて神の依り代とする。この神は山から下りてくるとされ、農作業が終わると山に帰って山の神になるともいう。

　　最近ではあまり耳にしなくなったが、自分の妻のことを「山の神」と呼ぶことがある。女神のように美しいというわけではなく、むしろ言うことをきかないと祟られるといったニュアンスで使われることが多かったようだ。なぜ妻のことを山の神と呼ぶようになったのか、その起源ははっきりしない。「山の神のように恐い」という意味に解して使

山の神（福島県福島市・飯坂八幡神社）

われていたのだろうが、山の神はそんなに恐ろしい神ではない。許可なく山のものを採ったりしなければ、むやみに祟ったりはしない。それところか出産の手助けをしてくれたり、春には田の神として田に下りてきて豊穣をもたらしてくれたりするなど、恩恵のほうがはるかに大きい。

　一方で女神だが醜い顔をしているので見られるのを嫌がるとか、自分より醜いオコゼなどを見せたり、若い男が男性器を露呈すると喜ぶとか言ったりもする。このようにさまざまな伝承があるのは、猟師が信仰する山の神、農民が信仰する山の神、炭焼きや木こりなど山で仕事する者が信仰する山の神、これらが混同されているからだ。しかし、いずれの神も、豊かさをもたらしてくれることは共通している。

　水口祭はそうした神を田に迎える祭といえる（ただし、水口祭を行なうところすべてで神を山から迎えるとしているわけではない）。祭に神職が関わることは少なく、家の者だけで行なわれることが多い。水口など苗代の端に枝や棒などを立て、供物を供えて祈る。棒の代わりに御幣[*1]や棒にはさんだ牛王宝印[*2]を立てることもある。

用語解説

[*1]【御幣】棒の先に段々に折った白紙をつけたもの。祓いや神の依り代として用いる。

[*2]【牛王宝印】狭義には熊野三山で出すお札のこと。カラスをかたどった文字が書かれ、神社の宝印が捺されている。これに似た他社寺のお札も牛王宝印と呼ぶことがある。

4月28日

興福寺五重塔建立
こうふくじごじゅうのとうこんりゅう

［文芸］

『興福寺縁起』によると、天平2年 (730) の4月28日、興福寺の五重塔が完成した。光明皇后の発願によって建てられたもので、高さは15丈1尺 (約46メートル) あった。寺院にとって塔は釈迦を象徴する存在である。

興福寺の五重塔

奈良市の中心地、近鉄奈良駅のすぐ近くに伽藍*1が建ち並ぶ興福寺は、藤原氏の氏寺として奈良時代から中世にかけて繁栄した。奈良の中心部が平城宮付近から今の近鉄奈良駅付近に移ったのも興福寺の影響によるものという。その興福寺の権勢を示すように建てられたのが五重塔であった。現在も興福寺には五重塔があるが、これは応永33年 (1426) に建てられたもので、光明皇后の発願によって建てられたものから6代目になる。藤森照信・前橋重二『五重塔入門』によると、「天平創建の初代塔は15丈1尺。現存塔はこれより1割ほど背が高く、ずっと細身になっているが、随所に天平時代の五重塔の面影を伝えている。再建を重ねながら、そのたびに古式を復元できたのは、すぐ近くに天平創建の元興寺五重塔 (江戸末に焼失した) があり、これを模すことができたためという」と述べている。今は古都・奈良を象徴するランドマークになっている。

　五重塔や三重塔は免震構造というすぐれた建築技術が使われている反面、落雷に遭いやすく火事に弱いという弱点もある。それにもかかわらず寺院が塔の建立にこだわってきたのは、それが仏教の開祖である釈迦の象徴であり、仏法を説く場であることを示すものであるからだ。塔の起源はストゥーパ (仏塔) という釈迦の墓にある。これは半球状の土饅頭の上に傘蓋*2を載せたものであったが、中国で楼閣建築と結びついて木造塔の形式ができた。飛鳥時代の寺院では、塔は釈迦の遺骨 (仏舎利) を安置する施設として伽藍の中心に置かれた。

用語解説

*1【伽藍】古代インドの聖典語 (サンスクリット語) の「サンガーラーマ」の音写「僧伽藍摩」の略。僧が修行をする場所という意味だが、寺院の建物を指す言葉となった。

*2【傘蓋】もとは高貴な人にさしかける日傘のこと。その後、高貴なもの、聖なるものを表わすための飾りとなった。五重塔・三重塔の上部にある九輪 (金属製の輪が9つ並んだ部分) がこれにあたる。

ふく供養祭 | ふくくようさい

 ［食］

毎年4月29日、フグの取扱量が日本一の南風泊市場（山口県下関市）で「ふく供養祭」が行なわれる。美食家たちの胃に収まったフグたちの霊を慰め、感謝する行事だ。

ふぐ供養碑（東京都台東区・不忍池）

下関では「ふぐ」と呼ばず、「ふく」という。「ふく」は「福」に通じるという意味合いも込められているのだろう。この下関の南風泊市場はフグの取扱量日本一を誇る。それだけに「ふく」への愛情も深く、供養祭は昭和5年（1930）から行なわれており、もっとも古いとされる。「河豚供養みかど入水の浦凪ぎて」という南風泊市場の「ふく供養祭」を詠んだ大島民郎の句は、壇ノ浦の戦いでの安徳天皇[1]の故事を詠み込んでいる。なお、ふぐ供養は下関だけではなく、各地で行なわれている。不忍池（東京都台東区）に浮かぶ弁天島には、東京ふぐ料理連盟が昭和40年に建てた「ふぐ供養碑」がある。

余談であるが鈴木棠三『日本俗信辞典 動物編』によると、愛知県豊橋市の車神社[2]の氏子はふぐを食べないという。御祭神が乗っていた舟が転覆しそうになった時、ふぐが助けたという由緒によるという。

日本ではふぐに限らず、さまざまなものを供養する。特徴的なのは針や筆といった命がないものまで供養することだ。仏教では「一切衆生悉有仏性」といってすべての生き物に悟りを開く可能性があると説くが、これが中国に伝わって草木や土石も成仏するという考え（草木国土悉皆成仏）に発展した。日本にはもともとすべてのものに神が宿るとする八百万の神の信仰があったこともあり、命がないものにも感謝をし供養をするという習俗が定着したと考えられている。

用語解説

[1]【安徳天皇】 1178～1185（在位1180～1185）。第81代天皇。高倉天皇の皇子で、平清盛の外孫。平家の後ろ盾のもと即位したが、壇ノ浦の戦いで平家が滅亡する際に亡くなった。

[2]【車神社】 神亀2年（725）に創建されたという武甕槌命、宇迦御魂命、罔象女命などを祭神とする神社。『日本俗信辞典 動物編』は高師町とあるが植田町の誤りと思われる。

牡丹華 | ぼたんはなさく

 ［文芸］

4月30日から5月4日頃は七十二候の「牡丹華」にあたり、牡丹の花が咲く時候である。牡丹は中国原産の花であるが、日本でも愛され庭木にされるとともに絵画の題材にもされてきた。「唐獅子牡丹」というと俗っぽい題材のように思われがちだが、実は仏典に出典がある。

牡丹は中国西北部を原産地とする落葉低木。中国では唐時代頃より「花の王」として珍重され、庭園に植えられてきた。日本に伝わったのがいつ頃なのか明確ではないが、遣唐使などによって伝えられたのだろう。観賞用として宮中から貴族の間に広まったものと思われるが、漢方*1の薬として伝わった可能性もある。文献上の初出は『枕草子』であるが、庭に植えられた牡丹の様子を褒めていることから、すでに貴族の間では見慣れたものになっていたことがわかる。

社寺建築の装飾（絵画・彫刻・金具など）にも牡丹の意匠はよく使われるが、盛んに用いられるようになったのは室町時代頃といわれる。しかし、近藤豊『古建築の細部意匠』によると、室町時代にはすでにわれわれが知るような牡丹のデザインが確立していたという。

さて、刺青の題材としても知られる「唐獅子*2牡丹」は、実は仏典に由来している。これは『梵網経』*3に説かれる「獅子身中の虫」を図案化したものだ。獅子は百獣の王で、どのような動物にも負けることはないが、体の中に住む虫に対しては無力で、この虫に肉を食われて死ぬ。これは組織の一員でありながら組織の利益に反することを行なう者の比喩で、敵への内通者の意味でも使われた。この獅子の腹の中の虫を退治する薬となるのが牡丹の花に宿る夜露だとされる。それゆえ獅子は牡丹の花の下で露が垂れてくるのを待っている、というのが、唐獅子牡丹の図が表しているものなのである。

用語解説

*1【漢方】牡丹の根に血行をよくする成分がある。

*2【唐獅子】ライオンのこと。「唐」がついているのは、日本語で「しし」と言った場合、イノシシやシカも含むため、これらと区別して外来の獣であることを示すため。

*3【『梵網経』】大乗仏教の経典。大乗仏教の修行者（菩薩）が守るべき戒律のことなどが説かれている。

5月1日

氷室神社献氷祭

ひむろじんじゃけんぴょうさい

 ［食］

奈良市の東大寺にほど近いところに鎮座する氷室神社は、氷室を守る神社。氷室は氷を夏まで保管しておくための施設で、『日本書紀』によれば仁徳天皇の御代にはすでにあったという。古代には、農作の豊凶を占うのに氷は重要な目安であった。

冷蔵庫は氷室と呼ばれ、古代から存在した。豊凶を占う目安として重要な氷だが、酒や水に浸して用いられたことが、『日本書紀』仁徳天皇62年(374)に記されている。 記録によれば宮中には旧暦の4月から9月まで毎日氷が献上されていた。山城・大和・河内・近江・丹波[*1]に作られた氷室は合計21という。この氷室を守る神社が

氷室神社(奈良県奈良市)

各地の氷室神社[*2]である。奈良の氷室神社は、和銅3年(710)に春日山の麓に創建され、貞観2年(860)に現在地に遷座したという。奈良時代には春分の日に氷室にかかわる祭祀が行なわれていたが、平安遷都と共にその役割は終わった。

さて、氷室で保存された氷をどのように用いたかは、王朝文学より知ることができる。たとえば、清少納言は『枕草子』に「あてなるもの」[*3]として、「削り氷にあまづら[*4]入れて、新しき金まり(金属製の碗)に入れたる」と書いている。つまり、シロップをかけたかき氷ということだ。『源氏物語』には氷水をご飯にかけて食べることを書くいっぽう、姫君や女房たちが氷で体を冷やす様子も描かれている。さすがに姫君は紙で氷を包んで拭かせているが、女房などは「かしらにうち置き、胸にさしあて」(頭に載せたり、胸に当てたり)とあられもない。

江戸幕府の将軍は加賀藩から氷を取り寄せていた。金沢から江戸まで約480キロ。通常であれば13日はかかる道のりだが、氷献上の大名飛脚は昼夜問わずかけ続け4日で届けたという。氷は豊凶を左右する天然自然のバロメーターとして注目され、古代の祭祀に結びついていたのである。天理市福住町の氷室神社では7月1日に献氷祭を行っている。

用語解説

*1 【山城・大和・河内・近江・丹波】山城は今の京都府南部、大和は奈良県、河内は大阪府東部、近江は滋賀県、丹波は京都府中部・兵庫県北東部・大阪府北部あたりをいう。
*2 【氷室神社】『日本書紀』仁徳天皇62年の条で、氷室の使い方を教えたと記されている闘鶏稲置大山主命を祀る。
*3 【あてなるもの】「上品なもの」の意。
*4 【あまづら】甘葛煎のこと。ツタの樹液を煮詰めた甘味料。

八十八夜 | はちじゅうはちや

 ［食］

八十八夜とは立春から数え始めて88日目の日のこと（おおむね5月2日頃）。日本独特の暦日で雑節[*1]の一つ。これ以降は霜が降りないとされる日であるが、茶摘みを始める頃としても知られる。

明治36年（1903）刊行『日本之勝観』（国立国会図書館蔵）より「宇治之茶摘」

八十八夜が暦に採用されたのは古いことではない。『三省堂　年中行事事典』によれば「これが暦本に記されるようになったのは明暦二（一六五六）年の伊勢暦からで、その後伊勢暦師[*3]の要望によって貞享三（一六八六）年暦に採用されて普及した」という。唱歌「茶摘み」[*2]の歌詞が普及したため八十八夜＝茶摘みというイメージが強いが、本来はそういう意味ではない。霜に対する対策をやめていい時期の目安とされるものだ。そこから「八十八夜の別れ霜」「八十八夜の忘れ霜」などという言い方が生まれた。しかし、日本は南北に長い上に高低差も大きい。それゆえ、八十八夜を過ぎればどこでも霜の心配がないというわけではない。

茶摘みの目安ではないものの、この時期（4月中旬～5月中旬）に一番茶の茶摘みが行なわれるのも事実である。八十八夜の新茶を飲むと病気をしないとか長生きするといわれるのは、日本の初物信仰[*4]によると考えられるが、実際に一番茶には二番茶以降のものより栄養成分が豊かだともいう。

なお、日本に茶を伝えたのは臨済宗建仁寺派（りんざいしゅうけんにんじ）の祖・栄西（えいさい）（1141～1215）だと誤解している人が少なくないが、平安時代にはすでに伝来しており、空海（774～835）には喫茶を詠んだ漢詩もある。一説によると日本で最初に茶を栽培させたのは嵯峨（さが）天皇（786～842、在位809～823）だという。

用語解説

*1 【雑節】二十四節気七十二候・五節供以外の暦日（暦の上で特別な日とされるもの）。八十八夜のほか彼岸、二百十（にひゃくとお）日などがある。

*2 「茶摘み」文部省唱歌。作詞家・作曲家ともに不明。

*3 【暦師】暦を作る人のこと。古くから伊勢の暦は定評があり、伊勢土産の一つとなっていた。このため伊勢の暦師も権威があった。

*4 【初物信仰】その年初めてとれた作物や獲物には特別な霊力が宿るというもの。「初物を食べると75日長生きする」などはその例。こうしたことから初物は神に捧げるものとされた。

5月3日

KEYWORD ◈ 松囃子、貝原益軒、博多織

博多どんたく

はかたどんたく

［衣］

博多どんたくは都で正月に行なわれていた芸能「松囃子」が博多（現在の福岡市博多区周辺）に伝わったものとされ、同地で独自の発展をした。博多どんたくと並んで有名な博多祇園山笠[*1]は禅僧の円爾（1202～1280）が始めたともいわれる。

貝 原益軒[*2]の『筑前国続風土記』によれば、都で正月の宮中参賀などに際して行なわれていた松囃子が博多に伝わり行なわれるようになったのは、治承3年（1179）のことだという。もともと「松ばやし」は松の枝に神霊を宿らせて家に連れていく儀礼のことで、「はやし」は神霊を「分かち（与える）」といった意味であった。そこから「はやし」を音

博多どんたく（写真提供：福岡市）

曲の「囃子」と解するようになり、福神の仮装などをして踊る芸能となった。博多では町人たちが福岡[*3]の領主のところへ年賀に訪れる際に踊るものとなった。

明治5年（1872）には県知事から中止を命じられたが、7年後に「博多どんたく」として復活。「どんたく」はオランダ語の「ゾンターク」（休日）に由来するという。昭和37年（1962）には「福岡市民の祭『博多どんたく港まつり』」となり、毎年5月3日・4日に行なわれるようになった。

博多は祭でも有名だが、博多織の町としても知られる。博多織は先染めの糸を使い、細い経糸に対し太い緯糸を強く打ち込むのが特徴で、これで作った帯は一度締めると緩まないことから戦いの場に向かう武士に好まれた。この博多織の代表的な柄、献上柄は独古（煩悩を打ち砕く密教法具）と華皿（花びらを入れる皿）という仏具をモチーフにしている。博多織の起源は鎌倉時代の僧・円爾が宋に留学する際に同行した満田彌三右衛門が日本に伝えたものとされるので、円爾の影響が柄にも表われているといえよう。

用語解説

- [*1] 【博多祇園山笠】7月に行なわれる櫛田神社の祭。さまざまに飾られた曳山が有名。博多の人たちが担いだ施餓鬼棚（盆の期間餓鬼を供養するための壇）に円爾が乗り水をまいて疫病退散を祈願したのが起源という。
- [*2] 【貝原益軒】1630～1714。儒学者、本草学者。『大和本草』などの本草学（博物学）の著作が有名だが、数多くの紀行文・地誌も書いている。
- [*3] 【福岡】現在では博多は福岡市の一地区となっているが、当時は町人が住む博多と城下町の福岡は区別されていた。

5月4日

菖蒲を葺く | しょうぶをふく

 ［住］

端午の節供は中国に起源をもつ行事であるが、日本で行なわれているものは在来の田の神信仰や武家の習俗なども混じって複雑なものとなっている。節供前日にあたる今日は、端午の節供に欠かせない菖蒲の話を述べる。

『北斎漫画』(国立国会図書館蔵)より鍾馗

端午の節供というと五月人形[*1]や鯉のぼりが思い浮かぶが、菖蒲も欠かせないものとなっている。近世以降の端午の節供はさまざまな要素が混じり合って複雑なものとなっているが、菖蒲は中国でも端午の節供の必需品であった。

菖蒲の話に入る前に、端午の節供の複雑さについて触れておこう。それについて『三省堂 年中行事事典』は次のように述べている。「旧暦五月は古来田植え月であり、田植えには、(略)田の神を迎えて行なう神祭りの意味が強くうかがわれる。近代の五月節供には、このような神の来訪を待って物忌み謹慎して過ごそうとした心意と、古代に宮廷社会に受容されたあと徐々に民間に広まっていった中国伝来の端午の諸要素、さらに後世に芽生えた男児の祝いという側面が渾融していて複雑である」。これらに加え、柏餅を食べるか粽を食べるかといった地域差の問題も関わって、さらに複雑となっている。

さて、菖蒲であるが、これを飾るのが端午の節供の本来的な習俗であったようだ。つまり、剣のように鋭い葉と香気をもつ菖蒲によって、病を引き起こす邪気(邪鬼)を祓うというものだ。端午の節供の起源が屈原や高辛氏の子の死[*2]に由来するといわれたのも、この日が悪霊のうろつく日と考えられていたことを示している。鍾馗[*3]や武者の像や絵を飾るのも本来は魔除けのためであった。菖蒲は飾るだけではなく、屋根にも葺いた。平安京では民家でも行なっていたことが『枕草子』に書かれている。また、衣や冠(女性は髪)にもつけて魔除けとした。これを菖蒲鬘という。

用語解説

- ***1** 【五月人形】端午の節供で飾る人形のこと。鍾馗や金太郎、武者人形などが多い。鎧兜を飾ることもある。
- ***2** 【屈原や高辛氏の子の死】屈原(紀元前343頃～紀元前277頃)は中国戦国時代の詩人・政治家。政争に敗れ放浪の末に投身自殺をした。高辛氏は五帝(伝説上の理想の5帝王)の一人であるが、その子は悪人で溺れ死んだという。屈原や高辛氏の子の霊を慰めるために水中に粽を投げたのが端午の節供の起源だといわれる。
- ***3** 【鍾馗】病の床にあった唐の玄宗皇帝の夢に現われ、疫鬼を殺して病を治したという鬼神。もとは科挙に落ちた受験生であったという。

5月5日
端午の節供 | たんごのせっく

［祭事］

5月5日は端午の節供。もとは5月最初の午の日のことであったが、3世紀頃より5月5日を指すようになった。近世には「尚武（菖蒲）」の節供として武家が重視したことより男子の節供と受け取られるようになった。

『豊歳五節句遊 端午の節句』（国立国会図書館蔵）

端午の節供はもともと魔除けの日であった（5月4日参照）。これがいつ頃から男子の節供と考えられるようになったのかはっきりしないが、江戸時代には尚武の節供と言われるようになっていた。『東都歳事記』（1838年刊）には「武家は更なり町家に至る迄、七才以下の男子ある家には戸外に幟を立冑人形等飾る、又座鋪のぼりと号して屋中へかざるは近世の簡易なり。紙にて鯉の形をつくり竹の先につけて幟と共に立てる事、是も近世のならはしなり。出世の魚といへる諺により男児を祝するの意なるべし」とある。

この端午の節供には粽か柏餅を食べる。粽を食べるのは京を中心とした関西圏および九州、日本海側。柏餅は主に関東圏である。粽を食べるのは前項で述べた屈原の故事[1]によるとされる。面白いのは食用ではない飾粽もあったことだ。これは魔除けのために五色の糸で巻いたもので、贈答用に用いられた。『伊勢物語』などの物語にも述べられており、現在も祇園祭などで授与されている。

いっぽう柏餅は、柏の木は新しい芽が出るまで葉が落ちないところから家系が続く縁起物とされた。これが家門を重視する武士に受けたようだが、江戸庶民も大好きだったとみえて端午の節供には柏餅をたくさん作る家が多かった。滝沢馬琴[2]の家もそうで、日記によると350個ほども作っている。

用語解説

[1]【屈原の故事】 汨羅（中国湖南省を流れる川）に身を投げた屈原に、当初は竹筒に入れた米を捧げていたのだが、屈原の幽霊が現われて、それでは蛟龍に食べられてしまうので、楝の葉で包み綵糸で結んだものにしてほしいと言ったという。

[2]【滝沢馬琴】 1767〜1848。江戸後期の戯作者。『椿説弓張月』『南総里見八犬伝』などの作がある。

5月6日

薬猟と薬玉

くすりがりとくすだま

［歳事］

5月5日には野に出て薬草やシカの角を採取する「薬猟」が行なわれた。これも貴族の楽しみの一つで競って集めたという。また、そうして集めた薬草を香料を包んだ玉につける薬玉も装飾品や贈答品にされた。

「**菀**田野に薬猟す」これは『日本書紀』推古天皇 *1 19年(611)5月5日の条 *2 の一節だ。翌年の5月5日の条には「夏五月の五日に、薬猟して羽田に集いて相連きて朝(朝廷)に参趣く」という記述もあるので、宮中の恒例行事であったことがわかる。「薬猟」とは薬として用いられる薬草やシカの角(袋角)を拾い集めることをいう。つまり実用的な行事なのであるが、5月5日と定めて行なうのは中国から伝わった風俗で、薬猟そのものが病除けの意味があったと思われる。なお、この記事から5月5日は「薬の日」とされている。

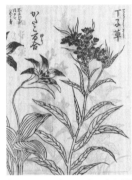

『畫本野山草』(国立国会図書館蔵)より「丁子草」

　さて、薬猟では男は強壮剤になるシカの角、女はヨモギや菖蒲などの薬草を採った。ヨモギの葉の中には人の形をしたものがあり、これは艾人と呼ばれて魔除けにもされた。また、持ち帰った薬草は麝香・沈香・丁子 *3 といった香料を包んだ玉に下げて薬玉とした。薬玉は香料や薬草の香りで疫病や邪気を退けるためのもので、五色の糸を尾のようにつけることもあった。貴族の間では美しく作った薬玉を贈答しあう習慣があったという。

　薬玉は身につけるほか、御簾に下げたりもした。御簾に掛けたものは9月9日の重陽の節供(9月9日参照)に、菊の花を包んだものと交換した。

用語解説

* *1 【推古天皇】554～628(在位592～628)。第33代天皇。欽明天皇の皇女。甥の聖徳太子を摂政として「憲法十七条」の制定や遺隋使の派遣などを行なった。
* *2 【5月5日の条】『日本書紀』が日を干支で記さないのは異例。翌年の薬猟りの記事も「5月5日」と記されており、「5日」であることが重視されていたことがわかる。
* *3 【麝香・沈香・丁子】麝香はジャコウジカの分泌物を乾燥させたもの、沈香は香木の一種、丁子はハーブの一種でクローブのこと。

5月7日

薪能 | たきぎのう

［文芸］

薪能は冬の風物詩と思われているが、本来は初夏の旧暦5月に興福寺で行なわれるもので、春日大社の神に捧げる神事として厳粛に演じられた。今は5月の第3金・土曜日に興福寺と春日大社の境内で行なわれている。

薪 能の季節感は二分されている。冬の凛とした空気の中で演じられるものと、初夏の柔らかな夜気の中で舞われるものだ。俳句の季語としても初夏にしているものがあるいっぽう、高浜虚子の『新歳時記』のように冬（12月）に入れているものもある。しかし、本来、薪能は陰暦2月に興福寺で

薪能(写真提供：(一社)郡上市観光連盟)

行なわれた薪御能を指すものであった。季節感が混乱したのは、興福寺の薪御能が明治維新後に中断していた時期があったためで、その間に12月に行なわれる春日大社の「春日若宮おん祭*1」の薪能が有名になり冬に演じられるものというイメージが定着した。

興福寺の薪能の起源は貞観11年（869）に遡るという。西金堂で行なわれた修二会*2で、法呪師*3が踊るような所作で堂内を清め神仏を招く儀礼を行なったことに始まるとされる。のちにこの役目を猿楽師*4が担うようになり「薪猿楽」と呼ばれた。

興福寺と春日大社*5は猿楽を保護し、ここから金春・金剛・宝生・観世という能楽4流が生まれた。4流は興福寺で演じることを誇りとし、互いに競い合ううちに薪御能の形式が定まっていった。興福寺のホームページによると、「現在の薪御能は金春・金剛・宝生・観世の四座が一堂に会する古義に近い形で行われています」という。

用語解説

*1【春日若宮おん祭】春日大社の摂社、若宮神社の祭。保延2年（1136）に、関白藤原忠通が五穀豊穣、国民安寧を祈願し、大和一国をあげて執行したことに始まる。御旅所祭では社伝神楽、東遊、田楽、細男、猿楽、和舞などの芸能が深夜まで演じられる。国の重要無形民俗文化財。

*2【修二会】旧暦2月に行なわれる天下泰平・五穀豊穣などを祈る法会。

*3【法呪師】修二会などの法会で結界や魔除けなどの呪術的な儀礼を行なう僧のこと。

*4【猿楽師】猿楽の演者。猿楽は能・狂言のもととなった芸能で、中国から伝わった散楽（軽業や奇術など）に田楽などの日本の芸能が混じったもの。

*5【興福寺と春日大社】ともに藤原氏の氏寺と氏神神社であり、近世まで一体の関係にあった。

5月8日

KEYWORD ◈ 蚊帳、雷除け、結界

田村神社御蚊帳垂神事

たむらじんじゃおかちょうたれのしんじ

🏠 ［住］

毎年5月7日・8日に香川県高松市の田村神社[*1]で春の例大祭、御蚊帳垂神事が行なわれる。拝殿に蚊帳を垂らして五穀豊穣・工商業の繁栄を祈願するという珍しい祭だ。蚊帳を垂らすのは害虫を封じ込める意味があるという。

蚊 帳をご存じだろうか。蚊に刺されないように部屋の中に吊る箱状の網のことだ。麻で作られるのが一般的だが、絹や木綿、人工繊維のものもある。網戸や虫除け剤の普及で日本では必需品ではなくなり、知らない人も多くなったが、発展途上国では維持費をかけずに虫害を防ぐ手段としてまだまだ活躍している。

さて、この蚊帳を用いる珍しい祭が讃岐国一宮の田村神社で行なわれている。その詳細を本澤雅史氏が『全国一宮祭礼記』に書いているので、一部を引用させていただく。

『武蔵百景之内 品川見越ノ月』（国立国会図書館蔵）。蚊帳越しに見える満月を描いている

「五月八日（略）午後二時、拝殿にて大祭式で本殿祭が執り行われ、午後三時、出御祭、御旅所祭と執り行われる（略）。蓮の糸で織ったといわれる四十メートルの御蚊帳が櫃から取り出され、神輿の上に吊り下げられ、宮司が御蚊帳をご神座に奉献すると同時に神輿は御蚊帳で覆われる。神輿を御蚊帳で覆うことによって神がここにお留まりいただくようにするのである。この御蚊帳は秋の御蚊帳揚神事まで神前に供えられる。その後、御蚊帳に覆われた神輿の前で宮司の祝詞奏上があり、神事は終わる」

昔はこの祭が終わるまで氏子は蚊帳を吊らなかったのだという。

このように蚊帳を神社の神事に用いることは他にはないと思うが、民間においても蚊帳は霊力をもったものと考えられていた。よく知られた習俗としては蚊帳が雷除けになるというものがある。一種の結界[*2]と考えられたのであろう。

用語解説

- [*1]【田村神社】崇神天皇の皇女で讃岐国の農業や産業を振興させたという倭迹迹日百襲姫命を祀る。讃岐国一宮。本殿の下にある淵を神体とする。
- [*2]【結界】『播磨国風土記』には、賀野の里という地名は応神天皇が宮殿を建てて蚊帳を吊った故事によると書かれている。この場合の蚊帳も結界の意味があったのだろう。

5月9日

風炉 | ふろ

 ［食］

茶道では茶室の炉を閉じている夏（5〜10月）の間、風炉という火鉢型の炉を使う。この風炉や台子[*1]などの茶道具は、南浦紹明[*2]が留学先の宋からもたらしたと伝わる。このように禅と茶道は深い関係があった。

「**茶**禅一味」（茶禅一致、茶禅一如）という言葉がある。禅と茶道は、見た目こそ違えと、その根幹をなしている精神性・求道性は一致しているといった意味だ。果たして本当に茶道と禅が「一味」であるのかは、茶道家でも禅僧でもない筆者には判断できないが、茶と禅が深い関係であったことは確かである。その関係は詳しく見ると

風炉

数冊の本になるほどなので、ここでは3人の禅僧に絞って話をしたい。その3人とは栄西・南浦紹明・古渓宗陳である。

　まず栄西（1141〜1215）は『喫茶養生記』の執筆で知られる。茶そのものは平安以前に伝わっており、皇族や貴族の間では飲まれてはいたが珍品の域を出ていなかった。栄西は茶の効能を述べるとともに、これを禅の修行生活に取り入れた。これによって規律に則った所作と茶が結びつくことになり、侘茶の原型が生まれたのである。

　続く南浦紹明は茶道具一式を日本に伝えた。風炉などの由来については疑問も出されているが、紹明の頃に南宋の喫茶作法が伝えられ、禅寺での接待に取り入れられたことは事実であろう。

　そして、古渓宗陳（1532〜1597）は千利休と30年に及ぶ交際があった。利休の思想にもっとも影響を与えた人物ともいわれる。利休が大徳寺の前に屋敷を構えたのも、住持を務めていた宗陳の近くにいるためだったともいわれる。

用語解説

*1【台子】茶道で用いる棚のこと。格式の高い茶会で用いられるもので、水指（水を入れておく器）や杓立（柄杓を立てておく用具）などを置く。

*2【南浦紹明】1235〜1308。鎌倉時代の臨済宗の禅僧。今の静岡市の出身。宋に留学して禅を究め、帰国後は博多の崇福寺や鎌倉の建長寺の住職を務めた。

5月10日

KEYWORD ◈ 神前結婚式（しんぜん）、東京大神宮（とうきょうだいじんぐう）、宮中三殿（きゅうちゅうさんでん）

嘉仁親王成婚 ｜ よしひとしんのうせいこん

 ［人生］

明治33年（1900）の5月10日、嘉仁親王（後の大正天皇）の成婚式が行なわれた。日本初の神前結婚式である。この作法を一般人向けに改めたものが、現在も神社や結婚式場で行なわれている。

日本では昔から神前結婚式が行なわれていたと思われがちであるが、それは大いなる誤解だ。そもそも日本には結婚を神に証明してもらうという発想はなかったので、結婚式というものがなかった。結婚に際して行なわれるのは今で言う披露宴で、両家の親族が顔を合わせ、友人・知人も加わって祝宴を行なう。これを人前婚と呼ぶこともあるが、平安時代の場合は先に床入りが行なわれているので、式によって二人が結ばれるという意味での結婚式ではない。

現在広く行なわれている神前結婚式が成立・普及するきっかけになったのは、明治33年の嘉仁親王の成婚であった。この式のために前年8月に設置された帝室 *1 制度調査局によって婚儀が検討され、5月10日に皇太子婚儀が執り行なわれた。翌34年（1901）3月3日に神宮奉賛会国礼修業部が東京大神宮 *2 において神前模擬結婚式を行なったが、「この式は皇太子の婚礼にならうものであった。同神宮では、その後さらに改善したうえで神前結婚式を一般に広めた」（遠藤潤「神前結婚式」『神道事典』）とされている。

近年、東京大神宮が縁結びの神徳で人気を集めているのも、こうした由緒によるものである。ちなみに、嘉仁親王の結婚式の式次第は次のようなものであった。

本儀…賢所（かしこどころ）・皇霊殿（こうれいでん）・神殿（しんでん） *3 に結婚奉告の儀／妃氏入宮の儀／賢所大前の儀／皇霊殿・神殿に謁するの儀／参内朝見の儀／皇太后に朝見の儀／供膳の儀

後儀…三箇夜餅（みかよもち）の儀／宮中饗宴の儀／神宮・山陵に謁するの儀（所功「近代皇室の結婚儀式」『皇室事典』）

用語解説

*1 【帝室】皇室のこと。

*2 【東京大神宮】千代田区富士見に鎮座する神社。天照皇大神・豊受大神を祀る。明治13年（1880）に有楽町に開設された伊勢神宮の遥拝所を起源とする。関東大震災で社殿を焼失、昭和3年（1928）に現在地に遷座した。

*3 【賢所・皇霊殿・神殿】宮中にある礼拝施設で宮中三殿という。賢所には天照大神が祀られる。

5月11日

和同開珎発行 | わどうかいちんはっこう ［歴史］

5月10日より14日頃は七十二候の「蚯蚓出」にあたる。5月11日は和銅元年（708）に和同開珎*1が発行された日でもある。かつては日本最初の貨幣とされたが、現在ではこれに先立って富本銭があったことがわかっている。

筆者が中学校で歴史を習っていた頃は、和同開珎は「日本最初の貨幣」といわれていた。しかし、これに先立って富本銭や無文銀銭といった貨幣が使われていたことが、その後の研究で明らかにされた。富本銭は和同開珎とほぼ同じ大きさ・形式の銅銭で、表に「富本」の2字と七曜文*2がある。無文銀

「日本通貨発祥の地」モニュメント
（埼玉県秩父市）

銭は何も記されていない円形の穴をもつ銀の貨幣で、銀片が貼り付けてあったり、文字や記号が刻まれていたりすることもある。富本銭などは通貨ではなく地鎮式などの祭祀に用いる厭勝銭とする説もあるが、天武天皇12年（683）に出された詔に「今より以後、必ず銅銭を用いよ」とあることなどから、ある程度は流通したものと思われる。だが、朝廷の肝いりで本格的に普及が図られたのは和同開珎からであり、その意味で最初の本格的貨幣は和銅開珎ということができる。

なお、同じ和銅元年の1月15日に秩父から和銅*3が献上されたという出来事があり、この慶事を祝して元号が「和銅」に変えられていることから、この銅を使って和同開珎が鋳造されたと思われがちだが、最初に作られた和同開珎は銀貨であり、のちに作られた銅貨の和同開珎も秩父のものとは成分が異なる銅で作られている。

興味深いのは和同開珎が発行されて間もなく偽金も出回っていることだ。発行翌年の和銅2年1月9日には偽金の製造と使用を禁じる詔が出され、違反した者は杖で200回打つとした。それでもなお偽金造りは横行していたらしく、和銅4年には最高刑を死刑に引き上げている。

用語解説

*1【和同開珎】 和同開珎の「珎」については、「寶」の略字とする説と、「珍」の異体字とする説がある。前者に従えば「和同開寶」の読みは「わどうかいほう」、後者に従えば「わどうかいちん」。ここでは後者の説に依っている。

*2【七曜文】 6つの点を円形に配し、その中央にも1点を描く文様。世界の構成要素である陰陽五行の調和が保たれていることを示すという。

*3【和銅】 精錬をしなくても使える純度の高い銅の意。「日本の銅」という意味ではない。

5月12日

卯の花腐し

うのはなくたし

 ［住］

「卯の花腐し」とは陰暦4月から5月頃の長雨のこと。せっかく咲いた卯の花を腐らせてしまいそうな雨、という意味。また、文永（ぶんえい）11年（1274）の5月12日は日蓮宗の開祖・日蓮が鎌倉を出て身延山（みのぶさん）に向かった日である。

「卯の花腐し」という言葉は、美しいようでいて汚いようでもある不思議な言葉だ。江戸時代の文人あたりが好きそうな文句だが、実は歴史が古い。すでに『万葉集』に用例がある。大伴家持[*1]のこんな歌である。

「卯の花を腐す長雨（ながめ）の始水（みづ）に　寄る木屑（こづみ）なす寄らむ子もがも」（卯の花を腐らせる長雨で流されてくる木屑みたいに、私に寄ってくる女の子がいればなあ）

意訳してしまうと中高生の男子のつぶやきのようになってしまうが、腐る卯の花や流される木屑に自分を投影しており、やはり美しくもあり陰もある歌となっている。

『小倉百人一首』（国立国会図書館蔵）より「中納言家持」

さて、ここで話題にしたいのは卯の花ではなく、長雨である。日本は春秋に長雨があり、夏も夕立や台風の雨がある。雨対策、湿気対策が建築には不可欠なのである。吉田兼好（よしだけんこう）が『徒然草』（つれづれぐさ）で「家の作りやうは、夏をむねとすべし」としているのも蒸し暑さを問題にしているのであろう。

こうしたことから日本家屋にはさまざまな湿気対策がなされている。その一つに縁の下がある。床下を高くとることによって地面からの湿気を遮断し、通気を確保する工夫だ。屋内に壁が少ないのも通気のためといえる。京の町家（まちや）は縦長の間取りで知られるが、坪庭（つぼにわ）[*2]を配置することによって空気の流れを作っている。日蓮が晩年を過ごした身延山は夏の暑さより冬の寒さの方が大変だったようで、その苦労を信者への手紙に吐露している。しかし、その徳を慕って訪れる者は絶えず、その草庵は日蓮宗の総本山久遠寺へと発展した。日蓮の遺骨もここに眠る。

用語解説

*1 【大伴家持】718〜785。奈良時代の政治家・歌人。越中国（えっちゅうのくに）・因幡国（いなばのくに）・上総国（かずさのくに）・伊勢国（いせのくに）などの国司を歴任し、中納言となる。『万葉集』には473首が収録されており、代表的な歌人となっている。

*2 【坪庭】建物の内部や隅などに作る小さな庭。小型の中庭。

5月13日

竹酔日 | ちくすいじつ

［歳事］

「竹酔日」は中国由来の俗説で、旧暦の5月13日のこと。この日の竹は酔ったようになっているので植え替えしても枯れないとされる。竹はその驚異的な成長力や、茎(幹ではない)が中空になるという独特の構造から、霊力を宿す植物と考えられてきた。

竹酔日の伝承が事実ではない[*1]ことは、身近に竹があれば誰にもわかることなのだが、日本でもこの説は広まっており、竹迷日・竹生日・龍生日などとも呼ばれる。これは竹がほかの植物とは違って霊的なものであり、植え替えなどには特別な配慮がいると信じられたことに由来すると思われる。その証拠に、5月13日以外の日に植え替えをする場合は「五月十三日」と書いた紙を一緒に植えてやればいいといった派生的な伝承[*2]まで伝わっている。また、植え替えの際に穴の中に自分の影が入らないようにする、もし影も植え込んでしまうと死ぬ、などといわれるのも、竹が異界に通じる植物と思われていたことを示している。

『書畫五拾三驛 駿河 吉原竹取ノ古事』(国立国会図書館蔵)

かぐや姫が竹の中にいたとされるのも、竹の茎の中には何か霊的なものがあると考えられていたことの反映といえよう。ちなみに、竹から〝生まれた〟のはかぐや姫だけではなく、昔話の『竹姫』『竹の子童子』[*3]も竹の中にいるところを見つけ出されている。

ちなみに軽くて弾力性があり丈夫な竹は籠やザルなどの材料として欠かせないものであった。日用品だけではなく、尺八・龍笛などの楽器の材料にもなっている。納涼のための道具も竹が使われることが多い。団扇・扇子の骨もそうであるが、籠枕・竹夫人(抱き枕)なども竹製だ。いずれも籠の応用で、通気がいいので涼しく寝られるという工夫である。

用語解説

[*1] 【事実ではない】中国・明時代の随筆『五雑俎』も竹酔日を「俗説」とし、「竹を栽るに時無し」(竹はいつ植えてもよい)と述べている。

[*2] 【派生的な伝承】竹は寅の日に植えるとよい、という伝承もある。寅の日に植えられない時は「寅の日」と紙に書いて一緒に植えるのだという。

[*3] 【『竹姫』『竹の子童子』】いずれも異界から一時的に人間界に来たことになっており、異界に帰る際に養育の御礼として発見者を富貴にしている。

5月14日

KEYWORD ◎ 當麻曼荼羅、阿弥陀仏、極楽浄土、中将姫

當麻寺練供養

たいまでらねりくよう ［歳事］

當麻寺の本堂に安置されている當麻曼荼羅の原本は、蓮の糸[*1]で作られているという。これは右大臣藤原豊成の娘、中将姫が観音菩薩の導きで織ったものとされる。中将姫はその後、阿弥陀仏と二十五菩薩の来迎[*2]を受けて生身のまま極楽往生を遂げたと伝わる。その様子を再現する法会が練供養[*3]である。

奈良県葛城市の當麻寺は天武天皇10年(680)に当麻氏の氏寺として現在の地に伽藍が建てられた古刹である。今も奈良時代の三重塔が2基(ともに国宝)残る唯一の寺であり、金堂には飛鳥時代の弥勒仏坐像(国宝)が"本尊"として安置されている。しかしながら、當麻寺には金堂とは別に本堂が存在している。金堂と2基の塔が南北を基軸として建てられているのに対し、この本堂は東向きに建っている。この不思議な伽藍配置に、當麻寺の信仰の変遷が示されている。

奈良時代の當麻寺は金堂を"本堂"とした、薬師寺や興福寺などと同様の古典的な寺院であった。その信仰に変化が現われたのは平安後期のことである。當麻曼荼羅が安置された曼荼羅堂(現、本堂)に信仰の中心が移り、堂が拡張されるとともに寺も東西が基軸[*4]となっていったのである。

こうした変化は浄土信仰の隆盛に由来する。すでに世は末法とされ、修行を積んでも悟りを得られないといわれていた。来世で地獄に墜ちないためには阿弥陀仏の慈悲にすがるしかなかったのである。世の人々はこぞって阿弥陀仏を信仰し、念仏を唱えた。それでも消えない不安を払拭するため、浄土を描いた當麻曼荼羅のような浄土変相図や、阿弥陀仏が迎えに来てくれるところを描いた来迎図などが求められた。さらには来迎の様子を人が演じてみせるようになったのである。

なお、當麻寺の練供養は中将姫の命日の旧暦3月14日に行なわれていたが、新暦採用を機に5月14日とされた。平成31年(2019)に4月14日に再変更され現在に至っている。

用語解説

*1【蓮の糸】 原本の當麻曼荼羅(国宝)は阿弥陀如来がいる極楽浄土の姿を表したもので、「綴織阿弥陀浄土変相図」と呼ばれる。伝説では中将姫が蓮糸で織ったとされるが実際は絹製で、唐で作られたのではないかと考えられている。

*2【来迎】 阿弥陀仏が信者を極楽浄土に迎えるためにやって来ること。たくさんの菩薩を引き連れてくることが多い。

*3【練供養】 正しくは聖衆来迎練供養会式という。

*4【東西が基軸】 阿弥陀仏は西方の極楽浄土にいるとされたので、西方を向いて礼拝できるよう堂は東向きとされた。

5月15日

葵祭 | あおいまつり

 ［祭事］

5月15日から20日頃は七十二候の「竹笋生」にあたる。タケノコが生えてくる季節だ。また、毎年5月15日に行なわれる葵祭は京都市北区の上賀茂神社（賀茂別雷神社）と京都市左京区の下鴨神社（賀茂御祖神社）*1の祭。正しくは賀茂祭という。平安遷都以前から続く祭で、『源氏物語』にもその様子が描かれている。

葵祭（賀茂祭）は三大勅祭*2の一つであり、京の三大祭*3の一つ……とあげていくときりがない。要するに葵祭は京を代表する祭であり、日本の代表的な祭でもある。

『賀茂祭絵詞』（部分／国立国会図書館蔵）

その起源は古く、平安遷都（794年）以前に遡る。『山城国風土記』*4によれば、欽明天皇の御代（6世紀中頃）に暴風雨が続くということがあり、占うと賀茂大神の祟りだとわかった。そこで馬を走らせて祭を行なったところ雨はやみ、五穀は豊かに実ったという。7世紀末には多くの見物人が集まるようになり、朝廷が人数制限に乗り出すほどになっていた。

しかし、当時は遷都以前に京を開拓した賀茂氏の祭にすぎなかった。これが国家的祭祀になったきっかけは、嵯峨天皇が平城上皇と対立した際に守護を賀茂社に祈ったこととされる。平城上皇との争いに勝った嵯峨天皇は、御礼として皇女の有智子内親王を斎王（斎院）として賀茂大神に仕えさせることにした。以後、代々の天皇の皇女が斎王として賀茂社で奉仕することになった。こうした制度がある神社はほかに伊勢神宮があるだけで、いかに賀茂社が朝廷から重視されていたかがわかる。なお、斎王制度は承久の乱（1221）をきっかけに廃止された。現在、葵祭に斎王代（斎王の代わり）として参加しているのは一般から選ばれた女性である。

用語解説

*1 【上賀茂神社・下鴨神社】上賀茂神社は賀茂別雷大神を祀り、下鴨神社は賀茂別雷大神の母親である玉依媛命と外祖父の賀茂建角身命を祀る。両社は一体の関係にあり、賀茂社と総称される。

*2 【三大勅祭】勅祭は勅使（天皇の使者）が派遣され、天皇の祭文が神前に捧げられる祭のこと。三大勅祭は葵祭と、石清水八幡宮の石清水祭、春日大社の春日祭をいう。

*3 【京の三大祭】葵祭、平安神宮の時代祭、八坂神社の祇園祭をいう。

*4 【『山城国風土記』】元明天皇の命により国ごとに編纂された「風土記」（地誌）の一つであるが原本は現存せず、一部が他の本の引用という形で残っている。

5月16日

大安寺、平城京に遷る
だいあんじ、へいじょうきょうにうつる

 ［歴史］

大安寺はJR奈良駅の南方、約１キロのところに建つ。東大寺や興福寺が甍を並べる
観光スポットからはやや離れているが、かつては両寺をしのぐほどの大寺であった。霊
亀２年(716)の５月16日は、この大安寺が藤原京[*1]から平城京へ移転した日である。

　大安寺は何度も名前を変えてきた寺院として知られ
る。古代の寺院が移転に際して名前を変えること
はよくあることで珍しくはないが、大安寺ほど何度も変え、
そのたびに同時代最大級の伽藍が築かれた寺院はない。

大安寺の本堂

　その始まりは聖徳太子が平群郡額田部(今の奈良県
大和郡山市)に熊凝精舎を建てたことにあるとされる。
この寺院を舒明天皇が百済川の畔に移し、百済大寺[*2]とした。舒明天皇11年
(639)のことである。この百済大寺には九重塔があったとされ、当時の最新最高
の建築技術がつぎ込まれたものと考えられる。

　それから34年後の天武天皇２年(673)には、天武天皇によって高市郡(今の明
日香村であるが正確な位置は不明)に移転され、高市大寺として伽藍を建設、そ
の４年後には大官大寺と名を改められた。その後、藤原京建設に伴い都の東南
に移転、新たに伽藍が建設された。藤原京の大官大寺は、その名にふさわしい
大規模な寺院であった。その寺域は南北354メートル、東西205メートルあり、金
堂は南北21メートル、東西45メートルと法隆寺金堂の約３倍、藤原宮の大極殿[*3]
に匹敵する規模であった。塔はやはり九重塔で、高さは100メートルに及んだと思
われる。

　そして、平城遷都に従って平城京へ。名も大安寺と変わった。大安寺も大規模
な寺院で七重塔が２基そびえていた。平城京で七重塔があったのはほかに東大
寺だけだ。ここに900人近い僧が暮らし、修行をしていたという。

用語解説

[*1]【藤原京】日本で初めて条坊制(基盤目状の都市計画)を取り入れて建設された都。天武天皇が建設を始め、持統天
皇８年(694)に遷都し、和銅３年(710)まで用いられた。

[*2]【百済大寺】百済大寺がどこにあったのか長年謎であったが、近年の発掘調査の結果、桜井市の吉備池廃寺跡が百
済大寺であった可能性が高くなった。

[*3]【大極殿】大内裏の中心施設である朝堂院の正殿のこと。天皇が政務を行なう宮殿であったが、しだいに即位式などの
儀礼用になった。

5月17日

輪王寺延年の舞
りんのうじえんねんのまい

［祭事］

栃木県日光市の輪王寺で5月17日に行なわれる「延年の舞」は、慈覚大師円仁*1 が唐から伝えた秘舞曲という。緋色の直垂に大口袴、白袈裟*2 で頭を兜型に包んだ姿はかつての僧兵を思わせ、中世に戻ったような気持ちになる。

「延年」は一種の芸能ショーで、平安中期頃より室町時代にかけて畿内の大寺院でさかんに行なわれていた。主催したのは寺院ではなく、平安時代に入って勢力を拡大した衆徒*3 で、法要に訪れた貴族などを饗応するためにさまざまな芸能を演じたことに由来する。延年は

輪王寺の延年の舞
（写真提供：日光山輪王寺）

衆徒の要求を認めさせるための示威としても公演されたので、当初は寺院側に制止されることもあった。室町時代になると寺も公認するようになり、内容も豊かになっていった。『岩波仏教辞典 第二版』によると公演内容は「開会の辞たる開口・歛議、問答体の当弁、児（稚児）による舞楽・白拍子などの歌舞、連事（和漢の故事を題材にした問答で、歌謡を伴う）・風流といった劇芸能等々」であったという。

こうした都周辺の大寺院の延年に対し、修験系の寺院では修験者が法力を比べ合う形式の延年が行なわれるようになった。輪王寺の延年もこの系統に入る。輪王寺のホームページは「延年の舞」の様子をこう述べている。

「毎年5月17日の午前9時、輪王寺一山の新座住職二人が伝統的に役を担う舞衆を先頭に、約15名の僧侶の行列が、逍遥園の朱雀門を出発し本堂（三仏堂）に入堂します。お堂の中央には檜製の敷舞台が設けられています。二人の舞衆は舞台に上がり、『延年頌』と呼ばれる声明を唱える僧侶たち（頌衆）は舞台の後方にならびます。（略）上座の次に下座が舞い、15分ほどで終了します」

用語解説

*1 【慈覚大師円仁】794～864。第3世天台座主。天台宗の開祖・最澄に師事し、その後唐に留学、天台教学と密教を学んだ。天台宗の基礎を固めた。

*2 【直垂・大口袴・白袈裟】直垂は武士が用いた装束で、本来は上下セットになっているが、ここでは羽織に似た上半身用のみ着ている。大口袴は裾が大きく開いた袴のこと。白袈裟は僧の法衣で、インドでは日常身につけるものであったが、日本では儀礼用のものとなった。

*3 【衆徒】大衆ともいう。寺院の雑務を行なう僧のことであるが、平安時代以降、大寺院の衆徒は武装化するようになり僧兵化していった。

5月18日

KEYWORD ◈ 御霊、神泉苑

上御靈神社御靈祭
かみごりょうじんじゃごりょうまつり

 ［祭事］

上御靈神社の御靈祭は、怨みをもって死に、祟り神となった者の霊を慰める祭。その起源は貞観5年（863）の御靈会に遡る。八坂神社の祇園祭より古く、かつては天皇も神輿渡御をご覧になったという。

毎年5月18日には京都市上京区の上御靈神社で御靈祭渡御之儀が行なわれる。5月1日に出御した神輿が神社に戻ってくる儀礼であり、御靈祭のクライマックスである。これについて上御靈神社のホームページは、こう述べている。

「往古は7月18日に御輿迎（神幸祭）、8月18日に御靈祭（還幸祭）が行なわれ、都下随一の風流にて、上皇も桟敷殿にてご覧あらせられ結構を極めたりと云わる。明治維新まで両祭とも御神輿今出川御門より御所内に渡御の際、朔平御門に御神輿を奉安し天皇親しく御拝あらせられ、又維新後に於ては大正8年（1919）5月18日桂宮に於て皇后陛下御拝ありたり」

祭の起源は平安遷都前後に遡る。奈良時代の後半から平安時代の初めにかけて疫病や災害が続いた折り、怨霊の祟りではないかと噂された。当時、怨みを抱いて死んだ者は御霊と呼ばれる祟り神となり、疫病の流行といった災厄を引き起こすと信じられたからだ。とくに恐れられたのが崇道天皇・伊予親王・藤原夫人・観察使・橘大夫・文大夫[1]であった。朝廷はこれらの霊を祀るために神泉苑[2]で御靈会を行なった。この祭は僧が『金光明経』と『般若心経』を唱え、雅楽寮の伶人[3]が楽を奏で、稚児が舞い、さらには軽業や曲芸が演じられるという賑やかなものだった。これは、怨霊は賑やかに祀って追い払うものという信仰に基づくものだが、注目すべきは神泉苑の門が開放されて庶民にも観覧を許したことだ。疫病の鎮静は庶民も強く願ったことだったからだろう。

用語解説

[1]【崇道天皇・伊予親王・藤原夫人・観察使・橘大夫・文大夫】 崇道天皇は光仁天皇の皇子の早良親王のこと。謀反の疑いをかけられて謎の死を遂げた。伊予親王は桓武天皇の皇子で、やはり謀反の罪をきせられて自殺した。藤原夫人は伊予親王の母。観察使は藤原仲成もしくは藤原広嗣のこととされる。いずれも反乱に関わっている。橘大夫は謀反の疑いで流罪となり、移送中に死んだ橘逸勢。文大夫は謀反の罪で伊豆に流罪になった文室宮田麻呂をいう。

[2]【神泉苑】 平安京の大内裏のすぐ南に造られた禁園（天皇のための庭園）。雨乞の霊地として知られる。江戸時代に真言宗の寺院となった。

[3]【雅楽寮の伶人】 朝廷直属の雅楽師。

5月19日

唐招提寺うちわまき
とうしょうだいじうちわまき

［祭事］

毎年5月19日に唐招提寺（奈良市五条町）で行なわれる「うちわまき」は、唐招提寺の中興開山（復興させた住職）として崇敬されている覚盛 *1 の忌日法要に合わせて行なわれるもの。国宝の鼓楼から独特の形の団扇がまかれる。

なぜ覚盛の命日に団扇をまくのか。それは次のような故事に由来している。

唐招提寺は僧が守るべき戒律を研究する宗派・律宗の総本山である。その唐招提寺を復興させた覚盛は、戒律を厳格に守っていた。戒律の中でも重要な教えが「不殺生戒」、生き物を殺してはならないというものだ。これを守るために僧

唐招提寺のうちわまき

は肉食を断つのだが、それだけでは修行者としては不十分。われわれが害虫としてためらいもなく殺してしまう蚊にも、慈悲をかけて殺さないことが求められる。しかしながら名僧といえど刺されればかゆいので、蚊を殺さずに追い払うために団扇を使ったのだという。うちわまきはその優しさを偲ぶ行事といえる。まかれる団扇もかわいらしいハート型で、ほのぼのとした気分になる。

覚盛やその師である貞慶 *2、同志の叡尊 *3 らが戒律の復興に力を入れた背景には、仏教の開祖である釈迦への篤い信仰があった。そして、それを象徴するものが釈迦の遺骨、仏舎利であった。仏典に記された伝説によると、釈迦の遺骨は釈迦を思慕する8つの部族に分け与えられたという。その後、アショーカ王 *4 がそれらを84000に分割して、それを納める塔をアジア各地に建てたとされる。唐招提寺にも開山の鑑真がもたらした仏舎利があり、宝物となっている。

用語解説

*1【覚盛】 1194〜1249。鎌倉時代の律僧。興福寺の常喜院で貞慶から戒律を学び、西大寺の叡尊とともに戒律復興に努める。寛元2年（1244）に唐招提寺に入り、律学を復興した。

*2【貞慶】 1155〜1213。鎌倉初期の法相宗の僧。解脱上人ともいう。篤い弥勒信仰をもつとともに戒律を重視した。

*3【叡尊】 1201〜1290。真言律宗の僧。醍醐寺などで密教を学んだのち、覚盛などとともに戒律復興運動に入る。庶民救済にも熱心で興正菩薩と呼ばれた。

*4【アショーカ王】 漢訳仏典では阿育王と訳される。3世紀頃のインドの王（マウリヤ王朝第3代王）。その治世中に版図はインドのほぼ全体に及び、西はアフガニスタンまで含んだ。仏教を保護し、その普及に尽力した。

5月20日

一粒万倍日 | いちりゅうまんばいび

［人生］

5月20日とは直接関係ないが、この項では暦に書かれている各種の暦注（れきちゅう）（その日の吉凶などの判断を示すもの）について説明する。大安・仏滅などの六曜はご存じだろうが、宝くじ売り場などに表示してある「一粒万倍日」はご存じない方も多いのではないだろうか。

まずは「六曜」。暦注とか六曜といった言葉は知らなくても、大安・仏滅・友引といった言葉は聞いたことがあるだろう。6種あるので六曜という。中国から伝わった*1ものだ。日本には鎌倉時代末頃に伝わったとされるが、これも確実なことはわからない。中世の六曜は個々の名称が今とは違っており、現在見るような形になったのは江戸後期である。現在の六曜は先勝（せんしょう）（午前は吉、午後は凶）、友引*2（吉も凶もない日）、先負（せんぶ）（急ぐと凶）、仏滅*3（万事に凶）、大安（万事に吉）、赤口（しゃっこう）（正午以外は凶）の順に暦に記されるが、1月・7月は先勝

『一粒万倍穂に穂』（国立国会図書館蔵）の挿絵（円山応挙画）

から、2月・8月は友引から、3月・9月は先負から、4月・10月は仏滅から、5月・11月は大安から、6月・12月は赤口から始まることになっている。

占いが好きな方は九星もご存じだろう。一白（いっぱく）・二黒（じこく）・三碧（さんぺき）・四緑（しろく）・五黄（ごおう）・六白（ろっぱく）、七赤（しちせき）、八白（はっぱく）、九紫（きゅうし）の9つで、これを年や月・日に配当し、さらに木・火・土・金・水の五行や方位・十二支・八卦（はっけ）を組み合わせて占いをする。

このほか選日（せんじつ）と呼ばれているものがあり、よく知られているものに一粒万倍日・三隣亡（さんりんぼう）などがある。一粒万倍日は一粒の米が何倍にもなるように福が増える日。三隣亡はこの日に家を建てると両隣も焼く火事をだすと忌み嫌われる日だが、もとは三輪宝というめでたい日であった。これらの選日は不規則に暦に現われるように見えるが、実は1月は丑・午の日、2月は酉・寅の日……が一粒万倍日というように、日々の干支と連動しているのである。

用語解説

*1 【中国から伝わった】六曜が中国由来であることは疑いないが、いつ成立したのかは不明。『三国志』で有名な諸葛孔明（しょかつこうめい）が考案したという説もあるが、3世紀まで遡るとは考えられず、伝説にすぎない。

*2 【友引】友引に葬式を行なうと故人が友人を道連れにするからやってはいけないといわれるが、これは「友引」という言葉から連想された俗信で根拠はない。

*3 【仏滅】仏（釈迦）が入滅した日と思われがちだが、もとは「物滅」だったとされ、仏教とは関係ない。

5月21日

じょうまん　とねりしんのう　てんむ

『日本書紀』撰上

にほんしょきせんじょう

［歴史］

5月21日前後は二十四節気の「小満」にあたる。麦に穂がつき一安心できる頃を指す。また、養老4年(720)の5月21日は『日本書紀』が完成し、元明天皇に奏上された日である。

ようろう　　　　　　　　　　　　　　　　　　　　　　　　　　　　げんめい

『　　　にほんぎ
続｜日本紀』養老4年5月21日の条には次のような記述がある。
しょく
　　　　「これより先に一品の舎人親王は、勅を受けて日本紀[*1]の編纂に従って
　　　　　　　　　　　　　　　　　　　　　　　　　　にほんぎ
いたが、この度それが完成し、紀(編年体の記録)三十巻と系図一巻を奏上した」
うじ　たにつとむ
(宇治谷孟訳)

　日本初の正史[*2]の完成にしては記述が簡潔にすぎるのが気になるところだ。そもそもこれでは編纂事業がいつ始まったのかもわからない。『日本書紀』には序文などがないので、いつ誰の命令で編纂が始まったのかわからない。しかし、歴史家たちは『日本書紀』の天武天皇10年(681)3月4日の条に、天皇が川嶋皇子以
てんむ　　　　　　　　　　　　　　　　　　　　　　　　　　　　かわしまのみこ
下12人の皇族に「帝紀」および「上古の諸事」の編纂を命じた記事があるのに注目し、これが編纂の始まりを示すものと考えている。しかし、これが事実だとすると、奇妙なことになってしまう。

　なぜかというと、『古事記』も天武天皇の命によって編纂が始まったことが、その序文によって知られるからだ。つまり2種類の正史が同じ天皇の命により同時進行で編纂されていたことになってしまう。
『古事記』と『日本書紀』は扱っている時代も重なっている[*3]ので、内容も共通する部分が多いが相違点も少なくない。『古事記』が一つの物語として読めるのに対し、『日本書紀』は記録の集積で異伝も多く収録している。『日本書紀』が海外との交流に多くのページを費やしているのに対し、『古事記』は中国や仏教のことには触れようとしない。こうしたことから目的の違いが推察されるが、同時期に編纂されたとしたらなぜなのかは不明のままだ。

用語解説

*1【日本紀】『日本書紀』の正式名称が「日本紀」なのか「日本書紀」なのかについては議論がある。いずれも根拠があり決着はついていない。

*2【日本初の正史】正史は国家の責任のもとで編纂された歴史書のこと。『日本書紀』以前にも「天皇記」「国紀」という史
てんのうき　こっき
書があった(現存せず)が、正史といえるものではなかった。

*3【扱っている時代も重なっている】『古事記』は神話から推古天皇まで、『日本書紀』は神話から持統天皇までを扱う。
すいこ　　　　　　　　　　　　　　　　　　　じとう

5月22日

KEYWORD ◈ オシラ様、蚕影神、猫絵、新田猫

蚕起食桑 | かいこおきてくわをはむ

[衣]

5月21日より25日頃は七十二候の「蚕起食桑」にあたる。孵化した蚕が桑の葉を食べ始める時候である。絹糸を生み出してくれる蚕は養蚕農家にとってまさに「天の虫」。さまざまな民俗や伝説が生み出されてきた。

蚕 は完全に家畜化した唯一の昆虫で、野生種は存在しない。このため日本には何らかの形で輸入されたものと考えられるが、明確な記録は残っていない。『古事記』は須佐之男命に殺された大気津比売神*1の頭から生じたとしており、神格化された存在であったことがわかる。東北に残るオシラ様（オシラ神）の伝説*2では、馬に恋した娘との間に生まれたものだとしており、ほかの虫とは違う存在と考えられていたことを示している。

実際、絹を生み出してくれる蚕は、養蚕農家にとって神からの授かりものというべき存在であったのだろう。このため家の中に蚕室を作るなどして大切に育てた。雹や霜などで餌となる桑が被害を受けないよう、また蚕に病気などが出ないよう、オシラ様や蚕影神*3を祀ったりもした。

実は蚕の最大の敵はネズミであった。このため養蚕農家では猫が重宝された。土地によっては猫の価格が上昇し、猫を盗んでは転売するという輩まで現われたという。よくネズミを捕る猫を貸し借りするということもしばしばであった。ちなみに、ネズミの害に悩むのは養蚕農家だけではなく、貴族も同様であったらしく、『時慶記』*4など貴族の日記にも猫を借りる記述がある。

貸し借りもできない時は猫を描いた猫絵を貼ってネズミ除けにした。近世には猫絵を描いて収入の足しにしていた殿様*5もいた。

用語解説

*1 【大気津比売神】大宜都比売神とも。食物の女神。『日本書紀』では月夜見尊に殺された保食神の眉から生まれたとしている。

*2 【オシラ様の伝説】よく似た話が中国の『捜神記』（4世紀に書かれた怪談集）にある。

*3 【蚕影神】茨城県つくば市神郡に鎮座する蚕影神社を本社とする信仰。

*4 【時慶記】西洞院時慶（1552〜1640）の日記。

*5 【殿様】上野国新田郡（現・群馬県太田市）の岩松氏の歴代当主のこと。参勤交代をする家柄であったが石高が少なく、慢性的な経済難にあった。当主が描く猫絵は「新田猫」と呼ばれて珍重された。

5月23日

KEYWORD ◈ 毘沙門天、延鎮、十一面千手観音像、清水寺

坂上田村麻呂没
さかのうえのたむらまろぼつ

［歴史］

6月23日は坂上田村麻呂（758 ～ 811）の命日。田村麻呂は征夷大将軍として東北を平定したことで知られ、平城上皇が兵をあげた時も迅速に対応して鎮圧するなど、奈良末～平安初期の治安に功績をあげた人物として知られるほか、信仰史の面においても重要な存在である。

朝廷にとって坂上田村麻呂は北方の不安を取り除き、内紛を未然に収めた大将軍として、まさに平安京の守り神的存在であった。死後もその信頼は受け継がれ、都に異変がある時は田村麻呂の墓が鳴動して知らせるともいわれた。以後の将軍たちも田村麻呂の墓を詣でて加護を祈ったとされる。

また、北方の守備を担ったことから毘沙門天*1とも同一視された。東北には田村麻呂が創建に関わっているとされる寺社が多く、その境内には毘沙門堂が建てられていることが少なくない。

しかし、今に伝わる信仰ということでいえば、京の清水寺の創建がもっとも大きいであろう。清水寺の創建伝承によれば、田村麻呂がまだ23歳、左近将監*2という身分の武官であった頃に話は遡る。難産に苦しむ妻にシカを食べさせようと音羽山に入った田村麻呂は、音羽の滝*3の畔で延鎮という僧と出会った。延鎮はもと奈良の子島寺の僧で、観音の霊告を頼りに音羽の滝にたどり着き、ここで観音の像を彫って修行をしていたのだが、田村麻呂の話を聞いてシカ狩りをやめるよう説教をした。生まれてくる命のために別の命を奪うことの罪深さを説いたのだ。反省した田村麻呂は安産を観音に祈り、妻は無事に女子（のちに桓武天皇の妃となる春子）を産んだ。感謝した田村麻呂は延鎮のために堂を建立し、十一面千手観音像を寄進した。これが清水寺の始まりとされる。この話は伝説ではあるが、田村麻呂が清水寺創建に関わっていたことは事実で、延暦24年（805）には清水寺を永く坂上氏の私寺*4とすることを認める太政官符（朝廷から所轄の役所に出された命令書・通達書）が発符されている。

用語解説

*1 【毘沙門天】仏教の守護神、四天王のうち、北を守る多聞天のこと。単独で信仰される場合は毘沙門天と呼ばれる。

*2 【左近将監】内裏の警備を担当する近衛府の役職の一つ。上位から4番目（少将の下、将曹の上）にあたる。

*3 【音羽の滝】現在も清水寺境内にある。

*4 【私寺】官立の官寺に対し、民間で建立・経営された寺院のこと。

5月24日

KEYWORD ◈ 修験道、葛木山（葛城山）、雑密、一言主大神

役小角、流罪になる

えんのおづぬ、るざいになる

🏯 ［歴史］

役行者の名で知られる役小角は修験道の伝説的な開祖。その生涯は明らかではないが、『続日本紀』に流罪の記事があることから7世紀後半から8世紀前半頃に実在した山岳修行者だと考えられる。

修 験道は、日本古来の山岳信仰に密教や中国の神仙思想、道教などが混じり合ってできたハイブリッドな信仰である。

　もともと日本人は山を神が降臨する場所、あるいは死者の霊が帰る場所などと考え、信仰の対象としてきた。それゆえ、山の奥*1は神霊が支配する異界として神聖視し、立ち入ることを忌んできた。ところが、密教*2などを身につけて霊力をもったと自負した山岳修行者たちは、あえてそうした場所を修行場所とした。強力で恐ろしい神がいるとされる場所や、命がけで登らなければならない険阻な山で修行すれば、より大きな霊験が得られると彼らは考えたのである。役小角もそうした一人であった。

　『続日本紀』文武天皇2年（698）5月24日の条には次のようにある。

　「役の行者小角を伊豆嶋に配流した。はじめ小角は葛木山に住み、呪術をよく使うので有名であった。（略）のちに小角の能力が悪いことに使われ、人々を惑わすものであると讒言されたので、遠流の罪に処せられた。世間のうわさでは『小角は鬼神を思うままに使役して、水を汲んだり薪を採らせたりし、若し命じたことに従わないと、呪術で縛って動けないようにした』といわれる」（宇治谷孟訳）

　『日本霊異記』*3にも役小角の伝記があるが、そこでは金峯山と葛木山をつなぐ橋を鬼神たちに架けさせようとしたので、一言主大神*4が朝廷に訴えたのだとする。こうした伝承の背景には、山を霊地として守ろうとする勢力と山岳修行者の勢力のせめぎ合いがあったようだ。

用語解説

- *1 **【山の奥】** 麓周辺はいわゆる里山として利用されるため人も立ち入った。山頂近くの"奥"は修験者が活躍するようになってからも神聖視され、奥宮や奥の院が建てられた。
- *2 **【密教】** 最澄や空海が伝えたような体系化されたものではなく、呪文（真言・陀羅尼）を中心とした断片的なものであった。これを雑密という。
- *3 **【『日本霊異記』】** 正しくは『日本国現報善悪霊異記』。9世紀初めに成立した最古の説話集。
- *4 **【一言主大神】** 奈良県御所市に鎮座する一言主神社で祀られる神。葛木山（葛城山）を治める神。

5月25日

和辻哲郎『古寺巡礼』刊行 ［文芸］

わつじてつろう こじじゅんれい かんこう

大正8年(1919)の5月25日、和辻哲郎の『古寺巡礼』が岩波書店から刊行された。
この書の出現により古寺巡礼は抹香臭い年寄りの趣味から、仏像の美に触れる芸術
観賞の旅へと変貌した。

和｜辻哲郎*1による『古寺巡礼』刊行は、一つの事件といっていい。その刊行
を機に社会が大きく変化したわけではないが、広く長く残る影響を残した。
この本の出現により、日本人の古寺めぐりは来世の安穏を願う祈りの旅から、古の
美を鑑賞する明るい教養の旅へと変化したのであった。その後の古寺巡礼・仏像
鑑賞の本は、多かれ少なかれ本書の影響を受けている。この本が刊行されなけれ
ば、いとうせいこう・みうらじゅんの『見仏記』*2もなかったかもしれない。

改訂版の序文によれば『古寺巡礼』は、大正7年の5月に「二三の友人とともに
奈良付近の古寺を見物したときの印象記」だという。具体的には新薬師寺・浄瑠
璃寺・東大寺・奈良国立博物館・法華寺・唐招提寺・薬師寺・當麻寺・法隆寺・
中宮寺などのことが述べられている。

刊行後、順調に版を重ねていた『古寺巡礼』であるが、戦時下の時局に合わな
いという無言の圧力もあり絶版の状態になった。それでもどうしても入手したいという
人が多く、中には「近く出征する身で生還は保し難い、ついては一期の思い出に
奈良を訪れるからぜひあの書を手に入れたい」という申し入れもあったという。終戦
後はさまざまな価値観の転換を求められたが、『古寺巡礼』の人気は続いた。それ
は前述の『見仏記』にも引用されていることからもわかる。同書では批判的に書か
れてはいるが、逆にそれが仏像に対するスタンダードな鑑賞方法として今も認知され
ていることを示している。

用語解説

*1【和辻哲郎】1889〜1960。哲学者・日本思想史家。法政大学教授・京都大学教授などを歴任。主著は『古寺巡礼』
　『風土』など。
*2【いとうせいこう・みうらじゅんの『見仏記』】作家のいとうせいこうとイラストレーターのみうらじゅんが仏像めぐりの旅をしつ
　つ、仏像と芸能人を比較するなど斬新な鑑賞法を展開する本。その1冊目は平成5年(1993)に中央公論社から刊行さ
　れている。

5月26日

KEYWORD ◈ 足利義政、日野富子、山名宗全、細川勝元、上御霊神社

応仁の乱、激化

おうにんのらん、げきか

［歴史］

応仁元年（1467）から文明9年（1477）まで11年続いた応仁の乱は、上御霊神社*1での畠山義就軍と畠山政長軍との衝突で始まった。その後、5月26日の東西両軍激突を経て国を二分する戦乱へと発展したのである。

京│の人が「先の戦争」というと第二次世界大戦のことではなく応仁の乱だという笑い話がある。しかし、京の社寺の歴史を少しまとめて読んでみると、これは冗談ではなく実感だということがわかる。どの神社、どの寺院の歴史にも決まって「応仁の乱で焼亡」と記されているからだ。

『都名所図会』（国立国会図書館蔵）より「上御霊神社」

その徹底ぶりは驚きで、「こんな山の中の寺院（神社）まで焼かなくても」と思うことも再三だ。平安の都といいながら、京に平安時代の建築がほとんど残っていないのも、応仁の乱があったためだ。

　もっとも、社寺に大きな被害が出たのには、それなりの理由がある。広い境内をもつ社寺は軍の駐留に適していたため、そこを襲撃されたのである。乱のきっかけになった御霊の森の合戦も、畠山政長が上御霊神社に陣を構えたことが始まりであった。しかも政長は撤退する際に社殿に火をつけている。

　そもそも応仁の乱は、8代将軍足利義政が弟の義視を後継者としていたにもかかわらず、妻の日野富子が産んだ男子を次期将軍にしようと有力守護大名の山名宗全*2と手を組んだことに始まる。これに畠山・斯波家の家督争いが重なり、山名宗全と管領*3の細川勝元*4の対立が重なったことで、国を二分する争いになった。

　応仁元年5月26日の戦い（五月合戦）は2日間で終結したが、これをきっかけに近隣諸国から軍が集結することになり、山名宗全・畠山義就・斯波義廉らの西軍と、細川勝元・畠山政長・斯波義敏らの東軍がにらみ合うことになったのである。

用語解説

* *1 【上御霊神社】京都市上京区に鎮座する神社。怨みをもって亡くなり、祟りをなした御霊たちを祀る。5月18日参照。
* *2 【山名宗全】1404〜1473。室町時代の守護大名。宗全は出家後の法名で、名は持豊。但馬・備後・安芸・伊賀・播磨国を治め、幕府の実力者になった。
* *3 【管領】将軍の補佐役。室町幕府のナンバー・ツー。
* *4 【細川勝元】1430〜1473。室町時代の守護大名。摂津・丹波・讃岐・土佐国の守護。管領として幕府の実権を握った。山名宗全の女婿となり一時手を組んだが、のちに対立した。

5月27日

百人一首の日

ひゃくにんいっしゅのひ　　［文芸］

5月26日頃から5月30日頃は七十二候の「紅花栄」。紅花が美しく咲く時候である。また、5月27日は「百人一首の日」でもある。これは選者の藤原定家の日記『明月記』の文暦2年(1235)5月27日の条に「古来の人の歌各一首」を色紙に書いて送ったという記述があることによる。

「百」人一首」というとカルタを思い起こす方も多いだろうが、カルタになったのは江戸時代になってからのことだ。もっとも最初の形は一人一首の色紙だったというので、カルタは原形に近いといえるかもしれない。

藤原定家の日記『明月記』などによると、「百人一首」は鎌倉幕府の御家人で歌人でもある宇都宮蓮生(宇都宮頼綱)の求めに応じて編纂されたという。蓮生は嵯峨野(今の京都市右京区)に建てた別荘・小倉山荘の襖の装飾とするため、定家に色紙の作成を依頼したのだ。

『肖像集』(国立国会図書館蔵)
より「藤原定家」

定家は天智天皇から順徳上皇までの優れた歌人100人を選び、それぞれ一首を色紙にしたためた。「小倉百人一首」という名は、小倉山荘のために選ばれた歌集であることからついた通称で、正式名称ではない。しかし、正式名称が存在しないため(あるいは伝わっていないため)、通称で呼び習わされてきた。

ところで、この百人一首にも選ばれている小野小町は、天皇に雨乞を命じられ、和歌を詠んで雨を降らせたという伝説がある。和歌で雨が降るわけはない、と現代のわれわれは思ってしまうが、中世の人々は和歌にはそうした力があると信じていた。これを和歌陀羅尼観という。「陀羅尼」とは密教で用いる呪文のこと。インドに陀羅尼があるように日本には和歌があり、その効用は陀羅尼に勝る、というのが和歌陀羅尼観である。ちなみに、小野小町が雨を降らせるために詠んだ歌は「ことはりや日のもとなれば照りもせめ　さりとても天が下とは」*1だという。

用語解説

*1 【「ことはりや〜天が下とは」】 意味は「日の本(元)という国の名ですから日照りになるのも仕方ありませんが、天(雨)が下ともいうではありませんか」。

5月28日

虎が雨 | とらがあめ

［歴史］

「虎が雨」の「虎」とは、曽我兄弟の兄、曽我祐成（1172〜1193）の愛人、虎御前のこと。5月28日は曽我兄弟の仇討ちの日で、その際に祐成が討ち死にしたことから、この日の雨を「虎御前の涙雨」と呼ぶ。

　曽我兄弟といっても知らない人の方が多くなってしまったが、かつては三大仇討ち[*1]の第一として有名で、戦前は教科書にも載っていた。兄弟の父、河津祐泰を暗殺した工藤祐経[*2]を、源頼朝が主宰した富士野での巻狩[*3]の場で斬り殺したというもので、鎌倉幕府の歴史を記した『吾妻鏡』にも記録されている。

　兄弟は工藤祐経のほか数人を斬り殺したものの、祐成は討ち死にし、弟の時致も捕らえられ、頼朝自らの詮議を受けた後、斬首された。しかし、この仇討ちは武士の鑑と讃えられ、物語（『曽我物語』など）や能（『虎送』『元服曽我』など）の題材とされ、広まっていった。今でも「曽我もの」の歌舞伎が上演されている。

『曽我物語図会』（国立国会図書館蔵）より「虎御前・祐成」

　こうした流行から伝説や言い回しなどが派生し、そこからまた文芸が創作された。「虎が雨」もその一つで、嘉永4年（1851）に刊行された歳時記の決定版というべき『増補俳諧歳時記栞草』にも、次のようにくわしく説明されている。「毎年五月廿八日多く雨ふる。俗にいふ、大磯の虎娘子、曽我祐成に相別る涙、変じて雨となる。故に今の雨は虎御前の涙也と云（以下略）」阿波野青畝[*4]の句にも「ひとたびの虹のあとより虎ヶ雨」というのがある。

用語解説

*1【三大仇討ち】曽我兄弟の仇討ち、伊賀の仇討ち（渡辺数馬と荒木又右衛門が数馬の弟の仇である河合又五郎を伊賀国上野の鍵屋の辻で討った）、赤穂浪士の討ち入り（12月14日参照）をいう。

*2【工藤祐経】1147?〜1193。鎌倉幕府の御家人。所領争いで河津祐泰を暗殺したとされ、その後、源頼朝の寵臣となった。

*3【巻狩】軍事訓練を兼ねた猟。大勢で獲物を追い出して狩った。

*4【阿波野青畝】1899〜1992。高浜虚子に師事した俳人。

5月29日

源頼朝、社寺の再興を京都に申し入れる

みなもとのよりとも、しゃじのさいこうをきょうとにもうしいれる

 ［文芸］

文治2年（1186）5月29日、源頼朝は全国の総社*¹と国分寺*²の荒廃状況を朝廷に報告し、修理を進めるよう申し入れた。源平合戦で被害を受けた社寺の復興が目的だとしたが、新時代の権力者が誰かを示す意味もあったと思われる。

『吾妻鏡』文治2年5月29日の条に次のような記述がある。

「また、神社や仏寺の復興のこと、二品（源頼朝のこと）が日頃から気にされていたので京都（朝廷）に申し入れることになった。東海道においては守護たちに命じてそれぞれの国の総社や国分寺、霊験寺院の破壊具合を調査させてある。それらを朝廷に提出してあるので、定められている通りに修繕をするよう提言されたのだ」

頼朝はそこまで信心深かったのか、と思いたくなる内容だが、もちろんこれには政治的思惑がからんでいる。この当時、近畿地方を中心として多くの社寺は荒廃していて、修復工事が待たれていた。言うまでもなく、これは源平合戦の影響である。とくに奈良がひどく、東大寺などは大仏が焼け落ちていた（12月28日参照）。

こうした兵禍は源氏・平氏どちらかが一方的に悪いわけではなかったのだが、当時の人々は平氏のせいだと考え、平清盛の熱病による死も平氏の滅亡も神仏の罰だと噂した。その一方で頼朝は神仏の守護者を自認し、その加護を受けているとして朝廷や民衆、さらには社寺勢力を味方につけようとしていた。そのため、頼朝は朝廷に申し入れるだけではなく、自らも積極的に社寺の復興に関わった。その象徴が東大寺大仏殿の再建であった。その落慶法要（寺院の落成を祝う祝賀儀式）に頼朝は妻の北条政子や有力な家人*³、さらに数万の武士を引き連れて参列し、自分こそが東大寺復興の功労者であることをアピールしたのであった。

用語解説

*¹【総社】惣社とも書く。その国で祀られている神をすべて祀る神社。国司はその国の神の祭祀を司る主要な任務の一つとなっていたが、神社の中には参拝が容易ではないものもあるので国衙（国司の役所がある地区）の近くに国内の神々を祀る神社を建てた。これが総社である。

*²【国分寺】聖武天皇が天平13年（741）に出した「国分寺建立の詔」に従って各国に造られた寺院。正しくは金光明四天王護国之寺。

*³【家人】将軍家と主従関係を結んだ家来、武士のこと。

5月30日

皐月 | さつき

［歳事］

5月も今日を入れてあと2日であるが、ここで「皐月」の意味を考えておきたい。というのも皐月は旧暦5月の異名。本来の季節感はこれからだからだ。

5 月の異名はいくつかあるが、「さつき」がもっとも一般的で「皐月」の字をあてる。「さつき」と呼ばれる理由については、田植えの時期なので「早苗月」で、これを縮めて「さつき」になったと説明されることが多い。嘉永4年(1851)に刊行された歳時記『増補俳諧歳時記栞草』にも「五月は農人方に苗を挿む、故に早苗月と云。今略して、早月と云」とある。

『教草』(国立国会図書館蔵)より早乙女たちの田植えを描いた絵図

　北陸から東北にかけての地域では、田植えのことを「さつき」と呼んでいる。東北の場合だと予祝儀礼*1として田植えを模した儀礼をすることを「さつき」と呼んでいたりもする。田植え歌のことを「皐月歌」と呼ぶ地域もあるが、これも「5月の歌」の意ととるより「田植えの歌」と解した方がしっくりくる。

　そもそも「さ」という言葉は田での農作業、とくに田植えのことを指す場合が多い。早苗・早乙女*2などがその例だ。さらにいうと、「さ」は田の神とも関係している。田の神を迎えることを「サオリ」「サンバイオロシ」「サワウエ」、送ることを「サナブリ」「サノボリ」ということから考えると、「さ」は田の神を指していると考えられる。

　民俗学の祖である柳田国男は「田植えはすなわち田の神の誕生」(『妹の力』)と述べているが、田の神は苗に宿って田に下りてくるのだと考えれば、この「さ」の関連はすっきりと理解できる。つまり、「さつき」とは「さ付き」のことで、「さ(苗)」を田に植えることであり、そこに宿っている「さ(田の神)」を田に落ち着かせることなのである。

用語解説

*1【予祝儀礼】あらかじめ祝うことによって現実もそのようになるよう仕向ける儀礼のこと。実際の農耕が始まる前にそれを模した所作を行なって豊作を祝うものが多い。

*2【早乙女】田植えをする娘のこと。

5月31日

麦秋至 | ばくしゅういたる

 ［食］

5月31日より6月5日頃は七十二候の「麦秋至」にあたる。麦の穂が熟す季節である。麦は西洋のものというイメージがあるが、日本にもうどんなど小麦文化がある。麦作の儀礼もあれば、麦を題材にした昔話もある。

こ こまで何度か述べたように、米作地帯では本格的な農作業が始まる前に、農作業を模した儀礼を行なったのちにあらかじめ豊作を祝っておく予祝儀礼が行なわれることが多い。先に祝ってしまうことで現実をそのように仕向ける呪的行為であるが、麦作地域にも予祝儀礼はある。

　「穂の出はじめようとする一月十一日・十五日、あるいは二十日、所によっては節分の夜に麦飯を山盛りにして家の神仏に供えたあと、家の主人が麦畑に出て『今年の麦は良い麦だ。背から割れい（割れよ）腹から割れい』などと唱え、蓑を着て麦畑を転がる麦ホメは、麦正月・

『日本麦圃鑑』（国立国会図書館蔵）より「麥種子ヲ撰ム圖」

麦の誕生日とも称して島根県から中国山地一円、近畿地方と四国地方の一部、九州など、主に西日本にみられる予祝儀礼である」（『三省堂 年中行事事典』）

　麦の種まき、あるいは刈り取りは戌の日に注意する。戌の日を避けるべきだとする地域と、戌の日にやるとする地域があって判断に困るが、いずれも弘法大師[1]の請来伝説に結びつけられている。それによると、弘法大師が唐に留学していた時のこと、大師は日本では見たこともない穀物がたわわに実っている畑を見て日本に持ち帰りたいと思った。しかし、禁じられたため、脚に傷をつけ、そこに麦を隠した。すると怪しんだ犬が吠え立てたが、事情を知らない飼い主は坊さんに吠えたことを怒り、犬を殺してしまった。大師は無事に麦を日本に伝えることができたが、犬を憐れんで戌の日に播くよう（播かないよう）人々に教えたのだという。

用語解説

*1 【弘法大師】真言宗の開祖、空海（774〜835）のこと。弘法大師は諡号（死後に贈られる称号）。

6月1日

KEYWORD ◈ 袷衣（あわせ）、単羽織（ひとえはおり）、氷の朔日（こおりついたち）、瑞龍寺（ずいりょうじ）

更衣 ｜ ころもがえ

[衣]

「氷の朔日」は旧暦6月1日の儀礼。氷室（ひむろ）（5月1日参照）の氷が群臣に配られた。富山県高岡市（たかおか）の瑞龍寺では「一つやいと」が行なわれるほか、6月1日は長らく衣替えの日として親しまれてきた。

旧暦の6月1日を「氷の朔日」と呼ぶのは、この日に太政官の職員などに氷室の氷が配られたことに由来する。夏の職務に対する慰労だったのだろう。この日は瑞龍寺[*3]で修行僧が修行の旅に出る前に脚に灸をすえたことに始まる「一つやいと」[*4]行事が行われ、参拝者にお灸がすえられる。かつては6月1日になると学生は一斉に夏服に

瑞龍寺（富山県高岡市）の仏殿

なり、それまでの黒い上着から白いシャツ姿に替わったものであった。今は制服がない学校も多く、服選びも個々人の体感によって決めていいことになっているようなので、1日で通学風景が変わるようなことはなくなったが、それでもやはり6月が近づくと夏服を出さねばならないという気分になる。

旧暦を用いていた頃は4月1日（秋は10月1日）が更衣の日であった。しかし、これは宮中および貴族の世界での話で、中流以下の人々は気候に合わせて着物を重ねたり脱いだりしていた。更衣の習俗が広く行なわれるようになるのは、近世に入ってからになる。学生服をはじめとした制服の普及によるところが大きい。

ちなみに天保9年（1838）（てんぽう）に刊行された『東都歳事記』（とうとさいじき）の四月朔日（1日）の項には、「更衣。〔今より五月四日迄（まで）貴賤袷衣[*1]を着す。今日より九月八日まで足袋（たび）をはかず、庶人単羽織[*2]を着す。〕」とあり、細かく規定されていることがわかる。

用語解説

* **[*1]【袷衣】** 裏地のついた着物のこと。今は冬物の着物のことを「袷（あわせ）」ということが多いが、この場合は浴衣のような薄地の着物で裏地のあるものをいうのであろう。
* **[*2]【単羽織】** 裏地のない夏用の羽織。
* **[*3]【瑞龍寺】** 加賀藩2代藩主前田利長公の菩提を弔うため3代藩主利常が寛文3年（1663）に創建した曹洞宗の寺院。禅宗式七堂伽藍（三棟が国宝）がよく残されていることで知られる。
* **[*4]【一つやいと】** 「やいと」は灸（きゅう）のこと。7月1日にも行なわれる。

織田信長没

おだのぶながぼつ

［歴史］

天正10年(1582)6月2日は本能寺の変があった日。つまり、天下人・織田信長が没した日である。死後に英雄を神として祀る例は多いが、信長が神となるのは明治2年まで待たねばならなかった。

織田信長(1534〜1582)は「天下布武」と刻んだ印章を用いていた。「武力をもって天下を統一する」という意味にとる説と、「武によって天下に徳を広める」という意味にとる説があるが、いずれにしろその目標まであと少しのところまで迫っていたといえよう。そこに油断があったのか、京の本能寺[1]にわずかな手勢とともに逗留しているところを明智光秀に襲われ、自害した。信長が好んで舞ったという幸若舞「敦盛」[2]の中の一節「人間五十年」[3]にあと1年足りない49歳であった。

その信長は京都市北区の建勲神社に主祭神として祀られている。信長を神として祀るよう命じたのは意外にも明治天皇で、明治2年(1869)に創建している。京都生まれの明治天皇は、信長が非業の死を遂げていながら豊臣秀吉や徳川家康のように祀られていないことが気になっていたのだろう。

信長のような英雄を祀る[4]ことは、古くは東国遠征をした坂上田村麻呂や平家を滅亡に導いた源義経の例があるが、本格化するのは豊臣秀吉以降のことだ。それまでは神として祀られるのは、主に怨みをもって死んだ者であった(義経もこれに入る)。秀吉の神格化はその死後間もなく行なわれた。一月後には廟の建設が始まり、翌年には朝廷から正一位豊国大明神の神階・神号[5]が授けられた。注目されるのはその信仰が民衆に広まったことで、七回忌に行なわれた豊国祭には京の人々が数多く着飾って集まり、踊りを競ったという。

| 用語解説 |

*1 【本能寺】応永22年(1415)に創建された京都市中京区にある法華宗の大本山。ちなみに、本能寺の変当時は今より南西の場所にあった。

*2 【幸若舞「敦盛」】幸若舞は物語に曲をつけて舞うもので、室町時代から江戸初期にかけて流行った。「敦盛」は平敦盛を討った熊谷直実を扱った話。

*3 【「人間五十年」】「敦盛」の中で熊谷直実が言う台詞。天界の者の生涯に比べれば人間の50年など夢幻のようなもの、といった意味。

*4 【英雄を祀る】もっとも古い例は日本武尊であるが、その存在は半ば神話の中といえるので、信長などの祭祀とは区別して考えるべきだろう。

*5 【神階・神号】神階は神の位、神号は神としての名。

6月3日

杏子 | あんず

 ［食］

6〜7月に実をつけるアンズ（杏子）は夏（6月）の季語である。菓子やジャムの材料となるが、杏林（アンズの林）というと名医のたとえとなる。また、アンズの種を指す杏仁はアーモンドを指す言葉としても使われ、飛鳥仏の目の形を示す比喩にされる。

バラ科サクラ属の落葉小高木のアンズは中国東部が原産地で、『食材図典』（小学館）によると「栽培は4000〜5000年前に始まった」という。日本には遅くとも平安時代には伝わっていたと思われるが、薬物辞典というべき本草書に載っているので薬として扱われていたのかもしれない。

『柑橘図譜』（国立国会図書館蔵）より「杏」

実はアンズと医薬は関係が深い。病院や薬局に「杏」がついた名が多いことにお気づきの方も多いだろう。それは『神仙伝』[*1]にある董奉のエピソードに由来する。名医として知られていた董奉は、治療費は受け取らず、その代わりに重症だった者には杏の木を5本、軽症なら1本を植えさせた。このため屋敷の周辺には立派な杏の林ができたという。ここから「杏林」は名医を示す言葉となった。「アンズの種子（杏仁）とウメの若果や種子には青酸配当体アミグダリン、種子油などが含まれ、薬用や化粧品に利用される」（『食材図典』）というから、董奉もただの趣味でアンズを植えさせたわけではないだろう。

アンズの種、杏仁は杏仁豆腐の材料としても知られる。これももとは薬用で、苦みを消すために甘くされたのだとされる。ちなみに日本では杏仁をアーモンドの意味で使うこともあり、飛鳥時代の仏像[*2]の目の形も杏仁と表現される。奈良時代以降の仏像とは違い、くっきりと見開いた目で強い印象を与える。口角が上がった唇と合わせて、こうした表情をアルカイック・スマイル（古拙の微笑）と呼ぶ。

用語解説

*1 【『神仙伝』】中国の葛洪（283?〜343?）が書いたとされる仙人伝。
*2 【飛鳥時代の仏像】法隆寺金堂の釈迦三尊像や飛鳥寺の釈迦如来坐像などの止利仏師作の仏像が典型的。

山家会 | さんげえ

 ［文芸］

6月4日は天台宗の開祖・最澄（767〜822）の命日で、天台宗の寺院では山家会または伝教会という忌日法要が営まれる。最澄が目指したのは天台・密教・禅・戒律を統合した総合仏教であった。そして、その中から日本仏教を発展させる人材が輩出されたのであった。

歴　史は時に驚くべき偶然を引き起こす。最澄と空海（774〜835）という日本仏教史上最も重要な2人が同時代を生きたというだけでも驚きであるのに、同期の遣唐使随行者として、ともに唐に渡っているということは奇跡のようなものさえ感じられる。さすがに乗った船は別で、唐での目的地も違っていたが、留学[*1]同期生であったことが両者のその後に大きな影響を与えることになった。

　神護景雲元年（767）またはその前年に比叡山の麓で生まれた最澄は、19歳で正式な僧になると、さっそく比叡山に籠もり膨大な経典の研究を始めた。そして、『法華経』を根本聖典する天台宗[*2]こそが、もっとも核心的な教えであると確信した。31歳の時には天皇の近くで祈念を行なったりする内供奉十禅師に選ばれたが、より深く天台宗を学ぶために唐へ渡ることを決意。延暦23年（804）の遣唐使船で入唐を果たした。帰国後は持ち帰った膨大な経典を研究するだけではなく、空海に教えを乞うて留学では不完全な形でしか学べなかった密教を習得しようとした。そのいっぽうで比叡山延暦寺の整備を進め、修行僧の育成にも努めた。

　空海がカリスマ性の強い宗教家であったのに対し、最澄は研究者・教育者的であった。また、空海の真言宗がいわば密教専門の単科大学であったのに対し、最澄の天台宗は総合大学であった。このため最澄はついに教理も制度も完成させることができなかった。しかし、後継者に委ねたことによって人材が育成され、名僧が多く輩出した。円仁・円珍といった天台宗の高僧はもちろん、法然・栄西・親鸞・日蓮など鎌倉新仏教の開祖も延暦寺出身である。

用語解説

＊1【留学】 正確には最澄は留学ではない。当時、無名の修行僧であった空海とは違い、若くして仏教界の重鎮になっていた最澄は長期滞在を前提とした留学僧ではなく、視察に近い還学生という資格だった。

＊2【天台宗】 6世紀後半に活躍した隋の智顗によって大成された宗派。数多い経典を分類・分析して『法華経』が釈迦の真の教えを説く教典だとした。最澄はこの教えを根幹として、さらに密教や禅、戒律などの要素を加えているため、日本天台宗は区別することもある。

6月5日

熱田まつり | あつたまつり

🏯 ［祭事］

毎年6月5日には愛知県名古屋市の熱田神宮で例祭（熱田まつり）が行なわれる。さまざまな武術・芸能などが奉納されることから「尚武祭」の名もある。

熱田まつりの前夜、すなわち6月4日の午後7時頃、熱田神宮の境内では実に奇妙な祭が行なわれる。「境内の灯を消し、影向間社、神楽殿前、別宮前、清雪門前の四ヶ所で、悦びを込めて高笑いする珍しい神事」（熱田神宮ホームページ）である。これを酔笑人神事というが、なぜ高笑いをするかというと、話は日本武尊の東征の話に遡る。

『尾張名所図会』（国立国会図書館蔵）より「日本武尊宮簀媛命に別を告る図」

　第12代景行天皇の皇子、日本武尊は叔母の倭姫命[*1]より三種の神器の一つ、草薙剣[*2]を授かり、その助けもあって東征を成し遂げた。その帰路、尾張で宮簀姫命と出会い、そのもとにしばらく滞在するが、神剣を宮簀姫命のもとに置いたまま伊吹山の神を平定に向かい、病にかかって没した。悲しんだ宮簀姫命は神剣を神体として社を建てた。これが熱田神宮の始まりである。

　その後、神剣は社の奥深く厳重に守られていたのだが、天智天皇7年（668）に新羅の僧によって盗まれてしまう。犯人はすぐに捕まったのだが、神剣は朝廷に送られて熱田神宮には戻らなかった。戻されたのは朱鳥元年（686）のこと。熱田神宮の神職たちは大いに喜んだのだが、朝廷をはばかって夜になるのを待って笑ったというわけだ。

　熱田まつりの神輿渡御神事も神剣の帰還を起源とする神事だという。

用語解説

* *1【倭姫命】倭比売命とも書く。垂仁天皇の皇女。天照大神の御霊代である八咫鏡を奉じて大神の鎮座場所を探し、伊勢に至ったという。これが伊勢神宮内宮の起源とされる。この旅に草薙剣も携えていたものと思われる。
* *2【草薙剣】ヤマタノオロチの尾から発見されたとされる神剣。須佐之男命から天照大神に奉献され、以後、三種の神器の一つとなったという。

6月6日

唐招提寺開山忌
とうしょうだいじかいざんき

［祭事］

日本に正しい戒律を伝えた鑑真和上は、天平宝字7年（763）5月6日に平城京の唐招提寺で没した。唐招提寺では月遅れの6月6日を鑑真和上の命日とし、開山忌舎利会を6月5〜6日に行なう。また、6月6日前後は二十四節気の芒種にあたる。種を蒔く季節*1 であることをいう。

唐招提寺の開山忌にあわせて鑑真和上の坐像（国宝）も特別開帳*2 される。松尾芭蕉もこの像を拝しており、その時の感想を『笈の小文』に記している。

唐招提寺（奈良県奈良市）境内にある鑑真和上の墓所

「招提寺鑑真和尚来朝の時、船中七十余度の難をしのぎたまひ御目のうち塩風吹入て、終に御目盲させ給ふ尊像を拝して、若葉して御めの雫ぬぐはゞや」

鑑真の死が近いことを知った弟子たちが造らせたと伝わるこの像は、肖像彫刻の傑作とされ、本当に生きているかのようだ。芭蕉が目の涙をぬぐってさしあげたいと思ったのもうなずける。しかし、芭蕉はなぜ鑑真が泣いていると思ったのだろうか。渡海の苦労を思ってのことだろうか、それとも多くの犠牲を払って来日したのに……という思いだろうか。鑑真の失明は5度にわたる渡海失敗が原因だったといわれる。

なぜ鑑真はそうまでして日本に来ようとしたのか。もともとの理由に日本の遅れた仏教界の事情があった。すでに仏教が正式に伝えられてから200年近くが経ち、大寺院も建てられてはいたが、実は正式な僧がごくわずかしかいなかった。正式に僧になるためには戒律に通じた高僧が10人*3 必要なのだが、それだけの人材がいなかったからだ。そこで唐から招くことになり、当時、戒律の権威として日本まで名が知られていた鑑真のもとに使者が派遣され、弟子の派遣を求めた。ところが弟子たちは誰も日本行きを希望せず、憤った鑑真は自ら来日することを決意したのであった。

用語解説

*1 【種を蒔く季節】正確には芒（トゲ）のある籾の穀物の種蒔きをする季節。

*2 【開帳】秘仏の厨子の扉を開く意。普段は拝観を許さない仏像を、特別な日に限って拝観を許すことをいう。

*3 【戒律に通じた高僧が10人】戒律について教える師が3人、正式な受戒であることを証明する師が7人必要であることをいう。これを三師七証という。

6月7日

蟷螂生 | かまきりしょうず

　［歳事］

6月6日より10日頃は七十二候の「蟷螂生」にあたり、カマキリが卵塊から生まれてくる時節であることを示す。カマキリは昆虫の中でも独特の姿で印象が強いからだろうが、「蟷螂の斧」などさまざまな言葉や俗信を生んでいる。

カマキリのことを知らない人はいないだろうが、親しみを感じるという人は多くはないだろう。絵本やアニメの影響なのか、昆虫界の殺し屋といったイメージも定着しているが、それほど悪い虫ではなく、害虫を駆除してくれるというメリットもある（益虫も捕食してしまうので、人間の視点から見ると、いい虫とまでは言い切れないようだが）。

カマキリから「蟷螂の斧」という言葉を連想する方もいるだろう。最近は「無謀を承知で大きな敵に戦いを挑む」といった文脈で使われることが多いように思えるが、本来はそういう意味ではない。出典は『荘子』[*1]で、原文はこうだ。

『虫譜図説』（国立国会図書館蔵）より「蟷螂」

「汝は夫の蟷螂を知らざるか。其の臂を怒まして以て車轍に当たる。其の任に勝えざるを知らざるなり。其の才の美を是とする者なり」（あなたはあの蟷螂を知っているでしょう。その腕をふりあげて通りかかった車の輪にたちむかっていくが、それが自分の力にはおえないことだというのがわからず、自分の才能の立派さをたのみにしているものです）（金谷治訳）

いっぽう民間ではカマキリが左右の鎌を合わせるようなポーズをするところから祈り虫と呼ばれたりする。その背に死者の霊を乗せているともいい、ここからカマキリに拝まれると死ぬといった俗信も生まれた。なお、カマキリは季語としては秋になる。「いぼむしり」ともいう。

用語解説

*1 【『荘子』】中国・戦国時代の思想家である荘子（紀元前369頃～紀元前286頃）の主著。道家の聖典の一つで、無為自然を説く。

6月8日

KEYWORD ◈ 天下祭、太田道灌

山王祭 ｜ さんのうまつり

 ［祭事］

山王祭は東京都千代田区に鎮座する日枝神社の例祭で、神田神社（神田明神）の神田祭とともに、将軍が上覧した天下祭として知られる。かつては旧暦6月15日（宵宮は14日）に行なわれていたが、今は新暦の6月中旬に執り行なわれる。例祭そのものは一日だが、関連行事は6月7日頃から始まる。

　山王祭の歴史は江戸幕府より古い。日枝神社は平安末期に秩父平氏の流れを汲む秩父重継（江戸重継）が近江の日吉大社の分霊を祀ったことに始まるとされ、その後、太田道灌*1が改めて川越から山王社を勧請*2して江戸城の守護神とした。これが6月のこととされ、以来、例祭として500年以上の歴史を誇る。

　華美になったのは江戸時代になってからのことで、元和年間（1615〜1624）には神幸行列が江戸城に入ることが許され、2代将軍・徳川秀忠も上覧したという。こうしたことから江戸三大祭・日本三大祭*3の一つとされるが、あまりに多くの人が祭で浮かれ騒ぐようになったため、神田祭と隔年で行なうことにされた。山王祭は子・寅・辰・午・申・戌年で、この決まりは今も続いている。

　江戸時代と今で大きく違う点は、幕末までは山車が祭の中心になっていたことだ。町の中に電線が多くなったこともあって山車の運行が難しくなり、今は神輿の祭となっている。三谷一馬『江戸年中行事図聚』によると、当時の祭は「山車は夜明け前から曳き出します。牛二匹で曳くものと、三匹で曳くものがありました。山車の警固は先ず金棒引き*4。次に拍子木、男装した芸者の金棒引き（手古舞いという）、割竹引き*5、町内の若い者、地主家主、祭礼の印半纏を揃えた鳶の者と続きます。多いときは百人近く、少ないときでも二十人を下りません。これらの後ろに山車、茶の湯の用意、腰掛けの床几と続きます」と、町中総出で祭にかかわっていた。

用語解説

*1 【太田道灌】1432〜1486。室町時代中期の武将。扇谷上杉氏の家宰として関東各地で転戦、武名を高めた。兵法家、築城家として知られたが、勢力の拡大を恐れた主君に謀殺された。

*2 【勧請】神社の祭神の分霊を迎えて祀ること。

*3 【江戸三大祭・日本三大祭】日枝神社のホームページによると、江戸三大祭は山王祭・神田祭・深川八幡祭（富岡八幡宮）、日本三大祭は山王祭・祇園祭（八坂神社）・天神祭（大阪天満宮）。いずれも異説あり。

*4 【金棒引き】鉄の棒の先に金輪を数個とりつけた金棒で地面を突いて歩く。当時の夜警スタイル。

*5 【割竹引き】割り竹は先を割った竹棒。夜警の持ち物の一つ、これを持ちながら歩く者のこと。

6月9日

鵜飼 | うかい

 ［歳事］

今では鵜飼はごく限られた地域で観光用に行なわれているものだけになってしまったが、かつては各地でごく普通に行なわれていて、夏（5〜6月）の季語にもなっている。なお、冬の祭であるが、石川県羽咋市の氣多大社には鵜が神となる鵜祭がある。

意　外に思われるかもしれないが、江戸時代には多摩川でも鵜飼が行なわれていた。天保9年（1838）に刊行された『東都歳事記』には5月の「景物」の一つに「鵜川狩」をあげ、「多摩川、水無月より文月*1の末の頃迄」としている。三谷一馬『江戸年中行事図聚』によると、「多摩川でとれた鮎は、運び屋が夜の甲州街道をひた走りに走って、江戸の四谷にあった鮎問屋、蔦屋まで運びました」という。

『木曽街道六拾九次』（国立国会図書館蔵）より「五十五 岐阻路ノ駅河渡長柄川鵜飼船」

　もっとも江戸時代も鵜飼といえば長良川*2と考えられていたらしく、嘉永4年（1851）刊行の『増補俳諧歳時記栞草』は「鵜飼、鵜舟、鵜縄、鵜遣、鵜匠」の項目で多くの文字を費やして長良川の鵜飼いを詳しく説明している。松尾芭蕉の「面白うてやがて悲しき鵜飼かな」という句も、長良川の鵜飼を詠んだものだ。

　鵜飼は鵜が魚を丸呑みする習性を利用した漁だが、その連想から喉に小骨が刺さった時の呪文にも鵜が使われる。鈴木棠三『日本俗信辞典 動物編』には「ウノトリの羽交いに歯をたてて伊勢の御風で吹き消せ」という長崎県対馬の呪文が収録されている。

　いっぽう氣多大社では12月16日未明に鵜祭が行なわれる。捕らえてきた鵜を本殿の前に放す儀礼である。「鵜は生け捕られた瞬間から神となり、鵜様と呼ばれ、道中では民衆が『鵜様を拝まずに新年は迎えられん』と手を合わす」（氣多大社ホームページ）そうだ（12月16日参照）。

用語解説

*1 【水無月より文月】旧暦の6月から7月のこと。『東都歳事記』がこの記述をなぜ5月に入れているのかは不明。

*2 【長良川】岐阜県郡上市の大日ヶ岳を水源とし、三重県で揖斐川に合流する木曽川水系の一級河川。

チャグチャグ馬コと南部の曲り家

ちゃぐちゃぐうまことなんぶのまがりや

［住］

「チャグチャグ馬コ」は岩手県滝沢市の祭で、馬を着飾らせて蒼前神社から盛岡の盛岡八幡宮までの14キロを行進するもの。6月の第2土曜日に開催される。馬の安全を祈願する神事で類似の儀礼は東日本各地にあるが、独特の発展を遂げている。

チャグチャグ馬コの原形は、農作業や運送などに使う馬にきれいな衣装を着せて蒼前様を祀る（蒼前様を祀る神社を参拝する）というものであった。蒼前様は馬の守り神で宗善・総善・相染などとも書き、勝善・正善ともいう。その正体については諸説あり、はっきりしない。東日本、とくに東北に信仰が広まっている。

チャグチャグ馬コ（写真提供：公益財団法人岩手県観光協会）

　近世まで農村地では馬は必需品であったため、大切に扱われてきた。とくに岩手県の南部地域[*1]では、南部の曲り家[*2]といって屋敷の一部を厩にして、家族同様に扱ってきた。

　日本では神も馬を好むと考えられてきた。神は馬に乗って氏子区域を見回りするともいわれ、神馬を飼う神社も多かった。また、雨乞や止雨を祈願する際には馬が神社に奉納された。生きた馬の奉納が難しい場合は焼き物の馬や馬の絵を納めた。これが絵馬の起源である。平城京跡からは、横27センチ、縦20センチのヒノキ板に横向きの馬を描いた絵馬が出土している。

　馬の安全祈願では馬頭観音も信仰対象とされた。馬頭観音は変化観音[*3]の一つで、観音には珍しく憤怒の表情をして頭上に馬頭を載せている。馬のような大口で災いや煩悩を喰らい尽くす仏で、本来は馬を守るものではなかったが、中世以降、馬の守護神としての信仰が広まった。

用語解説

*1 【岩手県の南部地域】南部は近世に南部氏が治めた地域をいう。青森県東部と岩手県の北部から中部、秋田県の北東部あたりを指す。青森県内の小南部、岩手県内の大南部に大分される。

*2 【南部の曲り家】平面がL字形になった家。南側に突き出した部分が厩になっている。

*3 【変化観音】衆生を救うため姿を変えた観音の意。千手観音・十一面観音など。変化をしていない観音は聖観音という。

6月11日

KEYWORD ◈ 最澄、鑑真、天下三戒壇、大乗仏教

大乗戒壇勅許

だいじょうかいだんちょっきょ ［歴史］

晩年の最澄が強く願っていたことが、比叡山に大乗戒壇を建てることであった。しかし、南都六宗[*1]の反対もあって、容易に許可されなかった。大乗戒壇設立の太政官符が比叡山にもたらされたのは、最澄の死から7日後のことであった。

比叡山延暦寺の戒壇院

先に述べたように、天台宗の開祖である最澄（767～822）は弘仁13年6月4日に亡くなっている（6月4日参照）。そして、悲願だった大乗戒壇設立の太政官符が下ったのは6月11日であった。あと一週間早ければと思わずにはいられないが、しかし、なぜ最澄は大乗戒にそれほどこだわったのであろうか。

　6月6日の項でも述べたが、戒律の正しい教えと授戒作法は天平勝宝5年（753）に来日した鑑真によって伝えられた。これは日本の仏教が世界水準になるために必要不可欠なことであった。大歓待された鑑真はまず東大寺に入り、戒律を教授し授ける施設、戒壇を建てた。天平宝字5年（761）には筑前（福岡県）の観世音寺、下野（栃木県）の薬師寺にも戒壇が設けられ、この3つは「天下三戒壇」と呼ばれた。僧になりたい者は、このいずれかで戒律を授からなければならなかった。

　最澄自身、延暦4年（785）に東大寺で受戒[*2]をしている。それにもかかわらず、新たな戒壇の設置の必要性を説いたのは、大乗仏教[*3]の修行者であるという自負であった。最澄が開いた延暦寺は、大乗の菩薩僧を育成する修行道場である。大乗の菩薩僧になろうという者が小乗の戒律で僧になるのはおかしい、と考えたのである。

用語解説

*1 【南都六宗】南都は平城京のことで、奈良時代に朝廷より公認された6宗派を指す。三論宗・成実宗・法相宗・倶舎宗・華厳宗・律宗をいう。法相宗の興福寺・薬師寺、華厳宗の東大寺などは平安遷都後も大きな力をもっていた。

*2 【東大寺で受戒】まことに貴重なことに、この時の記録が現存している。「伝教大師度縁案 並 僧綱牒」といい、国宝に指定されている。京都・来迎院所蔵。

*3 【大乗仏教】1世紀頃のインドで成立した仏教の一派。多くの人の救済を重視し、大きな乗り物（大乗）を自称した。そして、それまでの仏教を自分の悟りだけを求める教え（小乗）と呼んで批判した。

6月12日

五月雨星 | さみだれぼし

［歳事］

五月雨星は牛飼座のα星、アルクトゥールスをいう。梅雨空に垣間見える星であることからついた名だ。ほかに麦星・狗賓星・大角ともいう。6月12日は、皇極天皇4年（645）に乙巳の変で蘇我入鹿が中大兄皇子らに殺害された日でもある。

ア　ルクトゥールスといっても天文学や星座に興味がない人にはピンとこないだろう。林完次『宙ノ名前』によると次のような星という。

蘇我入鹿の首塚（奈良県明日香村）

「牛飼座α星につけられた固有名です。光度は1等星の一クラス上の0等星で、梅雨の晴れ間に、ほぼ頭の真上でオレンジ色の光を放っています。ギリシア語のアルクトウロス（熊の番人）が語源といいます」

　こうしたことから「五月雨星」とも呼ばれる。また、見える時期が麦の刈り入れと重なることから「麦星」ともいった。「狗賓星」の「狗賓」は天狗のことで、オレンジ色の怪しげな光を天狗の怪異とみた名称だろう。中国では「大角」と呼ぶ。これは「蠍座を巨大な青竜に見立て、二本の角がアルクトゥールスと、乙女座のスピカに達すると想像したところからついた名」（『宙ノ名前』）という。

　実は日本には星の神話が極端に少ない。太陽と月を神格化した天照大神と月読命を除けば、ほとんどないといっていい。唯一の例外が、『日本書紀』「神代下」第9段一書*2第2に出てくる天津甕星である。経津主神*3と武甕槌神*4が地上平定を命じられた時、この二神は「天に悪しき神がいます。名を天津甕星といいます。まずこの神を討伐してから地上へ参りましょう」と言ったとされる。

用語解説

*1　【乙巳の変】かつては「大化改新」として教えられていたが、蘇我入鹿殺害は大化改新を行なう政治体制への移行を可能とした「事件」であるので、この一件のみをいう場合は発生した年の干支から乙巳の変という。

*2　【一書】本文とは内容が異なる別伝のこと。豪族などの家に伝わっていた神話・伝承を収録したものらしい。『古事記』にはない『日本書紀』の特徴の一つ。

*3　【経津主神】『古事記』には登場せず、『日本書紀』にのみ登場する神。地上を平定し、大国主神に国譲りを認めさせた。千葉県香取市の香取神宮の祭神。

*4　【武甕槌神】『古事記』では武甕槌神が国譲りを成し遂げたとする。茨城県鹿嶋市の鹿島神宮、奈良市の春日大社などで祀られる。

6月13日

腐草為蛍

くされたるくさほたるとなる

［文芸］

6月11日から15日頃は七十二候の「腐草為蛍」にあたる。どこまで本気でそう考えていたのかわからないが、昔の中国の人は草が腐って蛍になるとしていた。その淡い光の美しさは『源氏物語』や『枕草子』でも取り上げられている。

『源氏五十四帖 廿五 蛍』(国立国会図書館蔵)

『万葉集』には1首だけ蛍を詠んだ歌(長歌)が載っている。夫を亡くした妻の心情を語る作者不詳の長歌なのだが、夫の死を知らせに来た使者の言葉がぼんやりとしか耳に入ってこないことを蛍の光にたとえている。悲しみが深いあまり現実が遠くに思える感覚をみごとに表現していて、千年以上前の作品とは思えない。

しかし、蛍が本格的に文学に取り上げられるようになるのは平安時代に入ってからのことだ。夏のひとときしか見られない淡くはかない明かりを、平安の才媛たちが見逃すはずはない。読者の中にも『枕草子』第1段の「夏は夜。月のころはさらなり、闇もなほ、蛍の多く飛びちがひたり」を暗唱したという方がおられることだろう。

『源氏物語』には、まさに「蛍」という名の巻がある。光源氏が隠し持っていた蛍を養女の玉鬘の目の前で放ち、その光で美しい横顔を照らし出す場面が、巻名の由来になっている。燭台くらいしか明かりのない時代、この演出はかなりのインパクトがあっただろう。アニメの一場面になりそうな、みずみずしい表現である。

ところで、苦学することを「蛍雪の功」[*1]といったりする。これは『蒙求』[*2]に出典がある話で、灯明の油を買う金がないので蛍の明かりや雪明かりで勉学したというものなのだが、本居宣長[*3]は蛍や雪があるのは一時期のことなのに、そのほかの季節は本を読まなかったのかと　随筆集の『玉勝間』で批判している。

用語解説

*1 【蛍雪の功】卒業式で歌われる「蛍の光」はスコットランド民謡「オールド・ラング・サイン」をもとにした日本の唱歌であるが、歌詞は「蛍雪の功」を題材としている。ちなみに原曲の詞は旧友と酒を酌み交わしながら思い出を語るものである。

*2 【『蒙求』】唐時代に編まれた児童用の教科書。

*3 【本居宣長】1730〜1801。江戸中期の国学者。『古事記』の研究で知られる。文学研究のみならず、神道にも大きな影響を与えた。

6月14日

西宮神社御輿屋祭
にしのみやじんじゃおこしやまつり

［祭事］

毎年6月14日に兵庫県西宮市の西宮神社で行なわれる御輿屋祭は、この地に「えびす様」が鎮座した由緒に基づく祭だ。社を建てる場所に向かう途中、寝てしまった「えびす様」の尻をひねって起こしたという伝承から「尻ひねり祭」ともいう。

「エビス」[*1]という名の神は『古事記』『日本書紀』には登場しない。その信仰の起源は『古事記』『日本書紀』の編纂時以前に遡っても不思議ではないが、主に漁師たちの間で祀られていたので文献の記録には残らなかったのだと思われる。その後、市でも祀られるようになったことから商人の間にも信仰が広まり、やがては神社の祭神としての地位を確立していった。

『安政大地震絵』(国立国会図書館蔵)より鯰をおさえる恵比寿

　神社で祀られるようになると、エビスは『古事記』『日本書紀』の神話に登場する神の別名ではないかとも考えられるようになった。その際、ポイントとなったのが、エビスが海の向こうから漂着する神と信じられたことで、代表的な説が水蛭子[*2]と事代主神[*3]である。水蛭子は伊邪那岐命・伊邪那美命の御子神であるが、足腰が立たないということで葦船に乗せて流されてしまった神である。いっぽう事代主神は大国主神の子であるが、国譲りの際に海で釣りをしていたとされる。後者の説を代表する神社が島根県の美保神社と大阪府の今宮戎神社であり、前者の説を代表する神社が西宮神社である。

　西宮神社の社伝によると、昔、西宮鳴尾の漁師が網にエビスの神像がかかっているのを見つけ、家で祀ることにしたという。すると、えびす様の託宣があり、西の方の良い場所に社殿を建てることになった。そこで神像を輿に乗せて村人一同で運んでいたところ、えびす様は途中で休憩したいと言って寝てしまった。困った村人はえびす様の尻をひねって起こし、西宮の地にお連れしたとされる。

用語解説

*1 【エビス】表記は神社・文献などによってさまざまで、恵比須・恵美須・恵比寿・夷・戎・蛭子・ゑびす、などと書く。このうち蛭子は上記のヒルコ信仰に由来する。

*2 【水蛭子】蛭子とも書く。蛭のような子と解釈されることが多いが、「ヒルコ」は「日る(の)子」の意で、太陽の子を意味するのではないかという説もある。

*3 【事代主神】神に代わって「コト」(言葉)を伝える神、すなわちメッセンジャー的な神ではないかといわれる。

6月15日

青葉祭と月次祭
あおばまつりとつきなみさい

［祭事］

6月15日は弘法大師空海の誕生日とされ、各地の真言宗の寺院では青葉祭が行なわれる。伊勢神宮ではもっとも重要な祭の一つとされる月次祭が、6月と12月の15日から25日にかけて行なわれる。

大 寺院を訪れると門前に「○○大師○○年遠忌」などと書かれた高札が立てられているのを見ることがある。このように高僧の遺徳を讃える祭（法会）は命日に行なわれることが一般的になっている。これは仏教が葬式を重視[*1]しているからではなく、誕生日がわからないことが多いからだ。実際、最澄や日蓮など、わかっている（とされる）高僧については、誕生祭が営まれる。

　空海は6月15日が誕生日とされるが、これは確かな記録があるわけではない。空海は中国で密教を広めた不空三蔵の生まれ変わりと信じられたので、不空の命日が誕生日と考えられるようになったものだ。正式には宗祖降誕会というが、青葉が美しい頃なので青葉祭と呼ばれる。

　いっぽう神社祭祀の月次祭は時代、神社によって扱いが大きく異なる。一般神社では小祭[*2]とされ、「1日や15日など、あるいは、ご祭神にゆかりの日などに定めて毎月行われる」（神社本庁監修『神社のいろは』）ものである。しかし、本来は「（6月と12月の）十一日の日中に神祇官斎院にて行われ、多くの官人や諸神社の祝部[*3]を参集させて、祈年祭と同様に祝詞宣読と幣帛頒布を行う国家祭祀」（『事典 古代の祭祀と年中行事』）であった。伊勢神宮では10月15日から25日の神嘗祭をもっとも重視するが、月次祭はこれに準じるものとされる。矢野憲一氏は「六月と十二月の月次祭も、神嘗祭を基本にしておそらく二次的に発生したものであろうから、同じような祭りである。（略）だから年に三度の三節祭という大祭は、大神が高天原でなされたような大ご馳走の由貴の大御饌を聞こし食していただく祭典だと考えていただきたい」（『伊勢神宮──知られざる社のうち』）としている。

用語解説

*1 【葬式を重視】日本では仏教＝葬式をする宗教と思われがちだが、本来は葬式と無縁の宗教である。仏教が葬式を担うようになったのは、浄土信仰の広まりから貴族たちが臨終に際して法要を行なうことを望んだこと、真言律宗や禅宗などの僧が貧しい人の弔いを積極的に行なったことによる。

*2 【小祭】神社の祭は重要度などに基づき大祭・中祭・小祭の3つに分かれる。

*3 【祝部】祝部および祈年祭については、2月17日参照。

6月16日

KEYWORD ◈ 梅子黄、嘉定の日、仁明天皇、嘉定通宝

和菓子の日
わがしのひ

［食］

6月16日から20日頃は七十二候の「梅子黄」にあたり、梅の実が熟す時節を指す。また、毎年6月16日は全国和菓子協会が定めた「和菓子の日」にあたる。もともと6月16日は「嘉定の日」といって菓子を食べる風習があった。

　嘉定の日の由来については諸説ある。和菓子の日に合わせて山王嘉祥祭を行なっている日枝神社（東京都千代田区）のホームページには「嘉祥の日とは平安の昔、仁明天皇が嘉祥元年（848）に、神託により6月16日に十六のお菓子を供え

『御蒸菓子図』（国立国会図書館蔵）より江戸時代の和菓子の絵図

『疫病退散』と祈願し、年号を改めたといういわれがあります」としている。仁明朝起源説は広くいわれていたようで、『増補俳諧歳時記栞草』（1851年）も同様の説を述べた後、別の説も紹介している。それによると、室町時代には納涼の遊びとして楊弓[*1]の的当てがなされたのだが、負けた者は嘉定通宝[*2]を16枚出して勝者に食べ物をおごる決まりがあったという。これを「嘉定喰い」といい、ここから菓子を食べる習俗が出たとする。

　嘉定通宝の略称「嘉通」は「勝つ」に通じることから武士が珍重したとされ、こうした関係からか江戸幕府では驚くほど大規模に嘉定の日の催しが行なわれた。「行事そのものは、大名や旗本が将軍から菓子を賜るという簡単な内容ですが、その規模が非常に大きいのです。江戸城の大広間は五百畳という広さです。そこに二万六百八十四個にもおよぶ菓子などが敷き詰められるのです」（青木直己『図説　和菓子の歴史』）

　庶民の間でも嘉定喰いがなされたが、こちらは16文で食べ物を買う、あるいは16種類の食べ物を食べるというものであった。

用語解説

*1 【楊弓】楊柳で作られた遊戯用の小型の弓。的当てに用いられた。

*2 【嘉定通宝】中国・南宋時代の嘉定年間（1208〜1224）に発行された通貨。日本でも広く流通していた。

6月17日

KEYWORD ◈ 率川神社、大神神社、姫蹈韛五十鈴姫命、大物主大神

三枝祭 | さいくさのまつり

［祭事］

三枝祭は大神神社（奈良県桜井市）の摂社、率川神社（奈良市）の祭だ。摂社で行なわれる祭ではあるが、古くは朝廷から幣帛が奉られる国家祭祀で、疫病が広まらないよう花を供えて祈るものである。

後述するように、大神神社と率川神社の祭神は親子関係にある（大神神社が父、率川神社が娘）。そのためか祭も関係が深い。もともと大神神社は疫病の大流行を収めた神が鎮まる神社でもあり、4月18日に行なわれる鎮花祭も散る花とともに広まる疫病を鎮める祭である。率川神社の三枝祭も疫病の鎮静を願う祭だ。

率川神社の三枝祭（写真提供：大神神社）

「三枝」というのは三つ叉になった花のことで、ユリ*1を指す。神社のホームページによれば、「このお祭りの特色は、黒酒、白酒の神酒を『罇（そん）』『缶（ほとぎ）』と称する酒罇に盛りその周囲を三輪山に咲き匂う百合の花で豊かに飾り、優雅な楽の音につれて神前にお供えする事です。又神饌は古式に則り美しく手が加えられ、折櫃に納めます。そして、柏の葉で編んで作ったふたをして、黒木の御棚と言う台にのせて宮司自らがお供えします」という。

ユリの花を供えるのは、祭神の姫蹈韛五十鈴姫命が多くのユリが咲く三輪山の麓に住んでいたことにちなむという。姫蹈韛五十鈴姫命はこの三輪山に鎮まる、大神神社の祭神大物主大神の娘*2なのだが、その誕生の仕方が変わっている。母の勢夜陀多良比売をみそめた大物主大神は、丹塗りの矢に変身して彼女が厠に入った時にその陰部を突いたのだという。なお、丹塗りの矢伝承は京の上賀茂神社の創建神話*3にもみられる。

用語解説

*1 【ユリ】三枝はユリではなく、イカリソウまたはミツマタだとする説もある。

*2 【大物主大神の娘】『日本書紀』は事代主神の娘とする。

*3 【上賀茂神社の創建神話】『山城国風土記』にある。

6月18日

カタツムリ

 ［歳事］

梅雨が似合う昆虫といえばカタツムリであろう。子どもたちの遊び相手にもなる。「角出せ、槍出せ」といった囃し言葉は天保元年（1830）刊の『嬉遊笑覧』にも紹介されており、平安文学の「虫愛づる姫君[*1]」にもそれに似たものがみえる。また、柳田国男はカタツムリの呼称から言葉の伝播の仕方を推測した。

　虫　が苦手な方には申し訳ないが、梅雨のシーズンの風物にカタツムリをあげないわけにはいかない。正確にはカタツムリは虫ではなく、貝の仲間であるが、古くから虫の一種として扱われてきた。後述する「虫愛づる姫君」でも姫君がコレクションする「虫」にも含まれている。

『虫譜図説』（国立国会図書館蔵）より「デンデンムシ」

　「かたつぶり角ふりわけよ須磨明石」という芭蕉の句があるように、俳人に愛された題材（季語）でもあるが、和歌にも取り上げられている。寂蓮[*2]には「牛の子にふまるな庭の蝸牛　角あればとて身をば頼みそ」という歌がある。

　今の子どもはやらないようだが、文部省唱歌の「かたつむり」にあるように、かつての子どもたちは「角出せ、槍出せ」と囃した。これにも地方色があって、「京都の子どもたちは『角出せ槍出せかたつむり、出なかったらうち破るど』とうたい、和歌山でも『でんでん虫々、出にゃ尻抓めろ』」（鈴木棠三『日本俗信辞典 動物編』）と歌ったという。狂言の『蝸牛』にも囃し言葉が取り入れられている。「虫愛づる姫君」の主人公の姫君は教養があるので「かたつぶりの角の。あらそふや、なぞ」（カタツムリの角が争うのはなぜ）と白楽天[*3]の詩を諳んじているが、これも囃し言葉を意識したものだろう。

　なお、民俗学者の柳田国男はデデムシ・マイマイ・カタツムリ・ツブリ・ナメクジといったカタツムリの呼称の分布を調べ、言葉が都を中心として同心円状に広まっていったという仮説を立てた。

用語解説

*1【「虫愛づる姫君」】平安後期の短編物語集『堤中納言物語』に収録されている話。なお、「虫愛づる姫君」は宮崎駿監督のアニメ映画「風の谷のナウシカ」の発想の原点の一つとしても知られる。

*2【寂蓮】1139頃〜1202。平安時代末〜鎌倉時代初期の歌人。『新古今和歌集』の選者も務めた。

*3【白楽天】唐時代の詩人、白居易（772〜846）のこと。

6月19日

元号が大化になる
げんごうがたいかになる

[歴史]

西暦645年6月19日、天豊財重日足姫天皇(皇極天皇)4年が大化元年と改められた。孝徳天皇の即位に伴うもので、日本最初の元号制定であった。

実は「大化」以前にも元号はあった。崇峻天皇4年(591)を元年とする「法興」というもので、法隆寺金堂の釈迦三尊像*1光背銘文などにみられる。しかし、『日本書紀』などの公式の記録には見られないので、一部の者の間だけで使われた私年号だと考えられている。ちなみに、美術史で使われる白鳳*2も私年号だ。

元号は中国の漢の武帝が定めた「建元」(元年が紀元前140年)に始まるもので、皇帝(天皇)の支配が暦にまで及んだことを示すものといえる。孝徳天皇は大化改新によって新しい時代が始まることを、元号の採用によって示したのである。

『皇国紀元二千六百年史』(国立国会図書館蔵)より「第三十六代孝徳天皇」

明治以降は天皇一代に一つの元号と定められたので、代が変わるまで元号が変わることはない。しかし、近世以前はさまざまな理由で改元が行なわれた。たとえば、白雉(650~654)は白い雉が献上されたことにより、大宝(701~704)は対馬から金が献上されたことにより、慶雲(704~708)は瑞雲(めでたいことの前兆として現れる雲)が空に現われたことにより改元が行なわれた。逆に地震や疫病といった災害が起こった時にも、悪しきものを払って世を改めるため改元が行われた。その後、室町時代になると天皇の改元案に幕府が口出しをするようになり、江戸幕府においても事前の承認を求めた。

ちなみに最短の元号は暦仁(1238~1239)と朱鳥(686)。ともに2カ月半しか続かなかった。

用語解説

*1 【法隆寺金堂の釈迦三尊像】奈良県生駒郡斑鳩町にある法隆寺の本尊。光背の銘文から聖徳太子の追善のために止利仏師が造った像で、中尊(中央に安置される仏像)の釈迦如来坐像は太子の等身大だとわかる。国宝。

*2 【白鳳】社寺の縁起などにみられる元号。7世紀後半頃を指す。白雉の別称とする説もあり、それに従うと650~654年。白鳳美術という場合は、大化改新(645年)から平城遷都(710年)の間の時期を指す。

慶安川越地震
けいあんかわごえじしん

🏠 ［住］

慶安2年（1649）6月20日[*1]、今の東京都・埼玉県の県境付近を震源としたマグニチュード7程度の大地震が起こった。地盤の悪い川越（埼玉県川越市）で被害が大きく、慶安川越大地震と呼ばれる。

最近の研究・調査で慶安2年の地震では川越の被害が大きかったことがわかったため慶安川越大地震と呼ばれるようになったが、近世期の史料『玉滴隠見』などは「江戸大地震」といっている。しかし、最大震度は5〜6程度とされ、のちの関東大震災[*2]に比べれば小規模であった。それでも川越では町家が700戸倒壊している。日光でも揺れが大きく、東照宮の石垣や輪王寺の相輪塔に被害が出た。江戸では瓦葺きの家で倒壊などの被害が多かったため、軽い柿葺き[*3]にする家が増えたという。余震が多かったと伝えられるので、それによる被害もあったのだろう。江戸城の石垣も10カ所が崩れたといい、上野の寛永寺の境内にあった大仏も頭が落ちている。実は、ここでは、この上野大仏を話題にしたいのだ。

寛永寺[*4]が発行している小冊子によれば、上野大仏は寛永8年（1631）に漆喰の露仏として造営された。しかし、正保4年（1647）の地震で倒壊、さらに慶安川越大地震で頭が落ちたため、木食上人浄雲が2丈2尺（7メートル強）の金銅仏として再建した。その後、大仏殿も建てられた。だが、天保12年（1841）の火災で損傷、修復されたが、安政2年（1855）の地震で再び頭部が落ちた。そして、関東大震災で3度目の頭部落下となった。それでも胴体は解体されて保存されていたが、戦時中の金属供出の対象となって失われた。昭和47年（1972）に残っていた顔面のみをレリーフとして再建。思わぬ形になったわけだが、「これ以上落ちない」姿になったことから、受験生に人気の祈願スポットとなっている。

| 用語解説 |

*1【6月20日】6月21日としている資料もあるが、17世紀の終わり頃に成立したと考えられる『玉滴隠見』には「同年六月廿日江戸大地震」とある。後述の上野大仏の頭が落ちた話も、この書に記されている。

*2【関東大震災】大正12年（1923）9月1日に起こった大地震。マグニチュード7.9と推定される。津波や液状化も起こり、死者10万5385人、全壊全焼流出家屋29万3387戸とされる。

*3【柿葺き】柿は薄く剥いだ板のこと。これを屋根に重ねて打ち付ける葺き方。

*4【寛永寺】東京都台東区にある天台宗関東総本山。寛永2年（1625）に天海を開山、徳川秀忠・家光を開基として創建された。

6月21日

夏至 | げし

[歳事]

夏至は太陽の黄経[*1]が90度になる時のことをいうが、暦上はそれが起こる日のことを指し、おおむね6月21日となる。1年でもっとも昼が長い日で、北極圏では日が沈まない白夜となる。二十四節気の一つでもある。

冬至の時はカボチャを食べたり柚子湯に入ったりという習俗があるのだが、なぜか夏至にこれといった行事・習俗はない。梅雨時なので太陽が見えず、実感がないせいかもしれない。農作業の上では夏至より半夏生(7月2日参照)のほうが重要で、この日までに田植えをするものとされる。

『冨士三十六景 伊勢二見か浦』(国立国会図書館蔵)

社寺にもこれといった行事はない。唯一の例外といえるのが、三重県伊勢市の二見興玉神社の夏至祭である。これは夏至の日の夜明け時に二見浦で参列者が禊[*2]をするもので、夏至の日の出を拝することで二見興玉神社祭神(興玉大神こと猿田彦大神)と日(天照大神)の神威をいただくというもの。

二見浦は伊勢神宮を参拝する者が参宮の前に浜で潮水をかぶって身を清めたところで、この夏至祭はその再現ともいえる(二見興玉神社は夏至に限らず浜での禊の修法を行なっている)。

なお、大阪周辺では夏至にタコ(タコ飯など)を食べる。これは、タコの吸盤が吸いつくがごとく稲がしっかり根づくようにという願いによるものだとされる。関東・島根・熊本などでは新小麦で餅や団子、饅頭などを作って神に捧げる。

用語解説

[*1]【黄経】見かけ上、太陽は天を1年かけて一周する。この軌道を黄道という。春分の時の太陽の黄道上の位置(春分点)を0度とし、この地点からどれくらい動いたかを角度で示すのが黄経である。黄経90度になった時(日)が夏至で、180度の時が秋分となる。

[*2]【禊】海や川、泉などに身を浸して罪穢れを祓うこと。伊邪那岐命が黄泉の国を訪れて穢れた体を海ですすいで清めたことに始まるという。

6月22日

七代目市川團十郎、江戸追放となる
ななだいめいちかわだんじゅうろう、えどついほうとなる

 ［文芸］

初代市川團十郎が成田不動尊*1を篤く信仰したことから市川家は成田山と縁が深いが、七代目團十郎（1791〜1859）は初代に負けない篤信者であった。しかし、豪奢な生活が幕府の目にとまり、天保13年（1842）6月22日に江戸十里四方追放の刑に処せられてしまった。

成田山新勝寺の大本堂の横から奥に入り光明堂に向かって歩いて行くと、左手に壁のない建物が見えてくる。額堂である。耳慣れない名前だが、絵馬などの奉納品を展示するための建物で、絵馬堂の一種である。ここに裃姿の男の石像が安置されている。七代目團十郎の像だ。七代目自身が造らせたもので、江戸に戻れることになったことへの感謝から奉納したのだという。

この七代目團十郎は天才肌の役者であったらしい。6歳で『暫』*2を演じ、10歳で團十郎を襲名している。襲名の背景には父である6代目の急逝があるのだが、才能がなければ襲名はありえないだろう。実際、7代目團十郎はほどなく人気役者になったばかりではなく、色悪*3という役のジャンルを確立している。その一方で成田不動を熱心に信仰し、文政4年（1821）には成田山に額堂*4を1000両かけて建立し寄進している。

七代目は天保3年（1832）に團十郎の名を息子に譲り、自分は5代目海老蔵となったが、歌舞伎への情熱を失ったわけではなく、歌舞伎十八番を定めもした。そんな中、江戸十里四方追放の刑に処せられてしまったのだ。これは倹約令を普及させたい幕府が、一罰百戒を狙ったものと思われる。

江戸を追放された7代目は成田山新勝寺の延命院に隠れ住んだが、上方で公演を行なうなど少しも懲りていなかった。嘉永2年（1849）に赦免となった後は地方公演を続けたという。

用語解説

*1【成田不動尊】成田山新勝寺（千葉県成田市）の本尊。平将門の乱が起こった時、将門調伏のため京の神護寺から運ばれた像という。

*2【『暫』】歌舞伎の演目。荒事の代表とされ、歌舞伎十八番の一つ。鎌倉権五郎景政が悪政に立ち向かう話。

*3【色悪】美男子の悪役のこと。

*4【額堂】今の額堂とは別物。三重塔の横にあった。市川家の家紋から三升の額堂と呼ばれ、七代目市川團十郎自身がここで参詣者に対して茶の接待をしたという。

6月23日

花山天皇、退位

かざんてんのう、たいい ［歴史］

第65代花山天皇（968〜1008）の即位も退位も権力者に翻弄されたものであった。その即位は甥の懐仁親王（一条天皇）が成長するまでの中継ぎのためであったし、退位に至っては騙し討ちのようなものであった。絶望した天皇は信仰の道に入り、西国三十三所霊場*1の創設にも関わったという。

花山天皇には奇矯なふるまいがあったという。これは父の冷泉天皇が怨霊に憑かれていたとされることに関係しているのかもしれない。第62代村上天皇は第一皇子があったにもかかわらず、第二皇子の憲平親王（村上天皇）を皇太子とした。このため第一皇子の外祖父であった藤原元方は落胆した挙げ句に世を去り、怨霊となって皇太子に取り憑いたという。そのためか憲平親王には異常な行動があったとされる（こうした話は花山天皇のことも含め噂にすぎず、歴史的事実であるかは判然としない）。

『つきの百姿 花山寺の月』（国立国会図書館蔵）

　あるいは花山天皇の奇矯なふるまいは、皇太子や天皇という地位にあっても自分の位や生き様が周囲の権力者の思惑に左右されてしまうことへの鬱屈によるものだったのかもしれない。そうした天皇の挫折感は、寵愛していた女御*2の忯子の死によって絶望的なものに高められてしまった。これを見た藤原兼家*3は、同情するふりをして近づき、息子の道兼も行動を共にするからと言って出家を勧めた。そして道兼と二人で宮中を抜け出した天皇は、花山寺で出家した。道兼はそのまま宮中に戻り、天皇が騙されたと気づいた時はすべて手遅れであった。
　出家後の花山法皇は仏教を篤く信仰し、熊野那智山や紀三井寺、粉河寺などを巡礼した。こうしたことから西国三十三所霊場の創設者ともいわれる。

用語解説

*1【西国三十三所霊場】和歌山県・大阪府・京都府・滋賀県・兵庫県・岐阜県の33の観音信仰の寺をめぐる巡礼のこと。坂東三十三所霊場・秩父三十四所霊場など、その後の観音霊場のモデルとなった。なお、数を33とするのは、観音が33の姿に化身して人々を救うとされることによる。

*2【女御】天皇の妃の身分の一つ。皇后、中宮に次ぐ。

*3【藤原兼家】929〜990。平安中期の公卿。一条天皇の外祖父で、その摂政となった藤原道長の父でもある。

6月24日

KEYWORD ◈ 乃東枯（なつかれくさかるる）、『倭姫命世記』（やまとひめのみことせいき）

伊雑宮御田植式
いざわのみやおたうえしき

🏮 ［祭事］

6月21日から26日頃は七十二候の「乃東枯」にあたり、夏枯草（かごそう）*¹の花穂（小さい花が穂のように咲くものをいう）が枯れる時節を指す。そんな折り、毎年6月24日には伊勢神宮の別宮*²である伊雑宮（三重県志摩市）で御田植式が行なわれる。

夏 枯草は民間療法に使われる薬草であるが、日本にはほとんど自生していない。それゆえ乃東枯といわれても、ピンとくるのは薬草に詳しい者くらいだろう。七十二候は日本風に一部がアレンジされているとはいえ、まだこうした中国の習俗に従ったものが残っている。

さて、伊雑宮であるが、正宮の伊勢神宮内宮からはだいぶ離れている。このため、遙宮（とおのみや）と

伊雑宮の御田植式（写真提供：志摩市観光協会）

もいわれる。離れた場所に別宮が建てられた理由は『倭姫命世記』*³に記されている。それによると、鳥が昼夜を問わず鳴いているのを怪しんだ倭姫命が人を遣わしてみると、1本の茎から千の穂が出ている稲をくわえた真鶴がいたという。倭姫命はその稲穂を天照大神への供物とするとともに、その地に社を建てたとされる。

「地上に稲作を広めよ」と天照大神が孫の邇邇芸命（ににぎのみこと）に命じたと『日本書紀』に述べられているように、稲は神道において聖なる植物（穀物）に位置づけられている。それゆえ、稲作発祥の地ともいわれる伊雑宮で行なわれる御田植式は、全国で数多く行なわれる御田植祭の中でも特別なもの*⁴といえよう。祭は「勇壮な男達が大きな団扇のついた忌竹（いみだけ）を奪い合う竹取神事、古式ゆかしい装束に身を包んだ太鼓打ちや簓摺り（ささらすり）らによる田楽（でんがく）が響きわたる中、白い着物に赤いたすきがけをした早乙女（おとめ）たちによって厳かに行われる御田植神事、その後、一の鳥居に向けて行われる「踊込み」（志摩市観光協会ホームページ）と祭は続いていく。

用語解説

*1 **【夏枯草】** シソ科の多年草で花穂を薬として用いる。その花穂が夏に急に枯れることからこの名がある。

*2 **【別宮】** 伊勢神宮に所属する小神社で、本宮に次いで格式が高く、崇敬されるものをいう。

*3 **【『倭姫命世記』】** 13世紀後半に成立した神道書。神道五部書の一つ。垂仁天皇の皇女の倭姫命が伊勢神宮内宮を創建した由緒などが記されている。

*4 **【特別なもの】** 香取神宮・住吉大社のものとともに日本三大御田植祭とされる。

6月25日

KEYWORD ◉ 菅原道真、学生服

菅公生誕祭

かんこうせいたんさい

[衣]

「菅公」とは菅原道真（845〜903）のこと。「菅原道真公」の略であるが、敬意と親しみの両方を表わした表現といえよう。6月25日はその菅公の誕生日とされ、北野天満宮などでは神事が行なわれる。

『月百姿 月輝如晴雪 梅花似照星 可憐金鏡転 庭上玉房馨 菅原道真』（国立国会図書館蔵）

　菅公こと菅原道真は承和12年6月25日[*1]に生まれたという。幼い頃から学問の才を発揮し、5歳で漢詩を作ったといわれる。ちなみに、亡くなったのも25日（2月25日）とされ、ここから25日が菅原道真の縁日となっている。

　さて、道真の生涯については何度か触れているので、ここでは「菅公」と学生服の関係について述べておきたい。

　学生服の老舗メーカ、カンコーをご存じだろうか。筆者は学生時代から社名は知っていたが、お恥ずかしいことに、その由来を知ったのは数年前のことであった。ブランドの表記が「カンコー」なので思いもよらなかったのだが、正式の社名は菅公学生服という。菅公はもちろん、菅原道真のことだ。

　会社のホームページによれば菅公学生服は、安政元年（1854）に岡山県倉敷市児島で創業した。当初は綿糸の卸をしていたが、明治元年（1868）には袴や帯の製造・販売に乗り出した。学生服の製造を始めたのは大正12年（1923）のことで、当時は三吉学生服、海男児印と称していた。学生服のブランド名を菅公にしたのは3代目社長で、創業の地・児島が菅原道真公ゆかりの地[*2]であり、学問の神である菅原道真公は学生服の呼称にふさわしいと考えたからという。実は「菅公」は別の会社が商標登録していたのだが、譲り受けることに成功し、昭和3年（1928）に菅公学生服が発売された。

用語解説

*1 【6月25日】旧暦での日付。新暦に換算すると8月2日前後になるが、防府天満宮は8月5日として奉祝行事を8月3日から5日にかけて行なう。

*2 【菅原道真公ゆかりの地】太宰府に左遷される途中で立ち寄っている。道真公はここで住民と交流をもち、琴を弾いて自らを慰めたが、見張りの者たちは先を急ぐためにニワトリを早く鳴かして夜明け前に出立したという。このことから児島ではニワトリを飼わなくなったとされる。

6月26日

蒼朮焼く

おけらやく

🏠［住］

「おけら」とはホソバオケラ[*1]の根茎を乾燥させたもの。漢方薬としては蒼朮と呼ばれる。漢方としては健胃消化薬、利尿薬、また体内にたまった余分な水を排出させるのに用いるが、燃やすと室内の湿気を除く効能があるとされた。

　「蒼朮焼く」というのも忘れられた習俗といえよう。昭和9年(1934)に初版が刊行された高浜虚子の『新歳時記』には夏(6月)の季語として載っているので、その頃はまだ多くの人が知る習俗だったのだろう。ちなみに、ここには杉田久女の「焚きやめて蒼朮薫る家の中」と、中村七三郎の「巡業の蒼朮を焚く楽屋かな」の2句が例としてあげられている。また、日本画家の鏑木清方[*2]も、梅雨時は家中に蒼朮を焚きくゆらすのが主婦の務めだったと随筆に書いている。

『薬草略譜』(国立国会図書館蔵)より「白朮」

　蒼朮を焚くのは湿気を除くため、といわれる。『新歳時記』にもそう書いているし、国語辞典の類いもそんな説明をしている。しかし、少々煙を出したところで家の湿気が抜けるとは考えにくい。これは漢方としての蒼朮が体内の余分な水分を除くことからの連想で、本来の目的が忘れられたための後付けの説明ではないかと思う。

　というのも、蒼朮が焼かれるのは梅雨時だけではないからだ。もっとも有名な例が、京都の八坂神社で元日の早朝まで行なわれる白朮祭[*3]だ。これは本殿前で鉋屑と白朮[*4]を燃し、疫病や邪気を払うという神事である。また、『増補俳諧歳時記栞草』(1851年)には、秋の彼岸に五条天神社(京都市下京区)に参詣して「白朮を買て、これを自家に燃く」とある。

　こうしたことから、蒼朮を焼くのはその煙と香気で邪気を払う魔除けだったことが推測される。

用語解説

*1 【ホソバオケラ】中国原産のキク科の多年生草本。9〜10月に白や薄赤い花を咲かせる。その根茎は薬用になる。

*2 【鏑木清方】1878〜1972。美人画・風俗画を得意とした日本画家・浮世絵師・随筆家。

*3 【白朮祭】大晦日の夜に境内のおけら灯籠から火種をもらってくることを「おけら参り」というが、この火には蒼朮(白朮)は燃やされていない。

*4 【白朮】掘り出したままの根茎を蒼朮、乾燥したものを白朮とするともいうが、必ずしも厳密に区別されているわけではない。

6月27日

足利義政、東山殿へ移る

あしかがよしまさ、ひがしやまどのへうつる

［住］

6月27日から7月1日頃は七十二候の「菖蒲華」にあたる。また、6月27日は文明15年(1483)に室町幕府8代将軍・足利義政が別荘の東山殿に移り住んだ日でもある。

京　都に金閣*1と銀閣の両方があるというのは実に興味深いことだと思う。この一見似ているが実は対照的な仏堂は、京の美の両極端といえる。

京の美術・文化はこの二つの極端を共に保ちながら発展してきた。たとえば、色鮮やかな曼荼羅や金色の法具を用いる密教と、枯山水に象徴されるモノクロの禅宗。絢爛たる桃山美術と、侘茶の世界。

『都名所図会』(国立国会図書館蔵)より「銀閣寺」

雅な貴族文化と熱気あふれる町衆文化。これらすべてが混然となっているのが京文化といえる。この両極端は対立しているようで、実は密接な関係があったりもする。銀閣を建てた足利義政*2は、金閣を建てた足利義満*3に憧れていたともいう。もっとも後世への影響ということでみると、義満の北山文化より義政の東山文化のほうが大きいといえる。

それを知るためには、慈照寺(銀閣寺)の東求堂(国宝)を訪れるのがよい。東求堂は外観のわりに内部は狭く、襖などで仕切られた4間からなっている。この中でも注目すべきは東北の角部屋の同仁斎だ。国宝建築なのに懐かしい、見覚えがある、そんな気がしないだろうか。それもそのはずで、この部屋は現存最古の「四畳半」なのだ。違い棚なども、どこかの旅館で見たような印象がある。ここはまさに日本的な美の原点の一つなのである。

用語解説

- ***1【金閣】** 金閣寺および金閣は通称で、正確には鹿苑寺の舎利殿である。銀閣寺の銀閣も、慈照寺の観音殿というのが正しい。なお、金閣は昭和25年(1950)に放火により焼失している。現在の建物は昭和30年(1955)に再建されたもの。
- ***2【足利義政】** 1436〜1490。室町幕府8代将軍。妻は日野富子。14歳で将軍になるが実権は乳人などが握り、自身は政治から逃避して文芸の世界に遊んだ。後継者問題から応仁の乱を引き起こし、東山に隠棲して東山殿を築いた。
- ***3【足利義満】** 1358〜1408。室町幕府3代将軍。有力大名を鎮圧し幕府の基盤を固め、明との勘合貿易によって経済力も高めた。そうした富を用いて北山第(今の金閣寺など)を造営、北山文化を生み出した。

虫送り　| むしおくり

［祭事］

虫送りは田畑を荒らす害虫を追い払う儀礼で、幡を立て、藁人形などを持って鉦太鼓で囃しながら集落を練り歩き、最後は川辺などでそれらを焼くという形をとることが多い。ここでいう「虫」は害虫に限らず、人々に害をなすさまざまなものが含まれている。

日本の民俗をみていると、いろんな「虫」に出会う。それは実際の昆虫であることも多いが、霊的な存在、あるいは、よくわからないモノをいう場合もある。たとえば、「虫の知らせ」などともその一つだ。何か不安に感じることを、虫のように小さな霊的存在が警告しているのだと考えた俗信の名残だ。「腹の虫の居所が悪い」といった

小豆島中山千枚田の虫送り行事

ことも、寄生虫のことではなく、感情や精神に関与するモノのことをいっている。子どもの「疳の虫」*1などもこの類いだ。

　九州国立博物館に収蔵されている『針聞書』*2には、実に63種もの「腹の虫」が図示されている。図版で紹介できないのが残念だが、その姿がまことにユニークだ。虫らしい姿のものもあるが、ヒゲをはやした老人とか、鳥の格好をしたもの、マンガのキャラクターめいたものもいくつかある。こうしたものが考えられた背景には、中国から伝わった庚申信仰*3の影響があるのだろう。

　5月から7月にかけて行なわれる虫送り（虫追い・虫祈祷）は稲の害虫の退治を主な目的としているが、こうした病や不幸を招く"虫"も含まれていると思われる。鉦太鼓で囃しながら集落を歩き、虫を追い出していくのだ。この時、藁人形を持ち歩くこともある。稲株につまずいて討たれたことから稲の害虫に生まれ変わったとされる平安末期の武将・斎藤実盛のことだといわれたりもするが、"虫"を依り憑けるための依り代であろう。

用語解説

*1【疳の虫】子どもの夜泣きやひきつけなどを起こすとされた"虫"。疳は子どものさまざまな病気、異常な行動を指す言葉で、特定の病気を指すものではない。

*2【『針聞書』】戦国時代の鍼灸（針やお灸による治療）の専門書。摂津国の医者・茨木二介が書いたという。

*3【庚申信仰】道教由来の俗信。人間の体の中には三尸という虫がいて、これが庚申の日に体を抜け出して天帝のもとに行き、その者の悪事を報告するというもの。これを防ぐため人々は庚申の夜は寝ずに過ごした。これを庚申待といった。

6月29日

KEYWORD ◈ 空海、仏法僧
_{くうかい ぶっぽうそう}

ブッポウソウ

[歳事]

夏に飛来するブッポウソウは夏の季語になっている。その鳴き声が仏教語の「仏法僧」に似ていることからそう名づけられたのであるが、「ブッポウソウ」と鳴くのはブッポウソウではなく、コノハズクである。

ブッポウソウの話は少々複雑だ。なぜなら姿のブッポウソウと声のブッポウソウがいるからだ。ブッポウソウという名がついている鳥はブッポウソウ目ブッポウソウ科の鳥で、鳩ほどの大きさがあり、青緑の羽にオレンジ色のくちばしと脚をもつ。この鳥がブッポウソウと呼ばれてきたのは、「ブッ・ポウ・ソー」と鳴くと思われてきたからだが、

ブッポウソウ

昭和の初め頃になって声の主は別だとわかった。それが声のブッポウソウで、フクロウ目フクロウ科のコノハズクをいう。キジトラ猫のような羽色をして、耳のような羽角（フクロウ類の一部が持つ冠羽のこと。頭の上に一対が耳のようについている）をもつ。

つまり、20世紀に入るまではブッポウソウが「ブッ・ポウ・ソー」と鳴くと思われていたのだ。もちろんその前提で和歌や俳句が詠まれてきた。空海の「後夜聞仏法僧鳥」（後夜に仏法僧鳥を聞く）も、そのような誤解から生まれた漢詩であろう。

　　閑林独坐草堂暁（閑林独り坐す、草堂の暁）
　　三宝之声聞一鳥（三宝の声、一鳥に聞く）
　　一鳥有声人有心（一鳥声有り、人心有り）
　　声心雲水倶了了（声心雲水、倶に了了）*1

空海がここでブッポウソウの鳴き声を「三宝之声」と詠んでいるのは、仏法僧*2が仏教の宝であることから「三宝」と呼ばれることによる。

用語解説

*1 【閑林独坐〜倶了了】「静かな林の中で座っていたら、ブッポウソウの１羽が鳴くのが聞こえた。１羽の鳥の声と、それを聞く人の心、そして雲と川の流れ、それらが一つとなってここにある（それが仏教の真理である）」といった意味。

*2 【仏法僧】仏（悟りを開いた者、ブッダ）・法（教え）・僧（教えを学び、それを広める者たち）のこと。この３つがあって初めて仏教は保たれる。

6月30日

KEYWORD ◈ 大祓、茅の輪くぐり、和菓子

水無月 | みなづき

 ［食］

6月30日と12月31日には全国の神社で大祓が行なわれる。半年の間に世の中や人々の中に降り積もった罪穢れを取り除く神事である。6月の大祓[*1]では茅の輪くぐり[*2]も行なわれる。また、これに合わせて和菓子屋の店頭に並ぶ菓子が「水無月」である。

大祓の意義や儀礼について神社本庁監修の『神社のいろは』は次のように説明している。「半年の間に知らず知らずに犯した罪、積もり積もった心身の穢れ、いっさいの災いを消滅し、清浄な本来の姿を取り戻すための祭祀です。また、これから犯すであろう罪などを除去する意味もあります」

香取神宮（千葉県香取市）の拝殿と茅の輪

参拝者は人形[*3]で体を撫で、息を吹きかけて罪穢れをこれに移して神社に納める。神社では神職が「大祓詞」を読み、人形を燃やしたり川に流したりする。この「大祓詞」は『延喜式』[*4]に掲載されているが、現在読まれているものは一部を略してある。この祝詞には、大祓で祓われた全国の罪穢れを神々がどう処分しているのか、そのシステムがわかる一節がある。簡単にまとめると次のようになる。

まず、速川の瀬にいる瀬織津比咩という神様が全国から集まってきた罪穢れを大海原に持ち出し、潮流がぶつかり合って渦巻くところにいる速開津比咩という神様がこれをがぶがぶと呑み込み、それを地下の根の国の入口にいる気吹戸主という神様が根の国に吹き放つと、根の国にいる速佐須良比咩という神がそれを持ってさすらって消滅させるというのである。

そんな6月の大祓に合わせて出される和菓子、水無月は外郎の上に煮た小豆を載せたものだ。三角形に切られるが、青木直己『図説 和菓子の歴史』によると、これは神職がお祓いに使う御幣を表わしているのだという。

用語解説

[*1]【6月の大祓】 夏越（名越）の大祓、六月祓ともいう。

[*2]【茅の輪くぐり】 茅で作った輪を左右左と3度めぐることによって罪穢れをはらうこと。

[*3]【人形】 紙を人の形に切ったもの。昔は板や金属板のこともあった。

[*4]『延喜式』 延長5年（927）に完成した法律の施行細則集。

7月1日

釜蓋朔日 | かまぶたついたち

　［歳事］

「釜蓋朔日」の「釜蓋」とは地獄で亡者（罪人）が煮られる釜の蓋のこと。つまり、「釜蓋朔日」は地獄の出入り口が開いて亡者が現世に戻ってくる日であることを表わす言葉なのだ。地獄の釜の蓋は正月にも開くといわれ、ここからも正月と7月が相似の関係にあることがわかる。

最近は僧の説法や落語・講談などで地獄の話を聞く機会も少ないので、「地獄の釜」と聞くと、「閻魔様が料理でもするのだろうか」などと思われるかもしれないが、そういう話ではなく、地獄の釜で煮られるのは生前に悪事をはたらいた罪人たちである。釜蓋朔日である7月1日[*1]は、そんな罪人たちも束の間の解放を得て、現世に戻ってくる日とさ

『春日権現験記』（国立国会図書館蔵）より地獄の釜で煮られる亡者たち

れる。それゆえ、ご先祖をお迎えする準備をしなければならないのだ。

　いやいや、うちのご先祖は地獄にはいないから、と思われるだろうが、地獄の亡者でさえ帰ってくるのだから、当然、真っ当に生きて極楽などに往生した者たちも帰ってくると信じられたのだ。こうした信仰は習俗が仏教化する以前からあったと考えられている。『民俗小辞典 死と葬送』にも、「旧暦七月一日を釜蓋一日とか地獄の口開けなどといい、また二十日を裏盆、二十四日を地蔵盆といい、新仏のある家では三十日まで燈籠をともしておく地方もあるなど、旧暦七月全体を盆の死者供養の月とみる考え方がうかがえる」とある。

　実は祖先の霊が帰ってくる[*2]のはお盆の時だけではない。正月もその時期[*3]だとされていた。忘れられているところが多いが、門松や鏡餅などを用意するのは、祖霊が神となった年神を迎えるための設えなのである。

用語解説

*1 【7月1日】盆行事を月遅れで行なうところなどでは8月1日を釜蓋朔日とすることもある。

*2 【祖先の霊が帰ってくる】盆・正月のほか春秋の彼岸にも帰ってくるとするところもある。

*3 【正月もその時期】正月と盆では類似する儀礼が多い。たとえば、正月の年神棚と盆の盆棚、正月のトンド焼き（左義長）と盆の迎え火・送り火など。

7月2日

半夏生 | はんげしょう

［歳事］

半夏生は夏至から11日目を指すとともに、七十二候の一つとして7月2日から6日頃を指す。また、この時期、ドクダミ科の多年草のハンゲショウも葉の半分を白く"化粧"する。

七｜十二候が日本の民俗や農作業に直接関わることは少ないのだが、この「半夏生」だけは重視されている。とくに稲作のほうで目安にされており、この日までに田植えをするものだといわれる。この日を過ぎると「半夏半作」といって、収量が半減してしまうともいう。地域によっては半夏生の日にサナブリ*1を行なうところもあるので、田植え

ハンゲショウ

にまつわる田の神の恩寵がこの日で終了すると考えられていたのかもしれない。

　興味深いのは、この日に毒が降るといった伝承が各地にあることだ。たとえば、東京都の青梅などでは毒が降る（または魔物が毒を入れる）ので井戸に蓋をしなければいけないという。あるいは畑の野菜が毒される*2ので食べてはいけないといわれたりもする。これらも半夏生の日には特定の食べ物を避けて忌籠り*3をして田の神を祀った名残なのかもしれない。

　なお、熊本県の阿蘇地方や八代地方では半夏生の日に生梅を食べたり朝寝坊するとハゲるというが、これは「はんげ」という音からの連想であろう。

　ハンゲショウという名の植物もある。利尿・解毒・解熱などに使われる薬用植物でもある。半夏生の頃に房状の花がつき、それに合わせて葉の半分が真っ白になるのが特徴で、名前の由来も半夏生の頃に白くなるという説と、半分化粧しているので「半化粧」という説がある。

用語解説

*1 【サナブリ】田植え後に行なう田の神の祭。サノボリ・サンバイアゲなどともいう。田の神を田から送り出す行事とも考えられる。

*2 【毒される】本当に毒が降って野菜が汚染されるのであれば、もうその畑の野菜は食べられないはずだが、半夏生が過ぎれば問題ないので、毒で汚染されるのではなく、禁忌がかかっているだけとわかる。

*3 【忌籠り】神を祀るために屋敷などに籠もって身を慎み穢れを避けること。

羅 | うすもの

[衣]

羅は厳密には中国から日本に伝わった織物のことで、絹の薄い織物をいうのだが、絽や紗などの薄地の織物全般の意味でも用いられる。

洋

服に夏物と冬物などがあるように、着物にも季節に応じた使い分けがある。暑い夏には"薄物"が用いられるが、一般に使われている薄物の着物としては「絽」と「紗」がある。

絽は緯糸3本ごと、あるいは5本ごと、7本ごとに経糸をからめて隙間ができるように織ったものをいう。紗は2本の経糸に1本の緯糸をからめて織ったもの。どちらも通気性がよく、清涼感があるが、どちらかといえば紗のほうが通気がよく、透け感が強い。羅は4世紀頃に日本に伝わった織物で、中宮寺の「天寿国繍帳」[*1]の下地にも使われたが、あまりに複雑な織物であるため鎌倉時代以降にいったん途絶え、昭和に入ってから復活した。ただ、羅を「うすもの」と読んだ場合は絽や紗などのことをいう。残念ながら筆者は着物に疎いので、着物の描写に定評がある泉鏡花の小説から絽と紗が出てくる場面をご紹介しよう。いずれも「三枚続」の一節である。

「戴いたのは新しい夏帽子、着たのは中形の浴衣であるが、屹と改まった様子で、五ツ紋の黒絽の羽織、白足袋、表打の駒下駄、蝙蝠傘を持ったのが、根岸御院殿寄のとある横道を入って」

「隣家のでもあるか蚊遣の煙の薄りと夏の夕を染めたる中へ、紗であろう、被布[*2]を召した白髪を切下げの媼、見るからに気高い御老体」

『深水画集』（国立国会図書館蔵）より薄物を着た美人

用語解説

*1 【天寿国繍帳】奈良県斑鳩町の中宮寺に伝わる宝物（国宝）。聖徳太子の死後、妃の1人、橘 大郎女が、太子が転生した世界が見たいと願って采女（女官）に作らせた刺繍。現在は残欠が1枚に貼り合わされている。

*2 【被布】着物の上に羽織る、コートのような上着。

7月4日

KEYWORD ◈ 『延喜式』、『日本書紀』、風祭

龍田大社風鎮大祭
たつたたいしゃふうちんたいさい

［祭事］

毎年7月の第一日曜日には龍田大社（奈良県生駒郡三郷町）で風鎮大祭が行なわれる。風の神を祀る祭で、悪風が吹くことなく、作物が順調に生育し五穀が豊作となることが祈られる。

龍田大社の風鎮大祭の歴史は古い。その起源には2説ある。一つは延長5年（927）に完成した律令の施行細則である『延喜式』に収録された「龍田風神祭」という祝詞で述べられるものだ。それによると第10代崇神天皇*1の御代に大凶作が何年も続くことがあったため、天皇が占いをしたところ天御柱命・国御柱命を祀ればいいとわかり、龍田の地で祭を始めたという。

龍田大社（奈良県三郷町）の鳥居

もう一説は『日本書紀』にあるもので、天武天皇4年（675）4月10日に勅使を遣わして龍田で風神を祀らせたとするものだ。もっとも天武天皇は以前から続いている祭を朝廷の祭としてより立派に行なうため勅使を派遣したと考えれば、この2説は矛盾しないことになる。

　五穀豊穣のために風の神を祀るというのは不思議に思われるかもしれないが、古代の人々は風が作物の生育に重大な影響を及ぼすと考えていたようだ。伊勢神宮の内宮にも外宮にも風の神を祀る社がある*2のも、民俗儀礼に「風祭」*3があるのも、風を祀ることが五穀豊穣に不可欠と思われていたことを示すものだ。律令時代は風鎮大祭が行なわれる日は廃務となり、役所は一切の業務を休み、役人は自宅で身を慎んだ。

　現代の風鎮大祭は、多くの手筒花火*4が奉納される花火の祭として知られる。

用語解説

*1【崇神天皇】祝詞の原文には具体的な名前はなく、「志貴嶋の宮で天下を治めた天皇」とある。このため崇神天皇ではなく、欽明天皇ではないかとする説もある。

*2【内宮にも外宮にも風の神を祀る社がある】内宮には風日祈宮、外宮には風宮がある。

*3【風祭】台風がやって来る頃とされる二百十日（9月1日参照）頃に行なわれることが多い。

*4【手筒花火】打ち上げ花火ではなく、竹筒から火花が吹き出るようにしたもので、抱えた状態で火がつけられる。

7月5日

はも道中 | はもどうちゅう

 ［食］

「はも道中」は淡路島のハモ（鱧）をアピールするために、祇園祭に合わせて淡路島から京都にハモを運び八坂神社に奉納するイベント。行事そのものは新しいが、背景にある京とハモ、京と淡路島の歴史は古い。

　淡路観光協会が主催する「はも道中」が始まったのは平成21年（2009）のこと。祇園祭が別名「鱧祭」といわれる[*1]こと、また、淡路島が「御食国」とされて、朝廷に水産物を献上していたことなどから、祇園祭に合わせてハモを奉納するイベントが始まった。

鱧の湯引き

　ハモはウナギ目ハモ科の魚。外見はどう猛なウナギといった感じ。関東ではあまりなじみがないが、関西ではマグロより珍重される。『食材図典』（小学館）によれば「関西から西の地方で好まれる魚で、とくに大阪や京都に出荷される。大阪の天神祭や京都の祇園祭には欠かせないもので、このころのハモを『祭りハモ』とよんでいる」という。

　ハモは小骨が多いのが特徴で、毛抜きなどで抜くといったことができない。そこで骨切りという特殊な調理法がなされ、ここが板前の腕の見せ所となる。「はもの味はこの骨切りの上手下手で、きまるとさえ言われています。名人上手ともなれば一寸を二十五に切る技術を持つのですが、ふつうにはそういうことは望みません。（略）骨切りしたはもは、皮はだにまで切れ目が届いていて、しかも皮が切れていない、そこに技術的な難しさがあるのです」（辻嘉一[*2]『料理のお手本』）

　このハモの味は関西人には忘れがたいものらしく、谷崎潤一郎[*3]も『瘋癲老人日記』で自分の分身ともいえる老人に「コノ間カラ鱧ガ喰イタクッテショウガナインダ」と言わせている。

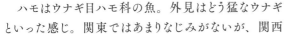

用語解説

*1【鱧祭といわれる】祇園祭の期間中、市内では多くのハモが食されるからという。

*2【辻嘉一】1907〜1988。茶懐石の店「辻留」2代目料理人・料亭経営者。料理に関する数多くの著作を残すとともに、テレビ出演も多かった。

*3【谷崎潤一郎】1886〜1965。作家。耽美的な作品を数多く残した。代表作は『痴人の愛』『細雪』『陰翳礼讃』など。

7月6日

KEYWORD ◈ 入谷朝顔まつり、入谷鬼子母神、
鹽竈神社、御釜神社、鹽土老翁神

藻塩焼神事 | もしおやきしんじ

[食]

7月6日から8日まで東京都台東区の入谷では「入谷朝顔まつり」が行なわれる。江戸時代に起源をもつ夏の風物詩だ。また、宮城県塩竈市の鹽竈神社では4日から6日にかけて藻塩焼神事が行なわれる。こちらは創建時に遡る由緒ある神事である。

　江戸時代には朝顔売りという商売があった。朝顔の鉢を担って売り歩くもので、その仕入れ先の一つが入谷[*1]であった。今は上野駅が近いこともあってビルが建ち並ぶ都心の一角になっているが、明治頃までは畑が広がる地域であった。ここで栽培された朝顔を、入谷鬼子母神[*2]の境内などで売ったのが「入谷朝顔まつり」の始まり。一時期すたれていたが、昭和23年（1948）に復活した。朝顔は江戸っ子がもっとも愛した花ともいわれ、「まつり」には江戸風情が漂う。

『三十六花撰 東都入谷朝顔』
（国立国会図書館蔵）

　いっぽう鹽竈神社の境外末社の御釜神社では、古代さながらの塩作りが行なわれる。海水を藻で濾して煮詰める藻塩焼きというもので、鹽竈神社で権禰宜[*3]を務められた小野一良氏によれば「御祭神である鹽土老翁神[*4]がこの地で塩の作り方をお授けになったという故事に倣って執り行われるもので、古来の塩の製法を今に伝えるものである」（『全国一宮祭礼記』）という。

　神事は3日にわたって行なわれ、7月4日には海藻を刈る神事、5日には海水を汲んできて御釜神社の神釜に入れる神事、そして6日に海水を煮詰めて荒塩を作る神事がなされる。そして、「御釜神社例祭、鹽竈神社例祭にこの荒塩を御神前に奉奠するほか、この御神塩を崇敬者に安産のお守りとしてお頒けしている」（前掲書）

用語解説

*1【入谷】 東京都台東区の北部地域の地名。下谷地域に含まれる。鬼子母神堂をもつ真源寺（入谷鬼子母神）があることで知られる。

*2【入谷鬼子母神】 万治2年（1659）に創建された法華宗の真源寺のこと。

*3【権禰宜】 大きな神社で主に儀礼を司る神職の役職。

*4【鹽土老翁神】 塩椎神ともいう。山幸彦こと火遠命が兄の釣針をなくして困っていると、海神の宮へ行くといいと教えた神。神武天皇にも国土を治めるのにふさわしい場所が東にあると教えている。

7月7日

七夕 ｜ たなばた

 ［祭事］

日本の七夕はお盆の行事と混淆しており、複雑な儀礼となっている。また、7月7日は「そうめんの日」でもあり、かつては井戸替えの日ともされた。

『豊歳五節句遊 七夕』
（国立国会図書館蔵）

古くからの行事を考える際に注意しなければいけないことに、今と昔では季節感が違うということがある。新暦と旧暦では一月前後ずれる[*1]ので、一月先の季節を想定しなければならない。とくに差異が大きいのが七夕で、新暦の7月7日は梅雨の末期だ。旧暦なら盛夏を過ぎようという頃になる（季語の上では七夕は秋）。今の暦では雨の確率が高いが、旧暦なら星が見える日も多い。

　七夕というと牽牛と織女[*2]が会えるのかを心配してしまうが、もとは色とりどりの糸や瓜、酒などを供えて織女星（ベガ）を祀り、裁縫が上達することを願うものであった。これを乞巧奠という。これが日本に伝わり、貴族の間で広まったのだが、この時期はお盆の時期[*3]に重なるので、次第に両者の習俗が混ざり合っていった。仏教民俗学者の五来重氏は「たなばた」という名は、お盆に戻ってくる祖先霊を祀る盆棚に立てる幡に由来するのではないかと述べている（『宗教歳時記』）。なお、7月7日を「そうめんの日」とするのは、この日に索餅という菓子を食べたことに由来している。これは小麦粉を練って細長くして折ったもので、そうめんの原形とされる。

　不思議なのは7月7日が井戸替え（井戸の水を抜いて掃除をすること）の日とされたことだ。この日に行えば土の中にいる土公神の祟りを受けないからともいわれるが、明治38年（1905）刊の『絵本江戸風俗往来』によれば、江戸城をはじめ諸大名の屋敷、長屋の共同井戸に至るまで一斉に井戸さらいをしたのだという。江戸の町はさぞ水びたしになったことだろう。

用語解説

* **[*1]【一月前後ずれる】**新暦は太陽暦であるのに対し旧暦は月の満ち欠けを基準にした太陰太陽暦なので、ずれの幅は年によって異なる。たとえば、旧暦の7月7日は2022年は8月4日だが、2021年は8月14日だった。
* **[*2]【牽牛と織女】**中国の伝説に基づくもので、わし座α星のアルタイルと琴座α星のベガを男女（の神）にたとえたもの。伝承は数種あって筋も異なるが、天帝などによって2人が天の川の両岸に引き離されたという点では共通している。
* **[*3]【お盆の時期】**7月7日は七日盆といい、お盆の準備などをする日とされていた。

7月8日

神祇官設置

じんぎかんせっち

［歴史］

毎年7月7日前後は二十四節気の「小暑」で、7月7日頃から7月11日頃は七十二候の「温風至」にあたる。暑さが本格的になる時期だ。また、明治2年（1869）の7月8日は明治政府が神祇官^{*1}を設置した日である。

神祇官制度は古代のものと近代のものの2種^{*2}あるが、ここでは後者（近代）のものをいう。当然のことながら、明治の神祇官制度は古代の神祇官制度を意識したものであった。これもまた、維新政府が目指した「王政復古」の一環であったからだ。

王政復古は徳川慶喜の大政奉還^{*3}とセットで語られることが多いので、日本国の政権を朝廷が奪取することと思われがちだが、それだけでは王政復古にはならない。幕府はもちろん、摂政・関白などによる専横もなかった天皇親政の時代へ戻ることが、本当の意味での王政復古であった。神祇官はそのために必要な官庁だと考えられたのである。

『近世名士写真 其1』（国立国会図書館蔵）より三条実美。明治4年（1871）に太政大臣に就任し、18年の太政官制廃止まで務めた

それはなぜか。将軍と天皇が決定的に違うところは、将軍は武力あるいは政治力で国を治めていたが、天皇は武力・政治力とともに宗教的権威でも人民を治めていた。これを現実の政治で執行するのが太政官^{*4}と神祇官であった。

実はこれ以前にも神祇官は存在していた。しかし、それは太政官の中の一官庁としてのものであった。明治政府は太政官と神祇官が並び立ってこそ祭政一致が実現すると考え、神祇官の独立がなされたのである。

だが、神祇官を中心とした国民の教化は実効を示さず、政府の目指す国家像も古代王権からヨーロッパの近代的君主国へと変換したため、神祇官はその存在意義を失い廃止されることになる。

用語解説

*1 【神祇官】朝廷および全国の祭祀を司る官庁。

*2 【2種】古代と近代の神祇官を区別するため、律令神祇官・明治神祇官と呼ぶことがある。

*3 【大政奉還】慶応3年（1867）に徳川慶喜が政権を朝廷に奉還することを申し出、朝廷が勅許したことをいう。これによって徳川幕府は終焉した。

*4 【太政官】律令官制の中央最高機関。明治政府における最高官庁。

四万六千日 | しまんろくせんにち

［祭事］

7月9日・10日は浅草寺（東京都台東区）の四万六千日とされ、この日1日の参拝だけで46000日分の功徳があるという。ほおずき市の催しでも知られるが、昔は赤トウモロコシを売っていた。

神 仏と特別な縁を結ぶことができる縁日は、1日の参拝で普段の数倍のご利益があるとされるのだが、そうした〝宣伝文句〟はインフレーションを起こすもので、やがて百倍、千倍などといわれるようになっていった。こうして1日の参拝で千日分の功徳があるとされる千日詣で[*1]が、あちこちの社寺でいわれるようになった。千日なら実際に行なおうと思えばできない数ではないから、ご利益もなんとなく想像がつくのだが、四万六千日となると膨大すぎてただ驚いてしまう。「想像を超えるご利益」ということの表現であろ

『浅草金竜山』（国立国会図書館蔵）

うが、この日数について浅草寺のホームページでは「この数の由来は諸説あり、米の一升が米粒46000粒にあたり、一升と一生をかけたともいわれるが、定かではない。46000日はおよそ126年に相当し、人の寿命の限界ともいえるため、『一生分の功徳が得られる縁日』である」としている。

じつは四万六千日の功徳をいう寺は浅草寺だけではない。石川県金沢市の観音院[*2]も月遅れの8月に四万六千日の縁日を行なっている。観音院の特徴は境内で祈祷済みのトウモロコシが売られることだが、これはかつての浅草寺にもあった風俗であった。赤トウモロコシが雷除けになるとして縁起物として売られていたのだが、明治時代の不作をきっかけに、ほおずき市[*3]に変わった。なお、浅草寺では今も雷除けの護符を授与している。

用語解説

* *1【千日詣で】「千日詣り」ともいう。京都の清水寺や愛宕神社が有名。7月31日参照。
* *2【観音院】観音院のホームページによれば本尊の十一面観像は1200年の歴史があり、伽藍は加賀藩三代藩主前田利常によって整備され、前田家の安産祈願・宮参りの祈祷寺となったという。
* *3【ほおずき市】もともとほおずき市は芝の愛宕神社の四万六千日（現在は千日詣り）で開かれているものであった。ほおずきは痛や疳の虫に効くと信じられていた。

7月10日

富士山山開き

ふじさんやまびらき　　🌊 ［歳事］

7月10日は、富士山の須走ルート・御殿場ルート・富士宮ルートがそれぞれ開山となる（吉田ルートは7月1日）。現在は趣味としての登山が主流になっているが、かつては霊峰富士に登ることは信仰行為であり、厳しい潔斎が求められた。

『太子伝記』（国立国会図書館蔵）より黒駒に乗って宙を駆ける聖徳太子の挿絵

富士山は日本一の標高（3776メートル）を誇るだけあって、山頂近くの気象は非常に厳しい。このため登山シーズンは7月上旬から9月上旬までと定められている。これ以外の時期は登山道が閉じられ、各種の施設も閉鎖される。日本のシンボルであり世界遺産でもあり、かつ聖地でもある*1富士山の、美しく気高い姿をいつまでも守るため、定められたルールはきっちり守られるべきだろう。

江戸時代以前は信仰登山がほとんどであったため、登山者が守るべき決まりは今より多く、より厳格であった。たとえば、女性の登山は禁じられており*2、2合目付近にある結界の場から山頂を遥拝*3しなければならなかった。登ることが許されている男性も、禊などの厳しい潔斎が求められた。ちなみに、江戸時代に富士講が大流行した一因として、この潔斎を簡略化したことがあるといわれている。

ちなみに、富士山に初めて登山したのは聖徳太子だとされる。伝説では甲斐から献上された黒駒に乗って宙を駆けて登ったとされ、「聖徳太子絵伝」などには富士山の横を飛翔する騎馬の太子像が描かれることが多い。修験道の伝説的開祖の役小角（5月24日参照）も空を飛んで富士山頂に行って修行をしたとされるが、これはまんざら根拠のない話ではないようだ。というのは都良香*4の漢詩「富士山記」にも役居士が登頂したとあり、詩の内容からみて実際に山頂に登った人の話を聞いて書いているように思われるからだ。

用語解説

*1 【聖地でもある】富士山の8合目から上は富士山本宮浅間大社（静岡県富士宮市）の境内である。

*2 【女性の登山は禁じられており】60年に一度の庚申の年は御縁年とされ、4合5勺まで登ることが許された。

*3 【遥拝】遠くにある神社や聖地を拝むこと。

*4 【都良香】834〜879。平安中期の貴族・文人。

保元の乱勃発

ほうげんのらんぼっぱつ

[歴史]

保元元年(1156)7月11日未明、崇徳上皇が藤原頼長らと籠もっていた白河北殿を平清盛らが率いる軍が急襲、崇徳上皇[1]側も激しく応戦し、保元の乱が幕を切って落とされた。また、三重県鳥羽市の菅島では7月11日に近い土曜日に「しろんご祭」が行なわれる。

「しろんご祭」の「しろんご」とは菅島の方言で「白髭（大明神）」のことで、菅島神社の境外社である白髭神社の祭であることを表わしている。菅島は海女文化を伝えてきた地で、この祭も海の安全と豊漁を願う海女の祭である。

『大日本歴史錦繪 保元之合戦』
（国立国会図書館蔵）。中央上
段の階段を下りる人物が崇徳上皇

祭の朝、菅島の白浜（しろんご浜）に集まった海女は、合図とともに海に潜り、競って雌雄一対のアワビを採る。この浜は神域のため禁漁なのだが、この日のみ漁が許される。最初に採れた一対のアワビは白髭神社に奉納され、採った海女は1年の間、海女頭として尊敬される。

話は変わって860年あまり前の7月11日の京都では、異母兄弟の元天皇（崇徳上皇）と現天皇（後白河天皇[2]）の軍が激突した。保元の乱はこの2人の皇位継承をめぐる対立に、藤原氏の頼長・忠通兄弟の対立がからみ、さらに源氏・平氏の家の事情も加わって、ついに武力衝突にまで発展したものであるが、その背景には父の鳥羽法皇[3]に翻弄され続けた崇徳上皇の孤独と怨みがあった。その怨みは乱に敗れ、讃岐（香川県）に流されたのち、さらに増幅することになる。

『保元物語』によれば、写経を都から送り返された崇徳上皇は、舌を噛み切ってその血で経典に「皇（天皇のこと）を取って民となし、民を皇とせん」と書いたという。その呪いのためか、間もなく武士の政権が成立することとなったのである。

用語解説

*1【崇徳上皇】1119〜1164。在位1123〜1141。第75代天皇。一説に祖父の白河天皇の子という。5歳で即位するが院政を敷いた鳥羽法皇の意向で12歳で異母兄弟の近衛天皇に譲位した。保元の乱で敗れて讃岐に流され、この地で没した。その霊は怨霊になったといわれ恐れられた。

*2【後白河天皇】1127〜1192。在位1155〜1158。第77代天皇。在位3年で退位し、その後5代にわたって院政を敷いた。平安末の混乱期をその辣腕で乗り切り権力を保ち続けた。今様（「現代風」という意味。平安末期に流行した歌曲の一形式）を好み『梁塵秘抄』を編纂したことでも知られる。

*3【鳥羽法皇】1103〜1156。在位1107〜23。第74代天皇。白河法皇没後に院政を開始、崇徳・近衛・後白河の3代にわたって権力を握った。

蓮始開

はすはじめてひらく

［文芸］

7月12日から16日頃は七十二候の「蓮始開」にあたる。蓮の花、すなわち蓮華が開き始める頃という。なお、多くの仏が蓮華座に坐すなど、仏教と蓮華との関係は深い。

仏教が成立する以前からインドでは、蓮は聖なる植物とみられていた。しかし、教義の中に積極的に取り入れたのは仏教の独創といえる。仏教において蓮（蓮華）は清浄さを示すものであり、煩悩を断ち迷いが消えた悟りの境地を象徴するものであった。泥の中から生えながら穢れのない花を咲かせる蓮の性質が、煩悩にまみれた人間として生まれながら悟りを開いて仏になるという仏教の理想に合致すると思われたのだ。釈迦如来や阿弥陀如来といった仏の多くが蓮華座*1に坐しているのもこのためである。

『東京不忍池蓮花』（国立国会図書館蔵）

インド人の蓮への思い入れの強さは、蓮華を示す言葉が多いことにも表われている。インドでは花の色などで蓮を4種以上に分類する。具体的には赤蓮華（紅蓮華）のパドマ、白蓮華のプンダリーカ、睡蓮のウトパラ、青蓮華のニーロートゥパラなどだ。『法華経』*2の「華」はプンダリーカ、『華厳経』で説かれる蓮華蔵世界*3や紅蓮地獄の「蓮華」「紅蓮」はパドマである。なお、ウトパラは目の美しさを表わす比喩に使われるが、青蓮と漢訳されることが多いのでニーロートゥパラと紛らわしい。

蓮華は開き具合でも区別される。つぼみの状態を未開敷蓮華、少し開いたものを初割蓮華、開ききったものを開敷蓮華といい、悟り具合の比喩とする。ちなみに観音菩薩が手にしているのは初割蓮華であるが、文殊菩薩*4が持つのはニーロートゥパラだとされる。

用語解説

*1 【蓮華座】仏像の台座の形式の一つ。蓮の花の形をしている。

*2 【『法華経』】正しくは『妙法蓮華経』。代表的な大乗経典で、すべてのものが救われる絶対的な真理（一乗妙法）、釈迦の寿命が無量であることなどが説かれる。

*3 【蓮華蔵世界】『華厳経』で説かれる世界観。すべての世界が盧舎那仏の蓮華座の中に含まれているというもの。

*4 【文殊菩薩】般若の智慧（完全な智慧）を具えたとされる菩薩。童子の姿で獅子に乗ることが多い。

藤原清衡没

ふじわらのきよひらぼっす

［歴史］

大治3年(1128)7月13日、奥州藤原氏の初代、藤原清衡(1056〜1128)が没した。中尊寺金色堂に代表される絢爛たる平泉文化の基礎は清衡によって築かれ、その方向性も定められたのであった。

中尊寺金色堂[*1]の噂が中国を旅していたマルコ・ポーロの耳に入り「黄金の国ジパング」の伝説が生まれたという。真偽のほどは定かではないが、金色堂の豪華さは黄金の国が本当にあったのではないかと思わせるほどだ。しかし、金色堂は全盛期の平泉の繁栄のごく一部に過ぎない。源頼朝を驚嘆させた仏教都市・平泉の基礎と方向性は藤原清衡によって築かれたのであった。

清衡の前半生は戦いの日々、それも負け戦に彩られたものであった。7歳の時に前九年の役で父を失い、養子となった清原家の家督争いに敗れ、異父兄弟の弟に家族を殺されている。自身が死んでいても不思議ではない場面を何度も乗り越え、結果として奥州の支配者の地位を手にした。それからの清衡は都の藤原氏、さらには白河法皇・鳥羽上皇との関係を深めていく。

本拠地を平泉に移した後の清衡は、仏教に基づく都市造営に専念した。その基本理念は、白河関[*2]から津軽の外ヶ浜まで続く道に1丁ごとに阿弥陀如来を描いた笠卒塔婆[*3]を立て、その中心に多宝寺(中尊寺の前身)を建てたことに表われている。仏教の教えを基軸として都市計画を立て、都から導入した最新の文化・技術によってそれを実現していったのである。

こうした仏教文化を核とした政治や街づくりは基衡・秀衡にも受け継がれていった。そして、平泉には極楽を再現したような寺院[*4]が次々と現われたのだが、貴族化が進みすぎたせいか、軍事政権に特化した鎌倉幕府にあえなく滅ぼされることになる。

用語解説

- [*1] 【中尊寺金色堂】岩手県西磐井郡平泉町にある中尊寺の阿弥陀堂。藤原三代(清衡・基衡・秀衡)の遺体を納める。屋根を除くほぼ全体が金箔で覆われているため金色堂とも呼ばれる。柱や組物(木造建築における屋根を支える部材)などには螺鈿や蒔絵が施されており、贅を尽くして建てられている。国宝。
- [*2] 【白河関】福島県白河市にあった古代の関所。ここから北が奥州とされた。
- [*3] 【笠卒塔婆】角柱の上に屋根を載せた卒塔婆のことで、木製のものと石造のものがある。簡略な塔の一種で、故人の供養のほか功徳を積むために建てられた。
- [*4] 【極楽を再現したような寺院】その代表が浄土庭園をもつ毛越寺(岩手県西磐井郡平泉町)であった。

7月14日

KEYWORD ◈ 龍頭鷁首、平清盛、宗像三女神

嚴島神社管弦祭
いつくしまじんじゃかんげんさい

［祭事］

平安時代、貴族は屋敷に造った池に龍頭鷁首[*1]を浮かべ、管弦を奏させて宴を催していた。これを平清盛が神前奉納芸能として嚴島神社で催したのが管弦祭の始まりとされる。

嚴島神社の創建は推古天皇元年（593）とされる。『源平盛衰記』によると、佐伯鞍職[*2]が宮島をめぐっていたところ、3柱の女神[*3]を乗せた船と出合った。その神の命に従って神社を建てたのが嚴島神社の始まりという。現在見られる壮麗で優美な社殿は平清盛が寄進したものである。応仁の乱（1467〜1477）で市街地の大部分を焼失してしまったため京都には平安貴族たちの優美な屋敷は残されておらず、当時の華やかさを偲ぶことができる唯一の場所が嚴島神社となっている。とくに管弦祭の夜は平安の雅が鮮やかに蘇る。

『六十余州名所図会 安芸 嚴島 祭礼之図』（国立国会図書館蔵）より管絃祭を描いた絵図

　管弦祭は旧暦の6月17日（新暦では7月中旬）に行なわれる。旧暦で行うのは海上に船を出して行なう神事であるため大潮[*4]と合わせる必要があるからだ。祭の詳細については権禰宜を務められた斎木勝彦氏が、『全国一宮祭礼記』に記されており、それによると次のようなものだ。

　午後4時に御鳳輦（鳳凰の飾りがある神輿）の出発を祭神に報告する出御際が行われる。祭典が終わると御鳳輦が本殿に運ばれて祭神の分霊がこれに移される。さまざまな持ち物で意義を整えた行列で御鳳輦を守護しつつ浜に降り、大鳥居をくぐって御座船に御鳳輦を載せる。そして、御座船は地御前神社、長浜神社、大元神社、御本社前火焼前、客人神社と各所で管弦を奏しながら進み、深夜11頃に本殿に戻るのである。

用語解説

*1 【龍頭鷁首】龍と鷁（空想上の水鳥）の頭部を前後につけた船のこと。

*2 【佐伯鞍職】飛鳥時代の豪族。嚴島神社神主家である佐伯氏の祖先。

*3 【3柱の女神】嚴島神社の祭神である宗像三女神（福岡県宗像市に鎮座する宗像大社の祭神）。

*4 【大潮】潮の干満の差がもっとも大きくなる日。新月または満月の時に起きる。旧暦は月齢を基準としているので日にちと潮の満ち引きが連動する。

7月15日

中元・盆礼 | ちゅうげん・ぼんれい

 ［歳事］

旧暦7月15日を中元と呼ぶ。中元は年末の歳暮とともに知人やお世話になった人へ贈り物をすることとして定着しているが、もとは道教の神の誕生日を祝うものであった。これにお盆の時期の贈答の習慣が混淆して、今の「お中元」の習俗になった。

　中元という言葉は中国の民族宗教である道教の神の名からきている。窪徳忠『道教の神々』によると、道教には天・地・水の神があり、それぞれを上元一品九気天官紫微大帝・中元二品七気地官清虚大帝・下元三品五気水官洞陰大帝という(総称して三官大帝という)。それぞれ、天官は「人びとの日常の功罪善悪を監督させる神」、地官は「人びとの行為を監督する神」、水官は「人びとの功過[*1]を監督する神」で、「人びとはそれぞれの神の誕生日には廟(道教の寺院)に行って日頃の罪を謝し、幸福を求めることになっている」という。その誕生日が、天官は1月15日、地官は7月15日、水官は10月15日だとされ、ここから7月15日を中元と呼ぶようになったわけである。

　中国ではこうした信仰はほぼ失われてしまったが、台湾にはまだ残っており、江戸時代の日本でも『増補俳諧歳時記栞草』に「七月中元の日、地官下り降り、人間の善悪を定む」とあるように、知識人の間では知られていた。

　いっぽう日本では盆の時期にそうめんなどを贈答する習慣があった。これを盆礼という。また、新盆[*2]の家に供え物を持っていくことを盆供といった。この習俗と中元の信仰が混同され、いわゆる「お中元」の風習になったのである。

　なお、両親が健在の家では「生御魂(生見玉)の祝い」といって鯖などの魚(盆魚)を食べた。これは死者が出た家は盆には精進料理を食すので、そうしたことをしないでいいという意味であえて生臭物(魚介や獣肉など)を口にするのである。

用語解説

*1 【功過】功徳となること(功)と、過ち・害を与える行為(過)。

*2 【新盆】死人(死人を出した家)が最初に迎えるお盆のこと。

7月16日

施餓鬼会 | せがきえ

 ［人生］

7月16日は1月16日と同様、藪入りといい、都市部の商家の雇い人が休暇をもらえる日であった。また、7月1日と同様に地獄の釜の蓋が開く日ともされるため、閻魔詣でをする人もいた。寺院ではお盆の法要に合わせて施餓鬼会が行なわれることもある。

善通寺(香川県善通寺市)の閻魔像

　近世の奉公人は年に2日[*1]しか休日がなかった。これが1月16日と7月16日の藪入りで、家が近在にある者は実家に帰った(1月16日参照)。まだ幼い子ども(江戸時代はおおよそ10歳前後で奉公に出た。早い者では4、5歳ということもあった)を奉公に出している親も藪入りを楽しみにしており、ご馳走を用意したり、行楽に連れて行ったりした。そんな親の心情は古典落語の一つ『藪入り』でも語られている。

　また、16日は地獄の釜の蓋が開くともいわれた(7月1日にも同様の伝承がある。7月1日参照)が、これはお盆に祖先の霊が帰ってくるとされたことからの連想であろう。これに合わせて閻魔像を安置する寺院を詣でるのは、自己の来世のことを祈る意味もあっただろうが、地獄から戻ってくる身寄りがない亡霊が悪さをしないよう願う意味もあったのではなかろうか。

　さて、施餓鬼会であるが、これは餓鬼道(常に飢えと渇きに苦しむ亡者の世界)に墜ちた霊に食べ物を施す法会で、本来寺院では毎日行なわれるべきもの[*2]である。しかし、日本では盂蘭盆会(8月13日参照)と習合して、お盆の期間中に行なわれることが多くなった。これはお盆には祖霊だけではなく無縁の霊もやって来るので、それらも供養しないと祟りがあるという民俗信仰が施餓鬼会の考え方に近いので、盂蘭盆会の中の一儀礼として寺院行事化したものと思われる。ちなみに、曹洞宗[*3]では「餓鬼」という言葉を嫌って施食会という。

用語解説

[*1]【2日】三谷一馬『江戸年中行事図聚』によると、「京阪の女中は年長、若年にかかわらず、春秋各三日二夜の暇がもらえました。その点江戸の女中は一日の暇ももらえなかったのですから、たいへんな違いです」という。

[*2]【毎日行なわれるべきもの】禅宗寺院では食事の時にそれぞれ米粒を数粒だけ取りのけておき、それを集めて境内の生飯台(生飯は餓鬼に施す食の意)に置いて餓鬼の供養にする。

[*3]【曹洞宗】禅宗の一派。道元を開祖とし、永平寺と總持寺を大本山とする。

祇園祭山鉾巡行
ぎおんまつりやまほこじゅんこう

 ［祭事］

京の祇園祭といえば山鉾巡行が思い浮かぶが、本当の主役は神輿である。山鉾は祭を盛り上げるためのものであったが、中世以降、祭の担い手となった町衆がその経済力を見せつけるため山車に豪華な飾りつけをし、祭の花形とした。

祇 園祭は期間の長い祭だ。7月1日の「吉符入」から31日の「疫神社夏越祭」まで、まる一月を費やしてさまざまな神事が行なわれる。ハイライトといえる山鉾巡行は17日と24日に行なわれる。

その起源は、貞観11年（869）に疫病が流行したため、神泉苑に66本の鉾[*1]を立てて祀りを行なったことにあるとされる。祟り神を賑やかに祀って境界の外へ追いやる御霊会（5月18日参照）の一種で、古くは祇園御霊会とも呼ばれた。

「祇園」とは釈迦が教えを説いていたインドの祇園精舎のことをいう。日本の祭にインドの寺の名がついているのは、祇園祭を主催する八坂神社の前身、祇園感神院に祇園精舎の守護神とされる牛頭天王[*2]が祀られていたことによる。

『諸国名所百景 京都祇園祭礼』（国立国会図書館蔵）

平安時代の祭は神輿が市街地を巡幸し、御旅所[*3]に立ち寄ったのちに戻るというもので、巡幸に伴ってさまざまな芸能が披露されていた。山鉾もその一つであったが、応仁の乱以降、次第に豪華になり、神輿とは別個に巡幸するようになった。山鉾は町内ごとに所有していたため、互いに競って規模も装飾も大きく派手になっていったのである。たとえば、鯉山と呼ばれている山鉾などは16世紀にベルギーのブリュッセルで作られたタペストリー（壁掛け用の織物）が用いられている。

用語解説

*1【66本の鉾】 66は令制国（今の都道府県に相当する）の数。鉾は疫神を憑依させて都の外に捨てる（燃やす）ためのものと思われる。

*2【牛頭天王】『備後国風土記』には武塔神を名乗った須佐之男命が心優しい蘇民将来に茅の輪を腰に下げれば疫病から逃れられることを教える話が載っているが、陰陽道の典籍の一つ『簠簋内伝』ではこの神の名を牛頭天王としている。

*3【御旅所】 神輿巡幸の際、神輿が一時的に留まる場所のこと。たんなる休憩のこともあるが、その場で神事や芸能が行なわれることもある。また、仮設の場所のことが多いが、常設の社殿をもつところもある。

風鈴 | ふうりん

🏠 ［住］

軒先に吊るして音で涼を得る風鈴。その起源は寺院の塔や堂の軒先に吊るされる風鐸にあるという。風鈴という言葉は鎌倉時代に生まれたとされるが、道元の師、天童如浄は風鈴の音を詠み込んだ漢詩を作っている。

音 で涼しさを感じようというのは日本だけの発想ではないだろうが、風鈴の透明で軽やかな音色は、いかにも日本の夏らしい音風景である。風鈴蕎麦といって、江戸時代の夜鳴き蕎麦[*1]屋は屋台に風鈴を下げて商売をしていた。眠っている人を起こすことなく、しかし、起きている人には聞こえる合図。江戸庶民らしい粋な配慮だ。

『職人盡絵詞』(国立国会図書館蔵)に描かれた夜鳴き蕎麦

ところが意外なことに、風鈴の祖先はもっと重々しい音を奏でていた。寺院の堂塔の軒先に下がる風鐸である。風鐸は金属製で風鈴というより銅鐸に近い形をしている。大きさは風鈴の数倍、大きな堂のものになると長さが50センチほどにもなる。それゆえ音も軽やかというより荘重な感じになる。実はそれが大切で、その音をもって邪気などを払う役目があったのだ。

古代寺院の遺跡からも風鐸は発見されており、蘇我馬子が建てた日本最初の本格的寺院・飛鳥寺から発見されたものは、日本最古の風鐸とされている。

なお、曹洞宗の開祖・道元は師の天童如浄[*2]が風鈴を題材に漢詩を作ったことを主著『正法眼蔵』で述べている。

「渾身口に似て虚空に掛かり／東西南北の風を問わず／一等他と般若を談ず／滴丁東了滴丁東」というもので、「(風鈴は)全身が口で虚空につり下がり、どちらの風でもかまわず真理をこう語っている、テイチントンリャンテイチントン」といった意味だ。禅の詩なので正しい解釈といったものはなく、「滴丁東了滴丁東」が何を意味するかは、読者が自分自身に問わなければならない。

用語解説

*1 【夜鳴き蕎麦】夜間に町を流して蕎麦を売った屋台の蕎麦屋。
*2 【天童如浄】1163〜1228。中国・宋時代の禅僧。越州の生まれ。天童山景徳寺住職。修行の厳しさで知られ、坐禅中居眠りする僧があれば履き物で叩いたという。

7月19日

源頼光没 | みなもとのよりみつぼつ

 ［歴史］

7月17日から22日頃は七十二候の「鷹乃学習」にあたり、鷹の子が飛ぶ練習を始める頃とされる。7月19日は伝説の英雄・源頼光（948〜1021）の命日として知られるほか、埼玉県の秩父では秩父神社の川瀬祭の宵宮が行なわれる日である。

秩父神社（埼玉県秩父市）の川瀬祭は京都・八坂神社の祇園祭をルーツとする祭である。祇園祭と同じく神輿と山車（屋台・笠鉾）が町内を巡幸する。もとは旧暦の6月15日に行なわれていたが、新暦の採用に伴って7月19日・20日に変更された。秩父神社のホームページによると、「当社の祭礼において、神輿が渡御するのはこの川瀬祭と冬の夜祭の年に2回のみであり、1年の間で丁度対をなすような形になっています。夏祭りは子供たちが中心で、神社から川へ下るのに対し、冬祭りは大人が中心で、神社から山に向かいます。季節の上での対称を成すのみならず、儀礼の上でも対を成していると言えるかもしれません」という。宵宮の19日には

『芳年武者无類 阪田公時・源頼光』（国立国会図書館蔵）。源頼光と「金太郎」こと「坂田金時」の出会いの場面

若者が荒川から水を汲んできて、その水を撒いて町を清める「お水取り」がなされる。

7月19日は、治安元年（1021）に平安中期の武将、源頼光*1が亡くなった日でもある。頼光は清和源氏の3代目で、武士団を率いて摂関家などの警備を行なうとともに自身も受領*2を歴任して財を蓄えたという。頼光の伝説でもっとも有名なのは、大江山の酒呑童子*3を退治したものであろう。伝承が繰り返されていく中で酒呑童子が盗賊から鬼へと凶悪化していくに従って、頼光も超人的な英雄に進化していった。頼光四天王*4と呼ばれる配下たちもそれぞれ伝説が生まれた。

用語解説

*1【源頼光】「みなものとのよりみつ」と読むのが正しいが、講談などでは「みなもとのらいこう」と呼ばれることも多い。

*2【受領】国司の長官のこと。

*3【酒呑童子】10世紀末頃にいたとされる、丹波の大江山を根城に強盗や殺人を繰り返した盗賊の頭目。鬼の首領として語られることが多い。

*4【頼光四天王】金太郎こと坂田公時もその1人である。

7月20日

KEYWORD ◆ 夏土用、土用干し、丑の日

みたらし団子 | みたらしだんご

[食]

土用は夏の一時期と思われがちだが、立春・立夏・立秋・立冬の前の18日間をいう。
つまり年に4度、72日間あるわけだが、行事などが行なわれるのは立秋前の夏土用だ
けなので、土用といえば夏のものと思われるようになった。京の下鴨神社のみたらし川
は土用になると水が湧く不思議な川で、みたらし団子はこの清水に由来する菓子という。

　中　国から伝わった五行思想[*1]によると、春は木、夏は火、
秋は金、冬は水の性質をもち、季節の移行期間は土
の性質になるという。ここから土用という言葉が生まれた。とく
に夏土用（おおむね7月19日〜8月6日）の時期は夏の疲れが
出るためか、灸をしたり薬湯に入るといいといわれたりする。天
保9年（1838）刊の『東都歳事記』には「銭湯風呂屋にて桃葉
湯をたく」とある。また、農耕に使われる牛馬にも水浴びをさせ
た。虫干しなども土用に行なうものとされ、土用干しともいった。

『職人盡繪詞』（国立国会
図書館蔵）より大蒲焼屋（う
なぎ屋）を描いた部分

　土用の間に1、2度訪れる丑の日には精がつくもの、とくに
ウナギを食べるといいといわれる。「土用のウナギ」を宣伝し
たのは平賀源内[*2]だとする説が広まっているが、『東都歳事記』の「土用中丑の日」
の項には「ほうろく加持[*3]」のことは書かれているが、ウナギのことは一言も触れられ
ていない。ただ、『万葉集』にも「石麻呂に我れ物申す夏痩せに　よしといふもの
ぞ鰻捕り喫せ」という大伴家持の歌が載っており、ウナギが精力剤となることは古代
から知られていたことがわかる。

　京の下鴨神社でも土用の丑の日に境内のみたらし川・みたらし池の水に足を浸
すと疫病や脚気にかからないと伝わる。「みたらし団子」は、このみたらし池の泡を
模して作られたものといわれ（御手洗祭の供物を起源とする説もある）、一番上の玉
は人の頭を表わすので、ほかの玉より少し離すとする。

用語解説

*1 【五行思想】万物は火・水・木・金・土の5元素の組み合わせよりなり、さまざまな現象は5元素の働きによって生じる
　　というもの。

*2 【平賀源内】1728〜1779。江戸中期の本草学者・戯作者。西洋の文物にも関心が高く、エレキテル（発電機）を作っ
　　たことで有名。

*3 【ほうろく加持】頭の上にほうろく（素焼きの皿）を載せ、その上から灸をすえてもらうこと。日蓮宗の寺院などで行なう。

7月21日

土用の間日 | とようのまび

 ［住］

前項に引き続き土用の話を続けたい。土用には社寺も虫干しをするので、普段は見ることができない宝物を拝観できる機会でもあった。また、土用は土公神[*1]が土を支配するので土いじりをしてはならず、とくに井戸掘りが禁じられた。

土　用に食べるといいとされているのはウナギばかりではない。シジミや卵も土用シジミ・土用卵といって、とくに栄養が豊かになるといわれる。土地によっては土用餅と呼ぶ餡餅(あんころ餅)を食べるが、これは小豆の霊力で厄払いをする意味があるのであろう(赤い食べ物は邪気を払うと信じられていた)。

『江戸歳事記』(国立国会図書館蔵)より「寺院什寶・曝涼」

　土用の楽しみはまだある。土用干しのことは前項で書いたが、梅を干すのもこの時期に行なわれる。また、社寺では文書や宝物の曝涼[*2]が行なわれて、普段は蔵の中にしまい込まれているお宝を拝見できる機会となっていた。1838年刊『東都歳事記』には「大塚護国寺什寶[*3]虫払、高貴の御方の御遺物数品、大幅ねはん像、仏像の類を拝せしむ」とある。また、7月7日の項ではあるが、亀戸天満宮・浅草東本願寺・築地西本願寺・浅草報恩寺・池上本門寺・中山法華経寺・真間弘法寺の曝涼(虫払)のことが列挙されており、それぞれの見所、たとえば亀戸天満宮なら「猥りに拝礼をゆるさず、菅公の天国の太刀[*4]、菅神御真筆并に御持物。法性坊御真筆、太閤秀吉公持物紅葉の文台等種々の神宝あり」などと書かれている。今でいえば、所蔵文化財の特別公開みたいなものだ。

　土用にはタブーもある。土を支配する土公神の祟りを受けるので、井戸掘りなどの土いじりが忌まれるのだ。ただし、タブーが無効になる日もある。卯・辰・申の日で、これを土用の間日という。

用語解説

*1 【土公神】もとは陰陽道の神であるが、仏教や日本の民間信仰と習合して複雑な性格の神となっている。土地を司る神であり、竈の神でもある。季節によって居場所が異なり、春は竈、夏は門、秋は井戸、冬は庭にいるとされる。

*2 【曝涼】書籍などに風をあてて、カビや虫の害を防ぐこと。

*3 【什宝】宝として秘蔵する器物のこと。

*4 【天国の太刀】天国は平安時代にいたとされる伝説の刀工。亀戸天満宮に天国が作った菅原道真の佩刀があるということは『江戸名所図会』にも書かれている。

7月22日

KEYWORD ◈ きゅうり加持（かじ）、禁忌作物（きんきさくもつ）

きゅうり封じ

きゅうりふうじ

 ［食］

夏土用には各地の寺院できゅうり封じ（きゅうり加持）が行なわれる。きゅうりに厄や病気などを封じて捨て去るというもの。いっぽう京の八坂神社の氏子はきゅうりを食べなかったという。理由は神紋がきゅうりの断面に似ているからだ。

き　　ゅうりを食べてはいけないという禁忌をもつ地域は多い。鈴木棠三（すずきとうぞう）『日本俗信辞典 植物編』によれば、その分布は全国に及ぶが、主に八坂神社の分社がある地域、すなわち祇園信仰が浸透した地域に見られるという。その理由として、きゅうりの断面が八坂神社の神紋[2]に似ていることをあげることが多い。つまり、きゅうりを八坂神社の象徴あるいは祭神である素戔嗚尊（すさのおのみこと）の分身のように考え、食すことを畏れ多いとするものだ。

八坂神社の神紋「五瓜に唐花」

こうした信仰は正徳2年（1712）に刊行された『和漢三才図会（わかんさんさいずえ）』[3]にも見られ「祇園神、胡瓜の社地に入る事を禁ず。産土（うぶすな）の人、これを食う事を忌む」と記されており、この習俗が江戸初期に遡ることが知られる。なお、きゅうりを食べない理由は、神紋に似ていることのほか、牛頭天王がキュウリ畑に隠れて命拾いをしたからとするところもある。

その一方で、きゅうり封じ（きゅうり加持）も各地で行なわれている。きゅうりに厄や災い、不運などを封じてしまうもので、京都市の神光院（じんこういん）・蓮花寺（れんげじ）・三宝寺（さんぼういん）・宝住寺（ほうじゅういん）、愛媛県西条市（さいじょう）の栴檀寺（せんだんじ）、徳島県阿南市（あなん）の平等寺（びょうどうじ）・善修寺（ぜんしゅうじ）、徳島県小松島市の堀越寺（ほりこしじ）、岡山県津山市の石山寺（いしやまでら）、岐阜市の岐阜善光寺（ぎふぜんこうじ）、静岡県河津町（かわづちょう）の栖足寺（せいそくじ）などで行われている。仏教民俗学者の五来重（ごらいしげる）氏は、きゅうりが水神の供物にされることに注目して、きゅうりはヒョウタンなどと同じく霊的なものを入れておく容器になりうると考えられていたのではないか、としている（『仏教歳時記』）。

用語解説

*1 【八坂神社】京都市東山区に鎮座する神社。全国の八坂神社・弥栄神社（いやさか）などの総本社。疫病を払う祇園祭で有名で、八坂神社への信仰心のことを祇園信仰と呼ぶ。

*2 【神紋】神社の紋。祭神の紋を神紋といい、神社の紋を社紋として区別することもある。

*3 【『和漢三才図会』】江戸中期に刊行された図説百科事典。

7月23日

伝香寺地蔵会 | でんこうじじぞうえ

 ［祭事］

7月23日には奈良市の伝香寺で地蔵会（地蔵菩薩更衣法要）が行なわれる。裸体の地蔵像に着せてある法衣を着せ替える珍しい法要である。地蔵は観音とともに日本人にもっとも親しまれてきた仏様で、日本のさまざまな信仰を吸収している。

伝香寺は鑑真の高弟、思詫（したく）が宝亀年間（770〜781）に創建した実円寺（じつえんじ）に始まるとされる。その後、実円寺は衰微していたが、筒井順慶[*1]が復興し、伝香寺と名づけた。しかし、地蔵会で衣を着せ替えられる地蔵像は、もともと伝香寺にあったものではない。別の寺の本尊であったものが明治の廃仏毀釈の際に伝香寺に移されたものという。松島健『地蔵菩薩像』（「日本の美術」239）によると、「像内に舎利容器[*2]、願文[*3]、経巻、仏像などが納入されており、安貞二年（一二二八）、八十三歳の尼妙法（みょうほう）が中心となって造立したことがわかる。少年を思わせる瑞々しい面貌（かおく）は、嘉禄元年（一二二五）仏師善円（ぜんえん）作の東大寺釈迦像と酷似しており、同じ作者の手になるものかもしれない」という。

地蔵菩薩はインドでは「クシチガルブハ」と呼ばれていた。「クシチは地を意味し、ガルブハは胎あるいは子宮、包蔵する意を表すので、これを合わせて地蔵と訳する」（速水侑（はやみたすく）『観音・地蔵・不動』）のだという。つまり大地母神のことだ。これが日本に伝わる過程で男神化した。もとはマッチョな男だった観音が中国・日本と伝わるうちに女神化したのと対照的で興味深い。

地蔵は釈迦の入滅（死）後、次の仏である弥勒菩薩が悟りを開くまでの間の無仏の時代の人びとを救う菩薩とされる。救済のためなら地獄にも行き、時には身代わりになって苦しみを受ける[*4]ことすらされるという。そういう姿が日本人の琴線に触れるのだろう。

地蔵菩薩像（筆者による模写）

用語解説

*1【筒井順慶】1549〜1584。戦国時代の武将。大和守護代であった父の後を継ぎ、織田信長に仕えて大和の大名となり郡山城を築いた。

*2【舎利容器】釈迦の遺骨とされる仏舎利を入れるもの。

*3【願文】仏像を造った理由、その功徳（くどく）によってかなえたいことなどが書かれた文書。

*4【身代わりになって苦しみを受ける】これを「代受苦」という。

7月24日

恐山大祭 | おそれざんたいさい

［祭事］

東北の代表的な霊山、恐山。その独特の風景には地獄と極楽が同居するともいわれる。魂が戻る場所ともされる恐山で、7月20日から24日にかけて行なわれるのが恐山大祭である。全国から集まる参列者の中にはイタコに口寄せをしてもらい、故人と対話する人もいる。

恐山菩提寺（青森県むつ市）の山門

恐山は青森県の下北半島の中央部にそびえる霊山である。ごつごつした岩場からは温泉が湧き、硫黄臭のする湯気が噴き出しているかと思えば、南国の海を思わせる白浜と青い湖がある。まさに地獄と極楽が隣り合う場所だ。ここに建つ恐山菩提寺は円仁[*1]によって創建されたと伝わる。寺伝によれば円仁は唐で修行をしている時に地蔵菩薩の夢告を受けたという。帰国後、その指示に従って恐山に至り、地蔵菩薩像を彫って堂を建てたとされる。その後、享禄3年（1530）に円通寺の宏智聚覚が再興した。

その恐山の大祭が7月20日から24日にかけて行なわれ、20日～22日に施餓鬼会、22日～24日に大般若祈祷[*2]がなされる。24日には山内の賽の河原や地獄をめぐっての亡者供養もある。こうした法要とともに恐山大祭を有名にしているのが「イタコの口寄せ」だ。イタコは民間の巫女で、死者の霊を呼び寄せて体に憑依させる力があるとされる。文化人類学者の佐々木宏幹氏は口寄せの様子を『聖と呪力の人類学』で次のように述べている。

「イタコは第一人称であの世の生活について、この世に生きた思い出について、病気中の経験や当人のために行なわれた葬儀についてこもごも語り、あるときは生者に感謝の涙を流し、あるときは生前における生者たちの振る舞いにたいする怒りや悔しさに身を震わせる」

古代～近世の説話集には山で死者の霊と出会ったといった話が収録されているが、今もそうした"体験"が恐山ではなされているのだ。

用語解説

[*1]【円仁】 794～864。第3代天台座主。15歳で比叡山に登り天台宗の開祖・最澄に師事。唐に留学中に廃仏（皇帝による仏教排斥政策）に遭うが、密教などの多くの経典を携えて帰国。天台宗の教学を大きく発展させた。

[*2]【大般若祈祷】 600巻ある『大般若経』を僧数人で転読（経題と経の一部を読み、経巻を翻して通読したことにするもの）をして除災招福などの祈祷を行なうもの。

7月25日

KEYWORD ◈ 大阪天満宮天神祭、中風除け、建永の法難

カボチャ供養 | かぼちゃくよう   🍜 ［食］

カボチャを食す行事というと冬至が思い浮かぶ。しかし、カボチャの収穫時期は夏から秋。この旬の時期に中風除けとしてカボチャがふるまわれるのが安楽寺（京都市左京区）のカボチャ供養だ。いっぽう、同じ7月25日に大阪で執行されるのが大阪天満宮（大阪市北区）の天神祭である。

　大阪を代表する祭はなにかというと意見が分かれるところであろうが、ベスト3ということになれば大阪天満宮の天神祭が入ることは疑いないであろう。大阪天満宮のホームページによれば、天神祭は日本三大祭の一つで大阪三大夏祭の一つ[*1]でもあるという。天神祭は多くの船が供奉する船渡御[*2]が特徴で、商都大阪らしい賑やかさだ。

『攝津名所圖會』（国立国会図書館蔵）より
「天満天神 神輿渡御」

　同日、京都市左京区の鹿ヶ谷の安楽寺では「カボチャ供養」が行なわれる。参拝者に中風除けとなる「煮たきされた鹿ヶ谷カボチャ」をふるまうという祭だ。なぜ夏にカボチャをふるまうかというと、こんな由来があるそうだ。「寛政年間のはじめ（1790年頃）、京都の粟田に住んでいた玉屋藤四郎が青森県に旅行した際にカボチャの種をお土産に持ち帰りました。鹿ヶ谷の庄米兵衛に与え、当地で栽培したところ、突然変異して、ひょうたんの形になったといわれています。この頃、当寺の住職、真空益随上人が本堂でご修行中、ご本尊阿弥陀如来から『夏の土用の頃に、当地の鹿ヶ谷カボチャを振る舞えば中風にならない』という霊告を受けられたそうです」（安楽寺ホームページより）

　ちなみに、この安楽寺は法然・親鸞が流罪となった建永の法難（1207年）のきっかけとなった女官出家事件[*3]があったところである。

用語解説

[*1]【日本三大祭の一つで大阪三大夏祭の一つ】 大阪天満宮のホームページによれば、日本三大祭は京都の祇園祭・東京の神田祭・天神祭、大阪三大夏祭は生國魂神社の生玉祭・住吉大社の住吉祭・天神祭だという。

[*2]【船渡御】 神輿または御神体を船に乗せて川や海を航行すること。天神祭は大川（旧淀川）を上下する。

[*3]【女官出家事件】 後鳥羽上皇の女官2人が鹿ヶ谷草庵で布教をしていた住蓮・安楽に帰依し、上皇が留守の間に出家してしまったこと。激怒した上皇は念仏宗の弾圧を命じ、住蓮・安楽は斬首、法然・親鸞は流罪となった。

7月26日

幽霊の日 | ゆうれいのひ

［文芸］

7月26日は「幽霊の日」。なぜこの日かというと、鶴屋南北作の歌舞伎『東海道四谷怪談』が初演されたからだ。「四谷怪談」は代表的な日本の怪談ではあるが、ここで語られるような幽霊像は近世になって成立したものである。

「四谷怪談」が怪談の代表とされるのは、それなりの理由があってのことだ。化けて出るのも当然と思わせる悪役の仕打ち、じわじわと高まる恐怖感と思いがけない出現、姿の恐ろしさと雰囲気の恐ろしさで観客を恐がらせ、さらにそれを畳みかけてくる……、これだけ仕掛けがそろっており、しかもそのすべてがうまく機能している怪談はそう多くない。しかし、こうした"ひゅ〜とろとろとろ"と現われて「うらめしや」と言うような幽霊は、歌舞伎や落語、講談の中から生まれたもので、幽霊の歴史としては新しいものだ。

『江戸の花名勝会 四ツ谷お岩稲荷社』（国立国会図書館蔵）。歌舞伎役者の坂東彦三郎演じるお岩と於岩稲荷神社を描いている

日本最初の幽霊は『日本書紀』雄略天皇9年7月1日の条に記されたものとされる。河内国の田辺史伯孫が古墳の近くで立派な馬に乗った男と出会い、その男と馬を交換するが朝には馬は埴輪になっていたという話である。つまり男は古墳の被葬者だったわけだが、伯孫は少しも幽霊に対する怯えをみせていない。『今昔物語集』[*1]には昔住んでいた屋敷に現われた源融の幽霊が宇多上皇に一喝される話がある。どうも古い時代の幽霊は、あまり悪気がないようなのだ。

これはあくまで私見だが、陰陽師などが自分の霊力を宣伝するために恐ろしい幽霊を作り出したように思える。自分には幽霊が見えているかのように語って貴族たちを震えあがらせ、祈祷などを依頼させた、というのは考えすぎだろうか。だが、中世までは恐くない幽霊も健在で、「井筒」[*2]など能には切々と昔語りをするばかりの幽霊がよく登場する。

用語解説

*1【『今昔物語集』】平安後期に成立した説話集。1〜5巻が天竺（インド）、6〜10巻が震旦（中国）、11〜31巻が本朝（日本）の話を収める。なお、これに先立つ『日本霊異記』にも幽霊譚はあるが、中国の話を翻案したものだ。

*2【「井筒」】世阿弥作の能の曲。在原寺で在原業平と妻の菩提を弔っていた僧の前に業平の妻の幽霊が現われ、業平とのなれそめなどを語るというもの。

7月27日

桐始結花 | きりはじめてはなをむすぶ

 ［歳事］

7月23日頃から7月28日頃は七十二候の「桐始結花」にあたる。桐の実がなり始める頃だという。桐はタンスの材料にされるほか、琴にも用いられた。清少納言が「ほかの木と同じようにいうべきではない」と述べているように、桐は特別な木と考えられてきた。

桐 材には特別感がある。陶器も桐箱に入っていれば名のある陶芸家の作品のように見えてくる。着物も桐箪笥にあれば高級品かと思ってしまう。かつては娘が生まれたら桐を植えて[*1]、嫁に行く時にその桐で箪笥を作る、といわれた。桐は生長が早いのでこういわれるのであるが、桐材には防湿効果・防虫効果があって箪笥に最適であった。

日本国政府の紋「五七の桐」

だが、桐はそうした実用性以上の価値があると思われてきた。清少納言も『枕草子』に次のように書いている。

「ほかの木々と同列に論ずべき木ではない。唐土で鳳凰という大袈裟な名前のついた霊鳥が、特にこの桐だけに棲むと言われているのも、格別にすばらしく思われる。まして、木の材は琴に作って、そこから妙なる楽の音が生まれて来るという点などとは、単に風情があるなどと世間なみに言ってすまされようか。まったくすばらしいことだ」（石田穣二訳）

桐が特別視された理由の一つとして、琴の材料であったことがある。古代において琴は神の降臨を促す楽器であったからだ。古墳からも琴を弾く埴輪が多く発見されている。

あまり知られていないことだが、日本国政府の紋は「五七の桐」[*2]である。しかし、首相官邸のホームページによると、いつ、どうして桐紋が採用されたのかは不明だという。

用語解説

*1【娘が生まれたら桐を植えて】その一方で家に桐を植えてはいけないというタブーをいう地域もある。これは桐が「キリ」（果て、終わり）「それっきり」に通じると思われたことによる。

*2【「五七の桐」】桐紋の一種。桐紋は3枚の葉と直立する3本の花序からなるが、五七の桐は花序につく花の数が5・7・5個となっているものをいう。織田信長の家紋もこれであった。

7月28日

東大寺解除会

とうだいじげじょえ ［祭事］

東大寺の解除会は、もう一つの茅の輪くぐりだ。直径二メートル強の茅の輪を僧が回転させ、東大寺の僧たちをくぐらせていく[*1]。これは腰に下げる形の茅の輪から設置型に変貌する過程のものだと考えられる。

6月30日に全国の神社で行なわれる大祓（6月30日参照）に先立って境内に茅を編んで輪にしたものが立てられる。これが茅の輪で、これを左右左の順にくぐると心身の穢れが除かれるという。

この茅の輪の起源については、『備前国風土記』[*2]に記されている。それによると、昔、武塔の神（実は須佐之男命）が南の海の女神に求婚しようと旅していた時、とある集落で日が暮れた。ここには将来という兄弟が住んでいたが、弟は豊かだったが泊めようとはせず、兄の蘇民将来は貧しかったが快く泊め粟飯で接待した。数年後、子どもを連れて戻ってきた武塔の神は蘇民将来に言った。「あの時の御礼がしたい。家族がいるのなら腰に茅で作った輪をつけなさい」そして、その晩のうちに蘇民将来の家族を残して皆殺しにした。武塔の神は「今後、疫病が流行るようなことがあったら、『蘇民将来の子孫だ』と称して腰に茅の輪を下げれば難を逃れることができるだろう」と蘇民将来に言った。

ここで問題となるのが茅の輪の大きさだ。大祓の時の茅の輪は大人が楽に潜れるほど大きく、とても腰に下げることはできない。なぜ茅の輪は大きくなったのか。謎を解くヒントは菅貫という貴族が用いたお祓いの道具にある。菅貫は襷状の布で、これを頭からかぶって足から抜くと穢れや病気が祓えるとされた。この菅貫が茅の輪と同一視され、介助者が茅の輪を持ってくぐらせる形になった。解除会はこの段階のものに近い。この方法は大勢を対象にすると大変なので輪を固定するようになったのだろう。

用語解説

*1 【くぐらせていく】輪を回すのは僧の祓いをする時だけで、大仏殿内で参詣者を対象に行なう時は輪を固定する。

*2 【『備前国風土記』】『備前国風土記』は現存していない。この「蘇民将来伝説」の部分のみ『釈日本紀』に引用という形で残っている。なお、この話は祇園祭の起源を示すものともされる。7月17日参照。

7月29日

明治天皇崩御 | めいじてんのうほうぎょ

 ［歴史］

明治45年（1912）7月29日の午後10時40分頃、明治天皇は崩御された。しかし、公式には7月30日午前0時43分の崩御となっている。日本初の立憲君主となった明治天皇にはさまざまな"初"があり、その裏には多くの困難と混乱があった。この崩御時刻の"時差"もその一つであった。

明治天皇が明治45年の7月29日の午後11時前に崩御されていたことは『原敬日記』[*1]などより明らかである。それにもかかわらず、なぜ公式の死亡日時は翌日にずれ込むことになったのか。そこには当時の政治中枢および天皇側近らの苦悩があったという。明治憲法および皇室典範[*2]の定め・法律解釈によれば、天皇が崩御された際には直ちに践祚[*3]をしなければならなかった。しかし、午後11時ということになれば、諸方に連絡をしている間に日を越えてしまい、「直ち」ではなくなってしまう。三種の神器を継承するだけならまだしも、元号の制定など践祚に伴ってなすべきことは数多い。そこで1日の猶予を作るために死亡時刻が2時間ほどずらされたらしい。

明治天皇の死をめぐる混乱はさらに続く。立憲君主制下における天皇の葬儀と陵墓に関する法律が定まっていなかったのだ。検討はされていたのだが、天皇の死が急だったこともあって未整備であった。実話かどうか怪しいが、法律の草案が天皇に示された際、天皇が「朕[*4]に適用される式令だの」と言ったため、宮内大臣が恐懼してそれ以上議論が進まなくなったのだという。

政府には陵を東京に作りたいという意向もあったようだが、天皇は、死後は京都に戻りたいと考えていた。歴史学者の山口輝臣氏は「明治天皇はその言葉遣いと同様、最期まで京都人だった」（「宗教と向き合って──十九・二十世紀」『天皇と宗教』）と述べている。こうした天皇の意向を汲んで陵は京都の伏見桃山に造られた。

用語解説

*1 【『原敬日記』】第19代内閣総理大臣を務めた原敬（1856〜1921）の日記。明治8年（1875）から暗殺直前の大正10年（1921）10月25日までが残されており、近代史の重要な資料となっている。

*2 【皇室典範】天皇および皇室の制度などを定めた法律。明治22年（1889）公布。現在用いられている皇室典範とは別の法律である。

*3 【践祚】皇位を受け継ぐこと。天皇の崩御または譲位があった際に皇太子が即位することをいう。

*4 【朕】天皇が用いる自称。

7月30日

KEYWORD ◈ 住吉大神(住吉三神)、おはらい、神功皇后、和魂、荒魂

住吉祭 | すみよしまつり

 ［祭事］

住吉祭は大阪の夏祭の最後を飾るとされる。神功皇后の御代に創建されたと伝わる古社だけあって古式豊かに催される。この住吉大社のご祭神である住吉大神は日本神話で重要な役割を果たした神であり、各地で祀られている。

住吉祭について住吉大社のホームページは次のように説明している。「大阪の夏祭りを締めくくる住吉祭は、大阪中をお祓いする『お清め』の意義があり、古くより『おはらい』ともいわれました」。住吉祭は7月の海の日の「神輿洗神事」から始まる。住吉大社を出た神輿は住吉公園まで渡御し、ここで大阪湾の沖からくんできた海水で清め

『浪花百景之内 住よし反橋』(国立国会図書館蔵)

られる。7月30日には祭本番の前夜祭「宵宮祭」が夜の8時に行われ、翌31日は「夏越祓神事・例大祭」である。華やかに着飾った人たちの茅の輪くぐりや住吉踊の奉納など、盛大に祭が行われる。

このように賑々しく祀られるのは住吉大神(住吉三神)が広範囲の神徳をもつことと無関係ではない。その主なものをあげると、祓いの神・海上守護の神・軍神・和歌の神・農業産業の神・弓の神・相撲の神などだ。『古事記』によると、この住吉大神は伊邪那岐命が海で禊をした時に生まれたという。海の底で底筒之男命、中程で中筒之男命、海面で上筒之男命[*1]が生まれたと述べており、この3柱で住吉大神という一つの神格をなしている。

住吉大神がその力を発揮したのが神功皇后[*2]が新羅遠征を行なった時のことであった。『日本書紀』によれば、その和魂は皇后を守り、荒魂[*3]は先鋒として軍船を率いたという。このうちの和魂を祀ったのが住吉大社の始まりとされる。

用語解説

*1 【底筒之男命・中筒之男命・上筒之男命】住吉大社では底筒男命・中筒男命・表筒男命と表記する。

*2 【神功皇后】第14代仲哀天皇の皇后。第15代応神天皇の生母。熊襲征討の途上で天皇が崩御したため、自ら軍を率いて新羅遠征を成し遂げた。応神天皇即位後も摂政として政治を行なったという。ただし、実在性については議論がある。

*3 【和魂・荒魂】神がもつ2種類の神霊。和魂は人に幸いをもたらし、荒魂は荒ぶる行ないをみせる。

7月31日

火廼要慎 | ひのようじん

🏠［住］

7月31日の夜、京都市右京区嵯峨愛宕町にそびえる愛宕山には夜を徹して登る人たちが続々と訪れる。山上に鎮座する愛宕神社に千日詣りするためだ。この愛宕神社は全国に900社ある愛宕神社の総本社である。

京都の料理店を訪れると、厨房などに「火廼要慎」と書かれたお札が貼ってあるのをよく見かける。これは「ひのようじん」と読むもので、有名な愛宕神社の火伏のお札だ。愛宕神社の火伏の霊験[*1]は古くから有名で、全国各地に分社が勧請されている。しかし、いただくのなら総本社のものがいいと、各地から参拝者が訪れる。

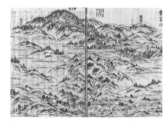

『都名所図会』（国立国会図書館蔵）より「愛宕山」

だが、参拝は容易ではない。戦前は愛宕山麓から山上までケーブルカーで上がることができたのだが、今は自力で登らねばならない。山道を4キロ、約2時間の道のりだ。上方落語の「愛宕山」[*2]では金持ちの旦那が芸者を引き連れて登っていくので気楽に登れる山のように思えてしまうが、とてもそのようなものではない。もっとも、かつては参道に茶店や人家も多く、休み休み登ることはできたようだ。

そのように容易ならない参道も、人で埋まる時がある。7月31日の夜からの千日詣りだ。「7月31日夜から8月1日早朝にかけて参拝すると千日分の火伏・防火の御利益があると云われ、毎年数万人の参拝者で境内参道は埋め尽くされます」と神社のホームページには述べられている。

なお、地上と山上では気温が10度違うこともあるので、この点でも要注意だ。

用語解説

*1【火伏の霊験】 神仏分離以前は愛宕大神の本地（仏としての本体）は勝軍地蔵（甲冑を着て馬に乗る地蔵菩薩）とされていたので、軍神として信仰する武将も多かった。

*2【上方落語の「愛宕山」】 落語家の桂米朝は修行時代に、参考のためにと思い「一ぺん実際に愛宕山へ登ってみます」と師匠の桂米團治に言ったところ、「やめとき、今、山へ登ったらやれんようになる。この話は嘘ばっかりやさかい」と言われたという。

8月1日

KEYWORD ◈ 頼み（田の実）の節供、初穂、徳川家康

八朔 | はっさく

［祭事］

八朔とは八月朔日の略で（旧暦の）8月1日のことをいう。稲刈りが始まる時期なので、この日に合わせて収穫祭が行なわれることもある。節供として祝うところもあり、とくに江戸では5度の節供*1 より重要とされた。

旧 暦を使っていた頃、8月1日には各地でさまざまな行事が行なわれていた。鎌倉時代以来、武家社会や都市部では日頃世話になっている主家や上司に贈り物をする日であった。室町時代には幕府の正式行事の一つに取り入れられていた。また、友人・知人間でも贈答がなされた。

この日に贈答をするのは日頃の恩顧への感謝を示すためで、そこから「頼みの節供」「恃怙の節」というとされるが、農村部では「田の実の節供」などといって収穫に関わる行事だとする。嘉永4年（1851）刊行の『増補俳諧歳時記栞草』は「中世、農民、稲の初穂*2 を禁裏に献ず。故に田の実の節といふ」としているが、『三省堂年中行事事典』は「タノミには田の実・田の面などの字を当てるが、本来は頼みの意味である。（略）本来は穂掛け行事に関連して初穂を贈っていたのがしだいに物品の贈答に変化したものであろう」としている。

また、子どもの節供として祝うところもある。福岡県下では「男児は藁馬、女児はダゴビイナ（米の粉を練って作った雛）をたくさん作り座敷に飾る。それを近所の子供がもらいに来るので分け与える」（『図解案内　日本の民俗』）という。瀬戸内周辺でも同様の習俗がある。

いっぽう武士にとっては五節供以上に重要な日であった。天正18年（1590）のこの日に徳川家康がはじめて江戸に入ったとされ、武士たちはこれを祝するために白い帷子（裏地をつけない単衣の着物）で登城した。

なお、果物のハッサクはこの時期から熟するといわれるが、実際にはもう少し後になる。

用語解説

*1 **【5度の節供】** 1月7日の人日の節供、3月3日の上巳の節供、5月5日の端午の節供、7月7日の七夕、9月9日の重陽の節供のこと。

*2 **【初穂】** その年最初に採れた稲穂のこと。初穂は神社（氏神）に奉納するものであったことから、神社へ奉納する金銭のことも初穂料という。

*3 **【台駕】** 高貴な人を直接呼ぶのは失礼なので乗り物を言ってその人を示す婉曲的な表現。ここでは徳川家康を示す。

ねぶた

［文芸］

毎年8月2日から7日にかけて青森ねぶた祭が行なわれる。神話や伝説の一場面を題材にした巨大な燈籠が巡行することで知られるが、もとは七夕行事で合歓の枝などを川に流すものであった。ちなみに弘前では「ねぷた」という。

青森や津軽の「ねぶた（ねぷた）」は坂上田村麻呂[*1]の遠征から始まる、とする伝説がある。大きな燈籠を作って蝦夷[*2]をおびき寄せたとするものであるが、事実ではない。そもそも今のように巨大なねぶた・ねぷたが作られるようになったのは戦後のことであり、人の姿をした燈籠が出てきたのも19世紀以降という。

青森ねぶた祭の巨大燈籠（写真提供：公益社団法人青森県観光連盟）

享保年間（1716～1736）に青森に近い地域で弘前のねぷたを真似て燈籠を持って踊ったという記録があるので、当初は絵を描いた提灯のようなものだったのかもしれない。いずれにしろ本来、燈籠は祭の主役ではなかった。厄や穢れを合歓の枝などにつけて流すことがもともとの目的で、燈籠は道を照らすためのもの、あるいは燈籠も流すためのものであったと思われる。なお、秋田の竿燈も同様の祭から発展したものだ（次項参照）。

「ねぶた」「ねぷた」の語源を、農作業の障害になる眠気を流す「ねむた流し」だとする説が柳田国男以降なされているが、眠気が問題であるのなら祭を早く切り上げて寝ればいいわけで、この説を素直に受け入れることはできない。やはり「合歓流し」あたりが語源ではなかろうか。

興味深いのは、昭和初期の弘前では、子どもたちが9尺ほどの扇ねぷた（扇形をしたねぷた）を作ってそれを引き回し、「ロウソクけろじゃ[*3]、ロウソクけねば、銭でもいい」と言って歩いた[*4]ということだ。まるでハロウィーンのようだ。

用語解説

*1 **【坂上田村麻呂】** 758～811。奈良時代末～平安初期の公卿・武官。征夷大将軍として東北遠征をした。

*2 **【蝦夷】** 「えみし」とも読む。東国・東北にいた、朝廷に服属しない部族のこと。

*3 **【ロウソクけろじゃ】** 「ロウソクをください」の意。

*4 **【「ロウソクけろじゃ、ロウソクけねば、銭でもいい」と言って歩いた】** 『陸奥新報』のウェブサイト、2014年8月4日「『弘前ねぷた』のルーツ＝8」による。

8月3日

KEYWORD ◈ 大雨時行、高燈籠、津村淙庵、藤原不比等

秋田竿燈まつり

あきたかんとうまつり ［祭事］

8月3日から6日にかけて秋田では「竿燈まつり」が行なわれる。竹竿の先に提灯を46個つけた竿燈*1を片手で持ち上げたり、額や肩、腰で支えてみせる妙技を披露したりするものだ。また、時に大雨があるこの時節は七十二候の「大雨時行」にあたる。

筆者は少年時代に竿燈をすぐ近くで見る機会があった。といっても秋田を訪れたわけではなく、靖国神社に奉納されたのをたまたま見学できただけのことなのだが、その勇壮な技と竿燈が夜空に揺れる幻想的な雰囲気に酔ったような気持ちになったのを覚えている。持ち上げるだけでも難しそうな竿燈でさまざまな技を披露するには、どれだけ修練を積んだのだろうかと思ってしまう。

秋田竿燈まつり（写真提供：一般社団法人秋田県観光連盟）

この竿燈祭りはねぶた・ねぷたと同じく合歓の枝や笹竹を流す行事から発展したもので、秋田竿燈まつり公式ホームページによれば、「元々、藩政以前から秋田市周辺に伝えられているねぶり流しは、笹竹や合歓木に願い事を書いた短冊を飾り町を練り歩き、最後に川に流すものであった。それが、宝暦年間*2の蝋燭の普及、お盆に門前に掲げた高燈籠などが組み合わされて独自の行事に発展したもの」という。すでに寛政元年(1789)には竿燈の原形はできていたらしく、津村淙庵*3の紀行文には十文字にした竿に多くの燈火を下げて練り歩いていた様子が描かれている。

8月3日は、養老4年(720)に亡くなった藤原不比等(659〜720)の命日でもある。藤原という姓は父の中臣鎌足が天智天皇より賜ったものであるが、不比等の代になって藤原姓を名乗れるのは不比等の子孫のみと定められた。これがのちの藤原氏全盛につながった。また、不比等は藤原氏の氏神神社・氏寺として奈良に春日大社・興福寺を創建している。その後、この社寺は藤原氏の権威を背景に宗教・政治の両面で大きな力を発揮するようになった。

用語解説

*1 【提灯を46個つけた竿燈】秋田竿燈まつりの公式ホームページによれば、竿燈には4種類があり、一番大きい大若は棹の長さが12メートル、提灯の数が46個で、重さが50キロあるという。

*2 【宝暦年間】1751年から1764年までのこと。

*3 【津村淙庵】1736〜1806。江戸中期の国学者・随筆家。20年間の見聞を記した随筆集『譚海』で有名。

8月4日

川床 ｜ かわゆか

［歳事］

川床は「かわどこ」とも読み、「ゆか」ということもある。また納涼床ともいう。川の上に縁を張り出して、ここで食事などをさせることをいう。京都の鴨川や貴船・高雄が有名。

『都名所図会』(国立国会図書館蔵)より「四条河原夕涼之躰」

西山宗因[1]に、こんな句がある。「涼み床や下は川波上は酒」。川柳のような軽さのある句だが、川床のなんたるかを絶妙に表わしていて面白い。そう、川の上で涼みながら酒を酌み交わすところ、それが川床である。

京都は盆地なので夏はひどく暑い。日が暮れても暑さがひかない時もあり、そんな時の納涼として川床は考え出されたのであろう。『滑稽雑談』[2]の「四條河原涼」には、こう書かれている。「是祇園会式[3]の頃、炎熱盛なる故に洛下の貴賤、折を得て東河[4]に出て納涼す。故に水面に涼牀を設け、茶菓酒飯を商出」。祇園祭の頃は猛暑となるので京都では偉い人も庶民も鴨川べりに行って納涼する。それゆえ川面の上に納涼のための床を設けて、茶や菓子や酒や食事などを商売する、といった意味だ。

江戸時代は川床が出せる時期が決まっていたらしく、『都名所図会』[5]には「四條河原夕涼は六月七日より始み同十八日に終る」と述べている。また、『都林泉名勝図会』[6]には「四条河原夕涼」と題して、人であふれんばかりに賑わう四条河原の様子が4ページにわたって描かれている。なお、現在の鴨川では5月から9月まで納涼床が出される。このうち6〜8月を本床と呼んでいる。

用語解説

- [1]【西山宗因】1605〜1682。江戸前期の連歌師・俳人。肥後国八代(熊本県八代市)出身。都に出て連歌師として活躍し、大阪天満宮連歌所宗匠となった。
- [2]【滑稽雑談】四時堂其諺作の季語解説書。聖徳3年(1713)刊。
- [3]【祇園会式】祇園祭のこと(7月17日参照)。
- [4]【東河】鴨川のこと。
- [5]【都名所図会】安永9年(1780)に刊行された挿絵入りの地誌、旅行ガイド。
- [6]【都林泉名勝図会】寛政11年(1799)年に刊行された京の庭園ガイド本。『都名所図会』と同じく本文は京都の俳諧師・秋里籬島、挿絵は佐久間草偃、西村中和、奥文鳴が描いている。

8月5日

KEYWORD ◈ 両国の川開きの花火、隅田川花火大会

花火 | はなび

[文芸]

江戸時代に広まり今も盛んに行なわれている夏の娯楽の代表が花火であろう。江戸では火事の原因になるとして限定した場所でしか行なえなかったため、両国の川開きの花火（隅田川花火大会の前身）は余計に人気を集めた。しかし、江戸風俗研究家の三田村鳶魚 [*1] は両国の花火見物は「シミッタレ」だと憤慨している。

花火は夏の娯楽と書いたが、花火に関する季節感には混乱がある。俳句の季語としては秋（8月）に分類されるのだが、両国の川開きの花火は旧暦5月28日で夏となる。松尾芭蕉の弟子の其角 [*2] も「小屋涼し花火の筒の割るる音」と夕涼みのものとして花火を詠んでいる。

今も昔も人気のある花火だが、大規模な火事を何度も体験している江戸ではごく一部を除いて行なうことができなかった。そればかりか幕府は5度にわたって禁令まで出している（つまり、江戸庶民は花火禁止を守っていなかったわけだ）。

花火が許された数少ない場所は隅田川などの川の上、それに大名屋敷などであった。大名と花火は結びつかないように思われるかもしれないが、もともと花火はのろしなどと同じく、軍事の合図に用いられていた。『駿府記』 [*3] には徳川家康が駿府を訪れたイギリス人に花火を見せたことが記されている。この軍事用の花火を娯楽用に工夫したのが鍵屋の祖・弥兵衛であった。

江戸の花火では両国の川開きの花火がもっとも人気だったのだが、三田村鳶魚はこれを「シミッタレ」だと苦々しく書いている。と言うのは、川開きの花火は船宿や料理屋が客寄せのために金を出し合ってあげさせていたのだが、それを一銭も出さずに見て騒ぐのがさもしいというのだ。この川開きの日、柳橋の芸者は仕事を休み、家にもいなかったという。そういう「シミッタレ」な遊びに付き合わされるのを避けたらしい。鳶魚は「昔の柳橋芸者の気前が痛快でないわけはありますまい」と述べている（『江戸の風俗』）。

用語解説

*1 【三田村鳶魚】1870〜1952。今の東京都八王子市に生まれる。記者として働きながら江戸文化・風俗の研究を進め、膨大な著作を残した。

*2 【其角】1661〜1701。江戸中期の俳人。芭蕉の高弟。

*3 【『駿府記』】江戸初期の作者不詳の日記。徳川家康が将軍職を辞して駿府に移ってから死去するまでが記されている。

8月6日

KEYWORD ◇ 阿蘇山（あそざん）、米塚（こめづか）、健磐龍命（たけいわたつのみこと）、田歌（たうた）

阿蘇神社柄漏流神事
あそじんじゃえもりながししんじ

［歳事］

8月6日の夜には阿蘇神社（熊本県阿蘇市）で柄漏流神事が行なわれる。これは田歌（田植え歌）の歌い納めの儀とされ、旧暦1月13日に行なわれる踏歌節会（とうかせちえ）と対になる儀礼と思われる。

阿蘇山[*1]の世界最大級のカルデラ内に鎮座する阿蘇神社には、壮大な神話が伝わっている。阿蘇神社の主祭神である健磐龍命は神（じん）武天皇の孫にあたる神であるが、天皇より阿蘇の開拓を命じられてこの地にやって来た。当時はカルデラの内側が大きな湖になっていたので、健磐龍命はこの水を干して田を作ろうと考え、外輪山（がいりんざん）

阿蘇米塚

を蹴破って水を流したという。このほか、健磐龍命が積み上げた米が丘になったという米塚[*2]など、近辺にはファンタジックな伝説がいくつも残されている。

また、阿蘇神社は健磐龍命の一族を祀っていることでも興味深い。主祭神の妃神（きさき）（がみ）や御子神（みこがみ）を祀る神社は多いが、義父母、孫夫婦、義父母の孫夫婦など一族の神12柱も祀り、それぞれの名前もわかっているのは珍しい。こうした祭神構成は古代の阿蘇の大家族的な社会を反映しているのかもしれない。

さて、8月6日の夜に行なわれる柄漏流神事であるが、阿蘇神社のホームページは「田歌の歌い納めの儀である。氏子の約100人は、夜間に田歌を歌い街中を練り歩きます。季節は真夏であり、夜間の行事で睡魔を流す意味があるといわれます」と説明している。「睡魔を流す」というと思い起こされるのが、眠気を流す意味ともいわれる「ねむた流し」が語源とされる、青森のねぶた・ねぷただ。あるいは「柄漏流」も「ねむた流し」が語源なのかもしれない（8月2日参照）。なお、田歌はただの労働歌ではなく、田の神を祀る意味もあるとされる。

用語解説

- [*1]【阿蘇山】熊本県阿蘇地方にある火山。最高地点の高岳は標高1592メートル。カルデラは南北25キロ、東西18キロに及ぶ。
- [*2]【米塚】約3000年前の噴火でできたという高さが約80メートルの小型の火山。山頂がへこんでいるのは健磐龍命が貧しい人に米を与えたからという。

8月7日

六道詣り | ろくどうまいり

[祭事]

8月7日はおおよそ二十四節気の立秋にあたる。秋の始まりである。そんな折り、毎年8月の7日から10日にかけて京都市東山区の六道珍皇寺で六道詣りが行なわれる。お盆に戻ってくる先祖の霊（精霊）*1を迎えに行く儀礼で、参詣者は故人の戒名を書いた水塔婆*2を供養し、精霊の憑いた高野槙を持って帰る。

『都名所図会』（国立国会図書館蔵）より「六道珍皇寺」

六道珍皇寺の「六道」とは、悟りに至らない迷える衆生*3が輪廻をする6つの世界をいう。すなわち、地獄・餓鬼・畜生・修羅・人間・天だ。しかし、日本では「死んだ後に行く世界」という意味で使われることも多い。六道珍皇寺が建つ場所は、京の街中から墓所がある鳥辺野に向かう途上にあり、現世と来世の境、六道の辻だと考えられた。言い換えると、あの世に一番近いところというわけだ。そこから六道詣りの習俗が生まれたようである。

六道詣りに訪れた者は、まず門前の露店などで高野槙を買い、本堂の水塔婆に、迎えに来た故人の戒名または俗名を書いてもらう。その水塔婆を持って、あの世まで音が届くという鐘（迎い鐘）を撞き、水塔婆を線香の香煙で浄める。それから石地蔵が並んでいるところに行き、水塔婆に高野槙で水をかける水回向を行ない、水塔婆を納める。そして、精霊が宿った高野槙を家に持ち帰るのである。なお、精霊を送り出す時は矢田寺（京都市左京区）に詣るともいい、矢田寺の鐘は「送り鐘」と呼ばれる。

あの世との境に建つとされる六道珍皇寺には不思議な伝説もある。平安初期の公卿・文人である小野篁（802～852）が、六道珍皇寺の井戸から閻魔王のもとに通っていたというのだ。そこで篁は閻魔王の裁判を助けていたという。

用語解説

*1 【精霊】死者の霊魂、とくにお盆の時に戻ってくるものをいう。「しょうろう」とも読み、京都では「お精霊さん」という。

*2 【水塔婆】上部を五輪塔の形に刻んだ板を卒塔婆・塔婆という。ごく薄い板の場合は経木塔婆ともいう。水塔婆も経木塔婆の一種であるが水を掛けて供養するので水塔婆と呼ばれる。

*3 【衆生】生きとし生けるもの。煩悩を断てずにおり、そのため六道を輪廻する存在。人間以外の生物も含む。

妖怪の日 | ようかいのひ

［文芸］

8月8日は「妖怪の日」である。怪談のシーズンである8月の8日（ようか）であることに加え、『妖怪談義』を書いた柳田国男[*1]の命日であることによる。日本人であれば一度は妖怪の話を聞いたことがあるだろう。しかし、妖怪とは何か、その定義は難しい。

日 本人の間では妖怪という言葉はとくに説明を加えなくても了解できるものとなっている。ところが、これをあえて説明しようとすると、なかなかやっかいなことになってくる。おそらく日本で一番妖怪のことについて書いていると思われるマンガ家の水木しげる[*2]も、「その"妖怪さん"というものは、一体なんだろうというのが、ぼくの一生の宿題のようなもので、ぼくはいつ

『本朝振袖之始素盞鳥尊妖怪降伏之図』（国立国会図書館蔵）

も、それを気にしながら生活している」（『水木しげるの妖怪事典』）と述べている。

　妖怪を学問の対象として本格的に研究したのは民俗学を確立した柳田国男が最初であった。柳田は『妖怪談義』で幽霊と妖怪（オバケ）を比較して、妖怪は出る場所が限定されているが、幽霊は相手を追ってどこまでも行くとする。また、幽霊は「誰それの霊」という具合に正体が明らかだが、妖怪は正体不明の存在だという。この指摘はまことに卓見で、今もこの分類は受け継がれている。

　柳田はさらに妖怪は「零落した神」だとする。信じる者がいなくなった神はオバケとして忌み嫌われるようになるというのだ。たしかにヤマタノオロチ[*3]は素盞嗚尊から「汝はこれ可畏神なり」（あなたは敬うべき神です）と呼ばれており（『日本書紀』）、もとは神として祀られていたことを想像させる。しかし、その一方で『古事記』『日本書紀』には羽や尾のある人、顔が二つに腕が4本ある者（両面宿儺）など妖怪としか思えないものも登場しており、すべてが零落した神とは言い切れない。

用語解説

- ***1 【柳田国男】** 1875〜1962。民俗学の創始者。兵庫県出身。農商務省に勤務する傍ら民俗調査を行ない、民俗学を確立した。『海上の道』『遠野物語』『妖怪談義』など著作多数。
- ***2 【水木しげる】** 1922〜2015年。マンガ家。徴兵でニューギニアへ出征、左腕を失う。戦後、マンガ家として活躍、とくに妖怪・怪奇を題材としたもので人気を得た。代表作に『ゲゲゲの鬼太郎』『悪魔くん』『河童の三平』などがある。
- ***3 【ヤマタノオロチ】** 頭と尾が8つある大蛇。毎年娘を餌食にしていたが素盞嗚尊（須佐之男命）に退治された。

8月9日

千日詣り | せんにちまいり

［祭事］

8月9日には清水寺（京都市東山区）や葛井寺（大阪府藤井寺市）で千日詣りが行なわれる。いずれも観音信仰の寺院で、西国三十三所霊場の札所*1ともなっている。

観音菩薩（筆者による模写）

　千日詣りは縁日*2の一種で、この日に参詣すると1000日参詣したのと同じご利益が得られるとされる。この話はすでに浅草寺の四万六千日（7月9日参照）や愛宕神社の千日詣り（7月31日参照）のところでも述べたので、読者の中には「またか」と思われた人もいるかもしれない。そう、「また」なのである。こういう"特別な縁日"はとくに観音に多く、観音欲日（「よくにち」とも読む）ともいう。観音欲日は年に12回あり、それぞれの日にちとご利益は次の通りだ（『図説 浅草寺──今むかし』による）。

　1月1日（100日）、2月晦日（90日）、3月4日（100日）、4月18日（100日）、5月18日（100日）、6月18日（400日）、7月10日（46000日）、8月24日（4000日）、9月20日（300日）、10月19日（400日）、11月7日（6000日）、12月19日（4000日）──こうして見ると大盤振る舞いといった感じだが、これは仏の中でもとくに慈悲深いとされる観音ならではであろう。ちなみに、観音は「観世音菩薩」の略である。世の人びとの声に注意を払っている菩薩といった意味だ。実はもう一つ呼び方がある。『般若心経』にも出てくる「観自在菩薩」である。人びとの苦しみをよく観察し救済するといった意味だ。名前が二つあるのは翻訳者によって訳語が違ってしまったことによる。観世音は鳩摩羅什*3、観自在は玄奘*4によるものである。

用語解説

*1 【札所】西国三十三所霊場や四国八十八ヵ所霊場などの霊場となっている寺院のこと。参詣した証に納札を納めることから札所という。

*2 【縁日】有縁日・因縁日ともいう。神仏と特別の縁を結べる日とされ、この日に縁日の社寺に詣でると普段の数倍のご利益があるとされる。

*3 【鳩摩羅什】344〜413。亀茲国の出身。7歳で出家したが亀茲を占領した呂光（五胡十六国の後涼の第1代王）によって中国に連れてこられた。その後、後秦に迎えられ、長安で『法華経』などを翻訳し、後の東アジア仏教に大きな影響を与えた。

*4 【玄奘】602〜664。唐時代の翻訳僧。国禁を破ってインドへ渡り多くの経巻を持って帰国。帰国後は請来した経典（『大般若経』『般若心経』など）を国家事業として訳した。『西遊記』の三蔵法師のモデル。

8月10日

KEYWORD ◈ 涼風至、法隆寺夢殿、救世観音像
すずかぜいたる　ほうりゅうじゆめどの　くせかんのん

フェノロサ東京帝国大学教授となる

［歴史］

ふぇのろさとうきょうていこくだいがくきょうじゅとなる

8月7日頃から8月12日頃は七十二候の「涼風至」にあたり、涼しい風が吹き始める時節であることを示す。また、8月10日は明治11年（1878）にフェノロサが東京帝国大学に就任した日である。

明治維新とともに国を開いた日本は、欧米との科学技術の差に直面することになった。そして、独立国家として国際社会で生き残っていくために文明化を急ぐ必要があると知る。そこで多くの学者・技術者を欧米より招聘した。いわゆる"お雇い外国人"である。その中の1人、アーネスト・フランシスコ・フェノロサ（1853～1908）は、明治11年8月10日、政治学・経済学・哲学の教授として東京帝国大学文学部に就任した。しかし、彼が日本史に名前を残すことになった分野は政治でも経済でも哲学でもなかった。

『東亜美術史綱』上巻（国立国会図書館蔵）よりフェノロサ肖像

　フェノロサが大きな足跡を印していったのは、日本美術の再評価においてであった。急速に文明開化が進む中で伝統的な日本文化の多くが時代遅れのレッテルを貼られた。とくに浮世絵などの美術の面でひどく、多くの作品が打ち捨てられようとしていた。フェノロサはそれらを世界的に価値あるものだと指摘し、保護するよう訴えたのであった。それまで美術鑑賞の対象ではなかった仏像にも美を見出し[*1]、各地をめぐって名作を"発掘"していった。

　有名なエピソードに、200年間秘仏であった法隆寺夢殿の救世観音像（国宝）を開帳させたというものがある。像を見せたら地震が起こると反対する寺僧を強引に説得したというのだが、法隆寺にはフェノロサが訪れた記録はあるものの秘仏を開帳したことは記されていないそうだ。明治5年（1872）に政府の役人が宝物調査をしているので、その時にすでに開帳されていたため[*2]ではないかという。

用語解説

*1 **【仏像にも美を見出し】** こうした態度には信仰対象を美術品扱いしたとして批判もある。

*2 **【すでに開帳されていたため】** 法隆寺管主・聖徳宗管長を務めた髙田良信氏の説。法隆寺執事長だった頃に法隆寺の記録を調査し、そう推定した。太田信隆『新・法隆寺物語』による。

8月11日

三遊亭圓朝没 | さんゆうていえんちょうぼつ ［文芸］

三遊亭圓朝（1839〜1900）は江戸末〜明治初期の噺家。怪談の名手として知られ、後世の文学や演劇にも影響を与えた。命日の8月11日には墓所の全生庵（東京都台東区）で圓朝忌が行なわれる。

噺家（落語家）に名人と呼ばれる人は多いが、死後100年を超えても怪談の名手として尊崇されるのは圓朝を措いてほかにはないだろう。三田村鳶魚も「私どもが知つてからでも、三遊亭圓朝や春錦亭柳桜[*1]の幽霊話の上手であつたことは、まことに類が無いやうにおぼえて居ります」（『江戸の風俗』）と述べている。

圓朝が今も名人といわれるのには理由がある。口演筆記本が何冊も刊行されており、不完全ながらもその公演が再現できること。噺（演目）の多くが圓朝自身の創作であり、その内容が今も古びないこと。独特の演出を行ない、それが今の怪談や芝居で受け継がれていることなどである。

『円朝全集』巻の十（国立国会図書館蔵）より圓朝翁肖像

面白いのは外国の作品の翻案も多いことで、『牡丹灯籠』のように中国の話ばかりではなく、モーパッサンの「親殺し」などヨーロッパ文学もある。圓朝は創作にあたり「たいてい実地を踏んで得心のゆくまで見聞を経てから稿本にかかっている」（鏑木清方[*2]『随筆集 明治の東京』）といい、取材旅行に同行したことがある鏑木清方は、その時のことをこう回想している。「何処でも宿へ着けばきっと按摩を呼ぶ。外をあるけば別にくたびれてなくても掛茶屋へはいり込む。そこの床几に腰を下すと渋茶に染まった茶碗の縁を擦りながら、時の経つのを構わずに茶屋の親爺の話を引き出す。話術に稀代の名人はまた聴き手に廻っても名人で、茶店の老爺でも按摩でもこの聴き上手の欲するままに、その土地界隈のことがら細大洩らさず喋って尽きない」こうしたことも作品の迫真性を高めているのだろう。

用語解説

*1【春錦亭柳桜】?〜1894。落語家。人情噺を得意とした。

*2【鏑木清方】1878〜1972。日本画家。人物画や風俗画を得意とした。随筆家としても定評がある。

阿波踊り

あわおどり

 ［祭事］

毎年8月12日から15日にかけて徳島市で阿波踊りが開催される。阿波踊りそのものは徳島県各地で行なわれているが、もっとも賑わうのがこのイベント。その起源については諸説ある。盆踊りをベースにさまざまな要素が加わって芸能化したものであろう。

「ハ アラ、エライヤッチャ、エライヤッチャ、ヨイヨイヨイヨイ、踊る阿呆に見る阿呆、同じ阿呆なら踊らにゃ損々」

これは阿波踊りで歌われる「よしこの」という歌の歌詞であるが、この歌詞を見ただけで、その軽快なリズムや集団舞踊の迫力が思い起こされる人も少なくないだろう。阿波踊りは間違いなく日本を代表する踊り、祭の一つである。しかし、その起源は明確ではない。

阿波踊り[酔狂連の女踊り]（写真提供：徳島県）

「よしこの」の歌詞には「阿波の殿様、蜂須賀様が、今に残せし阿波踊り」というのもある。これは、蜂須賀家政[*1]が徳島城を築城した際に、城下の人たちが祝いの踊りをし、それが阿波踊りの起源となったことを歌うものだ。かつてはこの説が定説のようになっていたが、今は疑問視されている。阿波地域にもともと伝わっていた盆踊りに時代時代の流行が取り入れられ、現在見られる形になったと思われる。その際に大きな働きをしたのが藍商人であった。藍の取引で莫大な富を得た藍商人たちは、取引先の風俗や祭の要素を阿波踊りに加えていったのだという。阿波おどり会館のホームページによれば、「阿波おどりのリズムは、奄美・八重山の『六調』、沖縄の『カチャーシー』、九州の『ハイヤ節』、広島の『ヤッサ節』[*2]などとの共通点が多く、南方に端を発する『黒潮文化のリズム』とされることがある。また『阿波よしこの節』は、茨城県の『潮来節』が元になっているとされている」という。

用語解説

*1 【蜂須賀家政】1558〜1638。徳島藩藩祖。父の正勝とともに豊臣秀吉に仕え、四国攻めの功により阿波国を与えられた。天正14年(1586)に徳島城を築城。

*2 【六調・カチャーシー・ハイヤ節・ヤッサ節】六調は奄美などの歌・踊り、カチャーシーは沖縄の踊り方のことで両手を上げてかき混ぜるように踊るもの、ハイヤ節は熊本や長崎などの酒盛り歌で「ハイヤエー」と歌い出すもの、ヤッサ節は広島県の民謡でハイヤ節が伝わったものともいう。

8月13日

迎え火 | むかえび

 ［住］

迎え火はお盆に戻ってくる祖先の霊が間違えずに戻って来られるように家の前で燃やす火のことをいう。7月13日に行なうものであるが、新暦で行なうと農繁期と重なるので月遅れの8月13日に行なうところが多い。軒先や盆棚*1のそばに盆提灯・盆燈籠を置くのも、同様の意味をもつ。

迎え火

お 盆の「盆」は「盂蘭盆（会）」の略称である。盂蘭盆会は『仏説盂蘭盆経』の教えに基づく法会で、次のような由来があるとする。釈迦の十大弟子の1人目連は千里眼によって死んだ母が餓鬼道に墜ちて苦しんでいることを知り、釈迦に救済法を尋ねた。釈迦は、安居*2が終わる7月15日に修行僧たちの食事を布施すると、その功徳によって母が救われることを教えた。これが盂蘭盆会の起源とされるのだが、日本にはもともと旧暦7月に祖先の霊が帰ってくる信仰があったので、僧たちがこれを盂蘭盆会と結びつけて仏教儀礼化したのだろう。

　そうしたこともあって、お盆行事では祖先の霊（精霊）が無事に戻ってこられるよう、さまざまな配慮がなされる。迎え火もその一つで、ほかには燈籠や提灯を軒先などに下げるものがある。また、盆棚にキュウリの馬やナスの牛を供えるのも、精霊の乗り物とするためだ。

　江戸時代には迎え火はもっと複雑な儀礼を伴うものであった。「身分の高い武家や、筋目の正しい町家では、魂迎えをするために十三日の夕刻から各々の檀那寺へ行きます。墓前に灯火をささげ礼拝して、まるで生きた人を迎えるように、家の定紋のついた弓張提灯をともして道の上をてらし、魂迎えをしました」（三谷一馬『江戸年中行事図聚』）という。

用語解説

*1【盆棚】盆に戻ってくる故人の霊を祀るための仮設の祭壇。位牌を置き、香炉を備え、供物を捧げる。盆の期間に菩提寺の僧が檀家を訪れて行なう読経のことを棚経というのは、この盆棚の前で行なうものであることによる。

*2【安居】夏安居ともいう。インドには雨季と乾季があり、雨季は遊行（各地をめぐって修行・布教すること）ができないので僧院に籠もって修行をした。これを安居という。

8月14日

掃苔 | そうたい

 ［人生］

「掃苔」とは墓石についた苔を落とすこと、つまり墓掃除のことで、墓参りを意味する。最近は独特な形の墓も増えてきたが、それでもやはり主流は四角い墓石（竿石）を立てたものだ。ずっと昔からこの形式と思われがちだが、実はそうではない。

「**掃**苔」という字面を見ていると、タワシを手に墓石をごしごし洗う墓掃除を連想してしまうが、この言葉の主眼はそこにはない。むしろ墓掃除は口実で、目的は有名人の墓の観察、墓めぐりにある。皆川盤水監修『新編 月別仏教俳句歳時記』によると、「明治の文人がはやらせた言葉で、文人の掃苔とは、知人・友人にかかわらず訪れてみたい墓、通りすがりの霊園で死者たちの影に出会い、故人と無言の会話を楽しむこと、墓相*1を観察し、死者と対話することにある」という。

岩船寺（京都府木津川市）境内の五輪塔

そうやって墓めぐりをしてみると、どこの墓場でも四角い墓石が林立する光景がある。墓石の新旧・大小はあるものの、全体的な印象はそう変わらない。そのため、ずっと昔からこんな感じだったのだろうと思い込んでしまうが、それは間違いだ。そもそも庶民が半永久的な墓をもつようになったのは江戸時代に入ってからのことであるし、四角い竿石が主流*2になったのは20世紀に入ってからのことなのだ。

また、一つの墓に何人葬るかについても変遷がある。個人墓→夫婦・複数墓→先祖代々・○○家之墓の順に変化したといい、これについて勝田至編『日本葬制史』は「人びとが十六〜二十世紀という長い年月をかけて、墓石に家意識を投影していく様相が読み取れる」と述べている。

用語解説

*1 **【墓相】** 墓の形・立地・向きなどから所有者や家族（遺族）の運勢を占うもの。ただ、明治の文人の場合は姿形の良い悪しを評しただけだろう。

*2 **【四角い竿石が主流】** 墓石の形の変化は地域差があるが、おおむね五輪塔→仏像碑型（有像舟形）→板碑型→駒形→櫛形→笠塔婆形→角柱形と変化したという。

8月15日

盆踊り | ぼんおどり

 ［文芸］

毎年8月15日から17日にかけて熊本県山鹿市の山鹿温泉では「山鹿灯籠まつり」が開かれる。頭に「山鹿灯籠」を載せて踊る独特の祭であるが、これも盆踊りの一種である。この時期、各地でさまざまな盆踊りが実施される。

伝 承によると、山鹿灯籠まつりの起源は第12代景行天皇の御代にさかのぼるという。天皇が九州を巡幸された折、菊池川を遡上して山鹿に上陸しようとした。ところが濃霧のために着岸すべきところがわからなくなってしまった。そこで住人たちは松明をともして船を誘導

山鹿灯籠まつりの千人踊り

したのだという。その後、山鹿の人々は天皇の行在所[*1]跡に神社（今の大宮神社）を建てて景行天皇を祀り、灯火を奉納して往時を偲んだとされる。

　燈籠を奉納するようになったのは室町時代というので、実際の起源もその頃と考えてもよいかもしれない。この山鹿灯籠まつりは踊りの際に歌われる「よへほ節」[*2]など特徴がいくつかあるが、なんといっても印象的なのが山鹿灯籠だ。山鹿灯籠は木や釘など一切使わず、紙と少量の糊だけで作られるもので、頭に載せる金燈籠と大宮神社に奉納される奉納燈籠の2種類がある。金燈籠も繊細で浴衣姿の女性がかぶると天女の宝冠のようにも見えて美しいが、社寺や城を再現した奉納燈籠はそれ自体が一個の芸術作品といえる。

　さて、山鹿灯籠まつりを含め、この時期に行なわれる踊り、とくに円を描いて踊るものは盆踊りの一種と考えてよい。盆踊りはお盆に帰ってきた霊（精霊）を歓待する、あるいは送り出すための踊りで、明るい調子のものが多いのは霊を楽しませるためのものであることによる。霊の帰還は嬉しいことであっても、いつまでも留まられては困るので、賑々しい祭を行なって送り出すのである。

用語解説

*1 【行在所】天皇が外出した際に休憩・宿泊される場所、仮の御所をいう。行宮ともいう。
*2 【よへほ節】山鹿灯籠まつりで歌われる歌。「よへほ」は「酔いなさいよ」といった意味だという。なお、今歌われている歌詞は近代の民謡・童謡詩人の野口雨情が改作したもの。

8月16日

五山送り火 | ごさんのおくりび

［祭事］

毎年8月16日には京都盆地を囲む5つの山で、文字や船、鳥居などをかたどった送り火が焚かれる。古くは7月16日の習俗であったが、新暦となってから8月16日になった。京のお盆の終わりを告げる儀礼である。

五山送り火を「大文字焼き」と呼ぶのを京の人は嫌う。送り火は「大文字」だけではないことに加え、「大文字焼き」という表現には「お精霊」*1をあの世に送るという宗教行事の重みが感じられないからだろう。

五山送り火でともされる送り火は全部で5種。ともされる順に述べると、東山如意ヶ嶽の大文字、松ヶ崎西山・東山の妙・法、西賀茂船山の船形、大北山の左大文字、嵯峨仙翁寺山(曼荼羅山)の鳥居形である。

五山の送り火(東山の如意ヶ嶽の「大文字」)

その起源について『増補俳諧歳時記栞草』は「伝へいふ、室町家*2繁昌の日、遠望遊観の為これを点ぜしむ。故に一条通を正面とす。一説に、延徳元年*3七月十六日、相国寺横川*4始てこれを作る。是将軍義尚追悼のため也」と2説をあげているが、どちらも歴史的事実とは言いがたい。また、広く知られている弘法大師空海創始説も裏づけるものはない。『三省堂年中行事事典』は「現在の形になったのは江戸時代と考えられ、もともとは万燈籠の行事が発展したものであろう。万燈籠とはいくつもの火をともして盆の送り火とするもので、大文字送り火の五山のなかにも万燈籠山が転じたらしい曼荼羅山の名が残っている」としている。なお、船山の送り火も正しくは「船形万灯籠送り火」という。

なお、大文字の火を器の水に映してから飲むと病気にかからないという。

用語解説

*1 **【お精霊】** 死者の霊魂、とくにお盆に戻ってくる霊を京都ではこのように呼ぶ。

*2 **【室町家】** 藤原北家の支流である西園寺家の庶流の公家のこと。四辻家ともいう。

*3 **【延徳元年】** 1489年のこと。

*4 **【横川】** 横川景三(1429〜1493)のこと。室町後期の禅僧。足利義政の崇敬を受け、相国寺・南禅寺の住職を歴任した。

8月17日

源惟清、白河上皇呪詛の罪で流罪となる

みなもとのこれきよ、しらかわじょうこうじゅそのつみでるざいとなる

［歴史］

嘉保元年（1094）8月17日、源惟清は白河上皇を呪詛した罪で伊豆国に流罪となった。この事件は冤罪の可能性も指摘されているが、平安時代はこのほかにも多くの呪詛事件が起こっており、呪い呪われる呪詛の時代であった。また、8月13日から17日頃は七十二候の「寒蝉鳴」にあたる。ヒグラシ*1が鳴き始める時期という。

源 惟清による白河上皇呪詛事件は、実に謎めいている。『中右記』*2に記されているのであるが、呪詛の動機などが書かれていないこともあって、どことなくすっきりしないものとなっている。当時、惟清は三河守（三河国司の長）に任じられたばかりで、身分的にいっても状況的にみても上皇を呪詛するという危ない橋を渡る理由がない。国守はさほど高い身分ではないが、実入りのいい仕事であったからだ。父親の宗仲も流罪に

『白河院御影』（国立国会図書館蔵）

なっているのも気になる。『吾妻鏡』には鳥羽上皇が宗仲の妻（祇園女御*3）を奪って宗仲を流刑にしたという記述があるが、それはこの事件のことを言っているのではないかとする説もある。名前を変え、別人のこととして記されたというのだ。これらを勘案すると、惟清の流罪は冤罪だった可能性が高い。

その一方で、平安時代には呪詛が頻繁に行なわれたということも事実だ。史書や貴族の日記を見ると、至る所に呪詛の記述があることがわかる。文献だけではなく、遺跡からは呪詛に使われた土器や人形なども見つかっている。呪詛は権力者に向けられる傾向が高かった。その最たるものが藤原道長で、道長のことを近くで見ていた藤原実資*4は「相府（宰相のことをいう中国の表現、ここでは道真を指す）は一生の間に、このようなこと（呪詛）が絶え間なく起こる。悲しいことだ」と日記（『小右記』）に記している。

用語解説

*1【ヒグラシ】セミの一種。鳴き声からカナカナともいう。朝夕に鳴き、とくに夕方の鳴き声が印象的であるため「日暮らし」という名がついた。

*2【『中右記』】藤原宗忠（1062～1141）の日記。本人は『愚林』と名づけているが、中御門に住んだ右大臣の日記ということで『中右記』と呼ばれた。52年にわたる大記録で、白河・鳥羽両上皇の院政の様子が詳細に綴られている。

*3【祇園女御】生没年不詳。白河上皇の寵妃。実際には女御（天皇の妃の一種、皇后・中宮に次ぐ）ではないが、祇園女御と呼ばれ権勢を誇った。

*4【藤原実資】957～1046。平安中期の公卿。右大臣にまで出世した。

8月18日

太閤忌 | たいこうき

［歴史］

8月18日は豊臣秀吉の命日。秀吉は関白の地位にあったことから太閤と呼ばれた。そこからその忌日も太閤忌という。大阪城豊國神社など秀吉ゆかりの場所では慰霊の神事や仏事、イベントが行なわれる。

『肖像』(国立国会図書館蔵)より「豊臣秀吉公」

「黄門[*1]」といえば水戸光圀[*2]が思い浮かぶように、太閤といえば豊臣秀吉のことと思ってしまう。いずれも朝廷での役職に関する呼称なので、過去に何人もの黄門・太閤がいたはずだ。それにもかかわらず、本来は中納言や関白と無関係な武士のニックネームのようになってしまったことは興味深いことだ。秀吉も水戸光圀も庶民に人気があったことが、こうした現象の原因といえよう。とくに秀吉は貴族社会とはまったく無縁の、むしろ社会の底辺に近い出自でありながら、関白となって貴族をも見下げる地位にまで出世したことに、庶民は痛快な思いを抱いたのであろう。秀吉を太閤と呼ぶことには、そんな思いが感じられる。

　貧しい境遇で育ち、貴族的な教養を身につけないまま天下人となった秀吉は、ほかの人物ではなしえなかったであろう文化・芸術への破壊的変革を軽々とやっている。その一つが天正15年(1587)10月1日に行なわれた北野大茶湯である。

　これは秀吉が北野天満宮(京都市上京区)で催した大茶会で、境内の松原には800とも1600ともいわれる茶席が設えられ、茶の湯を志す者であれば身分にかかわりなく参加ができた。これ以前にも茶室内では身分を問わないといったことはいわれてはいたが、茶の湯が有閑階級の高尚な趣味であることは変わりなかった。それを秀吉は無礼講のお祭りにしてみせたのである。

用語解説

*1 【黄門】中納言(太政官のナンバー2の役職である大納言の補佐役)の中国風の呼称。

*2 【水戸光圀】徳川光圀。1628~1701。徳川家康の孫で、徳川御三家の一つである水戸藩第2代藩主。儒学を奨励し、『大日本史』を編纂させた。水戸黄門とも呼ばれるが、講談・時代劇で語られるような諸国漫遊はしていない。

8月19日

蒙霧升降 ｜ ふかききりまとう

［歳事］

8月18日より22日頃は七十二候の「蒙霧升降」にあたり、深い霧が出る時節だとされる。日本神話では天地ができあがって間もない時期に霧に関わる神が出現している。こうした神は命を生み出すことと関わりがあるのかもしれない。

素｜人には霧も靄も霞も同じようなものに思えてしまうが、気象上はちゃんと区別されている。高橋健司『空の名前』によれば、「水平方向の視程が一キロメートル以上を靄、一キロメートル未満の、見通しの悪いのを霧としています。靄の中は、霧の中のような冷たさや湿っぽさはありません」とし、靄は「うすい煙のようなものが棚引いている様子をいい、霧の

『嚴島圖會』(国立国会図書館蔵)より「剣玉御誓」。天照大御神と須佐之男命の「うけい」の場面

ことも煙霧のことも、また山にかかった雲のこともあります」とする。また、霧にも使い分けがあり、「発生原因により放射霧、蒸気霧、滑昇霧・移流霧・前線霧*1といい、湿霧、氷霧、霧氷霧と霧粒で分類することもあります。また、発生する場所によって盆地霧、都市霧、海霧、山霧、谷霧、川霧などといいます」と述べている。

『古事記』には霧の神*2がペアで登場する。伊邪那岐命・伊邪那美命の国生みの場面で、伊邪那岐命・伊邪那美命の子である大山津見神と野椎神から生まれた神で、天之狭霧神・国之狭霧神という。『古事記』はこの神の活動について述べていないが、天照大神の神話のところで興味深い記述がみられる。それは、天照大神と須佐之男命が「うけい」という占いをする場面で、2神は神を生むために剣や勾玉を噛んで吹き出す。この時のことを『古事記』は「吹き棄つる気吹の狭霧に成れる神の御名は」と述べる。つまり、狭霧の中から神が生まれてきたというのだ。これは霧が命の揺り籠となったことを示すものではないだろうか。

用語解説

*1 【滑昇霧・移流霧・前線霧】滑昇霧は山の斜面を吹き上げる風によってできる霧のこと、移流霧は暖かく湿潤な空気が冷たい地面や海面に接触してできる霧、前線霧は温暖前線に沿ってできる霧をいう。

*2 【霧の神】霧の神格化とも霧を司る神とも考えられる。

8月20日

KEYWORD ◈ 大覚寺（だいかくじ）、嵯峨（さが）の送り火、弘法大師空海（こうぼうだいししくうかい）、無学祖元（むがくそげん）、建長寺（けんちょうじ）

宵弘法 | よいこうぼう

［祭事］

毎年8月20日には大覚寺（京都市右京区）で宵弘法が行なわれる。これはお盆で現世に戻ってきた霊をあの世（浄土）に送るために火を焚くもので、「嵯峨の送り火」とも呼ばれる。また、8月20日は弘安2年（1279）に無学祖元が来日した日である。

大覚寺がある嵯峨野（さがの）は平安時代の皇族・貴族がその風光を愛し、別荘を建てたところであった。大覚寺も嵯峨天皇の離宮を寺に改めたもので、境内に広がる大沢池（おおさわのいけ）*1は離宮の一部として作られた人工池である。宵弘法では、この大沢池で「お精霊さん」（しょうらい）（お盆で戻ってきた故人の霊）をあの世に送る送り火が焚かれる。

この行事は弘法大師空海によって始められたと伝わるが、五山送り火（8月16日参照）と同様の儀礼が大覚寺の行事に取り込まれたのであろう。なお、宵弘法と呼ばれるのは、翌日が弘法大師の誕生を祝う法会なので、その宵宮（前夜祭）として行なわれたことによるものと思われる。

いっぽう弘安2年の8月20日には南宋から無学祖元（1226～1286）が来日し、建長寺（神奈川県鎌倉市）の住職となっている。弘安5年に円覚寺（えんがくじ）が創建されると、その住職も兼ねた。

来日の4年前、祖元がいた寺に元（げん）*2の兵士が踏み込んできたことがあった。兵士らは祖元を斬ろうとしたが、祖元が偈頌（げじゅ）*3を唱えると恐れて逃げ出したという。このエピソードがどこまで事実か不明だが、祖元の来日は元の南下に身の危険を感じたためであったことは間違いない。南宋の残党が元に滅ぼされたのは、まさに祖元が来日した年のことであった。

『都名所図会』（国立国会図書館蔵）より「大覚寺」

用語解説

- ***1【大沢池】**嵯峨天皇が離宮のために造らせた池で、中国の洞庭湖（どうていこ）を模している。周囲は1キロある。
- ***2【元】**モンゴル帝国の後裔国の一つ。クビライ（フビライ）が1271年に建国した。日本では蒙古と呼ぶことが多い。
- ***3【偈頌】**禅の教え、悟りを詠み込んだ漢詩。元の兵士は禅のことを知らないので、呪詛の呪文と思ったのだろう。なお、夏目漱石は『吾輩は猫である』でこの偈頌の最終句「電光、影裏に春風を斬る」をギャグに使っている。

8月21日

鳳仙花 | ほうせんか

［人生］

鳳仙花はツリフネソウ科の一年草。初秋を感じさせるこの時期に赤や白などの花をつける。神仙思想を思わせる名前だが、原産地は東南アジア。名前の由来は花が鳳凰*1 に似ているからという。花を使って爪を染める習俗が日本や中国にあり、「爪紅」ともいう。

日本では6月から9月にかけて花を咲かせる鳳仙花であるが、秋(8月)の季語となっている。富安風生*2も「朝晩は涼しくなりぬ鳳仙花」と詠んでいる。鳳仙花という仰々しい名前の由来については、『増補俳諧歳時記栞草』(1851年刊の歳時記)は『本草綱目』*3を引いて「時珍日、其花に頭・翅・尾・足具れり。翹然(首を伸ばしている様子)として鳳の形の如し。故に名く」と述べた後、草の形を説明する中でも「(花の)状、飛禽の如し」と改めて書いている。

　鳳仙花のもう一つの特徴として、実に触れると種が勢いよく飛び出してくることがある。東洋ではこれについてとくに言うことはない(『増補俳諧歳時記栞草』もそのことに触れていない)が、西洋ではこの点に注目しており、花言葉の「私に触れないで」もこのことに由来している。

　東洋ではむしろ花びらを使って爪を染めることを重視している。たとえば、『北京風俗大全』*4には娘たちが花を潰したものとミョウバンを混ぜて爪を染めることが書かれている。日本でもほぼ同様の方法が用いられていたが、もとはおしゃれのためではなく魔除け・蛇除けのまじないであった。鈴木棠三『日本俗信辞典 植物編』によれば「熊本県玉名郡南関町で、ホウセンカの花弁とカタバミの葉の汁とで爪を染めていれば、ヘビにかみつかれない、といい、沖縄県八重山郡では、ホウセンカで爪を赤く染めるのは母性の守りで魔除けになる、と伝えている」という。その沖縄では鳳仙花を「てぃんさぐぬ花」といい、「爪を染めるように親の教えを心に染めよ」という教訓歌もある。

用語解説

*1 【鳳凰】中国の神話に登場する霊獣、瑞鳥。徳の高い天子(皇帝)が即位すると現われるという。

*2 【富安風生】1885〜1979。俳人。逓信省を次官まで勤め上げるかたわら大正・昭和を代表する俳人として活躍した。句集に『草の花』などがある。

*3 【『本草綱目』】中国の薬学書。万暦23年(1596)刊。作者は李時珍。

*4 【『北京風俗大全』】羅信耀著。1939年2月26日から1940年1月30日にかけて「北京英文時事日報」に掲載されたもので、呉という青年の半生とともに北京の風俗が語られている。

8月22日

六地蔵めぐり

ろくじぞうめぐり

 ［祭事］

京都では毎年8月22日・23日に「六地蔵めぐり」が行なわれる。地蔵菩薩を安置する6つの寺院をめぐるもので、伝説では平安時代に始まるものという。なお、江戸六地蔵は地蔵坊正元が京の六地蔵をまねて18世紀初頭に造ったものである。

寺　院の参道脇や墓地の入口などに6体の地蔵像が並んでいるのをご覧になったことがあると思う。衆生（生きとし生けるもの）は悟りを開かないかぎり地獄・餓鬼・畜生・阿修羅・人・天の六道を輪廻*1してさまざまな苦に出合うのだが、地蔵はこの6つの世界に分身を現わしてすべての衆生を救うという。この6つの分身*2を六地蔵という。

六地蔵（筆者による模写）

　六地蔵めぐりはこうした六地蔵を安置する六つの寺院をめぐるものであるが、古くは六地蔵すべてを安置する寺院に詣るものであった。13世紀中頃に成立した『源平盛衰記』には「七道の辻ごとに六体の地蔵菩薩を造り奉り、（略）四宮川原、木幡の里、造道、西七条、蓮台野、みぞろ池、西阪本、これなり」とあり、7カ寺をめぐるものとしているが、『資益王記』*3では「西院、壬生、八田、屋根葺、清和院、正親町西洞院」とあって6カ寺になっている。

　伝説では、熱病にかかった小野篁が夢で地蔵菩薩から六地蔵めぐりの利益を教えられ、6体の地蔵を造って大善寺（京都市伏見区）に奉納したのが始まりとする。六地蔵めぐりの寺院は時代によって異なるが、今は上善寺（北区）・徳林庵（山科区）・大善寺（伏見区）・浄禅寺（南区）・地蔵寺（西京区）・源光寺（右京区）となっている。

用語解説

*1 【輪廻】終わりなく生死を繰り返すこと。善行を積んでいれば良い世界に生まれ変われるが、悪事を働くと地獄などに生まれ変わるとする。仏教などインドを起源とする宗教の多くは、輪廻を根源的な苦の一つとし、それから離脱するためには悟りを開く必要があるとする。

*2 【6つの分身】経典によって名前が異なるが、『覚禅鈔』によれば、大定智悲地蔵（地獄）・大徳清浄地蔵（餓鬼）・大光明地蔵（畜生）・清浄無垢地蔵（阿修羅）・大清浄地蔵（人）・大堅固地蔵（天）とする。

*3 【『資益王記』】皇室の祭祀を司った白川伯王家の8代目当主・白川資益（1417〜1484）の日記。

8月23日

御山洗 | おやまあらい

 ［歳事］

8月23日前後は二十四節気の「処暑」にあたる。ようやく暑さが収まる時期だ。地上が秋になれば、富士山上では冬が始まる。「御山洗」は旧暦7月26日（新暦では8月下旬〜9月上旬）頃の雨のことで、富士山を洗う雨とされる。

富士山は神が住む霊山であり、山全体が聖地である。本来まっさらな清浄の地である富士山頂も、登山者たちが地上から穢れを持ち込んでしまうので、閉山の頃には相当な量の穢れで汚れてしまうことになる。これを洗うのが「御山洗」の雨というわけだ。

富士山と白糸の滝

　御山洗にかぎらず富士山に降った雨や雪は、山体にしみ込んで長い時間をかけて地下を流れて麓で湧き出してくる。これが富士の湧水である。日本一の高さ・大きさを誇る富士山だけに湧水の数、量も膨大なものになる。つまり、富士山は水の山でもあるわけだ。こうした水も信仰の対象になってきた。

　その代表が富士宮市の白糸の滝だ。無数の白糸を並べたように見える名瀑であるが、富士講の開祖・長谷川角行[*1]が修行した場所とされ、富士講行者の巡礼地となってきた。富士山本宮浅間大社の境内にある湧玉池[*2]も富士山の湧水でできた池で、古くから信仰の対象となってきた。今もここで禊が行なわれる。

　富士山麓にある富士八海（富士八湖）と呼ばれる湖も信仰対象で、富士講の巡礼箇所になっていた。これには内八海と外八海があるとされ、内八海は泉瑞、山中湖、明見湖、河口湖、西湖、精進湖、本栖湖、四尾連湖をいう。外八海は富士山麓のほかの霊海といった意味で、日本各地の湖（海）をいう。具体的には、二見ヶ浦（三重県）、琵琶湖（滋賀県）、芦ノ湖（神奈川県）、諏訪湖（長野県）、榛名湖（群馬県）、中禅寺湖（神奈川県）、桜ヶ池（静岡県）、霞ヶ浦（茨城県）である。

用語解説

*1【長谷川角行】1541〜1646。山岳修行者。富士山の人穴などで苦行をしたとされ、富士山信仰を広め富士講の基礎を築いた。

*2【湧玉池】国の天然記念物。水温は年間を通して約13度で毎秒3.6リットル、一日約20万トンの水が湧出している。

地蔵盆 | じぞうぼん

 ［祭事］

毎年8月24日（旧暦を使っていた時代は7月24日）には関西圏、とりわけ京都で地蔵盆が行なわれる。子どもが主役の祭で、お盆の締めくくりの儀礼とされる。

『仏像図彙』（国立国会図書館蔵）より「愛宕権現」

地蔵盆の特徴は子どもによって主催されることにある。子どもたちは町内の地蔵を美しく飾り（往々にして地蔵は白粉などで化粧される）、供物を供えて、地蔵の祠の近くに籠もり、念仏を唱えたり菓子を食べたりして過ごす。余興が行なわれることも多い。

その起源については諸説があるが、林英一氏の『地蔵盆』によれば、「地蔵盆」という言葉は江戸時代以前の記録には見られないが、近世には同様の行事が地蔵祭として行なわれていたことが『難波鑑』『拾椎雑話』[*1]からわかるという。

仏教民俗学者の五来重氏は辻や境界に祀られる地蔵の起源を道祖神に求め、道祖神の祭が陰陽道化してフナド（岐）神・御霊の祭となり、さらに地蔵の祭となって、子どもの遊びに変化したと推定している。そして、地蔵盆が子どもによって主催されるのは、もともと道祖神・塞の神が子どもによって祭祀されていたからだと述べる。また、7月24日に行なわれることについては愛宕信仰との関係を指摘する（『石の信仰』『宗教歳時記』）。『民俗小辞典 神事と芸能』も「江戸時代後期の風俗を記した『丹後国峯山領風俗問状答』には、二十四日を地蔵祭とも愛宕祭とも呼んだとあり、近世後期においては京都の愛宕大権現[*2]の本地仏である勝軍地蔵を媒介として、地蔵信仰と愛宕信仰が表裏一体となって、各地に流布されていた状況がうかがえる」としている。しかし、今の地蔵盆にはそうした要素はほとんど見られない。むしろ、ほとんどの地域で失われてしまった「子ども組」の習俗の貴重な残存例と考えてよいかもしれない。かつて日本の集落には年齢ごとに集団（子ども組・若者組・壮年組・老人組）があり、それぞれに行事などの役割があった。子ども組は虫送り（6月28日）などで活躍した。

用語解説

*1 【『難波鑑』『拾椎雑話』】『難波鑑』は大阪の年中行事を紹介したもので延宝8年（1680）刊、『拾椎雑話』は地誌で宝暦7年（1757）刊。

*2 【愛宕大権現】京都市右京区に鎮座する愛宕神社のこと。

8月25日

綿柎開 │ わたしべをひらく

［衣］

8月23日から27日頃は七十二候の「綿柎開」にあたる。綿（木綿）の蒴果^{*1}が割れて綿が出てくる時節であることをいう。なお、『日本後紀』^{*2}によれば、日本に木綿を伝えたのは漂着した崑崙人だという。

『楳嶺花鳥画譜 草綿・真鶴』（国立国会図書館蔵）

現在、「わた」というと木綿のことを指すが、かつては生糸のことを指していた。室町時代に栽培法が普及するまで木綿は輸入に頼っており、ごく一部の人のみが使える高級品であった。ところが、『日本後紀』は平安時代の初めに綿の種を伝えた人物があると伝える。興味深い記事なので少々長いが現代語訳を引用させていただく。延暦18年（799）7月の条である。「本月、小舟に乗り参河国へ漂着した人がいた。布を背に巻きつけ、褌を身に着けて袴を着けず、左肩に袈裟に似た紺色の布を掛けていた。年齢は二十ほどで、身長は五尺五分、耳の大きさは三寸余あり、言葉が通じず、どこの国の出身か判らなかったが、唐人らはみな崑崙^{*3}（マレーシア）人だと言った。その後、日本語を習い、自分は天竺（インド）人だと言い、（略）持ち物を調べると草の実のようなものがあり、綿の種子だと言う」（前川佃訳）

この記事には続報がある。翌年の4月12日の条で、その綿の種子を紀伊・淡路・阿波・讃岐・伊予・土佐・太宰府などに配り、栽培させたというものだ。栽培法を細かく書いてはいるがうまくいかなかったらしい。

なお、愛知県西尾市には、この崑崙人を棉祖神として祀る神社がある。明治16年（1883）に創建された天竹神社である。天竹神社では祭神の偉業を讃えるため、毎年10月の第4日曜日に棉祖祭を開催し、古式に従った綿打ち^{*4}が披露される。

用語解説

*1 【蒴果】熟すと表皮がはじけて種を飛ばす種類の果実のうち、皮が下から上に向けて割れるものをいう。アサガオ・ホウセンカなど。

*2 【日本後紀】勅撰の歴史書。六国史（6つある日本の正史のこと）の3番目。延暦11年（792）から天長10年（833）までを収録。ただし、現存するのは全40巻のうち10巻のみ。

*3 【崑崙】中国の西方にあるとされた伝説の山。訳文のように東南アジアを指すこともあるが、一般には中国西部、チベット高原とタミル盆地の間の崑崙山脈あたりを指すことが多い。

*4 【綿打ち】収穫した綿の繊維をほぐし、ゴミを取り除く作業。棉祖祭では唐弓という道具が用いられる。

葛餅 | くずもち

[食]

実は「葛餅」は夏の季語であって、この項では季節はずれだ。しかし、「葛」あるいは「葛根を掘る」となると秋の季語となる。秋に掘り出された葛の根は乾燥されて生薬に、また粉にされて菓子などの材料となる。

冒 頭から断り書きばかりで恐縮だが、葛餅には2種類ある。葛粉を水で溶かし砂糖を混ぜて火にかけ、透明になったところを水で冷やすものと、小麦粉を発酵させたものである。関東地方で葛餅（久寿餅）というと後者のものが多く、川崎大師や亀戸天満宮など社寺門前の土産物となっている。関東式の葛餅は菓子には珍しい

関西風の葛餅

発酵食品であるが、ここは本来の葛餅について述べたい。

　葛は日本在来の植物で、古くからツルを道具や衣料の材料とされてきた。また、大きな塊根[*1]は薬や食料に用いられた。乾燥された塊根は葛根といい、生薬として用いられる。これを主成分として調合された漢方薬が葛根湯で、風邪の治療薬とされる。また、花を乾燥させたものも薬用となる。また、生の葉も止血に用いられる。

　葛粉は塊根を砕いて水にさらして繊維を取り除き、デンプンだけを取り出したものをいう。そのまま湯に溶いて葛湯として飲まれることもあるが、葛餅などの菓子の材料、料理のとろみとして使用される。嘉永4年（1851）に刊行された『増補俳諧歳時記栞草』に葛粉は載っていないが、「葛水」はあり、「葛の粉、夏月、冷水に入かきたてて飲む。よく渇を解、胃を傷らず、功尤多し」とある。

　葛餅の起源は不詳だが、『庭訓往来』[*2]にある水繊が元になったのかもしれない。水で溶いた葛粉を、油を引いた鍋に流して透明になったところではがし、薄く切って甘い汁をかけて食べるものだ。

用語解説

*1 【塊根】養分をため込んで肥大した根のこと。サツマイモやダリアの根などがこれにあたる。

*2 『庭訓往来』南北朝後期～室町時代に成立した庶民向けの教科書。一般教養として知っておくべきことが列挙されている。

8月27日

岩木山お山参詣
いわきさんおやまさんけい

［祭事］

「岩木山お山参詣」は岩木山神社最大の祭礼で、旧暦8月1日（新暦では8月の下旬〜9月上旬頃）のご来光を岩木山山頂で拝するもの。参拝者たちは登山囃子[*1]を奏でながら岩木山神社に参拝した後、行列を作って岩木山を登る。

岩木山は津軽富士とも呼ばれる。裾広がりの秀麗な山容が富士山を思わせるからであるが、富士山が日本のシンボルであるように岩木山が津軽の人々の心の拠り所であることも、この呼び名に込められている。その気持ちがあふれ出るのが「お山参詣」である。

お山参詣（写真提供：公益社団法人青森県観光連盟）

　北津軽郡金木村に生まれた太宰治も岩木山にはひとかたならぬ思いを抱いていたようだ。太宰がお山参詣をしたという記録はないようだが、津軽への帰郷旅行を記した『津軽』の本編を「巡礼」という章で始めているところに太宰の岩木山への思いが表われているようにも思える。実際、太宰はこの旅でいろんな場所から岩木山を目にしているにもかかわらず、金木に着いた場面でようやくその姿を描写するのである。「したたるほど真蒼で、富士山よりもっと女らしく、十二単衣の裾を、銀杏の葉をさかさに立てたようにぱらりとひらいて左右の均斉も正しく、静かに青空に浮かんでいる」

　さて、お山参詣は向山・宵山・朔日山と3日にわたって行なわれる。向山では参拝者は普通に参道を歩いて岩木山神社に参拝する。宵山では白装束に身を包んだ参拝者たちが黄金色の御幣や巨大な幟を立てて、太鼓・鉦・笛を演奏しながら岩木山神社に参拝する。そして朔日山では未明の暗いうちから岩木山を登り（その途上でも登山囃子を奏でる）、山頂付近でご来光を拝するのである。

用語解説

*1【登山囃子】 太鼓・鉦・笛を演奏しながら「さいぎさいぎ（懺悔懺悔）、どっこいさいぎ（六根清浄）、おやまさはつだい（御山八大）、こうごうどうさ（金剛道者）、いーつになのはい（一々礼拝）、なむきんみょうちょうらい（南無帰命頂礼）」と唱え、踊る。

大伴家持没

おおとものやかもちぼつ

 ［文芸］

8月28日頃から9月1日頃は七十二候の「天地始粛」にあたる。秋冷を感じる日も現われることをいう。また、延暦4年（785）の8月28日は万葉歌人の大伴家持が没した日である。

大伴家持は『万葉集』最大の歌人である。長歌・短歌合わせて473首が採録されている。歌聖と呼ばれ尊崇されてきた柿本人麻呂でさえ約370首（数え方によって異なる）であるので、いかに家持が突出した存在であるかわかるだろう。『万葉集』の17巻から20巻は家持歌集といってよいほどだ。こうしたことから家持は『万葉集』編纂に深く関わっていたと考えられている。しかし、ここでは歌人・大伴家持についてではなく、神話資料としての『万葉集』について述べたい。

「神佛図會」（国立国会図書館蔵）より月読尊

日本の神話といえば、まず『古事記』『日本書紀』が思い浮かぶ。この2書が基本文献であることは動かないが、それだけに頼っていたら日本神話の真の姿は見出せない。『出雲国風土記』をはじめとした各国の「風土記」[*1]、由緒ある神社の創建伝承などに加えて、『万葉集』も研究の対象としなければならない。なぜ歌集が神話の資料になるのかと不思議に思われるかもしれないが、『万葉集』の歌には神話を題材としたものが少なくないのだ。しかも、そこには『古事記』『日本書紀』には載っていない神話が取り上げられていたりする。

たとえば、天照大神の弟の月読命は、『古事記』『日本書紀』の神話ではあまりぱっとしない存在だが、『万葉集』には「若返りの水」[*2]をもつ神として詠まれている。また、大国主命と少彦名神が岩屋に籠もったという、今ではすっかり忘れられ、どのような話なのかわからなくなっている神話の一場面を詠んだ歌もある。

用語解説

*1 **【「風土記」】** 和銅6年（713）の元明天皇の 詔 によって各国に編纂が命じられた地誌。完全な形で残るのは出雲国のみで、常陸・播磨・豊後・肥前国が断片的に残る。ほかにも引用文として今に伝わるものもある。

*2 **【「若返りの水」】**『万葉集』はこれを「をち水」と呼んでいる。なお、月に不老不死の霊薬があるとする神話は世界各地にあり、中国では嫦娥の話が有名。

8月29日

生駒ケーブル開業
いこまけーぶるかいぎょう

［歴史］

大正7年（1918）8月29日、生駒鋼索鉄道（現・近鉄生駒鋼索線、通称・生駒ケーブル）が開業した。生駒山にある宝山寺への参詣者を輸送するのが目的で、日本最初のケーブルカーであった。

　ケーブルカー（鋼索鉄道）とは二つの車両をケーブルでつなぎ、一方が斜面を登っていけば、もう一方は下っていくという構造になっている鉄道のことで、原理的にはエレベーターと同じである[*1]。なお、鋼索鉄道のことをケーブルカーと呼ぶのは日本とアメリカで、ヨーロッパではフニクラーなどという。また、日本やアメリカでロープウェイと呼ぶ索道をイギリスではケーブルカーと呼ぶ[*2]。本書では日本式に鋼索鉄道をケーブルカーと呼ぶことにする。

現在の近鉄生駒ケーブル

　さて、日本では有名な社寺の多くが山の頂上や中腹に鎮座しているので、参詣者の便をはかるためケーブルカーが敷設されていることが少なくない。主なものだけでも比叡山（滋賀県）・高野山（和歌山県）・信貴山（奈良県）・筑波山（茨城県）・高尾山（東京都）・御嶽山（東京都）・立山（富山県）・鞍馬山（京都府）・男山[*3]（京都府）などがある。戦前はもっとたくさんの路線があったのだが、多数の路線が戦時中に不要不急線のレッテルが貼られ、レールや車両を金属供出させられたことから廃線に追い込まれた。

　生駒ケーブルはこうしたケーブルカーの先鞭をつけたわけだが、日本初だけあってすべてが手探りであったらしい。しかし、物珍しさもあって大人気となり、開業翌年には300万人が乗ったともいう。この数字はにわかには信じられないが、運びきれないほどの乗客がいたことは事実で、昭和元年（1926）には複線化されている。現在も複線のケーブルカーは生駒ケーブルだけだ。

用語解説

*1 【原理的にはエレベーターと同じ】エレベーターの場合は別の籠とケーブルでつながっているわけではなく、おもりと籠がつながれている。

*2 【索道をケーブルカーと呼ぶ】日本でも吉野山（奈良県）の索道が「吉野大峯ケーブル」と称している。

*3 【男山】石清水八幡宮が鎮座する。

8月30日

KEYWORD ◈ 法師蟬、藤原高遠、筑紫恋し

ツクツクボウシ

［文芸］

ツクツクボウシはセミの一種。晩夏から初秋にかけて鳴くことから、その鳴き声は夏の終わりを感じさせる。ツクツクボウシという名前は鳴き声に由来しているが、時代・地域によって呼び名が異なっている。意味をもたせて聞き取ることもあり、「筑紫恋し」とすることもあった。

「ツ」クックボーシ、ツクツクボーシ」と鳴くのでツクツクボウシ。これを「つくつく法師」と書くこともあるので、法師蟬とも呼ばれる。さかのぼると平安時代は「くつくつほうし」と呼ばれていた。興味深いのは藤原高遠 [1] の頃には「うつくし」とも呼ばれていたらしいことだ。高遠の歌に「屋の端につくつくぼふしの鳴くを聞きて」という詞書きをもつ「我が宿のつまは寝よくや思ふらむ　うつくしといふ虫ぞ鳴くなる」という歌がある。「私の家の軒の端（つま）は寝やすいのだろうか、『うつくし』という虫が鳴いている」といった意味だが、端に妻をかけており、読みようによってはエロティックな意味にとれる歌になっている。

『昆蟲圖譜』（国立国会図書館蔵）より「ツクツクボウシ」

　室町時代頃より「つくつくぼうし」「つくつく法師」が一般的になったようだが、「つくしよし」「つくしこひし」という名前も出てくる。これを「筑紫良し」「筑紫恋し」と解釈し、「筑紫の人が旅先で死んでセミになった」という伝説も生まれた。もっともこれは名前も含めて文人が机上で考えたもののように思える。面白いのは俳人の高浜虚子が伝えている説で「『づくづくし、づくづくし、ずくっしよ、ずくっしよ』と聞いて、この蟬が鳴き出すと、熟柿が出来ると伝へてゐる地方もある」（『新歳時記』）という。

　こうした変化はもちろんセミの鳴き方が変わったわけではなく、人の言葉や考え方が変わって聞きようが変化したに過ぎない。夏目漱石は『吾輩は猫である』で「あれはおしいつくつくと鳴くのか、つくつくおしいと鳴くのか、その解釈次第によっては研究上少なからざる関係があると思う」と猫にいわせている。

用語解説

*1 【藤原高遠】949〜1013。平安中期の歌人。笛の名手としても知られた。

8月31日

大正天皇誕生
たいしょうてんのうたんじょう

🏯 ［歴史］

明治12年（1879）8月31日、嘉仁親王、のちの大正天皇が青山御所で誕生した。生来体が弱く、裕仁親王（後の昭和天皇）が摂政に就いたことで知られるが、開かれた皇室はその治世から始まったといえる。

お 　誕生日であるのに陵（墓）の話で恐縮であるが、昭和の初め、大正天皇陵[*1]は一大観光地であった。当時の京王電車（現、京王電鉄）の沿線案内図を見ると、大正天皇陵が高尾山を圧するほどの大きさで描かれており、いかに人気スポットであったかがわかる。歴史上初めて関東に造られた天皇陵であったことに加えて、郊外のピクニックにちょうどいい距離感でもあったのだろう。今訪れても緑が多く明るくて清々しい場所だ。ちなみに当時の京王線は高尾山には向かっておらず、北野から御陵前（ごりょうまえ）へと続く御陵線が走っていた。

『大正天皇大喪記録』（たいそう）（国立国会図書館蔵）より「大正天皇御眞影」

　大正天皇陵が観光地になった背景には、庶民の天皇への愛着もあったと思われる。病弱で執務に支障があったということばかりが述べられがちだが、皇太子時代から各地を順啓（じゅんけい）しており、その際に庶民と言葉を交わすということもあった。こうしたことは明治天皇の時代には考えられなかったことだ。また、大婚（結婚式）が大々的に新聞・雑誌で報道されたこともあって、大正天皇一家は庶民の注目の的となってきた。とくに維新まで皇室とは縁遠かった関東の人々にとって、東京生まれの天皇は親しみがあった。

　大正時代は1920年代のモダニズム[*2]と重なる。そうした時代の"明るさ"も、庶民の大正天皇像に影響していたのであろう。「開かれた皇室」は大正天皇の治世より始まったといってよいだろう。そして、その試みは今も進行中である。

用語解説

- **[*1]【大正天皇陵】** 正しくは多摩陵（たまのみささぎ）。東京都八王子市の武蔵陵墓地に、昭和天皇陵（武蔵野陵）と並んで鎮座する。上円下方墳。関東に造られた初めての天皇陵である。
- **[*2]【モダニズム】** 20世紀初頭に起こった芸術運動。伝統主義やリアリズムを排した前衛芸術が勃興した。ヨーロッパで始まり、日本でも時差をおいて伝えられ、1920〜30年代にかけて盛んになった。

9月1日

二百十日

にひゃくとおか

 ［歳事］

二百十日は雑節*¹で立春から数えて210日目をいい、新暦では9月1日頃になる。強風に注意すべき日とされ、一般的な解説では台風が接近する頃とされるが、二百十日が台風接近の特異日*²とはいえない。

二百十日・二百二十日は強風に注意すべき日とされる。つまり、この日までに収穫や家の補修などをしておけといった生活の知恵なのであろう。実際、カスリーン台風や伊勢湾台風など大きな台風は9月に上陸しているので、意味のない教え

明行寺(熊本県阿蘇市)門前の「二百十日」文学碑

ではない。しかし、この日をとくに注意しなければいけないという理由はなく、「台風が襲いやすい日」という説明はしっくりこない。「荒れもせで二百十日のお百姓」という高浜虚子の句のように、むしろ平穏な日が多いようにも思う。

俗説では渋川春海*³が漁師から教わり貞享暦に書き入れ広まったとするが、貞享暦以前から二百十日という言葉は使われている。面白いのが『増補俳諧歳時記栞草』(1851年)の説明で、「此ころ秋の最中にて、金気殺伐の気、変動する時也。故に必風雨あり」というものだ。中国由来の五行思想によれば秋は五行(火水木金土)のうち金が支配する時期であり、それゆえ風雨が強くなるというのだ。これも俗説の域を出ないが、当時なりに"科学的"に説明しようとした風がある。

理由はともあれ、風の厄日なので神社などで風鎮めの神事などが行なわれる。富山市八尾町の「おわら風の盆」も風神鎮魂を願うものとされ、9月1日から3日まで行なわれる。盆踊りの一種とは思えない優雅で幻想的な踊りで有名だ。

なお、夏目漱石は「二百十日」という中編小説を書いている。阿蘇旅行の実体験をもとにしたもので、阿蘇山を目指すが二百十日の風雨であきらめるという内容だ。漱石には「野分」という作品もあり、風に思い入れがあったのかもしれない。

用語解説

* *¹【雑節】二十四節気や七十二候に含まれない暦日のこと。二百十日、二百二十日のほか節分などがある。
* *²【特異日】偶然とは思えないほどの高い確率で特定の気象現象が起こる日のこと。晴れの特異日など。
* *³【渋川春海】1639〜1715。江戸前期の暦学者・囲碁棋士。それまで使われていた宣明暦を改め貞享暦を作ったことで知られる。

9月2日

岡倉天心没

おかくらてんしんぼつ　　［文芸］

9月2日頃から9月7日頃は七十二候の「禾乃登」にあたり、稲が実り始める時節を示す。また、9月2日は大正2年（1913）に美術に関する制度・教育・博物館などを整備した岡倉天心が亡くなった日である。

8月10日のところで、"お雇い外国人"のフェノロサ（1853〜1908）が仏像などの「美術的価値」を日本人に教えたことを述べたが、これを受け継いで広め、日本社会に定着するよう、制度や学校、博物館などを整備したのが岡倉天心（1863〜1913）であった。その活動に対する評価は立場により分かれることもあるが、もし天心の存在がなかったら日本の美術行政や文化財保護、美術教育が大きく後れることになっていたことは間違いない。

『天心全集』（国立国会図書館蔵）より「天心先生小照」

　天心は本名を覚三（かくぞう）といい、福井藩士の子として今の神奈川県横浜市に生まれた。幼い頃より英語と漢学を学び、東京大学で政治学や理財学（経済学の旧称）を学んだ。卒業後、文部省に入りフェノロサの通訳・助手として古美術の調査などに同行。明治19年（1886）にはフェノロサとともにアメリカとヨーロッパをめぐっている。明治20年に東京美術学校（後の東京芸術大学）が設立されると、その幹事となり、同23年には校長となった。明治29年（1896）には古社寺保存会委員となるいっぽう、帝室博物館（今の東京国立博物館）設置にも尽力した。また芸術活動の近代化もはかり日本美術院[*1]を結成、美術雑誌『国華（こっか）』も創刊した。公職を辞した後は英文で本を執筆し、日本美術を海外に紹介。ボストン美術館[*2]のキュレーターも務めた。

　日本美術院からは仏像の修復者も出ており、こうした面でも文化財保護に大きく寄与した存在だといえよう。

用語解説

*1【日本美術院】ここで天心の指導を受け大きな影響を受けた者として、横山大観（よこやまたいかん）、菱田春草（ひしだしゅんそう）、下村観山（しもむらかんざん）らがいる。

*2【ボストン美術館】アメリカ合衆国マサチューセッツ州ボストンにある美術館。1876年開館。エジプト美術やフランス印象派絵画のほか、日本の仏画や絵巻物、浮世絵、刀剣のコレクションでも有名。

9月3日

秋の七草 | あきのななくさ

［歳事］

秋の七草は『万葉集』に載る山上憶良[*1]の「山上臣憶良、秋野の花を詠む歌二首」を出典とする。春の七草（1月7日参照）が民俗と結びついたものであるのに対し、文学的なもので実用性はない。

秋の七草のもとになった山上憶良の歌は次のようなものだ。

「秋の野に咲きたる花を指折り　数ふれば七種の花」
「萩の花、尾花、葛花、なでしこの花、をみなえし、また藤袴、朝顔の花」

　後の歌は旋頭歌[*2]という形式の歌で、花の名がわかりやすいように句点を入れてみた。一種の数え歌みたいなもので、子どもに花の名前を教えるのに使ったものかもしれないという。今と名前が変わっているものもあるので、今風の呼び方に直すと、ハギ、ススキ、クズ、（カワラ）ナデシコ、オミナエシ、フジバカマ、キキョウとなる。最後の朝顔については議論があり、今のアサガオと同じ種とする説もある。

『向しま花屋敷七草』（国立国会図書館蔵）

　さて、春の七草には厄除けなどの意味があり、七草粥の作り方・食べ方にも地方ごとの決まり事がある。また、冬の間不足しがちなビタミンを補給するという実用性もある。これに対して秋の七草は薬用に使われるものが多いとはいえ、これらを粥に入れて食べるようなことはしないし、できない。あくまでも文学的な表現といえよう。

　最後に秋の七草が楽しめる庭園を紹介してこう。まず京都は桓武天皇などを祀る平安神宮（左京区）の神苑と、神功皇后などを祀る城南宮（伏見区）、東京は江戸後期の骨董商が造った庭園の向島百花園（墨田区）と、大正時代の実業家の別邸だった殿ヶ谷戸庭園（国分寺市）、このほか石川県金沢市の兼六園（元加賀藩の藩庭）でも見られる。

用語解説

*1 【山上憶良】660〜733？。奈良時代の歌人。遣唐使の随員として唐に渡り、帰国後は筑前守、太宰帥などを歴任した。その傍ら歌人として活躍し、「貧窮問答歌」などを残した。

*2 【旋頭歌】五・七・七・五・七・七の6句からなる歌。

9月4日

櫛の日 | くしのひ

[衣]

9月4日は「くし（櫛）の日」。全国美容週間実行委員会が昭和54年（1979）に制定した。同協議会は毎年、東京都目黒区の大鳥神社で「くし供養」も行なっている。いっぽう『古事記』『日本書紀』の神話で櫛は呪物として語られている。

9月4日、9と4で「くし」。わかりやすい制定理由だ。制定した全国美容週間実行委員会は、「美容業界全体で消費者に日頃の感謝の気持ちを表す」ことなどを目的としたNPO法人美容週間振興協議会が運営している。同協議会は「くしの日」制定に合わせて大鳥神社境内に「くし塚」を建立し、毎年「くし供養」を行なっている。

「くし供養」は美容師の必需品である櫛に感謝するものであるが、櫛はむやみに捨てられないものという意識もあるのかもしれない。読者の中にも「櫛は拾うものじゃない」と教えられた方がいると思うが、これは櫛は「苦・死」に通じるとされるからだ。櫛で体を拭って厄をこれに移し、辻などに捨てるという習俗を伝える地域もあるので、落ちている櫛にはよくよく注意する必要がある。

『神佛図會』（国立国会図書館蔵）より「稲田姫尊」

『古事記』『日本書紀』の神話では、より呪術的なモノとして語られている。たとえば、伊邪那岐命が黄泉の国*1で黄泉醜女という鬼女たちに追いかけられた時、伊邪那岐命は髪に挿していた櫛を黄泉醜女に投げつけている。すると、その櫛からタケノコが生え、黄泉醜女がそれを食べている間に先へと逃げたという。また、須佐之男命はヤマタノオロチと戦う際に、生け贄にされそうになっていた櫛名田比売命*2を櫛に変えて自分の髪に挿している。

用語解説

*1 【黄泉の国】地下にあると考えられた死者の国。

*2 【櫛名田比売命】櫛名田比売命は『古事記』の表記で、『日本書紀』の表記は奇稲田姫命。すばらしい稲田の姫（女神）という意味だが、櫛の女神の意にもとれる。

9月5日

後奈良天皇崩御
ごならてんのうほうぎょ

［歴史］

弘治3年(1557)9月5日、第105代後奈良天皇が崩御された。その治世は朝廷が経済的に破綻状態にあり、即位式を行なうまで10年もかかるというありさまであった。それでも、諸国が飢饉に苦しみ疫病さえ流行った時には、全国の一宮*1に写経を奉納し、疫病の退散を祈願している。

後 奈良天皇は第104代後柏原天皇の第2皇子として明応5年(1496)に生まれた。後柏原天皇・後奈良天皇、この2代の天皇の経済的困窮に関するエピソードは事欠かない。後柏原天皇は父の土御門天皇の崩御に伴い即位が決まったが、即位礼の費用が集まらず、ようやく実施できたのは位に就いてから22年後のことであった。後奈良天皇も後柏原天皇の崩

『初等科国史 上』(国立国会図書館蔵)より「後奈良天皇の御寫經」

御により即位することになったが、まず後柏原天皇の葬儀代がなかった。室町幕府からの献金はあったもののそれでは足らず、幕府に寄付の割り増しを頼み込んでようやく執行することができた。当然、即位式をする資金はなく、10年後まで待たねばならなかった。

厳しい財政を少しでも助けるため、天皇は宸筆*2を売って金に換えていた。歴史学者の笠原英彦氏は「皇室がいかに窮していたかは、天皇の直筆がたやすく売り買いされていたことからも察せられる。御所の簾に紙を結び、銅銭などを添えて天皇の直筆を手に入れていた」(『歴代天皇総覧』)と述べている。

だが、そのように窮乏していても、人民が飢えや疫病に苦しんでいると知ると霊験あらたかとされる僧を宮中に招いて祈祷させたり、諸国の一宮に『般若心経』写経を奉納して鎮静を願ったりしている。その写経に書き込まれた願文*3には「民の父母として写経をした」と書かれている。

用語解説

*1 【一宮】その国で一番の格式であると認められた神社。ただし、伊勢神宮のようにランク外の神社もあり、また由緒ある神社が二宮・三宮のこともあり、選定基準は一様ではない。

*2 【宸筆】天皇の書のこと。

*3 【願文】写経を行なった理由、かなえてもらいたい願いなどが書かれている。

高台院没 | こうだいいんぼつ

 ［歴史］

高台院と聞いてもわからないかもしれないが、豊臣秀吉の正妻、北政所*1 ねね*2（？〜1624）のことである。奔放に生きた秀吉を支え、時には叱責もしたパートナーとして、一族の者はもちろん大名からも頼られる存在であった。

高台院（北政所ねね）というと、真っ先に思い出すのが高台寺（京都市東山区）の霊屋（たまや）に安置されている、高台院と豊臣秀吉の像だ。この霊屋は阿弥陀ヶ峰にあった秀吉の霊廟を模したと伝えられるもので、ねねの墓の上に建てられている。ここに高台院像と豊臣秀吉像が並んで安置されているのだが、すました顔のねねに対して、秀吉はどこか面はゆそうな顔つきをしている。筆者

『都名所之内 高台寺秋景』（国立国会図書館蔵）

にはそれが2人の関係をよく表わしているように思えるのだが、みなさんにはどう見えるだろうか。高台寺の庭園と合わせて一度拝観されることをお勧めしたい。

　さて、その高台院は天文（てんぶん）10年（1541）〜18年頃に、今の愛知県清須市に生まれた。今の名古屋市付近に生まれた秀吉とは、広い意味で同郷で、秀吉と言い争いをする際には2人とも尾張弁（おわり）になっていたともいう。秀吉と結婚したのは永禄（えいろく）4年（1561）で、その時はねねの方が身分が上であったので母親などが大反対している。

　秀吉が出世し城主となると、織田信長（おだのぶなが）の命で各地を転戦する夫に代わり、ねねは城を守り家臣をまとめる役を務めるようになった。人をもてなすのが上手であったらしく、天下人となった秀吉のもとに預けられた大名の妻子の中には、ねねと親しい関係になった者が少なくない。そうしたこともあって豊臣家滅亡後も、ねねは幕府から手厚い保護を受け、高台寺で秀吉の菩提（ぼだい）を弔いながら晩年を過ごした。

用語解説

*1 【北政所】摂政・関白の正妻の称号。それゆえ歴史上には何人もの北政所が存在しているが、ねねのことがあまりに有名になってしまったので北政所というとねねを指すようになった。豊臣秀吉の「太閤」と同じことである（8月18日参照）。

*2 【ねね】高台院の名前（諱（いみな））については諸説あり、定かではない。「ねね」が一般的に使われてきたが、「おね『ねい』『ね」などの説もある。

9月7日

鏡花忌 | きょうかき

［文芸］

9月7日は日本の幻想文学の代表的作家である泉鏡花（1873〜1939）の命日。石川県金沢市に生まれた鏡花（本名、鏡太郎）は、尾崎紅葉の作品に影響を受けて作家になることを志望。上京してその弟子となったのち、『夜行巡査』（1895年）で注目を集め、人気作家となっていった。

泉 鏡花（の作品）のイメージは世代によって違う。筆者の親の世代（大正〜昭和初期生まれ）であれば、新派の舞台芝居や映画になった『婦系図』*1の作者というものであろう。「分かれろ切れろは芸者の時に言う言葉」というお蔦の台詞を思い出す方もいるだろうが、この場面は鏡花の小説にはない。芝居になった時に付け加えられたものだ。いっぽう、平成以降に鏡花を読むようになった人は『高野聖』『草迷宮』などの幻想文学・怪奇小説の作家というイメージだろう。映画化された作品も、昭和54年（1979）の「夜叉ヶ池」以降は、「陽炎座」「草迷宮」「天守物語」と幻想的な作品が続いている。

『現代小説全集 第2巻（泉鏡花集）』（国立国会図書館蔵）より泉鏡花肖像

　鏡花自身がその辺のところをどう考えていたのかわからないが、『婦系図』を新聞に連載した翌年（1908年）に『草迷宮』を刊行しているので、幻想文学と新派悲劇的な作品*2は延長線上のものだったのだろう。もっともアンソロジスト*3の東雅夫氏によれば「長短合わせて三百篇を超えるその全作品中から、超自然のモチーフに関わる作品を抽き出してみたところ、ざっと二百篇に達するを得た」（『文豪怪談傑作選 泉鏡花集 黒壁』解説）ということなので、幻想文学を書くのが好きだったことは疑いないだろう。ちなみに、怪談を語るのも大好きだったといい、怪談の会なども催している。

用語解説

- ***1 『婦系図』** 明治40年（1907）に「やまと新聞」に連載した作品。芸者だった伊藤すずとの結婚を師の尾崎紅葉に反対されたことを基にしている。
- ***2 【幻想文学と新派悲劇的な作品】** 今では信じられないことだが、鏡花の幻想的な作品は自然主義が隆盛していた文学界からは批判されがちであった。『婦系図』のような作品は、そうした風潮に対する鏡花なりの対応だったとも思われる。
- ***3 【アンソロジスト】** アンソロジー（特定のテーマをもとにさまざまな作者の作品を集めた本）を編纂する者のこと。

八十嶋祭 | やそしまのまつり

 ［祭事］

二十四節気の「白露」は露が降りる頃を意味し、秋分の前の15日間あるいはその初日をいう。また、嘉祥3年（850）9月8日に行われたという記録が残る八十嶋[*1]祭は天皇の即位に伴う神事の一つで、『江家次第』[*2]によれば大嘗祭[*3]の翌年に行なうものとされる。しかし、鎌倉時代に中止されたまま廃れた。

八十嶋祭といってもご存じない方がほとんどだと思う。即位儀礼の一つといっても宮中で行なわれるものではなく、天皇が直接関わることもなかった。しかも、元仁元年（1224）に行なわれたのを最後として、忘れられた神事であるからだ。そのため、どの神を祀り、なんのために行なったのかわからない謎の儀礼となっている。記録に残るもっとも古い事例は、『文徳実録』[*4]

『攝津名所圖會』（国立国会図書館蔵）より
難波津にあった「八軒屋船着場」絵図

嘉祥3年（850）9月8日条で、これ以前から行なわれていたかについては議論がある。なお、『江家次第』は大嘗祭の翌年に行なうとしているが、嘉祥3年の場合は八十嶋祭の方が大嘗祭より先に行なわれている。

儀礼の次第や供物などは『延喜式』[*5]と『江家次第』によりおおむねわかる。それによると、天皇の体を撫で息を吹きかけた大麻（棒に麻束をつけたもの）と、天皇の御衣を入れた箱をもって難波津（今は陸地となっている難波の港）に行き、神祇官が琴を弾く中、箱を開いて振り、大麻を捧げて禊をし、供物を海に投ずるのだという。その目的について國學院大學日本文化研究所編『神道事典』は、「玉体[*6]安穏のための禊祓説や国土の生々発展を祈るとする説、新帝に大八洲の霊を付着させる即位儀礼とする説、陰陽道方式の禊祓説などがある」としている。

用語解説

*1 【八十嶋】多くの島の意味で、日本の国土のことを指す。後に出る「大八洲」も同じ。

*2 【『江家次第』】平安後期に大江匡房が書いた有職故実（儀式の次第や装束に関すること）の書。「江家」とするのは大江匡房が江帥と号したことによる。

*3 【大嘗祭】天皇の即位儀礼の一つ。この儀礼のために建てた大嘗宮で天皇自ら神に新穀を捧げ、自身も食するもの。

*4 【『文徳実録』】正しくは『日本文徳天皇実録』。六国史（6種の日本の正史）の5番目で、文徳天皇一代の記録。

*5 【『延喜式』】延長5年（927）に完成した律令の施行細則集。

*6 【玉体】天皇の体のこと。

9月9日

KEYWORD ◈ 草露白（くさのつゆしろし）、おくんち、松尾芭蕉（まつおばしょう）、くらがり峠

重陽の節供

ちょうようのせっく

　［歳事］

9月8日から12日頃は七十二候の「草露白」にあたる。また、9月9日はもっとも大きい陽数（奇数のこと）である9が重なる日なので「重陽」という。この日に茱萸（しゅゆ）*¹を身に着けたり、菊酒（きくざけ）を飲んだりすると不老長寿になるといわれた。

「豊歳五節句遊 重陽の節句」（国立国会図書館蔵）

中国では9月9日を陽が重なるめでたい日として重視されてきたが、日本にはあまり定着しなかった。これは「9」は「苦」に通じるとして日本では忌まれる数字であり、むしろ末広がりの「八」を好んだということによる。しかし、平安時代までは中国に倣った習俗が、主に貴族の間で行なわれていた。なお、日本では9月の9日・19日・29日を「おくんち（お九日）」と呼び、長崎くんち*²の「くんち」も「おくんち」からきている（9月29日参照）。

平安時代に貴族が行なっていた重陽の習俗の一つに、茱萸を挿頭（かざし）するというものがある。挿頭とは草花を髪や冠に飾ることで、祭の時などに行なわれた。今も京都の葵祭の際に、上賀茂・下鴨神社の神職や巫女（みこ）などは葵の葉を冠などに飾る。重陽の節供では挿頭にするだけではなく、屋敷の柱や御簾の柱にも茱萸を掛けたりもした。これは香気で邪気を避けるためだったようだ。5月6日の項で薬玉（くすだま）を柱などに掛けることを述べたが、9月9日にこれを茱萸と換えるのである。

ちなみに、松尾芭蕉は元禄7年（1694）の9月9日に「くらがり峠」*³を越えている。このことは「くらがり峠にて」という詞書きのついた「菊の香にくらがり登る節供かな」という句からわかる。不仲な弟子たちの仲裁をするためくらがり峠を越えて大阪に入ったのだが、その約1ヵ月後の10月12日に芭蕉は死去している。

用語解説

*¹ 【茱萸】いわゆるグミのことではなく、山椒（さんしょう）のこと。

*² 【長崎くんち】長崎市の諏訪神社の祭で10月7日から9日にかけて行なわれる祭。

*³ 【くらがり峠】暗峠とも。奈良県生駒市西畑町と大阪府東大阪市東豊浦町をつなぐ峠道（国道）。急勾配で知られる。

菊酒・菊の綿 | きくざけ・きくのわた

[衣]

重陽の節供（9月9日参照）は前日のことであるが、菊の季節であるので重陽にまつわる菊の話を続けたい。この日に菊の酒を飲むと長寿になるとされ、節供の宴などで飲まれた。また後宮の女性たちは菊の香を移した綿で体を拭って不老長寿を願った。

重陽の節供に菊を浮かべた菊酒[*1]を飲むというのは日本でも広まったらしく、芭蕉の句にも「草の戸や日暮てくれし菊の酒」というのがある。重陽に菊酒を飲むという風習は中国由来で、伝説によると魏の文帝[*2]の時に始まるという。文帝は7歳で即位したが、人相から15歳の寿命といわれた。そこで仙人の彭祖が菊酒を飲むことを教え、70歳まで寿命を延ばすことができたとされる。これに関連して菊慈童の話が広まり、能にもなっている。慈童は周の穆王[*3]の寵愛を受けた稚児で、過失から流罪にされたが、『法華経』の偈（詩の形式になった経文）を唱えて菊の葉に宿った露を霊薬化し、それ

『楳嶺花鳥画譜　菊・風鳥』（国立国会図書館蔵）

を飲んで仙人になったという話だ。菊の霊験の話だったものを、僧が『法華経』の功徳を説くものに改変したのだろう。

いっぽう女性たちは殿方のように酒をがぶがぶ飲むわけにいかないので、菊の花の上に置いてその香を移した綿で、顔や体を拭って不老長寿を願った。清少納言も『枕草子』に「九月九日は、明け方まだ暗いころから、雨がすこし降って、菊の露もびっしり置き、菊の着せ綿などもしずくするほど濡れて、花の移り香もそのせいでいっそう香り高い、といった風情」（石田穣二訳）と書いている。

なお、浅草寺（東京都台東区）では重陽の日に菊供養を行なっていたが、新暦採用以降は10月18日となった。参詣者は仏前に菊を供え、すでに供えてある菊をいただいて帰る。また、菊のお守りも授与される。

用語解説

*1【菊酒】酒に菊を浮かべるのではなく、菊の花を袋に詰めて古酒の壺に入れて酒に菊の香をつける製法もあったらしい。江戸後期の随筆『譚海』によると、この場合、花は酒に浸けず、水面に浮かした状態にするのだという。

*2【魏の文帝】187〜226。魏は三国時代の国。『三国志』で有名な曹操の子、曹丕のこと。

*3【穆王】紀元前10世紀頃。周の5代目の王。神仙に関わる伝説をもつ王であるが、その治世から周の徳が衰えたともいわれる。

9月11日

空也・平田篤胤の命日

くうや・ひらたあつたねのめいにち

［人生］

9月11日は平安中期の僧・空也(903〜972)と、江戸後期の国学者・思想家の平田篤胤(1776〜1843)の命日。2人とも時代の風潮からははみ出した存在でありながら、後世に大きな影響を与えた宗教家であった。

空也の出自は不明だ。醍醐天皇の皇子、あるいは仁明天皇の孫とする伝承もあるが、具体的なことは何もわかっていない。空也に帰依[*1]し、その活動を支えた人の中には貴族も含まれていたので、それなりの身分の出身であったことが想像されるが、空也は貧しい庶民の中で暮らし、教えを広めた。そのため「市の聖」と呼ばれた。空也は著作を残さず、体を使った実践で教えを示すことに特徴があった。たとえばそれは、井戸や池、橋を造るといった社会事業であり、路傍などに放置された死体の供養であり、また念仏を唱えながら町を歩きめぐることであった。空也のこうした活動は鎌倉仏教の先駆けであり、真言律宗の社会事業、時宗の踊り念仏に引き継がれていった。そんな空也が創建したとされる寺の1つ六波羅蜜寺(京都市東山区)には、空也の唱える念仏が阿弥陀如来の姿になった[*2]という説話を表わした有名な空也像がある。

いっぽう平田篤胤は秋田藩士の子として生まれたが、脱藩して国学者となった。『古事記』の研究で有名な本居宣長[*3]に私淑し、その後継者を自認したが、宣長のように文献学的な研究に徹するのではなく、『古事記』『日本書紀』などを自己の思想を構築する材料として用いた。篤胤は神道こそがすべての根源をなすものだと考え、外国の事物でさえ神道によって説明できるとした[*4]。こうした思想は幕末の神仏分離・尊皇攘夷、さらには近代神祇制度に大きな影響を与えた。

用語解説

*1 【帰依】その教えを信奉し、実践すること。心から従うこと。

*2 【阿弥陀如来の姿になった】ここから空也の念仏は阿弥陀如来を召喚する呪術的な念仏であったと推測することもできよう。

*3 【本居宣長】1730〜1801。江戸中期の国学者。今の三重県松阪市で医師として開業する傍ら『古事記』など日本の古典を研究。こうした古典にこそ日本人の真の心が表われているとし、のちの神道に大きな影響を与えた。

*4 【神道によって説明できるとした】宣長や篤胤のような外国の影響を受ける前の信仰に戻る主張を復古神道という。なお、篤胤は『旧約聖書』のアダムとイブは伊邪那岐命・伊邪那美命のことだとした。

9月12日

織田信長、比叡山を焼き討ちにする

 ［歴史］

おだのぶなが、ひえいざんをやきうちにする

旧暦8月を「仲秋」という。また、陰暦8月15日の月を「中秋の名月」という。仲秋と中秋は同じ意味と誤解されているが、このように使い分けがある。いっぽう元亀2年（1571）9月12日は織田信長が比叡山を焼き討ちした日である。

『絵本太閤記』（国立国会図書館蔵）より「信長比叡山を焼く」

「仲秋」と「中秋」の混乱は根が深い。ネットで検索すると、「中秋の名月」「仲秋の名月」「中秋の明月」「仲秋の明月」とさまざまな表記が出てくる。結論からいえば、仲秋は旧暦8月をいう。旧暦では7～9月を秋とするので、その真ん中の月という意味だ。これに対して中秋は旧暦8月15日を指す言葉である。この日の月は1年でもっとも美しいとされるので「名月」。つまり、旧暦8月15日の月が「中秋の名月」ということになる。「仲秋の名月」ではない。

さて、元亀2年9月12日の比叡山焼き討ちであるが、これもいろいろな誤解がある。比叡山を攻めることなど神仏を恐れなかった信長だからできたとよくいわれるが、比叡山は明応8年（1499）に細川政元によって焼き討ちされており、そもそもそれ以前に三塔[*1]同士が対立して、互いの堂を焼いたりしていた。また、比叡山の僧兵は京の清水寺や大津の園城寺といった対立する寺院を何度も焼き討ちしているので、信長のことばかり極悪非道のようにいうのは片手落ちだろう。信長が攻めた時、比叡山の堂の多くは廃絶状態で、人的被害はさほど大きくなかったとする説もある。

興味深いのはこの事件の後、延暦寺を地元に招致しようという動きが諸大名にあったことだ。もっとも熱心だったのは武田信玄であったが実現には至らなかった。この面でも最終勝利者は徳川幕府であった。比叡山焼き討ちの後、天台宗を掌握した天海[*2]は江戸に東の比叡山として東叡山寛永寺を建て、この住職が比叡山と日光山輪王寺をも管轄するようにした。これによって天台宗の実権は江戸に移り、幕府の支配下に入ったのであった。

用語解説

*1 【三塔】比叡山は東塔（根本中堂がある）・西塔・横川の3区画からなり、これを三塔という。かつてはそれぞれが半ば独立した存在であった。

*2 【天海】1536？～1643。江戸初期の天台宗の僧。徳川家康の信任を受け、その宗教政策に深く関与したため「黒衣の宰相」とも呼ばれた。

鶺鴒鳴 | せきれいなく

［人生］

9月13日から17日頃は七十二候の「鶺鴒鳴」にあたり、セキレイ*1が鳴き始める時候であることを示す。『日本書紀』にはセキレイが伊邪那岐命・伊邪那美命にあることのやり方を教えたとある。

　こ　の項は下ネタとなる。そういう話が苦手な方には申し訳ないが、これもまた神話の一面とご理解いただきたい。実は神話も昔話同様、エロティックな話が少なくない。もともと神話は読むものではなく、語られるもの、演じられるもので、それも端座して静聴するというより、時に笑い、時にニヤニヤして聞いたりするものであった。『古事記』『日本書紀』は正史として編纂されたので、そういう要素はだいぶそぎ落とされてはいるが、それでもところどころに艶笑譚めいた場面を見出すことができる。

　まずは『日本書紀』のその部分を読んでいただこう。読み下しは岩波文庫版に従っている。「遂に合交せむとす。而も其の術を知らず。時に鶺鴒有りて、飛び来りて其の首尾を揺す。二の神、見して学びて、即ち交の道を得つ」

『絵本百千鳥』（国立国会図書館蔵）より鶺鴒

　伊邪那岐命と伊邪那美命は日本の国土や神々を生むために「合交」すなわちセックスをしようとしたのだが、初めてのこととて、その方法がわからない。はて、困ったと思っていたところにセキレイが飛んできて、尾を上下に振ってみせた。これがセキレイの特徴で、尾で字面を叩くような仕草をして歩く。イシタタキ・ニワタタキという別名は、こうした動作からきている。これを見た伊邪那岐命・伊邪那美命は子作りの仕方がわかったというわけである。この“故事”から、かつては婚礼の席には鶺鴒台*2という一対のセキレイの像に岩や松を配した飾りものが置かれるようになったのだが、今ではほとんどすたれてしまっている。

用語解説

*1 【セキレイ】スズメ目セキレイ科の小鳥。日本全土で普通に見られる留鳥である。

*2 【鶺鴒台】伊弉諾尊（伊邪那岐命）の墓の上に鎮座するという伊弉諾神宮（兵庫県淡路市）の境内には「夫婦鶺鴒像」という石の彫像が設置されている。また、セキレイを神鳥（神使）とすることから、鎮座地を「せきれいの里」と呼ぶともいう。

9月14日

KEYWORD ◈ 徳川家光、狩野永徳、麟祥院、紫衣事件

とくがわいえみつ　かのうえいとく　りんしょういん　しえ

春日局没

かすがのつぼねぼつ

 ［歴史］

寛永20年（1643）9月14日、春日局が亡くなった。春日局は徳川家光 *1 の乳母にす
ぎなかったが、国政を動かすほどの影響力をもち、天皇とも交渉する辣腕を発揮した。
なお、春日局の死の53年前の同じ日、狩野派を大成した狩野永徳が没している。

春 日局（1579〜1643）の墓は東京都文京区の麟祥院にある。この寺は春日
局の発願により家光が建てたもので、春日局没後に家光が彼女の墓を建て
た。その墓は僧の墓のように上部が丸い卵塔形で、墓石と台石に丸い穴があいて
いる。事情を知らないと現代的なデザインの墓かと思ってしまうが、死後も政道を
見守りたいという春日局の遺言によるものという。

明智光秀の家老の娘として生まれた春日局（お福）は、戦国の世に翻弄される
前半生を送った。いったんは結婚するが、家光の乳母となるため離縁して大奥に
入る。その後、家光を将軍職に就けるため家康に直談判したともいわれ、大奥の
制度を確立する上で大きな役割を果たした。それ以上に大きな意義があったのが、
紫衣事件 *2 解決のために後水尾天皇に謁見したことであった。彼女の身分では
参内 *3 はできないはずだったが、政治力を駆使して実現したのであった。しかし、
その余波は大きく後水尾天皇は退位を余儀なくされた。

いっぽう狩野永徳（1543〜1590）は狩野派という画家集団をまとめあげ、宮殿
や城などの大画面の障壁画 *4 の形式を完成させた画家である。その大胆で豪華
な画風は戦国大名に愛され、安土城・大坂城・聚楽第などで用いられた。『本
朝画史』 *5 はその画風を「怪怪奇奇」と称している。

用語解説

*1【徳川家光】 1604〜1651。江戸幕府第3代将軍。祖父の家康を深く崇敬し、日光東照宮を今見られる華麗な社殿に
改築させた。

*2【紫衣事件】 寛永4年（1627）に、後水尾天皇が幕府の許可なく僧に紫衣を授けたとして、幕府が勅許を無効としたも
の。これにより幕府と朝廷の関係が悪化した。

*3【参内】 内裏に参上すること。

*4【障壁画】 襖や板戸、壁などに描く絵画のこと。

*5【『本朝画史』】 江戸前期の絵画史の本。元禄4年（1691）刊。狩野山楽の遺稿をまとめたもので、405人の画家の
伝記を収録する。

9月15日

筥崎宮放生会
はこざきぐうほうじょうえ

 ［祭事］

慶長5年(1600)9月15日、天下分け目の戦い、関ヶ原の合戦が行なわれた。筥崎宮で9月12日から18日にかけて行なわれる放生会は、そうした殺生を戒める祭だという。

関 ヶ原の合戦については、とくに説明を必要としないだろう。全国の主要な大名が、徳川家康が率いる東軍と毛利輝元・石田三成らが率いる西軍に分かれて関ヶ原(岐阜県不破郡)で戦闘を行ない、天下の大勢を決したものだ。東軍7万、西軍8万といわれる大部隊の激突は、朝8時頃に始まり、昼には終結したとされる。小早川秀秋の裏切りもあって、東軍の大勝利に終わった。これにより徳川家康の天下統一への道が開けたのである。

しかし、その一方で双方合わせて1万とも4万ともいう戦死者を出している。筥崎宮の放生会は、こうした戦いを戒めるものであったという。筥崎宮のホームページは放生会について次のように説明している。

「春の博多どんたく、夏の博多祇園山笠とならび博多三大祭に数えられる筥崎宮放生会は『万物の生命をいつくしみ、殺生を戒め、秋の実りに感謝する』お祭りです。その起源は『合戦の間多く殺生す　よろしく放生会を修すべし』という御神託によるもので、千年以上続く最も重要な神事です」

この文中にもあるように筥崎宮放生会は10世紀以前から行なわれているもので関ヶ原の合戦とは関係ない。だが、神託の言葉はどの戦争に対しても強い反省を促すものだといえよう。

なお、放生会は仏教の不殺生の教えに基づく[*1]もので、もとは寺院の行事[*2]。命の大切さを知らせるために魚を池などに逃がしたりした。寺院の門前にある池はこの法会に用いられたもので、放生池という。

用語解説

[*1] 【仏教の不殺生の教えに基づく】これとともに輪廻思想も放生会には関わっている。その魚が死んだ親類縁者の生まれ変わりかもしれない、あるいは来世の自分の姿かもしれないという思いが、生かして逃がしてやろうという行為に結びつくのである。

[*2] 【もとは寺院の行事】八幡信仰の神社は仏教とのつながりが深かったので放生会を行なうことが多かった。筥崎宮も八幡神を祀る神社である。全国の八幡宮・八幡神社の総本宮である宇佐神社でも放生会は行なわれている。

9月16日

鶴岡八幡宮流鏑馬神事

 ［祭事］

つるがおかはちまんぐうやぶさめしんじ

流鏑馬は馬で馬場を駆けながら的を射るもの —— 武芸であるとともに神事でもあり、儀礼でもあった。毎年9月16日に行なわれる鶴岡八幡宮の流鏑馬は源頼朝によって始められた由緒正しい神事の一つである。

馬 に乗ったまま矢を射るということは騎馬武者としての基本技能の一つなので、その技術を磨くということは、馬が軍事用に使われるようになった時から行なわれていたと思われる。鉄砲が伝わるまでは、弓が唯一の飛び道具だった。そのため軍を統帥する者にとっても騎射にすぐれた者を少しでも多く抱えておきたいと思ったことだろう。こうしたことから、ことあるごと(たとえば、神社の祭など)に騎射を披露する機会が設けられたのだろう。

『千代田之御表 流鏑馬上覧』(国立国会図書館蔵)

これは朝廷でも同じで、平安時代には1月17日に射礼という行事があった。これは親王以下、位階が五位以上の者20人と武官が建礼門(御所の正門)の前で弓の腕前を披露するもので、天皇が臨御した。この行事が重視されていたことは、参加しなかった者は新嘗祭への参列が許されなかったり、季禄(給料)が貰えなかったりしたことからもわかる。

現在見るような形の流鏑馬は鎌倉時代に成立したものと考えられ、源頼朝が文治3年(1187)に始めた鶴岡八幡宮の流鏑馬神事がその先駆をなしたものと思われる。しかし、鎌倉時代の末にはいったん衰退してしまった。再開されたのは江戸時代のことで、第8代将軍の徳川吉宗が成島道筑*1に命じて古式に従って復興させたのだという。この時以来、鶴岡八幡宮の流鏑馬は小笠原流*2で行われている。なお、神社で行われる流鏑馬には、年占*3として行なうものもある。

用語解説

*1【成島道筑】1689〜1760。江戸中期の儒学者・詩歌人。吉宗に見出されて幕府の行事などに関わった。

*2【小笠原流】鎌倉幕府・後醍醐天皇・室町幕府に仕えて弓・馬・礼法伝授を行なった一族、またその一族が伝えてきた作法のことをいう。

*3【年占】その年の天候や作物の出来などを占うこと。

お三の宮日枝神社例大祭

おさんのみやひえじんじゃれいたいさい

［人生］

神奈川県横浜市に鎮座するお三の宮日枝神社では、毎年敬老の日（9月の第3月曜日）の前の金・土・日曜に例大祭が執行される。「お三の宮」ということから安産祈願に訪れる人も多いという。

お三の宮日枝神社は滋賀県の比叡山麓に鎮座する日吉大社の分社で、比叡山に坐す神、大山咋神を祀る。その歴史は日本天台宗の総本山である延暦寺より古いが、ともに比叡山にあることから日吉大社は延暦寺の鎮守*1としても崇敬されるようになった。さらに天台宗発祥の地である中国の天台山国清寺が地主神の山王弼真君を祀っ

安産祈願の底抜け柄杓（大國魂神社／東京都府中市）

ていたのに倣って、日吉大社（の神）のことを山王権現と呼ぶようになった。ここから横浜の日枝神社も山王宮と呼ばれたが、これが略されて「山の宮」となり、「三の宮」となったのだという。さらに「お三」が「お産」に通じることから、安産祈願の神社として信仰されるようになったという。

　お三の宮日枝神社で安産のお守りが授与されているように、日本各地にはさまざまな安産祈願法が伝わっている。もっとも広まっている方法として腹帯（「ふくたい」、岩田帯ともいう）がある。安産の霊験があるとされる社寺で祈祷された晒し木綿の布を巻くというものだ。常陸帯ともいうが、これは神功皇后の故事*2に基づくもので、鹿島神宮（茨城県鹿嶋市）で授かることができる。

　犬にまつわる安産祈願も多い。安産の象徴とされる犬にあやかろうというもので、腹帯も戌の日に巻くとよいとされる。張り子などの犬の置物をお守りにすることもある。底抜けの柄杓も多い。底抜けの柄杓*3で水が抜け落ちるように生まれるという願いを表わしている。

用語解説

*1 【鎮守】寺院が建っている土地を守る神のこと。本来はその土地の神のことをいうが、寺院の守護神として別の場所から勧請した神のこともいうようになった。

*2 【神功皇后の故事】仲哀天皇の皇后である神功皇后は身重のまま遠征を行なったが、鹿島神宮の神の霊験で安産したというもの。

*3 【底抜けの柄杓】すでに奉納してあるものをいただいてきて、安産であったら2本にして返すとするところもある。

玄鳥去 | つばめさる

🌀 ［歳事］

9月18日頃から9月22日頃は七十二候の「玄鳥去」にあたる。ツバメが南に帰って行く時期になったことを示す。ツバメの信仰についてはすでに4月6日のところで書いたので、ここではツバメと「燕」に関する雑談におつきあいいただきたい。

4月6日の項でも書いたが、ツバメほど人に親しい鳥はいないだろう。家畜・ペットでもなく、とくに人間に利益をもたらすわけではないのに、家の軒先、場合によっては家の中にも巣を作ることを許し、大切に見守る。ツバメをいじめてはいけないというタブーをもつところも多い。ところが昔話になると、ちょっと立場が悪くなる。「雀孝行」という話では親不孝者ということになっている。

昔、ツバメとスズメは姉妹だった。ある時、親が危篤だという連絡が入り、スズメは着の身着のまま駆けつけたので死に目に会えて最後の孝行ができた。しかし、ツバメは身支度を整えてから行ったので死に目に会うことができなかった。これを見た神様はスズメには五穀を食べることを許したが、ツバメには許さなかった。こうしたことからスズメはみすぼらしい格好だが五穀を食べ、ツバメは美しい身なりだが虫を食べるようになった、という話だ。

西洋の礼服を燕尾服[*1]というが、確かにツバメは身なりを整えている感じがする。背筋もすっと伸びて、ずんぐりしたスズメと違う。だが、「燕服」と書くと普段着の意味になる。「燕」という字には、「くつろぐ」「楽しむ」という意味があるからだ。

しかし「燕雀安んぞ鴻鵠の志を知らんや」[*2]になると、ツバメもスズメもそろって小物扱いだ。

『広重短冊絵』（国立国会図書館蔵）より「藤・燕」

用語解説

*1 【燕尾服】裾がツバメの尾のようなのでこう呼ぶ。

*2 【「燕雀安んぞ鴻鵠の志を知らんや」】『史記』陳渉世家に出る言葉。小人物には大人物の壮大な展望は理解できない、という意味。

9月19日

KEYWORD ◈ 獺祭忌、糸瓜忌、野球、曼珠沙華

子規忌 | しきき

📚［文芸］

9月19日は俳人の正岡子規(1867〜1902)の命日。獺祭書屋主人とも号したことから獺祭忌ともいい(「獺祭」については2月7日参照)、絶筆の句[*1]でヘチマを詠んだことから糸瓜忌ともいう。

曼珠沙華(彼岸花)

正 岡子規、本名・常規。慶応3年(1867)に今の愛媛県松山市に生まれ、東京帝国大学在学中に文学に目覚め、俳句の革新運動を行なった。夏目漱石とは東大予備門(今の東大教養学部前期課程)で同窓であった、といったことは高校の国語あるいは日本史で習われたかもしれない。子規の功績はもちろんこれだけではない。和歌の革新にも力を入れ、『歌よみに与ふる書』で『古今和歌集』的な形式的なものを批判して『万葉集』を高く評価した。また、野球の紹介にも熱心[*2]で、野球用語の多くは子規の訳語が使われている。

日清戦争に従軍するも脊椎カリエスを発症し、その短い生涯の晩年は寝たきりであったが、最後まで盛んに創作・批評活動を行なった。病床生活を綴った『病牀六尺』はその句集・歌集とともに今も読み継がれている。

さて、その子規に「草むらや土手ある限り曼珠沙華」という句がある。あまり知られていないが『曼珠沙華』という小説も書いている。ここでいう曼珠沙華とは彼岸花(ヒガンバナ科の多年草)のことだ。秋の彼岸(秋分の日を中日とした7日間のこと)の頃に葉のない茎[*3]を伸ばして花を咲かせるので、この名がある。彼岸に咲くことや有毒であること、墓場に咲くことが多いことなどから、彼岸花を家に持ち込むことを忌む風潮がある。これを曼珠沙華と呼ぶのは「仏様の花」とすることからの連想だろう。曼珠沙華は仏典に登場する架空の花で、仏が説法を行なう時、天が感激して降らす花の一つとする。『法華経』には「この時、天は曼陀羅華・摩訶曼陀羅華・曼珠沙華・摩訶曼珠沙華を雨して仏の上及び諸の大衆に散じ」たとある。

用語解説

*1 【絶筆の句】「糸瓜咲て痰のつまりし仏かな」「痰一斗糸瓜の水も間にあはず」「をゝひのへちまの水も取らざりき」この3句を死の12時間前に書いたという。

*2 【野球の紹介にも熱心】その功績が評価され平成14年(2002)に野球の殿堂入りをしている。

*3 【葉のない茎】葉は花が枯れた後から出てくる。

9月20日

待宵

まつよい

［歳事］

「待宵」は旧暦8月15日（新暦では9月上旬〜10月上旬）の夜、中秋の名月の前夜のことをいう。これがなぜ「待宵」かというと、「名月を待つ宵」だから。待ちきれずに月見をするということだ。

「**待**宵」の意味については『増補俳諧歳時記栞草』（1851年）が簡明に述べている。「翌の夜の晴曇りはかりがたければ、先今宵月を賞する也」

名月は明日だが、明日の天気はわからないから、月が見える今日のうちに月見をしてしまうというのだ。与謝蕪村の「待宵や女あるじに女客」という句や、仲岡楽南の「待宵や妻も水仕*1を早仕舞」という句からすると、名月当日は来客などで忙しくて月どころではない主婦が、1日早い月を眺める日でもあったのかもしれない。

庚申塚（練馬区関町）

さて、待宵ではさほど夜更かしをするわけではないが、日本には夜っぴて起きていて月を待つ、あるいは夜明けの太陽を待つという風習があった。これを月待・日待という。月待は特定の月齢の月を待つ*2もので、十三夜待・十四夜待・十五夜待・十六夜待・十七夜待・十九夜待・二十三夜待・二十六夜待などがあった。この中でもとくに盛んだったのが二十三夜待であるが、いずれも毎月行なうものではなく、特定の月に行なった。日待は甲子の日や巳の日の朝日を待つものであった。また、庚申待は月や朝日を待つのではなく、庚申の日の夜に体内にいるとされる三尸の虫が日頃の悪事を天帝に報告しに行かせないように、一晩中飲食をして寝ないようにするという、中国の道教由来の行事である。特定の期間続けた記念に石碑（庚申塔）や塚（庚申塚）を造る*3ことがある。

用語解説

*1【水仕】台所仕事、水仕事のこと。

*2【月を待つ】月が出るまでの間、当番の家などに集まり、念仏を唱えたり、飲食をしたりする。女性だけの集まりのこともある。

*3【石碑や塚を造る】月待・日待も石碑を立てるが、塚はあまりない。

9月21日

中秋の名月 | ちゅうしゅうのめいげつ

 [食]

旧暦8月15日の月を「中秋[*1]の名月」という。この日の月が1年でもっとも美しいとされ、「月見る月はこの月の月」とも詠まれた。この行事は中国由来といわれるが、日本の民俗とも深く関わっている。

旧暦8月15日の月は名月とされる。天文学的には必ずしも満月ではないらしいのだが、完璧であるなしにかかわらず、この日の月が名月であり、お月見の対象となる。古歌にも「月々に月見る月は多けれど　月見る月はこの月の月」とある。月づくしでわかりにくいかもしれないが、「月（満月）は毎月見られるから1年の間に見る月（満月）の数は多いのだけれど、月を見るのならやっぱりこの月（旧暦8月）の月（満月）だね」といった意味だ。

『十二ケ月の内　八月　月見』（国立国会図書館蔵）

中秋の名月を解説したものを読むと、「中国の風俗が日本に伝わったもので、平安貴族の間ではやった」といったことを書いていることが多い。たしかに中国では古代から8月15日の月を愛でる習俗があり、唐時代には多くの詩も作られた。白楽天[*2]には「八月十五日の夜、禁中に独り直し月に対して元九（白楽天の友人）を憶う」という長い題の詩があり、『源氏物語』には光源氏がこの一節を朗唱するシーンもある。だが、お月見はそれだけではない。

お月見はただ月を眺めるのではなく、お供えをするのが伝統的な作法だ。団子・酒・ススキなどが一般的だが、地域によってはサトイモや栗、おはぎなども供えた。面白いのは、月見団子は盗んでもいいとする習俗が全国各地にあることだ。このおかしな風習を解くカギは、仲秋（旧暦8月）には綱引きや相撲などの競技が行なわれることにある。こうした競技は勝敗によって作物の豊凶を占う年占であることが多く、豊作祈願[*3]の一環でなされる。つまり、月見も本来は豊作祈願の儀礼であったわけだ。団子盗みもどれくらい多く盗めるか競うものだったのかもしれない。

用語解説

- **[*1]【中秋】**「中秋」と「仲秋」の使い分けについては9月12日参照。
- **[*2]【白楽天】**772〜846。中国の詩人・白居易のこと。唐時代の詩人でもっとも多くの詩を残し、「長恨歌」など日本の文学にも大きな影響を与えた。
- **[*3]【豊作祈願】**仏教民俗学者の五来重氏は『宗教歳時記』で、月見のススキは稲穂の代用だったのではないかと推測している。

9月22日

十六夜 ｜ いざよい

🌀 ［歳事］

「十六夜」は旧暦8月15日、すなわち「中秋の名月」(前稿参照)の翌夜のことをいう。前夜よりいくぶん遅れて昇る月であることから「いざよう」と呼んだ。また、9月21日は根津神社(東京都文京区)の例大祭である。一度だけ天下祭になったお祭だ。

　どうも昔の人は一晩きりのお月見では満足できなかったようだ。名残を惜しむように翌夜の月も眺めた。ためらうように遅れて昇るので「いざよい」*1の月といい、その翌日、つまり旧暦8月17日の月はさらに昇るのが遅れるので「立待月」という。その翌日(18日)は「居待月」「座待月」。19日になると、横になって待とうということになり、「臥待月」となる。そして、20日は「更待月」。すっかり夜も更けてしまう。

『清親画帖』(国立国会図書館蔵)より「根津神社秋色」

　さて、9月21日が例大祭の根津神社は、日本武尊*2が東征の折りに創建したと伝える。当時は海がこの近くまで入り込んでおり、これを見た日本武尊は「ここは国の根、国の津(港)たり」と言ったという。ここから根津という地名が起こった。その後、室町後期の武将、太田道灌が社殿を寄進したという。

　根津神社が大きく発展したのは江戸幕府第5代将軍家宣の時代であった。根津神社を氏神神社とする甲府藩邸で育った家宣は、根津神社を深く崇敬しており、将軍の氏神にふさわしく華麗な社殿を寄進したのである。また、その例祭を天下祭*3に加えた。だが、享保の改革*4によって旧例に戻され、根津神社の天下祭は一度きりのものとなってしまった。

用語解説

*1 【「いざよい」】『角川 新版 古語辞典』は「いざよひ」を「ためらうこと。ちゅうちょすること」と説明している。

*2 【日本武尊】倭建命とも書く。第12代景行天皇の皇子で、第14代仲哀天皇の父。八幡神とされる第15代応神天皇の祖父。景行天皇の命により各地を転戦して帰順しない神や部族を平定した英雄。

*3 【天下祭】神幸行列が江戸城に入ることが許された祭。日枝神社の山王祭と神田神社の神田祭をいう。

*4 【享保の改革】第8代将軍吉宗の行なった改革。倹約を旨とした。

9月23日

秋分 | しゅうぶん

[食]

秋分は太陽が1年かけて天をめぐる軌道（地球から見て）で春分の反対側に至った時のことで、おおよそ9月23日にあたる。春分と同じく昼と夜の時間がほぼ同じで、太陽は真東から昇り真西に沈む。また、二十四節気の一つとしては9月23日頃から10月7日頃をいう。

秋分（春分）の日の太陽は真西に沈む。かつてはこのことが大きな意味をもっていた。なぜなら阿弥陀如来がいる極楽浄土は真西の方角にあるとされるからだ。それゆえ、春分・秋分の夕日を拝めば、極楽浄土の阿弥陀如来に向かって拝むことになるというわけだ。実はこの行為は極楽往生するための修行法の第一歩として『観無量寿経』*1 に説かれている。「目明きであればみな、太陽が沈むのを見ることができよう。正坐して西に向かい、はっきりと太陽を観るのだ」*2

當麻曼荼羅（筆者による模写）。中央が阿弥陀如来

四天王寺（大阪市天王寺区）の西門は、この日想観の聖地とされ、「極楽の東門」とさえいわれた。このため春分・秋分には貴族から庶民まで多くの人が訪れ、西日を拝んだ。といっても、極楽浄土は「十万億土」*3 先。つまり、現世と極楽浄土の間には10万億個の仏国土*4 が存在しているのだ。これを一瞬のうちに飛び越えられる阿弥陀如来の救いがなければ、とうてい行き着ける距離ではない。

さて、秋分を中日とする秋彼岸には「おはぎ」を食べる。春彼岸では「ぼたもち」と呼ぶ小豆餅のことだ。こうした行事で小豆の菓子や料理を食べるのは、赤い小豆がもつ邪気を払う力を身につけるためとされる。

用語解説

*1 【『観無量寿経』】浄土信仰の根本経典とされる「浄土三部経」の一つ。阿弥陀如来の姿や極楽浄土の様子を思い描く修行法「十三観」を説く。夕日を見つめるのは、その「初観」とする。「日想観」ともいう。

*2 【「目明きであれば…観るのだ」】紀野一義訳（岩波文庫『浄土三部経』）による。

*3 【「十万億土」】「浄土三部経」の一つ『阿弥陀経』にある「これより西方、十万億の仏土を過ぎて、世界あり、名づけて極楽という」による。

*4 【仏国土】阿弥陀如来の極楽浄土のように、仏はみな自分の世界・浄土をもっている。これを仏国土という。

9月24日

佐陀神能 | さだしんのう

［文芸］

9月23日から27日頃は七十二候の「雷乃収声」にあたり、雷が鳴らない季節になることをいう。また、9月24日・25日は佐太神社（島根県松江市）で御座替神事・佐陀神能が行なわれる。

佐陀神能（佐太大神）

「雷乃収声」というのは太平洋側では正しい。しかし、日本海側は冬こそが雷の季節である。シベリア気団と対馬海流との温度差で雷雲が発生し、大きな雷鳴を轟かせるからだ。冬の雷は夏の雷のように連続することはないが、1発のエネルギーが夏の100倍にもなることがあるという。日本は気象のバリエーションが豊富なので、季節を表わす言葉もなかなか全国共通というわけにはいかない。

さて、9月24日・25日は、出雲国二宮[*1]で佐太大神（猿田毘古大神）を祀る佐太神社の御座替神事・佐陀神能が執り行なわれる。この起源は慶長13年（1608）に京に上った佐太神社の神職が、当時流行っていた猿楽・幸若[*4]などを伝えたことによる。佐太神社のパンフレットによれば、この神事は「本殿三社以下摂末社のすべての御神座の茣蓙を取り替える祭で、古来より『佐陀の秘儀、重儀』といわれ、当社の数ある祭でも最も重要な祭で、年毎の遷座祭ともいえます。二十四日は茣蓙を清め神々を招祭するための七つの舞からなる『七座神事』、翌二十五日は御法楽[*2]として『式三番』『神能』を舞殿にて執り行います」という。

この神事のために宮司は19日から潔斎を行なう。海で身を清めた後、斎館に籠もって外界との接触を断ち、昔ながらの方法でおこした忌火[*3]で調理したものを食す。

用語解説

[*1]【出雲国二宮】出雲国で2番目に格式がある神社ということ。ちなみに一宮は熊野大社（松江市）。

[*2]【法楽】芸能や詩歌などを芸能などを奉納して神仏を楽しませること。

[*3]【忌火】穢れがついていない火のこと。

[*4]【猿楽・幸若】猿楽は能・狂言の元となった滑稽な劇・踊り、幸若は叙事的な歌詞に合わせて踊るもの。ともに中世に流行った。

9月25日

藤ノ木古墳記念日
ふじのきこふんきねんび

［歴史］

藤ノ木古墳は奈良県生駒郡斑鳩町にある円墳で、法隆寺のすぐそばにある。発掘前は古墳時代中期のものと思われていたが、発掘調査により6世紀後半の後期古墳だと判明した。豪華な副葬品に加え、埋葬時のままだった石棺から2人分の遺骨が発見されたことも話題になった。

9月25日が「藤ノ木古墳記念日」であるのは、昭和60年（1985）9月25日に奈良県斑鳩町の藤ノ木古墳の石室などが発掘されたことによる。しかし、実際は少々違う。発掘調査に携わった前園実知雄氏の『斑鳩に眠る二人の貴公子　藤ノ木古墳』によると、調査は当初、古墳の範囲を確定するためのもので、墳丘の発掘は昭和60年7月30日午後から始

藤ノ木古墳

まった。その後、横穴式石室の天井石とみられるものが見つかり、その周辺を掘っていたところ、20センチほどの穴が開き、その中をライトで照らしてみると、赤く塗られた家形石棺[*1]が見えたという。これが8月19日のこと。石室内の発掘は9月1日から始まっている。

盗掘を受けていなかったこともあり、古墳からは多くの副葬品が発見され、それらはのちに国宝に指定された。中でも注目されたのが金銅製の馬具であった。それらはまだ金色に輝いており、象や獅子などを表わしたエキゾチックな文様やガラスの装飾もそのまま残っていた。また、豪華な冠や履も注目された。そして、多くの研究者を驚かせたのが、棺の中に二人分の遺骨があったことであった。これが誰と誰であったのか、今も議論が続いている。

興味深いのは、盗掘はされていないものの、江戸時代には石室内に入れる状態になっており、灯明に火をつけるなどの祭祀行為が行なわれていたことだ。埋葬者に対する信仰がその当時にはあったらしい。

用語解説

*1【家形石棺】大きな石を削って造られた棺で、箱形の本体の上に寄棟屋根形（四方を斜めにそぎ落とした形）の蓋を載せたもの。見た目が家のようなので、こう呼ぶ。

9月26日

KEYWORD ◈ 陰陽師、泰山府君祭、『怪談』

安倍晴明・小泉八雲没
あべのせいめい・こいずみやくもぼつ

🏯 ［歴史］

9月26日は安倍晴明（921〜1005）と、小泉八雲ことラフカディオ・ハーン（1850〜1904）の命日。片や平安時代の陰陽師[*1]、片や明治時代の文筆家であるが、日本の怪奇幻想を語る上で欠かすことができない2人である。

小｜説やマンガに登場する安倍晴明は若い二枚目の公家で、呪文やお札を使ってもののけを退治する、いわば平安時代のゴーストバスターといった感じだ。しかし、実際の晴明はかなりの晩成者であった。

『肖像』（国立国会図書館蔵）より「安倍晴明像」

　晴明が記録に初めて姿を現わすのは40歳になってからのことだ。平均寿命が今よりずっと短かった当時とすれば、定年間近といった年齢といってよい。それにもかかわらず晴明の身分は天文得業生 ——陰陽道[*2]のうちの天文に関する研究生というものだ。一人前の陰陽師となるのは、その翌年のこと。その年代まで晴明がなにをやっていたのかわからないが、陰陽師としての才能を認められての抜擢だったのだろう、陰陽師となってからの晴明は着実にキャリアアップをし、藤原道長などの有力者の信頼も得ている。60歳を過ぎた頃から太政官（朝廷の最高行政機関）の怪を占うとか皇太后の依頼で泰山府君祭[*3]を行なうといった、伝奇物語の主人公らしい活動も出てくるが、堅実な役人として生涯を終えたといっていいだろう。

　晴明がスーパースター化したのは、彼を始祖と仰ぐ後世の陰陽師たちが、陰陽道がすぐれた呪術であるとみせるために、さまざまな伝説を晴明に結びつけていった結果であった。そして、そうした怪異な伝説・昔話を収集して本にして残したのがラフカディオ・ハーンであった。ギリシアで生まれたハーンはアメリカの出版社の通信員として来日後、英語教師となり、日本人女性と結婚した。『日本の面影』『怪談』など、彼の著作によって再発見された日本の伝説・昔話も少なくない。

用語解説

[*1]【陰陽師】朝廷の役所である陰陽寮に属し、占いや天体・気象の観測を行なって瑞祥・凶兆などの有無を調べる役人のこと。のちには陰陽五行や道教に基づく呪術を使って祈祷などを行なう民間の呪術者も指すようになった。

[*2]【陰陽道】中国の古代思想である陰陽五行（すべての物質・現象は5つの元素と陰・陽という性質より成り立っているというもの）に基づいて、占いや天体観測によって未来・方角などの吉凶を調べ、その対処法を判断するもの。

[*3]【泰山府君祭】説話では死者を蘇らせる方法とされるが、実際の晴明が行なったのは寿命を延ばす祈祷にすぎない。

9月27日

須我神社鹿食之神事
すがじんじゃかじきのしんじ

🍚 ［食］

須我神社（島根県雲南市）の創建は神話の時代に遡る。八岐大蛇を退治した須佐之男命がこの地に宮を建てて新婚生活を始めたことに始まるとされる。この須我神社で9月27日に行なわれる「鹿食之神事」からは、神社の意外な歴史と信仰が垣間見える。

須我神社創建前史とでもいうべきものが『古事記』に記されている。ざっと現代語訳してみよう。

「（八岐大蛇を退治し、助けた櫛名田比売命[*1]と結婚することになったので）須佐之男命は宮を建てるところを出雲国の中で探した。そして、須賀（須我）の地にやって来た時に、『わしはこの地に来て心がすがすがしくなった』といい、ここに宮を建てた。この由緒

須我神社の拝殿

からこの地を須賀というのだ。須佐之男命が宮を建てようとした時、そこから雲が立ちのぼった。これを見て須佐之男命は歌を詠んだ。『八雲立つ出雲八重垣妻籠みに 八重垣作るその八重垣を』」

この須佐之男命の歌が日本最初の短歌だとされ、ここから須我神社は和歌発祥の地ともされる。また、須我神社はこの須佐之男命の宮の跡地に鎮座していると伝えられる。

その須我神社で例大祭前夜の9月27日に鹿食之神事が行われる。須我神社のホームページにはこの祭のことを「鹿の頭を供え、神酒を献じ国家安泰、五穀豊穣を祈願」と簡潔に説明している。「鹿食」「鹿の頭」ときて、ぴんとくるのが長野県の諏訪地方に鎮座する諏訪大社だ。諏訪大社では4月5日に鹿の頭を供える御頭祭が行なわれ、鹿肉を食べても穢れない[*2]鹿食免のお札が授与されている。実は須我神社には中世に諏訪から地頭[*3]として赴いた神中澤豊前守が、氏神である諏訪大社の祭神を相殿に祀っており、その時にこうした信仰も伝えられたらしい。

用語解説

*1【櫛名田比売命】山の神の大山津見神の孫。美しい稲田の女神であるとともに櫛の女神でもある。

*2【鹿肉を食べても穢れない】仏教の影響で近世以前は大型の獣の肉を忌避するようになり、食べると穢れるともいわれた。しかし、神事に獣肉を用いる神社も多く、猟師などが罪の意識をもたないよう鹿食免などのお札が授与された。須我神社の鹿食之神事では、鹿の頭に代わるものとして、茄子を鹿に見立てて供えている。

*3【地頭】鎌倉・室町幕府の職名。全国の荘園・公領に置かれ、税の取り立てなどを行なった。

9月28日

KEYWORD ◈ 蟄虫坏戸（むしかくれてとをふさぐ）、武蔵総社六所宮（むさしそうじゃろくしょぐう）、太々神楽（だいだいかぐら）

大國魂神社くり祭
おおくにたまじんじゃくりまつり

［食］

9月28日から10月2日頃は七十二候の「蟄虫坏戸」にあたり、地中に住む虫が巣穴を塞ぐ頃とする。9月28日は東京都府中市の大國魂神社で秋季祭・くり祭が行なわれる（27日には宵宮（よいみや）がある）日でもある。

　大國魂神社のホームページによれば、秋季祭くり祭には次のような由緒があるという。

「秋季祭は、元文（げんぶん）2年9月28日（1738）の武蔵総社六所宮[*1]太々神楽[*2]創立を起源とし、途中一時中断されていた時期もあったが再興され現在まで引続き行われている。（略）別名『くり祭』と称されるのは、武蔵野の大地が栗の発育に適していたと共に保存食として重要視され、

「柑橘図譜（かんきつずふ）」（国立国会図書館蔵）より「栗」

更に上質の栗が採れる事から徳川家に栗を献納するようになり、栗の採取する時期と太々神楽の時期があいまり、やがてくり祭と呼ばれるようになった」

　この祭の特徴として境内に260本の行灯（あんどん）が立てられることがある。行灯には府中市芸術文化協会会員が奉納した絵が貼られ、祭に彩りを添えている。しかし、なんといっても印象的なのは栗の露店であろう。府中が栗の産地であったことを感じさせるとともに、もともとはこの祭が栗の収穫祭であったことを想像させる。

　現在ではお菓子の材料の印象が強い栗だが、保存がしやすく栄養価も高いことから貴重な保存食料とされてきた。縄文・弥生時代は栗の豊作・不作が集落の存立を左右したとさえいわれる。こうしたことから栗の豊作を願う民俗儀礼があちこちに残っている。月見の際に供物に栗を加え、「栗名月」と呼ぶ地域があるが、これも栗の豊作を願うもの、あるいは豊作を感謝した名残であろう。また「おくんち」（次項参照）を栗節供といって栗を食べることもあるが、これにも同様の意味があると思われる。

用語解説

*1 【武蔵総社六所宮】大國魂神社のこと。総社はその国の主要な神社の祭神を祀る神社のことで、武蔵国は大國魂神社が総社の役割を果たしていた。また、武蔵国の一宮から六宮までを東殿と西殿に祀っているので六所宮という。

*2 【太々神楽】正式な参拝法の一つとして神に神楽を捧げるというものがあるが、その神楽にもランクがあり、もっとも大規模なものを太々神楽という。ここから転じて太々神楽で奏される曲、あるいは神楽団のことも指すようになった。

おくんち

［祭事］

9月は9のつく日に祭が多い。重陽の節供である9日（9月9日参照）がその代表だが、19日・29日にも儀礼が行なわれることがある。こうしたことから9日を「おくんち」、9のつく3日を合わせて「みくんち」「みくにち」または「さんくにち」などと呼ぶ。

九州には「くんち」とつく祭が多い。たとえば、長崎くんち・唐津くんち・佐世保くんち・伊万里くんちなどである。この「くんち」を奉納踊りのことと解している人もいるが、もとは「九日」のことだ。9月の9がつく日に祭が行なわれたので9日（19日・29日）のことを「くんち」「おくにち」「おくんち」と呼ぶようになり、その日に行なわれる祭のことも指すようになったのである。やがて「（お）くんち」＝祭と考えられるようになり、執行日にかかわらず祭を「＊＊くんち」と呼ぶようになった。

『本草図譜』（国立国会図書館蔵）より「茄（なすび）」

「＊＊くんち」という祭は九州地方の特色だが、9月の9のつく日に祭や儀礼を行なうということは、ほぼ全国的にみられる。たとえば、東北では9日・19日・29日を「おくにち」と呼び、餅をついたりする。面白いのは、この「みくにち（三九日）」が、ナスの信仰と結びついていることだ。「茨城県ではミックニチ（三九日）には茄子を食べるものだと言い伝えている。群馬県千代田町では九日茄子を食べると中気 *1 にならぬといわれている」（『三省堂年中行事事典』）、「三九日（九月九日・十九日・二十九日）のナスを食べると、丈夫になる（山形県置賜地方）」（『日本俗信辞典 植物編』）などだ。

初夢に見るといいものの3番目に入っていることからわかるように、ナスは霊的な食べ物と思われていた。ナスを水神や雷神に捧げるという地方もある。「みくにち」には冬を前にしてナスを食べて体を丈夫にしようという信仰があるのかもしれない。

用語解説

*1【中気】脳卒中のこと。「悪気に中る」の意味で、中風（悪風に中る）と同じ。

9月30日

夢窓疎石没

むそうそせきぼつ

［文芸］

観応2年(1351)9月30日、禅僧の夢窓疎石が京の臨川寺で没した。疎石は室町時代の文化を思想と美意識の両面で方向づけた稀代の名僧であった。

夢窓疎石は建治元年(1275)に伊勢に生まれた。父母と共に甲斐国(山梨県)に移住し、後に出家した。当初は密教を学び、禅宗(臨済宗)に転じ鎌倉の建長寺、京の建仁寺、また鎌倉の円覚寺・万寿寺などで修行を積む。しかし、さらに禅の境地を深めるために、甲斐・美濃(岐阜県)・土佐(高知県)・上総(千葉県)などの寺院を転々とし

天龍寺の曹源池庭園

た。正中2年(1325)に後醍醐天皇の勅命により、京の南禅寺住持となったが、翌年には辞している。その後、臨川寺や西芳寺*1の開山となり、後醍醐天皇崩御後は、その菩提を弔うための天龍寺*2の開山となった。生前・没後を含めて7代の天皇や上皇から国師号*3を授けられたことから「七朝帝師」とも呼ばれる。疎石は弟子の育成にもすぐれており、その後の臨済宗の中核は疎石の弟子筋によって占められた。つまり、疎石の教えが禅宗の主流となったのである。

しかし、疎石が後世に与えたもっとも大きな影響は、その作庭といってよいだろう。疎石は住した寺院の庭園を造り、それらが日本の美意識の基準となっていったのである。とくに西芳寺と天龍寺の庭園は名園の誉れが高く、鹿苑寺(金閣寺)や慈照寺(銀閣寺)の建物の中には西芳寺を模して建てられたものもある。また、天龍寺の庭園については「そのデザインと技術は日本庭園史上の一つの頂点をなすものと評価される」(小野健吉『日本庭園──空間の美の歴史』)というのが定説である。

用語解説

*1 【西芳寺】京都市西京区にある臨済宗の寺。庭一面が深い苔に覆われていることから苔寺と呼ばれるが、疎石が中興開山になった当時は、池の周辺に堂宇がいくつか建てられていた。

*2 【天龍寺】京都市右京区にある臨済宗の大本山の寺。曹源池を中心としたその庭園は嵐山や亀山を借景として取り入れた名園として有名。なお、創建当時は嵐山も渡月橋も境内の内とされていた。

*3 【国師号】国を挙げて崇敬すべき僧に対して天皇(皇帝)が与える称号のこと。

10月1日

北野天満宮ずいき祭

きたのてんまんぐう・ずいきまつり

[祭事]

10月1日～5日の期間は、ユニークな祭が京都で二つ行なわれる。北野天満宮のずいき祭はずいき（サトイモの茎）で屋根を葺いた御輿が登場し、今宮神社ではネクタイへの感謝祭が執り行なわれる。また、伊勢神宮では御酒殿祭が行なわれる。

ずいき祭の起源は第62代村上天皇[*1]の御代に遡るとされる。西ノ京（京都市中京区の西部にある地域）に住んでいた北野天満宮の神人[*2]が、菅原道真公の神霊を西ノ京に迎えて野菜を供えたことに始まるという。別の説では室町時代に西ノ京の農民や神人が、野菜で御輿を作ったのが最初とされる。いずれにしろポイントは

ずいき祭（写真提供：北野天満宮）

野菜で、今もずいき御輿は野菜で作られる。ずいきの屋根に赤ナス・柚・唐辛子などの瓔珞（四隅に吊り下げる飾り）など、その色鮮やかさに驚かされる。瑞饋神輿保存会はこの御輿の奉製を9月には始めるという。10月1日の神幸祭では三基の御鳳輦が北野天満宮を出発して西ノ京の御旅所で3日間奉安される。4日の還幸祭では御鳳輦が御旅所から北野天満宮本社に向けて出発し、ずいき御輿も氏子地域を巡行。5日の后宴祭をもって祭は終了する。

　いっぽう京都市北区の今宮神社ではネクタイ感謝祭が執り行なわれる。これは「織姫社[*3]神前に火炉を設け、今は使われることのなくなったネクタイ一本一本に感謝を込めて焼納の神事を執り行ないます」（今宮神社のホームページ）というもの。筆や針の供養・感謝祭は多いがネクタイは珍しい。

　また、伊勢神宮では神前に捧げる酒も自前で造っているが、醸成を行なう御酒殿で6月・10月・12月の朔日（1日）に、醸成の成功と全国の酒造業の繁栄を祈る神事がなされる。

用語解説

*1【村上天皇】926～967。在位946～967。醍醐天皇の第14皇子。菅原道真の孫の菅原文時を抜擢して政治を刷新しようとした。

*2【神人】北野天満宮の雑務などを奉仕する神職のこと。

*3【織姫社】今宮神社の末社。織物の女神・栲幡千千姫命を祀る。

慈眼大師忌 | じげんだいしき　　　🏯 ［歴史］

寛永20年（1643）10月2日、家康・秀忠・家光と3代の将軍に仕えて宗教政策はもちろん政治方針にも大きな影響を与え、黒衣の宰相と呼ばれた慈眼大師天海が没した。

『肖像 1之巻』（国立国会図書館蔵）より「徳川家康公・天海僧正」

明智光秀は豊臣秀吉との山崎の戦いに敗れ、落ち延びる途上の小栗須で農民に殺されたのではなく、生き延びて天海と名を変え、徳川家康の参謀となった——という説が一部の歴史愛好家に支持されている。こういう英雄不死伝説*1は嫌いではないのだが、もし天海が明智光秀だったとしたら、没年の寛永20年には127歳になっていたことになる。天海は百歳を越える長寿であったようだが、さすがにこれは無理があるようだ。

こうした説が出る理由の一つとして、天海は自分の出自などを語りたがらず、前半生がよくわからないことがある。といっても、まったくわからないわけではない。天海は陸奥国会津高田（福島県会津美里町）に1536年頃に生まれ、宇都宮（栃木県）の粉河寺で天台宗の教理を学んだのち比叡山に登った。そして、学僧として頭角を現わしていったのだが、天海がすぐれていたところは天台教学だけを学んだのではなく、法相宗や華厳宗など他宗の教え、さらには儒教にも通じていたことで、これが政治家としても役立ったようだ。そして、天正18年（1590）川越（埼玉県）の喜多院で家康と対面することになる（出会いの時期については諸説ある）。

天海の偉業は数多いが、あえて二つに絞ると、家康に東照大権現*2という神号を選んだことと、上野に寛永寺*3を創建したことがあげられる。東照宮と寛永寺は、将軍家における伊勢神宮と比叡山延暦寺ということができる。これらによって政治権力のみならず宗教的権威も畿内から関東へと移そうとしたのである。

用語解説

*1【英雄不死伝説】有名なものとして、源義経が北海道からモンゴルに渡ってチンギス・ハンになったというものがある。

*2【東照大権現】表の意味は「関八州（関東）を照らす神」であるが、「東の天照大神」ともとれる。

*3【寛永寺】山号は「東叡山」。「東の比叡山」という意味。

10月3日

KEYWORD ◈ 水始涸（みずはじめてかるる）、高野山奥之院万燈会（こうやさんおくのいんまんどうえ）、空海（くうかい）、叡尊（えいそん）

西大寺光明真言土砂加持法会

さいだいじこうみょうしんごんどしゃかじほうえ

 ［祭事］

10月3日から7日頃は七十二候の「水始涸」にあたる。田に引いていた水を止めて干す時節であるこの頃、和歌山県の高野山と奈良の西大寺では10月3日に"光にかかわる法要"が行なわれる。

　　ず高野山の万燈会から述べよう。この法会は真言宗の開祖で高野山をその根本道場と定めた空海（774〜835）によって始められた。その時の願文（法会の趣旨を本尊に申し上げる文）が残されている。「是に於いて空海、諸の金剛子*1等と与んじて、金剛峯寺に於いて、聊か万燈万華の会を設けて両部の曼荼羅*2、四種の智印*3に奉献す。期する所は、毎年一度斯の事を設け奉って四恩*4を答し奉らん。虚空尽き、衆生尽き、涅槃尽きなば、我が願いも尽きん」最後の言葉は「宇宙が消滅し、迷える者がいなくなり、悟りを得ていない者がいなくなった時、ようやく私の願いが成就する」という意味で、空海の慈悲心の広大さを示すものとして有名だ。空海が今も高野山奥之院で生きているという信仰も、この言葉に由来するところが大きい。

　空海が天長9年（832）に万燈会を行なったのは金堂であったようだが、今は空海の御廟がある奥之院が中心になっている。4月・8月にも行なわれるが、10月1〜3日の法要では、高野山専修学院の生徒も加わり、万余の灯明に託された祈りが成就するよう読経がなされる。

　いっぽう真言律宗の総本山・西大寺の光明真言土砂加持法会で光を放つのは、光明真言という密教の呪文である。この真言を唱えれば一切の罪障を滅除するというもので、その信仰を広めたのが西大寺を復興した叡尊（1201〜1290）であった。この法要は一切の亡魂の追善供養のために行なうもので、かつては8月18日〜25日に行なわれていたが、今は10月3日〜5日に変更されている。

用語解説

*1 【金剛子】 密教修行者、すなわち空海の弟子たちのこと。

*2 【両部の曼荼羅】 胎蔵界曼荼羅と金剛界曼荼羅のこと。真言宗では諸仏の集合図であるこの二つの曼荼羅を究極的な本尊とする。

*3 【四種の智印】 仏の教え・世界を4種類の方法で表わした曼荼羅を印で象徴したもの。ここでは仏の智慧の意。

*4 【四恩】 現世で受ける4つの恩。経典によって内容が違う。父母の恩・衆生の恩・国王の恩・三宝（仏法僧）の恩・如来の恩・説法法師の恩など。

案山子 ｜ かかし

［文芸］

案山子はみなさんもご存じのように、稲穂をスズメなどの害から守るために田の中に立てる人形のことをいう。古着を着せられたその姿はユーモラスでもあり哀れでもあるが、『古事記』には何でも知っている神として登場する。

案山子は誰でも知るものでありながら、実は多くの謎を抱えている習俗でもある。まず、その名前*1から謎めいている。

「かかし」は「かがし（嗅がし）」から来ているという説がある。髪の毛や魚の頭などを焼いて、その臭気で鳥を追い払ったのが始まりで、もとはそうしたものを串に刺して田に置いたというのである。節分に鰯の頭とヒイラギの葉を刺したものを玄関前などにつけて魔除けにするが、これを「やいかがし（焼い嗅がし）」という。まさに臭気を使った魔除けであるが、これを案山子の起源とするのは早計だ。すでに『古事記』において案山子は一本足で田に立つ人形の姿として述べられているからだ。おそらくは「やいかがし」より古い。

では、『古事記』にはどう語られているのか見てみよう。大国主神が出雲の美保岬にいた時のことだ。そこに手に載るほどの小さな神が現われたが、名前を聞いても答えず、また誰もその名前を知らなかった。すると、ヒキガエルが「きっと久延毘古*2なら知っています」と言うので、使者を派遣して尋ねてみると、「それは神産巣日神の御子の少名毘古那神ですぞ」と教えてくれた。この久延毘古は、今は山田の曽富騰*3といい、足は動かないが天下のことはなんでも知っている神である――と『古事記』は述べている。

実は案山子は民俗においても神として扱われることがある。たとえば、刈り入れが終わった後に供物を供えたり、家に連れて帰って接待したりする。これは案山子が田の神の依り代であるからで、地域によっては田の神のことを「かかし」と呼ぶこともある。案山子そのものは動けないが、そこに宿る神は移動が自在なのでなんでも知っているのだろうか。

用語解説

*1【その名前】「かかし」に「案山子」の字を当てるのは禅に由来するともいう。禅語の「案山」は大きな山の前にある低い山の意で、「案山子」はへりくだって自分をいう言葉になる。これが「かかし」とどう結びつくのかは不明だ。

*2【久延毘古】「崩彦」のことで、朽ちかけた（服を着る）者といった意味。

*3【曽富騰】「濡れそぼった人」の意ともいう。

10月5日

達磨忌 | だるまき

［文芸］

選挙事務所に置かれた張り子のダルマは、禅宗の開祖・菩提達磨*1の像が民芸品化したものである。伝説上の人物と思っている人が多いかもしれないが、達磨は実在した人物である。

達磨は北魏の嵩山*2で528年10月5日に亡くなったとされ、禅宗寺院では達磨忌の法要が行なわれる。だが、この年月日も確かなものではない。仏教学者の伊吹敦氏によると「歴史上の達摩の姿を伝える最も信頼できる資料は、楊衒之（6世紀中葉）の『洛陽伽藍記』（457年）であるが、そこで述べられているのは、波斯国*3の生まれであること、永寧寺の塔（516年建立、534年焼失）を称賛したこと、自ら百五十歳であると自称していたことなどに過ぎない」という。しかし、この内容は一般に広まっている達磨の伝記と異なる。『景徳伝

『肖像集』（国立国会図書館蔵）より「達磨」

燈録』*4によると達磨はインドの王族の生まれで、西域を通って中国に至り、梁*5の武帝に受け入れられたが、教えを理解できる者がいないと気づき嵩山に籠もった。ここで9年間壁に向かって坐禅を続けて後継者の出現を待ち、慧可にその教えを伝えたとする。張り子のダルマは壁に向かって坐禅をする達磨の姿を写したものだ。

なお、慧可は最初、達磨に弟子入りを許されなかった。そこで左腕を断ち切って決意の強さを示したという。弟子となった慧可は達磨にこう尋ねた。「私の心にはまだ不安があります。師よ、どうか安心させてください」そこで達磨は言った。「では、その心を持ってきなさい。そうしたら安心させてあげよう」慧可は言った。「心を探してみましたが、どうしても捕まえることができませんでした」これを聞いて達磨は答えた。「お前のために安心させてやったぞ」*6

用語解説

*1 【菩提達磨】ボーディー・ダルマに漢字に当てたものとされる。達磨は達摩とも書く。

*2 【北魏の嵩山】北魏は中国南北朝時代の王朝（北朝）の一つで、鮮卑族が建国した。386〜534。嵩山は河南省にある霊山で、山麓に達磨ゆかりの禅宗寺院・少林寺がある。カンフーの聖地でもある。

*3 【波斯国】ペルシャのこと。

*4 【『景徳伝燈録』】中国の宋時代（960〜1279）に編纂された禅宗の歴史書。

*5 【梁】中国南北朝時代の王朝（南朝）の一つ。502〜557。

*6 【「安心させてやったぞ」】この問答（「達磨安心」という）は『無門関』という宋時代に編纂された禅の書にある。

梨 | なし

 ［食］

梨は秋（10月）の季語である。しかし、「梨」からみずみずしい果実を連想するようになるのは、栽培技術が発達した江戸時代以降のようだ。かつては「なし」が「無し」に通じることから忌まれることもあったが、「梨園（りえん）」という雅な使われ方もしている。

『日本昔話事典』によると、「昔話の梨は日本原産の山梨が中心で、花を賞翫（しょうがん）し、果実を得るために栽培されたものはほとんどない」という。これは昔話に限らず和歌の世界でもそうらしく、梨の歌は数が少なく、あっても山梨の花を詠んだものばかりだ。しかし、その花も清少納言にかかると、「梨の花は、まったくおもしろくないものだと考えられていて、

『柑橘図譜』（国立国会図書館蔵）より「梨」

身近に賞翫することもせず、手紙を結び付けるといった用にも使わず、かわいげのない女の人の顔などをたとえる場合に引合いに出される」（『枕草子』石田穣二訳）と身も蓋もない言われ方をしている。

これはやはり「なし」という名前がマイナスに働いたのだろう。少しでも縁起の悪いことは避けようとした平安貴族にとって、「無し」という言葉は避けて通りたかったのに違いない。「ありのみ」と言い換えるより無視が無難というところか。しかし、この「なし」を逆に利用した信仰もある。たとえば、鈴木棠三『日本俗信辞典 植物編』には「鬼門ナシといって、鬼門にナシの木を植えることを喜ぶ（京都府南桑田郡）。鬼門にはナシやクチナシを植えておくとよい（愛知県南設楽郡）。鬼門にナシを植えると病気がない（同県西加茂郡）」とある。物事をナシにする梨の力を不幸に向けさせることによって、自分たちにはプラスに作用させようという民俗信仰である。

これが「梨園」となると、またイメージが変わる。日本では歌舞伎界や歌舞伎役者の社会に対して使われる言葉であるが、起源は中国にある。唐の玄宗（げんそう）*1皇帝は音楽や芸能を保護し、宮廷の梨を植えた庭で練習させたので、芸人などを「梨園の弟子」と呼んだことに始まるという。

用語解説

*1 【玄宗】685〜762。唐の第9代皇帝（在位712〜756）。唐の全盛期の皇帝であるが、楊貴妃（ようきひ）を寵愛したことから内乱を引き起こした。

10月7日

KEYWORD ◈ 「さるかに合戦」、成木責め(なりきぜめ)、正岡子規(まさおかしき)

柿 | かき

[食]

柿もまた秋の季語である。梨よりも親しまれていた感があり、昔話でも大切な食べ物として扱われることが多い。ところが、『万葉集』や『古今和歌集(こきん)』などには柿を詠んだ和歌はほとんどない。

柿 は在来種で日本の代表的な果実であるにもかかわらず、『万葉集』には柿を詠んだ歌がない。『万葉集』に限らず、古典作品では柿の和歌がきわめて少ない。あまりにありふれた果実だからだろうか。それとも代表的な万葉歌人で歌聖として崇敬されてきた柿本人麻呂への遠慮[1]からだろうか。

『生写四十八鷹 目じろ 柿』
(国立国会図書館蔵)

　いっぽう昔話では大切な食べ物として扱われる。よく知られた「さるかに合戦」もおにぎりと柿の種を交換するところから話が始まる。まさに柿の種がおにぎりに勝る価値があるとカニが判断したことが、物語を動かす契機になっている。なお、柿の種を植えたカニは「早く芽を出せ柿の種、出さぬとハサミでちょん切るぞ」と脅して成長を促進させる[2]が、これは実際に行われてきた習俗である。成木責め(キマジナイ、キマツリとも)というもので、小正月の頃に鉈(なた)や鎌を持って柿の木に「成るか成らぬか、成らねば切るぞ」と言って脅す。

　柿の老木が大男になって老婆や小僧に熟柿を食べさせるという話も各地に伝わっているが、面白いことに柿の木ではなく梨の木の話として伝わっている地域もある。これは熟した実を枝に放置してはならないという教えなのだろう。

　最後に正岡子規(9月19日参照)の有名な句、「柿くへば鐘が鳴るなり法隆寺」について触れておこう。この句を子規が詠んだのは明治28年(1895)のことであるが、子規は和歌にも漢詩にも柿を詠んだものがないことを知っており、それで柿を読み込んだ句を作ったのだという。ちなみに法隆寺周辺は富有柿(ふゆうがき)の産地で、子規は柿が大好物であった。

用語解説

*1【柿本人麻呂への遠慮】古来、東洋には皇帝(天皇)などの名前に使われた文字を遠慮して使わないという風習がある。

*2【成長を促進させる】異常な早さで成長するというのが昔話の主人公などの特徴となっている(たとえば、飯を1杯食べれば1杯分、3杯食べれば3杯分大きくなった、など)。これは神の申し子だということを示すためだと思われる。

10月8日

製衣冠司設置 | せいいかんしせっち　［衣］

文武天皇の4年（700）10月8日、衣冠を縫製する役所として製衣冠司が設置された。
また、愛媛県西宇和郡伊方町三崎では、10月8日から9日にかけて牛鬼*1と四ツ太
鼓が争う祭が行なわれる。

10 月8日頃は二十四節気の「寒露」にあたる。秋の深ま
りを感じる時期であることをいう。そういう季節の動き
と関係あるのかどうか、『続日本紀』文武天皇4年10月8日
の条には次のようにある（もっとも旧暦の10月8日は秋という
より冬の入口であろうが）。「この日、初めて製衣冠司（衣冠
を縫製する官司）を置いた」（宇治谷孟訳）

『百鬼夜行 拾遺』（国立国
会図書館蔵）より「牛鬼」

冠の色で位を表わす冠位十二階の制度を聖徳太子が定
めたことは、みなさんもご存じのことと思う。推古天皇の11年
（603）のことである。以後、この制度は数度にわたって改
訂され、冠位は増えていった。大化3年（647）に冠位十三階、その翌々年には
冠位十九階に、天智天皇3年（664）には冠位二十六階、そして天武天皇の14年
（685）には冠位四十八階になった。こうなると覚えるのも指導するのも容易ではな
い。この年には朝服*2の身分による色も定められたので、さらに難度は上がった。
身分が下がるほど混乱は大きかっただろう。正しい装いが定着するよう、製衣冠
司が設置されたのかもしれない。

話題はがらっと変わる。現代の愛媛県伊方町三崎で10月8日・9日に行なわ
れる祭のことだ。三崎八幡神社の祭礼なのだが、内容は盛りだくさんだ。五ツ鹿
踊・唐獅子舞が各家を回り、牛鬼と四ツ太鼓の山車が町内をめぐる。そして、最
後に港で牛鬼と四ツ太鼓が背比べするかのように持ち上げられ、どちらが上になっ
て倒れるか競われる。この牛鬼と四ツ太鼓は三崎の東と西の地区を象徴しており、
牛鬼が上なら東が豊漁となり、四ツ太鼓が上なら西が五穀豊穣となるという。

用語解説

*1 【牛鬼】四国や中国地方、三重・和歌山県などに伝わる妖怪。姿は地方によって異なるが、頭部が牛で海から現われ
るということではほぼ共通している。

*2 【朝服】朝廷に出仕する時の服。

10月9日

KEYWORD ◎ 鴻雁来（こうがんきたる）、雁（かり）、神饌（しんせん）、新嘗祭（にいなめまつり）

吉備津神社七十五膳据神事
きびつじんじゃしちじゅうごぜんすえしんじ

[食]

10月8日から12日頃は七十二候の「鴻雁来」にあたり、雁が飛来し始める時節であることを示す。この頃、岡山市の吉備津神社では七十五膳据神事が行なわれる。

短冊絵『月に雁』（国立国会図書館蔵）

祭　神に食事を捧げる神事は全国各地で行なわれており、手の込んだ会席料理店の仕出しかと思うような料理を捧げる神社さえあるが、規模の点からいえば吉備津神社で5月と10月の第二日曜日に行われる七十五膳据神事が最高だろう。捧げられる神饌[*1]のお膳が75も作られるので、本殿にこれを運ぶ行列は100人を超す。しかも、その料理も立派なもので「それぞれの膳には春は白米、秋は玄米を蒸して円筒形の型にはめて作った御盛相（おもっそう）を中心に鯛や時節の山海の珍味で四隅をはり、柳の箸が添えてあります」（吉備津神社のホームページ）というもの。

歴史学者・藤井駿（ふじいしゅん）氏の『吉備津神社』によれば、この祭りは「要するに新嘗祭[*2]である。毎年の秋、備中の諸郷から新穀や果物や魚藻などを国の一宮（いちのみや）である当社に献納し、五穀豊穣を感謝する大祭であった」という。

藤井氏の文にもあるように、かつては年に1度で、江戸時代には9月中旬の申（さる）の日に行なわれていた。春秋2回になったのは明治以降のことで、5月13日と10月19日に行なわれた。しかし、多くの奉仕者の協力が必要なため昭和46年（1971）から今の日程になった。

『吉備津神社』によると、「その行列は警固（けいご）三人、榊持ち、氏子総代、獅子二頭、猿田彦（さるたひこ）、鉄砲（男児）、鳥籠持（女子）、弓持、矢持、鉾（へい）、大太刀、小太刀、五色の幣、御冠、宮司、御掛盤、高坏（たかつき）[*3]、神酒（みき）、鏡餅、果物、絹布、綿布、平膳」の順で、神事は午前11時過ぎに始まり、午後1時に終わる。

用語解説

*1【神饌】神様のための食物・料理のこと。

*2【新嘗祭】「にいなめさい」とも。神にその年採れた米などを捧げる神事。

*3【高坏】食べ物を盛る脚の長い台のこと。

マグロの日 | まぐろのひ

🍚［食］

10月10日は「マグロの日」。昭和61年（1986）に日本鰹鮪漁業協同組合連合会が制定した。神亀3年（726）10月10日に万葉歌人の1人、山部赤人[*1]がマグロの歌を詠んだことによる。

「マグロの日」の制定理由には補足説明がいる。制定の元となった歌は長歌で『万葉集』の巻6に収録されている。歌の全文は長いのでマグロ（鮪）が出てくる部分だけを引用しよう。

「……印南野の邑美の原の荒栲の藤井の浦に鮪釣ると……」

『魚類写生図』（国立国会図書館蔵）より「マグロ」

印南野は今の兵庫県明石市のことで、藤井の浦は明石市藤江の浜にあたるという。当時はここでマグロ漁が盛んだったらしい。赤人は聖武天皇の行幸に従って藤井の浦に来ており、その美しい情景を詠んだのがこの長歌なのである。赤人はこうした情景描写に定評があり、この歌でも釣り船や製塩で賑わう浜の様子をリズミカルに描写している。ただ、主眼は風景ではなく、天皇の行幸の詩的記録にあるのだろう。

さて、補足説明が必要なのは歌の詞書きだ。この歌の詞書きは「山部宿禰赤人が作る歌一首併せて短歌」とあるだけなのだが、この歌の前にやはり行幸に同行していた笠金村[*2]の長歌が収録されており、その詞書きには「三年丙寅の秋の九月の十五日に播磨国の印南野に幸す時に」とあるのだ。じゃあ、マグロの歌を詠んだのは9月15日のことなのかと思われたかもしれないが、この時の行幸は『続日本紀』に記録されており、これによって正確な日付が10月10日だとわかるのである。

用語解説

*1【山部赤人】 生没年不詳。奈良時代の歌人。歌聖として柿本人麻呂とともに並び称される。聖武天皇の行幸に同行して歌を詠む宮廷歌人であったと思われるが、史書に名前が見えないため位の低い官人であったと考えられている。

*2【笠金村】 生没年不詳。奈良時代の歌人。山部赤人と同じ時代に活躍しており、『万葉集』にその歌が45首収録されている。

10月11日

KEYWORD ◈ 興福寺、春日大社、武甕槌神、神鹿

鹿の角切り

しかのつのきり

［歳事］

毎年10月の第2土・日曜日に奈良市の奈良公園で牡鹿の角切りが行なわれる。発情期を迎えて気が荒くなった牡鹿の角[*1]による事故を防ぐための処置で、寛文12年（1672）から行なわれている。

大正2年刊『大和名所写真画帖』（国立国会図書館蔵）より奈良公園の鹿

奈良の町を歩くと、「こんなところにも」と思うような場所にも鹿がいて驚かされる。いろいろ苦労はあるのだろうが、これだけ自然に野生動物と共存している都市は珍しい。奈良の鹿は飼育されているように思われがちだが、特定の人や団体が飼っているものではない。純粋な野生動物であり、国の天然記念物に指定されている。とはいえ、奈良のシンボルであり、人々に親しまれ愛されている生き物ということもあって、一般財団法人奈良の鹿愛護会が人との共生がうまくいくように保護活動をしている。角切りもその一環である。

　角切りは勢子役が鹿を角切り場に追い込むことから始まる。そして、十字と呼ばれる道具を使って鹿の角に綱をかけ、傷つけないよう注意して引き寄せ、莫蓙の上に寝かして角を切る。切った角は春日大社の神霊に供えられる。

　この角切りは寛文12年に奈良奉行・溝口信勝によって始められたという。当時、奈良の鹿は興福寺・春日大社のお使いとされ、傷つけたりすると厳しく罰せられた。そうしたこともあって鹿と人を保護するために始めたといわれる。

　なお、春日大社の神（武甕槌神[*2]）は三笠山に垂迹された時[*3]、常陸国の鹿島神宮から鹿に乗って来たのだという。奈良の鹿はその子孫だとされ、神鹿と呼ばれて大切に保護されてきたのである。

用語解説

*1 【牡鹿の角】鹿は牡しか角が生えず、その角も毎年生え替わる。秋の角は神経も血管もなく、切られても痛くない。

*2 【武甕槌神】鹿島神宮の祭神。天照大神の命により大国主神に国譲りを迫った。なお、春日大社には武甕槌命のほかに経津主命・天児屋根命・比売神が祀られる。

*3 【春日大社の神は三笠山に垂迹された時】伝承によると神護景雲2年（768）のことという。「垂迹」とは神が姿を現わすことをいう。

砧 | きぬた

［衣］

砧は布を叩いて柔らかくする道具のこと。昔の布は糸が太く硬かったので織ったまま、あるいは洗濯したては着心地が悪かった。このため叩いて柔らかくする作業が必要であった。これは夜間に行なわれることが多く、感傷を誘う音として文学に取り上げられてきた。

た　　とえば松尾芭蕉の「声すみて北斗にひゞく砧哉」、与謝蕪村の「憂き人に手を打たれたる砧かな」のように、砧は古来文学の題材となってきた。「百人一首」に収録されている参議雅経(藤原雅経[*1])の「みよしのゝ山の秋風さよふけて故郷さむくころもうつなり」[*2]のように、「砧」の語を使わずに詠んだものも多い。

　残念ながら筆者は砧の音を聞いたことがないのだが、哀愁を誘うもの[*3]であったという。式子内親王[*4]の「千たび打つ砧の音に夢醒めて　もの思ふ袖の露ぞ砕くる」という歌からは、悲しみに袖を涙で濡らす心にさらに追い打ちをかけてくるような砧の音の響きが伝わってくる。こうした砧の音への思い入れから能の『砧』(世阿弥作)のような話も生まれた。これは訴訟のために都に行ったまま何年も帰らない夫を待ちわびる妻の心情を描いたもので、妻が夫に心が通じることを願って砧を打つ場面がある。しかし、気持ちは通じず、妻は世を去ってしまう。その後、夫への妄執のため地獄に墜ちた妻は、幽霊となって夫の前に現われる。

　この話とは関係ないが、東京都狛江市には「砧」という地名が残っている。この砧を中心とした多摩川べりの地域は、飛鳥・奈良時代頃に麻や絹の布の産地であった。そのため砧の音もよく聞かれたという。調布・布田・染地といった地名も、布作りとの関わりを示すものとされる。

用語解説

[*1]【藤原雅経】1170～1221。鎌倉初期の歌人。後鳥羽上皇に召されて和歌所寄人になり、『新古今和歌集』の撰者の1人となった。

[*2]【「みよしのの〜うつなり」】「吉野の山から吹く秋風が夜更けになって強くなり、寒くなった吉野の里に衣打つ音が響いている」といった意味。

[*3]【哀愁を誘うもの】砧の音にそうした情感をもつのは白居易や李白といった唐の詩人の作品にもみられ、日本の和歌などはこれを踏まえたものと思われる。

[*4]【式子内親王】?～1201。式子は「しょくし」とも読む。後白河天皇の皇女で、斎院として10年にわたって上賀茂・下鴨神社に仕えた。

10月13日

お会式 | おえしき

🏯 ［祭事］

10月13日は日蓮宗の開祖、日蓮聖人（1222〜1282）の命日。日蓮宗の寺院では、その遺徳を讃えるお会式が行なわれる（日をずらして行なう寺院もある）。

日蓮の前半生は説法と諫暁[*1]と法難の繰り返しであった。建長5年（1253）に『法華経』こそがもっとも正しい教えだと確信し、念仏宗・真言宗・禅宗の教えを捨てて『法華経』に帰依すべきだと説き始めて以来、繰り返し人々にこの教えを述べ伝えた。『法華経』の教えに従った政治をすべきことを幕府に諫言し、その都度、伊豆や佐渡に流罪にされるなどの法難に遭った。その不屈の姿勢に多くの人が感動し、信者になっていった。

『江戸自慢三十六興 池上本門寺会式』（国立国会図書館蔵）

しかし、身延山[*2]に籠もった文永11年（1274）以降は、著述と弟子の育成に努めた。在家信者への指導も熱心で、懇切に教えを述べた手紙[*3]を何人にも送っている。しかし、身延山の冬の寒さが応えたのか日蓮は体調を崩していった。

「晩年の日蓮は、激しい下痢を伴う『やせ病』というものに苦しめられた。弘安5年（一二八一）九月八日、その病を癒やすために日蓮は常陸の温泉に向かった。（略）池上宗仲の館に着くと、それ以上の旅は困難なほどに衰弱。翌日、日蓮は南部実長[*5]にそれまでの厚情を謝する手紙を口述し、『どこで死んでも墓は身延に』と書き送った。（略）そして、一〇月一三日辰の刻（午前八時頃）入寂[*6]。六一歳」（菊池武夫「日蓮の生涯と足跡」山折哲雄監修『仏典を知る 日蓮の世界』）

日蓮の忌日に日蓮宗の寺院で行われるお会式では、提灯を連ねたものに造花を飾りつけた万灯を提げ、団扇太鼓を叩きながら練る万灯行列などがあり、多くの参詣者で賑わう。

用語解説

- ***1**【諫暁】相手の誤りを指摘し、忠告すること。
- ***2**【身延山】山梨県南巨摩郡身延町にある霊山。日蓮宗総本山の久遠寺がある。
- ***3**【手紙】こうした高僧が在家信者に送った手紙は、個人から個人に送った私信というより著作に準じるもので、信者の集まりなどで朗読ないしは回し読みされた。
- ***4**【池上宗仲の館】その後に建立されたのが日蓮宗大本山の池上本門寺（東京都大田区）である。
- ***5**【南部実長】鎌倉時代中期の御家人。日蓮を身延に呼んで保護し、久遠寺を建立した。
- ***6**【入寂】高僧の死を表わす言葉。「入滅」ともいう。

10月14日

白川村どぶろく祭
しらかわむらどぶろくまつり

［食］

10月13日から17日頃は七十二候の「菊花開」にあたる。また、毎年10月14日から19日には岐阜県大野郡白川村で「どぶろく祭」が行なわれる。

合 掌造りの民家の集落で世界的に有名な白川村は、民俗（祭）にも古い形を残しているものがある。「どぶろく祭」もその一つだ。神道において酒は供物の一つとして欠かせないもので、規模の大きな神社では神饌（神に捧げる食物のこと）用の酒を神社内で醸造することもあった。伊勢神宮は今も税務署から許可を得

どぶろく祭（写真提供：一般社団法人岐阜県観光連盟）

た上で酒造りをしている*1。同様に白川村の3つの神社（白川八幡宮・鳩谷八幡神社・飯島八幡神社）にも、どぶろく祭用の酒蔵がある。

「『どぶろく』は、古くから受け継がれてきた独特の技法をもって、雪に埋もれた1月下旬に神社酒蔵に造りこまれます。午後3時頃、神社に奉納する『どぶろくの儀』を終え、大きな酒樽から『きったて』と呼ばれるお酌用の容器に『どぶろく』が移されると、割烹着のおかみさんたちがいっせいに来客一人ひとりに『どぶろく』を盃についで回り、会場は芳醇な香りに包まれます。『どぶろく』は、和銅年間（約1300年前）頃から、すでに祭礼用として用いられていたと伝えられています」（白川村ホームページより）。言うまでもなく、どぶろく祭の趣旨は神にどぶろくを捧げることにある。参列者はそのお下がりをいただくのである。

ちなみに、神道で酒を重視するのは、米のエッセンスを抽出したようなものだからだろう。米は天照大神が孫の邇邇芸命に地上に広めるようにと言って渡した、いわば聖なる穀物だ。正式参拝（昇殿参拝）した時に御神酒が出されるのは、簡略化した直来といえる。直来は神前に供えた神饌を神事の後にいただくことで、神事によって高まった神の霊威を、供物を通じて分けてもらうことである。

用語解説

*1【酒造りをしている】 矢野憲一氏『伊勢神宮の衣食住』によれば「神宮神田で収穫し、御稲御倉に奉納してあったお米を厳選し、忌麹（麹協同組合から伊勢神宮に奉納された穢れのない麹のこと、引用者注）と外宮の上御井神社の御水を用いて忌火屋殿で、この日から十日間かけて醸造する」という。

10月15日

KEYWORD ◎ 新宮、神倉山、金峯山

しんぐう　かみくらやま　きんぷせん

熊野速玉大社例大祭
くまのはやたまたいしゃれいたいさい

［祭事］

10月15日・16日は新宮*¹こと熊野速玉大社の例大祭の日だ。速玉大社の神霊が神幸船に乗せられて御船島を巡る。これは速玉大社の祭神が今の社地に鎮座する過程を再現したものという。

熊野速玉大社の例大祭はどこか劇めいたところがある。10月15日に神馬に乗せられた熊野速玉大神の神霊が熊野川の川原の仮宮に遷り、16日には熊野夫須美大神の神霊が神幸船に乗って御船島を巡る。「この祭りは、新宮における神鎮座の神話を復演したものといわれる。神倉山に降りた熊野権現が、阿須賀・鵜殿(貴禰谷)、乙基川原を経て、現在の速玉大社に鎮座したとの伝による」(加藤隆久監修

熊野速玉大社例大祭(御船祭)(写真提供:
公益社団法人和歌山県観光連盟)

『熊野大神』)という背景があるためかもしれない。

紀伊半島の南端部に位置する熊野は、古代から異界との接点と考えられてきた。『日本書紀』では伊邪那美命が葬られた場所とされ、『古事記』では大国主神が根の国(地下の世界)に向かった場所とされている。仏教が伝わった後は、観音が住む補陀洛山*²に最も近いところとされた。熊野三山と呼ばれる熊野本宮大社・熊野速玉大社・熊野那智大社は、こうした熊野を治める神々の神社だ。

歴史的には熊野三山が一体のものとされるようになったのは9世紀のこととされる。12世紀には本宮・新宮・那智の本地*³が阿弥陀如来・薬師如来・千手観音とされ、浄土信仰の要素が濃くなった。また、金峯山*⁴から山伝いに熊野に至る修験の道も定まり、熊野で修行する修験者も増えていった。上皇の参詣が多かったことも熊野の特徴といえる。白河上皇は12度、鳥羽上皇は23度、後白河法皇は33度、後鳥羽上皇は29度参詣している。

用語解説

- *1【新宮】熊野三山の中でも新しい宮という意味ではなく、新宮の神倉山に降臨した神霊を、現在の社地に新しい神殿を建てて祀ったという意味。つまり、熊野の地に降臨した神を最初に祀った神社ということになる。
- *2【補陀洛山】観音菩薩がいるとされた架空の島(山)。南の海にあるとされた。
- *3【本地】仏としての本来の姿のこと。ただし、熊野権現信仰では解釈が異なり、目に見えない神が仏の姿になって現れた姿とする。
- *4【金峯山】奈良県の吉野山から山上ヶ岳までの連峰の総称。修験道の聖地とされる。

10月16日

KEYWORD ◈ 安産祈願、帯披露、鬼子母神

大井神社帯まつり

おおいじんじゃおびまつり

［人生］

静岡県島田市の大井神社は毎年10月15日に例大祭を執り行なうが、3年に1度は大祭として「帯まつり」（10月中旬）が行われる。いっぽう子安・子育てのご利益で知られる雑司ヶ谷鬼子母神では16日〜18日にお会式が行なわれる。

大井神社の例祭[*1]は3年に1度（寅・巳・申・亥の年）大祭となり、「帯まつり」が行なわれる。このように特定の期間ごとに行なう祭を「式年祭」というが、帯まつりが3年ごとなのは規模が大きく負担が重いからだろう。帯まつりがこのような大きな祭になったのは、本来は別個の祭・民俗であったものを取り込んできたことによる。事の始まりは慶長9年（1604）の大洪水で、島田の町は大きな被害を受けた。大井神社も被災し、仮の宮に遷らざるをえなかった。現社地に新たな社殿を建てて鎮座したのは元禄2年（1689）のことであるが、すでにこの地には3つの神社があり、鹿島踊りが奉納されていた。遷座にあたってこうした信仰も取り込んだのである。さらに代官が祭の際の無礼講を許したため、神幸行列を10万石の大名行列の規模で行なえるようになった。ここに新婦の帯披露の習俗[*2]や、もともと大井神社にあった安産信仰が習合して、今のような帯まつりに発展した。神幸行列は3日間の祭の最終日にあり、1.7キロ先の御旅所までの往復を1日かけて行なう。

　いっぽう東京都豊島区の雑司ヶ谷鬼子母神ではお会式大祭が行なわれる。お会式は本来、日蓮の忌日法要であるが（10月13日参照）、雑司ヶ谷鬼子母神では、鬼子母神の祭[*3]として16日から18日にお練りなどが行なわれる。鬼子母神は、もとは幼児を喰う鬼神であったが釈迦に諭されて子どもの守り神になったとされることから、安産・子育ての祈願で参拝する人も多い。

用語解説

[*1]【例祭】神社にとって特別な日（創建日・祭神が顕現した日など）に行なわれる祭。祭の区分としては大祭であるので「例大祭」ともいう。大井神社の帯まつりが「大祭」と呼ばれるのは、この大祭・中祭・小祭の区別ではなく、規模の大きな祭という意味であろう。

[*2]【帯披露の習俗】島田に嫁入りした新婦は大井神社に参拝後、近所に丸帯を持って挨拶に回る習俗があった。しかし、町の拡大と共に負担が大きくなったため、神幸行列の先導をする大奴に帯を持ってもらい、これに代えるようになった。

[*3]【鬼子母神の祭】日蓮の忌日法要としてのお会式は、雑司ヶ谷鬼子母神を管理する法明寺（豊島区南池袋）で2月13日に宗祖お会式として行なわれる。

10月17日

KEYWORD ◇ 伊勢神宮（いせじんぐう）、由貴夕大御饌（ゆきのゆうべのおおみけ）、式年遷宮（しきねんせんぐう）

神嘗祭 | かんなめさい

 ［祭事］

10月17日の正午には伊勢神宮内宮（皇大神宮・こうたいじんぐう・ないくう）で神嘗祭の奉幣（ほうへい）*1 が行なわれる。神嘗祭は伊勢神宮でもっとも重視されている祭で、「神宮*2 のお正月」とも呼ばれる。

「神嘗祭は、神宮で最も古い由緒をもち、天皇陛下の大御心を体して、天照大御神（あまてらすおおみかみ）に新穀を奉り収穫の感謝を捧げる祭典」であると伊勢神宮のホームページは述べる。「新穀を奉り収穫の感謝を捧げる」のであれば新嘗祭（にいなめさい）と同じではないかと思われるかもしれない。たしかに祭の概要としては同じなのだが、重みがまったく違っている。伊勢神宮の禰宜（ねぎ）、神宮司庁文化部長、神宮徴古館農業館館

『伊勢大神宮遷御之図（せんぎょ）』
（国立国会図書館蔵）

長などを歴任された矢野憲一氏は「伊勢の神宮はなにをするところかと聞かれたら、私は『神嘗祭をするところ』とお答えしたい」と述べた上で、次のようにその理由を述べている。「昔々、高天原（たかまがはら）で皇祖の天照大神が初めて稲穂を手にされたとき、『これこそ日本民族の主食だ、瑞穂（みずほ）の国でつくりなさい』と天孫・瓊瓊杵尊（ににぎのみこと）に委託された。それ以来、代々の天皇は皇祖からお預かりした稲を毎年甦（よみがえ）らせて、秋には初穂を『今年もお約束とおり稔らせました、おかげで豊作でした』と皇祖に感謝するのが神嘗祭であり、その施設が神宮なのだ」（『伊勢神宮──知られざる社のうち』）

神嘗祭は10月15日午後10時に外宮（豊受大神宮・とようけ）で由貴夕大御饌（ゆきのゆうべ）*3 が献じられることから始まり、すべての別宮・摂社・末社・所管社にまで同様の儀礼を行ない25日に終わる。

注目すべきは神嘗祭に先立って祭器具や調度品などが新調されることだ。神様に気持ちよく神嘗祭を迎えていただくための準備といえるが、これをより厳重かつ大規模に行なうのが、20年ごとの式年遷宮*4 といえる。

用語解説

*1 **【奉幣】** 神前に供物や供物の象徴としての御幣を捧げることであるが、この場合は天皇が遣わした勅使が幣帛（へいはく）（五色の絹の反物など）を供えることをいう。

*2 **【神宮】** 伊勢神宮の正式名称。

*3 **【由貴夕大御饌】** 「由貴大御神饌」は伊勢神宮で年に3度だけ献じられる特別な神饌で、夕食と朝食がある（由貴夕大御饌は夕食）。「由貴」は「とりわけ尊い」の意味で、通常より品目も多く手間のかかった料理が出される。

*4 **【式年遷宮】** 20年おきに伊勢神宮の社殿・神宝などを造り替え（造替・ぞうたい）、祭神の神霊を新しい社殿に移す祭事。

呉服神社秋季大祭
くれはとりじんじゃしゅうきたいさい

［衣］

10月18日から22日頃は七十二候の「蟋蟀在戸」にあたる。キリギリスが戸の近くで鳴く時節であることをいう。毎年10月18日には大阪府池田市に鎮座する呉服神社の秋季大祭が行なわれる。日本に織物の技法を伝えた呉服（呉服大神）が仁徳天皇76年（388）9月18日に亡くなり、これを惜しんだ仁徳天皇が社（呉服神社）を建てたことに始まる祭という。

『日本書紀』によると、応神天皇[*1]の37年に天皇は織物の先進地として知られていた中国の呉（国名のことではなく、中国南部のこと）へ使者を派遣し、技術者を招聘させた。これに応じて裁縫の技術者の兄媛（えひめ）と弟媛（おとひめ）、機織りの技術者の呉服（『日本書紀』の表記では「呉織」）と穴織（あなはとり）が来日することになった。

彼女らが今の兵庫県尼崎（あまがさき）あたりまで来た時に応神天皇は崩御されてしまったが、一行は仁徳天皇[*2]に受け入れられることになった。

『前賢故実 巻第1』（国立国会図書館蔵）より呉織と穴織。中央は阿知使主

そして、今の大阪府池田市付近に土地を与えられ、ここで織物の技術を広めたとされる。呉服（呉織）もしくは穴織は、仁徳天皇76年に没し、その死を惜しんだ仁徳天皇は社を建ててその霊を祀った。これが池田市に鎮座する呉服神社・伊居太神社の由緒とされる。なお、呉服神社は仁徳天皇と呉服を、伊居太神社は穴織媛と応神天皇・仁徳天皇を祀っている。

ちなみに『古事記』では、応神天皇の「もし賢しき人あらば貢上れ」という申し入れに対して、百済が送ってきた賢人・技術者の中に「呉服の西素（さいそ）」という名前が見える。西素は男のようなので、『日本書紀』のいう呉織とは別人だと思われるが、応神〜仁徳朝に織物の工人が来日して新しい技術を広めたとする点では共通している。

用語解説

- [*1]【応神天皇】200 ?〜310 ?。第15代天皇。仲哀天皇（ちゅうあい）と神功皇后（じんぐう）の皇子。日本武尊（やまとたけるのみこと）の孫。幼い頃に気比神宮（けひ）の神と名前を交換したと伝えられ、また八幡神と同一視されている。次代の仁徳天皇ともども実在性については議論がある。
- [*2]【仁徳天皇】257 ?〜399 ?。第16代天皇。人民が食に困っている間は税をとらなかった慈悲深い政治を行なったとされ、聖帝とも呼ばれたという。また、大阪平野を開発し、大規模な土木工事を多く行なった。

10月19日

KEYWORD ◈ べったら漬け、恵比寿講、宝田恵比寿神社

べったら市 | べったらいち

 ［食］

「べったら市」は大根を麹と飴（または砂糖）で漬けた「べったら漬け*1」を売る市のこと
で、毎年10月19日・20日に東京都中央区日本橋の宝田恵比寿神社の門前で行な
われる。

商 売繁盛・財運の神として商人の信仰
を集めてきた恵比寿（恵美須・恵比
須・戎・夷）神の祭は、関西では十日戎（1
月10日参照）が有名だが、関東では1月20
日・10月20日の恵比須講が広まっていた（次
項参照）。そして、その前日には恵比須講の

『東都大伝馬街繁栄之図』（国立国会図書館蔵）

お供え物などを売る市が立った。宝田恵比寿神社の門前である大伝馬町・旅籠
町（今の東京都中央区日本橋）の市がそれで、大根の浅漬けなども売られることか
ら「くされ市」などとも呼ばれた。天保9年（1838）刊の『東都歳事記』には「今夜、
大伝馬町一丁目二丁目通、旅籠町に商家夷講の市立つ。（正月十九日の如し）」
とある。そこで一月十九日を見てみると、「今夜大伝馬町一丁目二丁目通旅籠町
の往還に、愛比寿講の市立つ。（商家愛比寿講の設けとて、魚類菜蔬愛比寿大
黒の像小宮諸器物を售る」とあり、漬物のことは書いていない。しかし、幕末には
名物になっていたらしく、江戸幕府最後の将軍である徳川慶喜もべったら漬けが好
きであったと伝えられる。また、昭和天皇も好んで食べたという。

　なお、宝田恵比寿神社は、もとは今の千代田区丸の内あたりにあった宝田村の
鎮守であったが、徳川家康の江戸城拡張によって村が移転することになり、現在
地に遷座したという。移転の指揮を執った馬込勘解由は三河から家康に従ってき
た者といい、家康から賜わった運慶*2作の恵比寿像を宝田恵比寿神社に奉納し
たと伝えられる。

用語解説

*1 【べったら漬け】べたべたした仕上がりになるため、こう呼ばれる。露店の売り子が「べったら、べったら、買わずにゆくと
着物につくぞ」などと言って漬物を振り回しながら客引きをしたという。

*2 【運慶】?〜1223。平安末〜鎌倉前期の仏師。東大寺や興福寺の復興事業などに関わり、写実的で力強い造形の
慶派の仏像を完成させた。代表作に円成寺の大日如来坐像、東大寺南大門の金剛力士立像、興福寺北円堂の無
着・世親像などがある。

10月20日

恵比須講 | えびすこう

［祭事］

恵比須講は主に東日本で行なわれていた習俗で、1月と10月の20日に恵比寿・大黒を祀って商売繁盛・財運隆昌を願うもの（恵比寿の信仰については1月10日の「十日戎」も参照されたい）。また、10月20日は江戸後期の農政家の二宮尊徳の命日でもある。

関 西の十日戎は神社の祭礼の性格が強いのに対し、東日本の恵比須講は家の祭の性格が強い。これは農村の信仰の影響ともいわれる。農村の恵比寿信仰は田の神と習合しており、「一月にはエビス神が働きに出るので稼がせるために供物は少なくし、十一月には働いて戻るので労をねぎらって十分な馳走をしなければならない」（『三省堂年中行事事典』）などといわ

『江戸歳事記』（国立国会図書館蔵）より「商家愛比寿講」

れる。つまり、農作業の始めと終わりの祭事であったことがわかる。

しかし、江戸の恵比須講はそうした田の神的な性格は忘れられており、めでたい福神としての信仰が主流になっていた。『東都歳事記』の挿絵「商家愛比寿講」を見ると、大きな屋敷の一階も二階も人であふれ、どんちゃん騒ぎ*1であったことがわかる。中には裸になって大盃を傾ける者もいる。芭蕉の「ゑびす講酢売に袴着せにけり」という句は、貧しい酢売りにもそれらしい格好をさせて宴に招いた様子を詠んだものだろうか。

いっぽう、薪を背負って読書する像で知られる二宮尊徳は、天明7年（1787）に今の小田原市に生まれた。小田原藩家老の服部家の財政を立て直したことをきっかけに藩主の信頼を得、農村の復興事業を行なった。その後、日光の神領の経営立て直しに取り組む中、安政3年（1856）10月20日に70歳で没した。著書に『為政鑑』『富国方法書』などがある。

用語解説

*1 【どんちゃん騒ぎ】宴席にある盃でも膳でも置物でも千両万両という値段をつけて売り買いのまねごとをするのが決まりであった。景気のいい商売ができるようにとの験担ぎともいえる。

10月21日

徳川吉宗誕生

とくがわよしむねたんじょう ［人生］

貞享元年（1684）10月21日、徳川吉宗は紀州藩主・徳川光貞の四男として生まれた。ところが生まれて間もなく城内に捨てられ、産土神・刺田比古神社[*1]の神主に拾われるという、奇異な形で人生の始まりを迎えている。

捨 てられたといっても、もちろん本当に捨て子にされたわけではない。日本では体が弱いとか厄日に生まれたなど〝不運〟を背負っていると考えられた子を、辻などに捨て、宮司や住職、あるいは長寿の人などに拾ってもらって形式的な養子にしてもらうことによって、その人の福徳をわけてもらうという習俗があった。

刺田比古神社の拝殿

吉宗（幼名は源六）の場合も同様のもので、刺田比古神社の神主はあらかじめ捨てられる場所に控えていたものと思われる。刺田比古神社の伝承では「箕と箒で拾った」というので、箕（脱穀などに用いる農具）の呪力（11月16日参照）を使って吉宗の不運を除去しようとしたのだろう。

　問題は吉宗の何が〝不運〟と思われたかだ。形式的な捨て子にされるのは親が厄年の子どものことが多い。しかし、光貞は当時59歳で厄年ではない。刺田比古神社は母のおゆりの方[*2]が厄年だったのだろうと推測している（公式ホームページの記述による）が、父の年齢が高いことや母の身分が低いことなどが考慮されたのであろう。四男であることから藩主になる可能性は薄く、後ろ盾になる父の老い先も短いとなれば、神助が必要と思われたに違いない。しかし、その霊験なのか、吉宗は予想もつかない巡り合わせから将軍の地位にまで登り詰めた[*3]。

　吉宗はこれを刺田比古神社のおかげであると終生感謝していた。藩主になった際には神田を、将軍になった時には神領に加えて太刀と神馬を寄進している。また、宮司は3年に1度江戸に参向して将軍に拝謁している。

用語解説

*1 【刺田比古神社】和歌山市片岡町に鎮座する古社。大伴氏の祖神・道臣命と百済救済の武勲をあげた大伴佐弓比古命を祀る。なお、刺田比古神社のホームページは吉宗の誕生日を10月24日としている。

*2 【おゆりの方】於由利の方とも書く。のちに出家して浄円院と号す。紀州藩士・巨勢六左衛門利清の娘で、和歌山城大奥の湯殿番（風呂の世話係）を務めていたという。

*3 【将軍の地位にまで登り詰めた】兄2人（次男は夭折していた）が相次いで死去したことにより紀州藩主となり、7代将軍・家継が跡継ぎを残さずに亡くなったため、8代将軍に就任することとなった。

10月22日

KEYWORD ◈ 平安神宮、由岐神社、平安遷都

時代祭・鞍馬の火祭
じだいまつり・くらまのひまつり

 ［祭事］

毎年10月22日には京都で二つの個性的で大規模な祭が行なわれる。一つは明治28年(1895)に始まった平安神宮[*1]の時代祭。もう一つは、天慶3年(940)の遷座の再現とされる由岐神社[*2]の鞍馬の火祭である。

京　都は伝統を守り伝えている街といわれる。たしかにそうなのであるが、街の歴史が古いため(平安遷都から数えても1230年弱、実際は遷都以前からの歴史もある)、伝統も古代から近代まで厚い層になっている。たとえば、時代祭は明治という新時代に京都の歴史を回顧するために始められた"新しい祭"であるが、それもすでに130年近い歴史を刻んでいる。

　そもそも時代祭が10月22日に行なわれるのは、平安遷都が延暦13年(794)10月22日であったことに由来している。平安神宮が創建され、時代祭が始まった明治28年は遷都から1100年目にあたる。こうしたことから「一目で京都の歴史と文化がわかる」「ほかの町ではまねのできないもの」を見せるという趣旨で始められたのが時代祭であった。明治維新時代・江戸時代・安土桃山時代・室町時代・吉野時代・鎌倉時代・藤原時代・延暦時代の8時代を表わす衣装[*3]を着た20の行列が続く、まさに京ならではの華やかな祭である。

　いっぽう鞍馬の火祭は天慶3年に祭神が宮中から鞍馬に遷座した時の様子を再現するものとされる。祭が始まると小松明を持った子どもたち、大小の松明を担いだ男たちが「サイレイ、サイリュウ」と囃しながら練り歩き、続いて2基の神輿が石段を下りる。この時に鎧武者が神輿に乗り、女性たちが神輿が急に下りないよう綱を引く[*4]のが特徴となっている。また、青年が神輿の担い棒に脚を突き出してぶら下がるが、これはチョッペンの儀といい、かつての成年式の名残という。

用語解説

[*1]【平安神宮】京都市左京区に鎮座する。平安遷都1100年を記念して明治28年(1895)に桓武天皇と孝明天皇を祭神として創建された。社殿は平安宮の正庁・朝堂院を8分の5の規模で再現したものとなっている。

[*2]【由岐神社】京都市左京区の鞍馬山に鎮座する大己貴命・少彦名命・八所大明神(相殿神)を祀る神社。宮中で祀られていた靫神社を天慶3年(940)に当地に遷座させたと伝えられる。

[*3]【8時代を表わす衣装】今風にいえばコスプレであるが、どの衣装も厳密な時代考証がなされている。

[*4]【女性たちが神輿が急に下りないよう綱を引く】この綱を引くと安産になると伝わる。

10月23日

霜降・霜始降

そうこう・しもはじめてふる ［歳事］

10月23日頃、あるいは10月23日から11月6日頃は二十四節気の「霜降」にあたる。また、10月23日から27日頃は七十二候の「霜始降」にあたる。いずれも霜が降りる季節になるので農作物などに注意すべきという意味である。

『月百姿 霜満軍営秋気
清数行過鷹月三更 謙信』
（国立国会図書館蔵）

霜は0度以下に冷えた地面やガラス・金属などに触れた空気中の水分が凍りつくことをいう。「霜が降りる」という言い方がされるが、雪のように降り積もるものではない。また、地中の水分が凍りつく霜柱は霜とは別の現象である。霜が植物につくと内部の水分も凍りついて細胞を壊し枯れさせてしまうので、農作業や園芸をする者は注意がいる。天気予報でいう気温は地上1.2～1.5メートルの温度のことなので、気温が0度以上あっても霜が降りることがあるため、霜降になったら藁を敷いたり霜囲いを作ったりするなどの対策を考えておく必要ある。

　このように霜は農作業に大きな影響を与えるので、神社などで霜除けの儀礼を行なうこともある。3例ほどご紹介しよう。

　まず、霜除けの祭としてもっともよく知られているものに、阿蘇神社（熊本県阿蘇市）の境外末社である霜神社（霜宮）*1で行なわれる火焚き神事がある。阿蘇地方には阿蘇神社の主祭神・健磐龍命*2に首を切られた鬼八が霜を降らせるという信仰があり、その首を温めてやるために8月19日から10月16日まで火を焚き続けるというものだ。この神事は近隣から選ばれた少女が執り行なうものとされている。

　宮崎県の高千穂町に鎮座する高千穂神社では、旧暦12月8日に猪々掛祭が行なわれる。この祭も祭神（三毛入野命*3）に退治された鬼八（ただし、阿蘇神社の鬼八とは別の存在）を祀るもので、神前にイノシシを供え、「鬼八眠らせ歌」が唱えられる。

　また、大分県竹田市に鎮座する健男霜凝日子神社の祭神、健男霜凝日子神は風雪・除霜の神といわれ、農民の信仰を集めている。

用語解説

*1 **【霜神社（霜宮）】** 天神七柱（天津神、天の七星、霜神、鬼八天）を祀る。

*2 **【健磐龍命】** 神武天皇の孫にあたり、神武天皇の命により九州を平定し、阿蘇を開発したという。

*3 **【三毛入野命】** 神武天皇の兄。神武天皇の東征に従っていたが、その途上で常世の国に渡ったという。高千穂の伝承では高千穂に戻り鬼八を退治したという。

10月24日

宇多上皇出家

うだじょうこうしゅっけ ［歴史］

昌泰2年（899）10月24日、宇多上皇（867〜931）は仁和寺で出家し、金剛覚という法名を授かった。初の法皇の出現である。だが、宇多法皇はただ出家しただけではない。真言密教の阿闍梨*1として多くの弟子を育てた。*2

宇 多天皇は幼い頃より僧になることを願っていたという。その日記によれば、児童の時から肉食を避けて仏教を好み、いつかは比叡山で修行するつもりでいた。また、17歳の時に出家することを母に相談したこともある。しかし、現世に興味がなかったわけではない。仁和3年（887）に即位すると、積極的に政治に関与した。とくに

『都名所之内 御室仁和寺花盛』（国立国会図書館蔵）

関白として権力を握っていた藤原基経が死去すると、天皇自ら政治を行なう親政を始め、菅原道真など有能な者を抜擢した。こうした宇多天皇の治世を「寛平の治」という。

あるいはそのまま宇多天皇が親政を続けていたら藤原氏が長年にわたって実権を握るといったことは起きなかったかもしれない。だが、天皇は寛平9年（897）に退位し、その2年後には出家したのだった。出家後も宇多法皇は政治に関与を続けていたが、修行のため高野山や熊野などに赴くことも多く、しだいにその影響力は薄れていった。菅原道真の左遷もその結果といわれる（2月25日参照）。

宇多法皇は在位中に仁和寺（京都市右京区）を創建している。この寺はもともと父の光孝天皇が建立を発願したものであったが、完成を待たずに崩御されたため、宇多天皇が遺志を継いで完成させたのであった。宇多法皇はこの仁和寺を後半生の住処とした。法皇が住まれた房は御室と呼ばれ、やがてこの呼称は仁和寺がある一帯の地名となった。境内に咲く遅咲きの桜は御室桜といい、京の春の終わりを告げるものとされる。

用語解説

*1 【阿闍梨】修行僧を導き教える僧、教師を意味する言葉。密教においては伝法灌頂という儀礼を経て、弟子をとる資格を得た僧に与えられる称号。

*2 【多くの弟子を育てた】宇多天皇（寛平法皇）の弟子には上品蓮台寺を創建した寛空や東寺・醍醐寺の住職を歴任した延僧などがいる。

10月25日

島原の乱勃発

しまばらのらんぼっぱつ ［歴史］

寛永14年（1637）10月25日、かねて島原藩主松倉氏の苛政に堪えかねていたキリシタンを中心とした農民・町民たちは一揆を起こして代官所を襲撃し、代官を殺害した。これが島原の乱の始まりとされる。

日本の信仰といった場合、神道と仏教*1が大きな柱になってきたことは誰もが認めるであろう。これに中国由来の道教と陰陽五行説、儒教を加えれば、近世までの日本の宗教史は説明できると思われがちだ。キリスト教は戦国時代に伝わり、一時的に信者が増えたが豊臣時代から江戸初期の苛烈な弾圧によって、ごく一部の潜伏キリシタン*2を残して消滅したと思われているからだ。

　だが、たとえば近代神道の成立に大きな影響を与えた平田篤胤（1776〜1843）は、キリスト教を批判しつつもその神話や教義の一部を自説に取り込んでいる。もし江戸初期にキリスト教が完全に抹殺されていたのであれば、篤胤はキリスト教のことに言及しようとは思わなかったであろう。また、民衆の娯楽の代表であった読本*3や芝居には、「キリシタン・バテレンの妖術」とか「妖術師・七草四郎」といったものが登場してくる。もちろん悪役であるが、民衆がキリシタンのことや島原の乱のことを記憶していた証拠といえる。

　天草・島原*4の人々にとって不幸だったのは、領主がキリシタン大名から、反キリシタンとして取り締まりの実績があり、多くの年貢を徴収することで幕府内での出世を願う者に代わったことにあった。したがって島原の乱は天草四郎*5らキリシタンによって指導されたものではあったが、宗教的な一揆というより生存をかけた反乱であった。だが、幕府の組織的な攻撃には耐えきれず、寛永15年2月28日に鎮圧された。一揆側の死者は3万7000人ともいう。

用語解説

*1 【神道と仏教】民俗信仰を神道と区別して3本柱とする考え方もある。

*2 【潜伏キリシタン】キリスト教が禁止されていた時期も密かに信仰を保っていた人々のこと。19世紀後半にキリスト教が解禁になった後も、潜伏期の信仰を維持した人々は「かくれキリシタン」と呼ばれる。

*3 【読本】江戸時代の小説のこと。伝奇的な話が多かった。

*4 【天草・島原】天草は今の熊本県天草市、島原は長崎県島原市。

*5 【天草四郎】1623?〜1638。島原の乱の首謀者とされた少年。益田四郎とも。洗礼名はジェロニモ。父はキリシタン大名の小西行長に仕えていたが改易のため帰農したとされる。一揆の結束を固めるため天使またはキリストの生まれ変わりとされた。

三嶋神社うなぎ祭
みしまじんじゃうなぎまつり

 ［歳事］

毎年10月28日、京都市東山区の三嶋神社で「うなぎ祭・鰻放生大祭」が行なわれる。後白河天皇の女御（后）、建春門院ゆかりの安産祈願の祭で、ウナギが神池に放たれる。

　ぜウナギか、と思われるだろうが、おいおい説明しよう。祭の始まりは、後白河天皇の后、建春門院*1に子どもができなかったことに遡る。なんとしても天皇の子を授かりたいと願った彼女は、今の大阪府高槻市に鎮座する三島鴨神社に祈願し、のちに高倉天皇となる皇子を産んだ。喜んだ天皇は勅命で京に三島鴨神社の分社を創建させた。それが「うなぎ祭」が行なわれる三嶋神社とされる。こうした由緒から、子授け・安産を祈願して行なわれるのが10月28日の「うなぎ祭・鰻放生大祭」である。

　正式名称に「放生」の言葉が入っていることからわかるように、食べるために捕らえられた生き物を助けることにより、その功徳で諸願成就などの御利益を得ようという仏教由来の行事であることがわかる（放生会については9月15日参照）。では、なぜウナギか。ここから話が少しややこしくなる。

　京都の三島神社が高槻の三島鴨神社の分社であることは、先に述べた三島鴨神社は社伝によると仁徳天皇の御代に創建されたとされ、愛媛県今治市の大山祇神社*2も当社からの分社であるという。「分社」ということについては疑問の余地がないではないが、2社が同一視されてきたことは、いずれも「三島」と呼ばれていたことからわかる（大山祇神社は大三島に鎮座するので三島神社とも呼ばれてきた）。さらに静岡県三島市に鎮座する三嶋大社*3も「三島」つながりで同一視された。実はウナギはこの三嶋大社の神使（お使い）なのだ。ウナギは水の神の化身とされ、そこから豊かな湧水がある三島の地を治める三嶋大社の神使とされたらしい。

用語解説

*1 【建春門院】1142～1176。後白河天皇の女御（后）で高倉天皇の生母。名は滋子。平清盛の妻の時子の異母妹で、平家全盛の基となった。

*2 【大山祇神社】大山積命を祀る古社で、伊予国一宮。水上交通の守り神、また武神として崇敬されてきた。

*3 【三嶋大社】大山祇命・積羽八重事代主神を祀る古社で、伊豆国一宮。中世以降、大山祇神社と同一視されたが、本来は関係ない。

10月27日

KEYWORD ◈ 空海、醍醐天皇、観賢、御廟

弘法大師号下賜
こうぼうだいしごうかし

［歴史］

延喜21年(921)10月27日、真言宗の開祖・空海(774〜835)に「弘法大師」の号が醍醐天皇より下賜された。空海に大師号を賜ることは、真言宗にとって悲願であった。

「大師は弘法にとられ」[*1]という言葉があるが、実は空海への大師号下賜は天台宗に大きく後れをとっていた。天台宗では貞観8年(866)に最澄へ伝教大師、円仁に慈覚大師の号が清和天皇より下賜されている。朝廷と密接な関係を保った天台宗と、空海亡き後停滞状態となった真言宗の差が出たもので、真言宗としては宗派の立て直しのためにも大師号下賜はなくてはならないことであった。

高野山奥之院御廟(戦前の絵はがき)

　空海への大師号宣下は、醍醐天皇の霊夢より決まったと伝えられている。

　それは延喜21年10月21日の夜のことであったとされる。醍醐天皇の天皇の夢枕に髪や髭が伸びボロボロの衣を着た僧が立ち、「高野山結ぶ庵に袖朽ちて　苔の下にぞ有り明けの月」と歌を詠んだ。これは高野山の廟の中で瞑想している空海が新しい衣を欲しているのだと察した天皇は、衣と共に大師号を下賜することを決定したという。そして、10月27日に勅使の平維助が高野山に登り、大師号下賜の宣命[*2]を読み上げた。

　衣が届けられたのはその一月ほど後で、東寺の住職であった観賢が弟子の淳祐と共に高野山に届けた。観賢が御廟の扉を開くと、醍醐天皇が夢に見た姿の空海が坐していたという。観賢は空海の髪と髭を剃り、衣を替え[*3]て、大師号下賜の報告をした。そして、廟を後にしたのだが、御廟橋のところで振り返ると、空海が見送りに出てきていたという。観賢が御礼を言うと、空海は「汝1人ではない、廟を訪ね来た者はすべてこうして見送るのだ」と言われたと伝えられている。

用語解説

*1「「大師は弘法にとられ」」「大師は弘法にとられ、太閤は秀吉にとられ」「大師は弘法にとられ、漬物は沢庵にとられ」、「祖師は日蓮に奪われ、大師は弘法に奪われ」など、いくつかのバリエーションがある。

*2「宣命」天皇の命令を記した文書のこと。詔勅が漢文体で書かれるのに対し、和文で書かれるが、ひらがなは用いずすべて漢字で書かれる。

*3「衣を替え」この故事から高野山では正御影供(毎年、空海が入定した3月21日に行う法会)に新しい衣を奥之院御廟の大師に献じている。

10月28日

KEYWORD ◎ 瀧泉寺、サツマイモ、青木昆陽、八里半、十三里

目黒不動尊甘藷祭
めぐろふどうそんかんしょまつり

［食］

毎年10月28日に目黒不動尊こと瀧泉寺（東京都目黒区）で甘藷祭が行なわれる。甘藷（サツマイモ）を普及して飢饉の被害を減らした青木昆陽（1698〜1769）の業績を称える祭である。

瀧泉寺境内の青木昆陽の碑

焼き芋がおいしい季節であるが、サツマイモを今のように気楽に食べられるようになったのは青木昆陽のおかげといえるかもしれない。ちょっと表現が曖昧になったのは、サツマイモを日本で初めて栽培したのは青木昆陽ではないからだ。サツマイモはヒルガオ科サツマイモ属の多年草で、原産地は中南米。大航海時代にヨーロッパに伝わった。日本へはフィリピンから中国、琉球、そして薩摩というルートで入ってきたという。琉球に伝わったのが17世紀の初め、元禄10年（1697）には栽培法などを紹介した本[*1]も出ている。つまり、昆陽の誕生以前にサツマイモの栽培は始まっていたのだ。しかし、享保の飢饉[*2]に直面した8代将軍・吉宗が、飢饉対策としてのサツマイモ栽培の可能性を昆陽に研究させていなかったら、今ほど普及することはなかったであろうし、品種も少なかったかもしれない。

なお、サツマイモのことを「八里半」とか「十三里」と呼ぶことも江戸時代に始まるものだ。いずれも味が栗（9里）に近いということからきている。先にできたのは八里半（栗に近いの意）で、18世紀初めには使われていた。十三里は「栗より（九里・四里）うまい」のシャレで、サツマイモの特産地であった川越が江戸から13里であることもかけている。

甘藷祭は昆陽の墓が瀧泉寺にあることから始まったもので、以前は昆陽の命日である10月12日に行われていたが、戦後、不動尊の縁日に合わせて10月28日になった。

用語解説

[*1]【栽培法などを紹介した本】宮崎安貞の『農業全書』のこと。40年にわたって近畿・中国地方をめぐって農作業について調べた結果が書かれている。

[*2]【享保の飢饉】享保17年（1732）にイナゴの害により西国を中心に起こったもの。餓死者は1万2000人ともいう。

10月29日

紅葉狩り | もみじがり

［文芸］

春の花（梅・桜）とともに秋の紅葉は日本的感性を象徴するもので、古くから文学や芸能の題材とされてきた。江戸庶民も近郊の社寺で紅葉狩りを楽しんでいた。

秋の景色といえば紅葉。春の桜とともに日本人の感性にすり込まれているといえよう。和歌や俳句はもちろん、芝居や音楽にも紅葉を題材としたものがある。紅葉の名歌などあげ始めたらきりがない。それだけでも全集が作れるだろう。身近な『百人一首』をみても、「おくやまに紅葉踏み分けなく鹿の　声きくときぞ秋は悲しき」（猿丸太夫）、「あらし吹く三室の山のもみぢ葉は　龍田の川の錦なりけり」（能因法師）など数首が拾える。なお、『万葉集』では柿本人麻呂の「秋山に散らふ黄葉しましくは　な散り乱ひそ妹があたり見む」[*1]という歌のように、「紅葉」ではなく「黄葉」を使うことが多い。これは

『新形三十六怪撰 平惟茂戸隠山に悪鬼を退治す図』（国立国会図書館蔵）

黄色い葉が好まれたからではなく、中国の漢詩に倣ったものといわれている。

　しかし、あまりに美しいものを見ると感激を通り越して恐ろしささえ感じることがある。梶井基次郎[*2]が満開の桜の木の下に死体を幻視したように、紅葉は美しい鬼女を思わせたのか室町時代の能楽師の観世信光は、高貴な美女に化けた鬼女が平維茂[*3]を誘惑する話（能の『紅葉狩』）を書いている。

　もちろん、江戸の庶民も紅葉狩りが大好きであった。『東都歳事記』の10月の「景物」の項には紅楓の名所が列挙されている。それらの中には品川の東海寺や海晏寺、目黒の祐天寺など、今では紅葉狩りとは結びつかない社寺も入っている。近世以前はそれらの社寺も境内が広く、色づく木々も多かったのだ。

用語解説

*1　【「秋山に〜あたり見む」】「秋山に散る紅葉よ、もう少し散らないでいてほしい。妻がいる家を（紅葉に彩られたままで）見たいのだ」といった意味。妻と別れて旅立っていく時の気持ちを詠んだもの。

*2　【梶井基次郎】1901〜1932。大正の末から昭和の初めにかけて活動した小説家。代表作に『城のある町にて』『檸檬』などがある。本文で触れた作品は「桜の樹の下には」。

*3　【平維茂】生没年不詳。平安中期の武将。武勇で知られた。

10月30日

KEYWORD ◈ 菩提樹、釈迦、ピッパラ樹、
ボーディードゥルマ、インドボダイジュ

菩提子 ┃ ぼだいし

[衣]

菩提子は菩提樹の実の意味で数珠の材料とされ、秋（十月）の季語にもなっている——と説明できれば話は簡単なのだが、実際はもっと入り組んでいる。「菩提樹」にはいろんな種類があって、それが混同されているからだ。

まず筆者の専門の範囲である仏教の面から菩提樹を説明したい。

悟りを求めて出家した釈迦は厳しい苦行を重ねた。骨と皮だけのようになるまで自分を追い込んで苦行に苦行を重ねたが、悟りを得ることはできなかった。そこで釈迦は一つの結論を得た。快楽主義でも苦行でも悟り

『伊東忠太建築文献 第6巻』より
「降魔成道の釋迦」

を得られない。この両極端を捨て、中道をとってこそ悟りは得られる、と。そこで釈迦はスジャータという娘が捧げた乳粥を食べて元気を出し、ピッパラ樹の根元に坐して瞑想を始めた。そして、悟りを得てブッダ（仏陀、如来）となったのであった。この功徳によってピッパラ樹はボーディードゥルマ（菩提樹）と呼ばれるようになった。

こうしたことから仏教では菩提樹を無憂樹（釈迦がその下で誕生した）・沙羅樹（釈迦がその木の下で涅槃に入った）とともに3大聖樹としている。

さて、翻って日本の話である。高浜虚子編『新歳時記』の「菩提子」の項にはこうある。「菩提樹の実である。淡黒く丸い。珠数[*1]につくる」しかし、ここでいう菩提樹は、釈迦が悟りを開いたボーディードゥルマとは別の木[*2]なのだ。日本で一般に菩提樹と呼ばれているのは中国原産のアオイ科シナノキ属の木で、仏典で菩提樹と呼ぶクワ科イチジク属のインドボダイジュとは種からして違う。インドボダイジュは熱帯植物で日本では育たないので、仕方なくアオイ科のボダイジュを菩提樹と称しているのだろう。では、菩提子はインドボダイジュの実かというと、これも違うのだ。数珠にはネンジュボダイジュ（バラ類のホルトノキの仲間）などの実が使われている。

用語解説

*1【珠数】一般には「数珠」と書く。また、念珠ともいう。念仏の数などを数えるための道具。宗派によって形が違うが、108個の玉を糸でつなぐのが基本形。

*2【別の木】シューベルトの歌曲『菩提樹』で歌われている木もボダイジュとは別の木で、シナノキ科シナノキ属のセイヨウボダイジュ（リンデンバウム）である。

10月31日

KEYWORD ◈ ケルト人、百鬼夜行

ハロウィーン

[祭事]

ハロウィーンはケルトの信仰に由来するヨーロッパの民俗行事で、万聖節[*2]の前夜（10月31日）に行なわれる。ただし、日本で広まっているものはアメリカで遊戯化したものなので民俗信仰の要素はない。

ローマ帝国によって占領される前のヨーロッパにはケルト人[*1]が住んでいた。さまざまなものに宿る精霊の存在を信じることや、祖先の霊が年に何度か戻ってくると考えるなど、彼らの信仰は日本の信仰と共通する点が多い。しかし、ローマ帝国の支配下に入り、キリスト教が広まる

『百鬼夜行絵巻』（部分／国立国会図書館蔵）

と、そうした信仰は悪魔崇拝として否定され、闇に葬られていった。それでも年中行事的なものはキリスト教化しながらも民俗の中に残った。ハロウィーンもそうした一つだ。

キリスト教の文脈からいうとハロウィーンは聖人の日が来る前に悪魔や魔女、怪物などが羽を伸ばす日となる。宗教学者の植田重雄氏は『ヨーロッパ歳時記』でイギリスのハロウィーンをこう書いている。「収穫を終えて冬を迎えたあとでは、あてどもなくうろつく自然の精霊、デーモンや魔女（ヘクセ）、妖怪、不気味な動物などを制圧するために、火を焚いたり、仮面をかむり、布をかぶって仮装してこれらのものを駆逐しようとする行事である。しかし現在は子供の行事となって、かぼちゃや瓢箪などをくり抜いて、蝋燭をともし、群れをつくって歌ったり、騒いだりする」

だが、もともとのケルトの信仰ではハロウィーンは祖先の霊を出迎えて交流する行事であった。それゆえ『岩波キリスト教辞典』が指摘するように、「日本のお盆に通じるものがある」といえる。ただ祖先霊だけではなく、自然の精霊や怪物などもやってくるということになると、百鬼夜行[*3]にも近いといえるかもしれない。

用語解説

*1 【ケルト人】インド・ヨーロッパ語族のヨーロッパ先住民。南ドイツ周辺が原住地と考えられ、紀元前7世紀頃にはアイルランドからイタリア、スペインまで広まった。王と騎士、自由農民などの階級があり、ドルイド（祭司）が呪術的な信仰を担った。「アーサー王伝説」はケルトの伝承に由来するものという。

*2 【万聖節】「諸聖人の祝日」ともいう。カトリックなどで崇敬の対象になっている聖人を祝う日。

*3 【百鬼夜行】鬼や妖怪、付喪神（器物のお化け）などが群れをなして歩くこと。『今昔物語集』などの説話で語られる。これに出合うと死んでしまうが、尊勝陀羅尼などの呪文を唱えると難を逃れられるという。

11月1日

神無月 | かんなづき

［歳事］

「神無月」は旧暦10月の別称。なぜ「神が無い月」かといえば、出雲に集まっているから。このため出雲では「神在月」といい、神々を迎える神在祭（かみありさい）が行なわれる。ただし、すべての神が出雲に行くわけではなく、恵比寿（えびす）や竈神（かまどがみ）など留守番の神もいるとされる。

旧暦の10月10日の夜、出雲大社にほど近い稲佐（いなさ）の浜に出雲大社の神職が並び、海の向こうからやって来る神々を迎える神迎（かみむかえ）神事が行なわれる。出迎えられた神々は出雲大社へと案内され、十九社（じゅうくしゃ）という長屋風の社殿に落ち着く。出雲大社の所伝では、出雲

『大日本歴史錦繪 出雲國大社八百万神達縁結繪圖（やおよろづのかみたちえんむすびたまうのず）』（国立国会図書館蔵）

に集まった神々は稲佐の浜の近くにある上宮（かみのみや）で「神議り（かむはかり）」という会議をする。そして、旧暦10月17日に出雲大社を発（た）つとされる。しかし、これで出雲から去るのではなく、出雲のいくつかの神社をめぐった上で、26日にそれぞれの土地に帰るのだという。

地域によっては出雲に向かう神々を送り出す儀礼 *1 を行なうこともある。たとえば、静岡県磐田市付近では新暦の11月1日を神送りの日とし、神の弁当として新藁（しんわら）で作った苞（つと） *2 に赤飯をつめたものを神棚に供えたという。

では、出雲に集まった神々は何を話し合っているのか。縁結びの相談をしている、というのが江戸時代以来、一般に広まっている説となっている。浮世絵には出雲大社に集まった神々が氏子の名簿を見せ合いながら相性のよさそうな相手を探している様子を描いたものもある。出雲大社が縁結びの神徳で有名なのも、この説によるところが大きい。しかし、地域によっては酒造りとか料理をするとか、里帰りのためとか、地上の神々を生んだ伊邪那美命を追悼するためといった説を伝えるところもある。

用語解説

*1【神々を送り出す儀礼】『三省堂年中行事事典』によると「佐渡では、天神は早めに出雲に行って酒造りをするとして、九月二十五日を天神送りとしている」という。

*2【苞】藁を束ねてものを入れるようにしたもの。かつては納豆や野菜、卵などを入れるのに用いた（メーカーによっては今も納豆を藁苞に入れて販売している）。

11月2日

亥ノ子餅 | いのこもち

 ［食］

「亥ノ子」は旧暦10月の亥の日に行なう行事で、亥ノ子餅を食べて健康や子だくさんを願う。中国から伝わり、宮中や幕府で行なわれたものが民間に広まったものであるが、農村では農耕儀礼と結びついて定着した。

亥ノ子行事は旧暦10月に行なうものであるが、今は新暦の11月または10月の亥の日に行なうところもある。また、月のうちに2～3度ある亥の日を、一番亥ノ子・二番亥ノ子などと呼び、それを農家の亥ノ子・商人の亥ノ子などと区別する地域もあった。

亥ノ子餅（小平ふるさと村／東京都小平市）

10月の亥の日に餅を食べる習俗は中国から伝わったもので、今の亥ノ子餅はぼた餅が使われることが多いが、平安時代には「小豆・大豆・大角豆・栗・柿・胡麻・糖を材料にした亥の子形の餅」（青木直己『図説 和菓子の歴史』）であった。この餅を食べると病気にならないといわれ、またイノシシが子だくさんであることから子宝も授かるといわれた。宮中では中国に倣った亥子祭[*1]が行なわれたが、室町・江戸幕府も麗々しく執り行なった。『図説 和菓子の歴史』によれば、「江戸幕府では十月最初の亥の日に大名、旗本は総登城して将軍から紅白の餅を下賜」されている。これを嘉定菓子（6月16日参照）という。江戸幕府は菓子行事に力を入れていたようだ。

民間、とくに農村には収穫祝いあるいは翌年の豊作祈願の儀礼と結びついて猪ノ子の儀礼が広まり、田の神を「亥の子様」と呼んで餅を供えたりした。興味深いのは、十日夜（11月3日参照）のように子どもたちが地面を叩く儀礼、猪ノ子搗きがみられることだ。ただし、十日夜では藁鉄砲が使われるのに対し、縄で結んだ石が使われるところに特徴がある。子どもたちは「亥の子歌」[*2]を歌って家の前の地面を叩き、亥ノ子餅やご祝儀をもらう。

用語解説

*1 【中国に倣った亥子祭】京都市上京区に鎮座する護王神社では平安時代の宮中で行なわれていた亥子祭を再現し、11月1日に執行している。

*2 【「亥の子歌」】「亥の子、亥の子、亥の子餅ついて、祝わん者は鬼生め、蛇生め、角のはえた子生め」といった歌詞がある。

11月3日

十日夜 | とおかんや

 ［歳事］

「十日夜」とは「（旧暦の）10月10日の夜」という意味で、稲作の終わりの儀礼を行なう日である。ただし、10月10日に縛られるものではなく、地域によって時期は前後する。これは地域によって稲作が終わる時期が異なるからだ。同時期の亥の子（前項参照）とは関連する内容が多い。

西の「亥の子」、東の「十日夜」といわれることがあるが、そのようにはっきりと分かれているわけではない。十日夜は東日本独特の行事[*1]のようだが、亥の子は西日本に限ったものではなく、関東でも亥ノ子餅を食べる習俗を伝えているところがある。亥の子も十日夜も時期がほぼ同じで、儀礼の内容も似通っているので、いずれも田の神への感謝を捧げる儀礼という同じ心象から発したものということができよう。しかし農村の亥の子が宮中儀礼と農耕儀礼が習合したものであるのに対し、十日夜は純粋に農耕儀礼であるという違いはある。

10月の上旬、とくに10日は田の神が山に帰る時期と考えられており、来年も無事に収穫ができるよう神に感謝をして送り出す、というのが十日夜の概要といえる。その方法は地域によって大きく異なるが、田の神の依り代になっていた案山子（案山子については10月4日参照）を家に入れ、ぼた餅などを供えたりする。これを「案山子上げ」「案山子の年取り」などという。また、「茨城県北部から福島県にかけては、旧暦十月十日を刈り上げ、刈り上げ十日などといって、田の神が帰る日だから餅を搗くとか、餅を搗いてから臼の中で松葉を燃やし、杵で臼を三回空搗きすると田の神が松葉の煙にのり、蛙に餅を背負わせて天に帰るなどという」（『三省堂年中行事事典』）といった事例もある。

十日夜の一番の特徴は、子どもたちが藁鉄砲[*2]で地面を叩いて回り、その家の主人から菓子などをもらうことだ。モグラ除けともいうが、邪気を払う呪的行為だろう。この時に「とおかんや、いいもんだ、朝そばきり昼だんご、夕飯食ってひっぱたけ」などと歌う。

| 用語解説 |

[*1]【十日夜は東日本独特の行事】柳田国男は『年中行事覚書』の「十月十日の夜」で、播州（兵庫県南西部）では十日夜と亥の子の両方を行なう例をあげている。子どもたちが行なう藁鉄砲の文句が異なるとして、両方の唱えごとを記録している。

[*2]【藁鉄砲】藁束を縄で縛って太い棒状にしたもの。

11月4日

KEYWORD ◈ 楓蔦黄（もみじつたきばむ）、大鷲神社（おおとり）、鷲神社（おおとり）、日本武尊（やまとたけるのみこと）、熊手（くまで）

酉の市 | とりのいち

 ［祭事］

11月2日から6日頃は七十二候の「楓蔦黄」にあたる。黄葉（紅葉）が始まる時節であることをいう。いっぽう11月の酉の日は、各地の"おおとり"神社などで酉の市が行なわれる。

酉の市は関東、主に江戸の祭で、関西の十日戎（とおかえびす）と比較される（十日戎は1月10日参照）。ともに商売繁盛・財運隆盛を願う祭であるが、関西は年初、江戸は年末というところに土地柄が出ているようで面白い。また、十日戎は祭神の恵比寿が強く意識されているのに対し、酉の市では祭神のことはあまり意識されない。縁起物の熊手[*1]をいただく祭という印象が強い。

しかしながら、酉の市の背景に日本武尊[*2]信仰があることも事実である。江戸の酉の市の発祥の地とされる足立区の大鷲神社も、やはり発祥の地と称し、もっとも多くの参拝者を集める台東区の鷲神社も、日本武尊伝説を伝えて祀る。日本武尊の死後、その霊が白鳥になったという故事から、これらの神社では酉の日に神事が行なわれ、それに合わせて市も開かれたのが酉の市の始まりではなかろうか。なお、酉の市が開かれるのは神社だけではない。鷲神社に隣接する長國寺（ちょうこくじ）[*3]でも行なわれる。酉の市は11月の酉の日に行なわれるのが一般的で、最初の酉の日を「一の酉（いち）」、2回目を「二の酉」というが、「三の酉」まである年は火事が多いといわれている。

かつて浅草の酉の市（鷲神社・長國寺の酉の市）の名物といえば、八つ頭（やがしら）[*4]・黄金餅（こがねもち）（粟を混ぜた餅）・切り山椒（きりざんしょ）[*5]であったが、今は切り山椒の露店が数軒残るのみとなった。

用語解説

- [*1]【縁起物の熊手】福をかき集めるという意味が込められており、小判や千両箱、米俵、お多福の面といった縁起がいいもの、財宝を象徴するものなどの模型がつけられている。
- [*2]【日本武尊】景行天皇の皇子。天皇の命で各地へ遠征した英雄。死後、その魂は白鳥になったとされ、その鳥が降り立った場所に創建されたのが大鳥大社（大阪府堺市）とされる。
- [*3]【長國寺】明治の神仏分離までは鷲神社の別当寺（神社の経営に関与する寺院）であった。なお、長國寺では酉の市は日蓮ゆかりの行事であるとしている。
- [*4]【八つ頭】子芋がついた状態のサトイモのこと。頭がたくさんあるように見えることから。子だくさんの縁起物でおせち料理にも使われる。
- [*5]【切り山椒】上新粉に砂糖と山椒の粉を加えて搗き、薄く延ばして短冊形に切った餅菓子。

11月5日

KEYWORD ◈ 東大寺、聖武天皇、光明皇后

正倉院御物初公開
しょうそういんぎょぶつはつこうかい

［文芸］

正倉院はもともと東大寺の宝物庫で、東大寺を創建した聖武天皇ゆかりの宝物が多数収蔵されていた。近世まで東大寺が管理してきたが、明治8年（1875）に国が管理することになり、現在は宮内庁が所管している。納められている宝物（御物*1）は特別な場合を除いて拝観が許されなかったが、昭和15年（1940）11月5日に初めて大規模な一般公開がなされた。

近｜世以前、寺院には今より多くの者が暮らしており、そのため数多くの食器・雑器・食料などを納めておく蔵が必要であった。霊験寺院となると崇敬者から寄進された宝物などもあり、それらを保管するための蔵も建てられた。とくに天皇・上皇によって創建された寺院は、皇室ゆかりの宝物や天皇・上皇遺愛の品などが奉納されることもあるので、そのための専用の蔵なども設置された。

　こうしたことから境内には蔵の区域が作られることが多く、とくに重要な蔵（これを正倉という）は塀で囲んで独立した区画とした。こうしたものを正倉院と呼ぶ。つまり、正倉院は普通名詞であったのだが、東大寺正倉院が有名になったため、固有名詞として使われるようになった。

　その東大寺正倉院は、光明皇后が奉献した聖武天皇遺愛の品などを収蔵するために建てられた。8世紀半ばのことで、古代の蔵に用いられた校倉造*2で造られている。光明皇后の奉献品にはローマやペルシャなどの文化を伝えるものもあり、古代の東西交流を表わす貴重な遺物である。また、東大寺大仏の開眼供養で用いられたものなども収蔵されている。

　正倉院は勅封*3とされたため一般人が目にすることはできなかったが、明治に入り宝物の調査を兼ねて一般にも公開することが決まった。そして、その最初の公開が明治15年11月5日に帝室博物館（現、東京国立博物館）で行なわれた。その後、正倉院御物の公開は会場を奈良国立博物館に替え、現在まで続いている。

用語解説

- *1 **【御物】** 天皇が用いるもののことであるが、一般には皇室が所蔵もしくは宮内庁が管理する宝物のことをいう。なお、「おもの」「ごもつ」と読むと意味が変わる。
- *2 **【校倉造】** 柱を使わず断面が三角形の角材を積み上げて壁とする建築。穀倉などに用いられた。
- *3 **【勅封】** 天皇の命によって封印されること。開扉するためには天皇の勅許が必要となる。

井上内親王、皇后となる
いのえないしんのう、こうごうとなる

［歴史］

井上内親王は第49代光仁天皇の皇后となった女性である。伊勢神宮の斎宮[*1]から親王の后、そして皇后となるが、天皇を呪詛したという疑いで幽閉されて謎の死を遂げ、怨霊となったとされる。

皇后、すなわち天皇の正妻になるには二つのルートがある。一つはすでに即位している天皇の后として選ばれ、皇后として認められるもの。もう一つは皇族男子と結婚し正妻となり、その相手が天皇に即位するというものだ。井上内親王は後の方のルートで皇后となった。それ自体は珍しいものではないが、そこに至るまでが少々特殊であった。

『皇国紀元二千六百年史』
(国立国会図書館蔵)より
「桓武天皇宸影」

　井上内親王は聖武天皇の皇女で、斎宮に選ばれたのはわずか5歳の時。実際に伊勢に下ったのは11歳の時のことであるが、この時には普通の結婚は望めないと考えていただろう。当時、聖武天皇は二十代半ば、将来のことはわからないとはいえ、その治世がまだまだ続くことは容易に想像された。実際、彼女は18年間、伊勢で暮らすことになる。身内の喪により斎宮をやめた時にはすでに28歳になっていたが、都に戻ると天智天皇の孫にあたる白壁王の后に選ばれた。そして、38歳で酒人皇女、46歳で他戸親王を産んだ。宝亀元年(770)10月1日に白壁王が即位して光仁天皇となると、その翌月の6日、彼女も皇后の地位に就いた。

　順風満帆のように見えたが、宝亀3年に天皇を呪詛した罪で廃后(皇后の地位を廃されること)となり他戸親王も皇太子を廃された。さらに翌年には別の呪詛事件の犯人とされ、息子とともに幽閉され、同じ日に亡くなっている。

　呪詛事件と2人の死は、他戸親王の異母兄弟である桓武天皇を即位させるための陰謀だったのではないかといわれている。その後起こった天変地異は井上内親王の祟りとされ、その霊を慰めるため改葬や神社[*2]の創建、皇后位の回復などがなされた。

用語解説

*1【斎宮】「いつきのみや」とも読む。天皇に代わって伊勢神宮に仕える未婚の内親王(天皇の姉妹もしくは娘)のこと。天皇の崩御や退位、もしくは身内の喪によって交替する。

*2【神社】井上内親王鎮魂のために創建された神社としては、奈良県五條市の御霊神社がある。また、京都市上京区の上御霊神社でも祀られている。

11月7日

霜月神楽 | しもつきかぐら

 ［文芸］

11月7日はおおむね二十四節気の「立冬」にあたる。冬の始まりである。「霜月神楽」は旧暦11月に行なわれる神楽[*1]の総称であるが、主に五穀豊穣を願って行なわれる湯立神楽[*2]をいう。伊勢神宮外宮で行なわれていたものが各地に伝わったもので、秋田県横手市の保呂羽山波宇志別神社のものなどが有名である。

旧暦11月は最後の収穫祭、霜月神楽が行なわれる季節であった。農業、とくに稲作を基幹産業としてきた日本では、作物の出来は身分にかかわらず最重要関心事であり、このため収穫を神に感謝し、来年の豊作を願う神事は丁重に繰り返し行なわれた。とはいえ、それも霜月で終わりになり、12月からは新年に向けた行事に移っていく。

霜月神楽(写真提供：横手市教育委員会)

神楽もまた霜月のものであったとされ、「平安時代には霜月の鎮魂祭前日に園韓神社において神楽が奏されたように、神楽本来の季節は霜月であったと考えられる。実際、中国・四国・九州の神楽は現在でも霜月を中心に行なっているものが多い」(「霜月神楽」神田より子・俵木悟編『民俗小辞典　神事と芸能』)という。伊勢神宮外宮においても御師[*3]が11月13日に行なっていた。伊勢神宮の御師は明治の神仏分離で廃止されたため、伊勢における霜月神楽の伝統は途絶えたが、江戸時代に各地に広まり、修験道の儀礼や修正会(正月の寺院行事)の要素なども取り込みながら独特の発展を遂げた。

それらも近代化や地方の衰退の影響で多くが廃絶していったが、秋田県横手市の保呂羽山、長野県下伊那郡天龍村、愛知県奥三河などには伝統的な霜月神楽が保存されている。中でも保呂羽山波宇志別神社のものは、一晩かけて33番を演じる大規模なものとして知られる。

用語解説

*1 【神楽】神事の際に行なわれる芸能のこと。宮中の御神楽と民間の神楽の2種類あり、民間の神楽は巫女舞、仮面舞踊、湯立神楽、獅子頭を用いるものなどの種類がある。

*2 【湯立神楽】神前で沸かした湯を御幣や榊の枝などで撒いて清めを行なう神楽のこと。

*3 【御師】社寺の門前に屋敷を構え、各地をめぐってその社寺の信仰を広めるとともに、参拝者を宿泊させ参拝の手続きなどを行なった宗教者。一般には「おし」と読むが、伊勢神宮では「おんし」と読んだ。

鞴祭 | ふいごまつり

 ［祭事］

11月7日から11日頃は七十二候の「山茶始開」にあたる。サザンカ（山茶花）が咲き始める季節だ。そんな折り、11月8日頃に行われる「鞴祭」は鞴を使っていた鍛冶屋・鋳物師・刀鍛冶などが金属の神（金山彦神）を祀る神事である。

鞴 とは蛇腹になった本体を閉じたり開いたりすることによって空気を送り込む道具・装置のことで、主に強い火力で金属を溶かす鍛冶や鋳物で用いられた。鞴祭はその鞴を祀るものではなく、金属加工業を営む者が金属・金鉱の神に感謝を捧げる神事である。

『職人盡絵詞（しょくにんづくしえことば）』（国立国会図書館蔵）より「鍛冶屋（刀鍛冶）」

鞴祭で祀られる神は所によって異なるが、金山彦神[*1]のことが多く、金屋子神（かなやごのかみ）[*2]、天目一箇神（あめのまひとつのかみ）[*3]なども祀られることがある。したがって、鞴祭は金山彦神を祀る神社[*4]でも行なわれるが、鍛冶・刀鍛冶などの工房、鋳物などの工場でもなされる。ユニークなのは國學院大學で、渋谷キャンパスで11月8日に行なわれる。全館を暖める暖房施設があるので、無事に稼働するよう祈願するのだという。

『神道事典』によると、伏見稲荷大社（京都市伏見区）で11月8日に行なわれる火焚祭（ひたきさい）[*5]も鍛冶や鋳物師は鞴祭と呼ぶという。「この日、天から蹈鞴（たたら）が降って来たという伝えがあり、鞴を浄めて祝う」のだという。『江戸府内絵本風俗往来』（1905年刊）も鍛冶師・鋳物師・錺師（かざり）・時辰師（とけい）などが稲荷神を祀る日としている。鞴が降ってきたという伝承は刀匠の家に伝わっていた『鍛冶職由来縁起』にもある。それによると神武天皇が遠征の途上で鍛冶に剣や斧を作らせようとした時に降ってきたのだとされ、それが11月8日だったとする。

用語解説

*1 【金山彦神（かなやまびこのかみ）】金山毘古神ともいう。『古事記』『日本書紀』に登場する神。伊邪那美命（いざなみのみこと）が火の神を産んだため火傷で苦しんで吐いた吐瀉物から生まれた。金山姫神（金山毘売神）と共に祀られることもある。

*2 【金屋子神】鍛冶の神で、主に中国地方で信仰される。

*3 【天目一箇神】『日本書紀』や『播磨国風土記』などに登場する鍛冶の神。

*4 【金山彦神を祀る神社】岐阜県垂井町の南宮大社が有名。南宮大社の鞴祭は金山祭（かなやままつり）とも呼ばれる。

*5 【火焚祭】神前で新藁を焚いて稲荷神に感謝をし、その神霊を稲荷山に送る神事。

11月9日

太陽暦採用記念日
たいようれきさいようきねんび

［人生］

明治5年（1872）11月9日、明治政府はそれまでの太陰暦（太陰太陽暦）*1を廃止し、太陽暦を採用すると布告した。これによりこの年の12月3日が明治6年の1月1日となることになった。

開 国後の日本が直面した大問題の一つが、いかに西洋列強と対等な国家になるかという問題であった。欧米との交流が本格化するにつれて明らかになってきたのは、科学技術面でも軍事力の面でも西欧より立ち後れているという状況であった。これを改善しないことには対等な外交・貿易が望めないばかりか、侵略を受ける危険性もあった。まずは後進国の立場から脱するため多方面での近代化が急がれた。太陰暦から太陽暦への改暦も、そのためのステップであった。暦が異なると欧米との条約や契約で不便であるといった不都合があったからだが、実は政府の裏事情もあった。それについては後述する。

　上に書いたように改暦の発表から実施まで1月もなく、しかも12月がほぼなくなっていきなり元日がやってくることになってしまったため、庶民は大混乱した。インターネットはもちろんテレビもラジオも電話もなかった時代であるから、地方への伝達にはさらに時間がかかり、告知されたのは正月まで半月もない頃だったというところもあったという。政府が改暦の通告をしたまま、その意義や必要性などを知らしめようとしないことに憤慨した福沢諭吉は、改暦の意味を紹介する『改暦弁』を6時間あまりで書いて*2出版している。

　これだけの混乱を起こしてまで政府が改暦を急いだ背景には、政府の深刻な財政難があった。もし旧暦のまま明治6年を迎えていたら、この年は閏年なので閏月*3が入って13か月になっていた。官僚の給料を年俸から月俸に切り替えていた政府は、1月分余計に支払いするのを避けたかったのだ。

用語解説

*1 **【太陰暦（太陰太陽暦）】** 太陰暦とは月の満ち欠けを基準とした暦。太陰暦をそのまま使用すると実際の季節とのズレが生じるので、太陽暦でこれを補正したものが太陰太陽暦である。

*2 **【6時間あまりで書いて】**『改暦弁』はすぐにベストセラーとなった。のちに福沢諭吉は「六時間の報酬に七百円とは実に驚き入る」と書いている。

*3 **【閏年・閏月】** 閏は暦と実際の地球の運行との差を調整するために入れる日や月のこと。今は4年に1度1日入れるだけだが、旧暦は誤差が大きかったので閏月を入れることがあった。こういう調整が入る年を閏年という。

11月10日

トイレの日 | といれのひ

　［住］

11月10日は「トイレの日」だ。日本トイレ協会が昭和61年（1986）に制定したもので、制定理由は「いい・トイレ」の語呂合わせ。なお、「世界トイレの日*1」というのもあり、こちらは11月19日である。

日本最古（現存するもので）の書物である『古事記』に、すでにトイレの記述がある。神武天皇の条に見られるもので「その大便まれる溝」というものだ。溝を掘って川から水を引き、排泄物が流れるようにした、天然の水洗便所をいう。

さすが清潔好きの日本人、古代から水洗便所を使っていたとは、と礼讃したくなってしまうが、トイレの歴史はそう簡単ではない。この古代の厠（川屋）が、そのまま近代の水洗便所につながるわけではない。しかし、こうした川屋方式がある程度普及していたことも事実で、高野山や英彦山*2、比叡山にあったことがわかっている。

『江戸名所道外尽 廿八 妻恋こみ坂の景』（国立国会図書館蔵）

しかし、平城京や平安京といった都市となると、川屋式は難しい。貴族たちは樋の筥・清箱と呼ばれるおまるを使って、部屋の片隅で用を足していた。上流階級ではこの形式が定着し、近代まで続く（中世には専用の部屋が作られるようになったが、便を箱の中に出すという形式は変わらなかった）。では、庶民はというと道端ですませていた。これも中世まで続く。

事情が変わるのは近世で、これは糞尿が肥料として使われるようになったからだ。長屋には共同便所が作られ、農村から農民が肥を買いに訪れた。衛生観念が劇的に変化するのは上下水道が普及してからのことだが、昭和40年（1965）頃でもまだ都心にも汲み取り式の便所が残っていた。ウォシュレット（温水洗浄便座）が登場するのは昭和55年（1980）のことである。

用語解説

*1 【世界トイレの日】2011年に国際トイレ機関が創設し、国連が2013年に公認したもので、世界から屋外排泄をなくすことを目標としている。

*2 【英彦山】福岡県田川郡添田町と大分県中津市山国町にまたがってそびえる霊山。英彦山神宮が鎮座する。

11月11日

炉開き | ろびらき

 ［住］

「炉開き」とは茶室などの炉の蓋を取り、使い始めることをいう。「開炉」ともいう。今では茶道でしか使われなくなった[*1]言葉だが、かつては炬燵や火鉢を使い始めることも「炉開き」といった。

炬燵の使い始めは「炬燵開き」ともいうが、小林一茶の句「炉を明て見てもつまらぬ独哉」の「炉」も炬燵のことであろう。独りでぽつんと炬燵にあたってもつまらぬということだ。

炬燵の使い始めは亥の子（11月2日参照）の時に始めるともいわれるが、一般の家ではそうした暦の日柄より寒さの度合いで使う日を決めていた。しかし、茶道では炉開きを重視するので、あらかじめ日取りを決めて[*2]おくことが多い。

『日本風俗図絵』（国立国会図書館蔵）に描かれた炬燵

表千家のホームページではその意義を次のように述べている。

「一般に茶の湯の世界は11月初旬、現在の暦での立冬（およそ7・8日ごろ）をもって新しい年のはじめとします。この日を迎えて茶室の『炉』をひらき、春に摘んだ新茶を葉茶の形で茶壺にたくわえたものを、壺の口封を切って使いはじめます[*3]」

茶室の炉にしても炬燵・火鉢にしても季節限定で使う[*4]ものだが、囲炉裏の火は1年中消さないものとされた。囲炉裏の火は調理や湯沸かしに使ったり、その煙で茅葺き屋根の雨漏りや虫害を防いだりといった実用的な意味で火を消さないということもあるのだが、信仰として消さないという面もある。囲炉裏の火が消えると家が衰えるといったもので、とくに大晦日から元日の朝にかけてはけっして絶やさないものとされた。そして、この火を守るのが主婦の役割となっていた。

用語解説

- [*1] **【茶道でしか使われなくなった】** 実は今でも日常的に使われている「炉」がある。使い捨てがすっかり主流になった「カイロ」だ。漢字で書くと「懐炉」で、携帯用の炉という意味である。
- [*2] **【日取りを決めて】** 千利休の頃は柚が色づくのを見て日を決めたともいう。
- [*3] **【壺の口封を切って使いはじめます】** 「口切」という言葉はここから出た。
- [*4] **【季節限定で使う】** 季節はずれで役立たずを意味する言葉に「夏炉冬扇」がある。

11月12日

芭蕉堂芭蕉忌
ばしょうどうばしょうき

[文芸]

11月12日頃から11月16日頃は七十二候の「地始凍」にあたる。地面に氷が張り始める時候であることを表わす。また、毎年11月12日には京都市東山区の芭蕉堂で芭蕉忌が行なわれる。

俳

聖・松尾芭蕉は元禄7年（1694）10月12日に、大阪の南御堂[*1]門前の貸座敷で死去した。芭蕉の功績を偲ぶ芭蕉忌（翁忌・時雨忌ともいう）は10月5日もしくは旧暦の10月5日に行なわれることが多いが、芭蕉堂では月遅れの11月12日に行なう。芭蕉堂は加賀の俳人・高桑闌更が天明6年（1786）に建てたもので、堂内には芭蕉の弟子の許六[*2]が彫った芭蕉像が安置されている。なお、闌更がこの地に芭蕉堂を建てたのは、芭蕉が西行[*3]の足跡を訪ねてここを訪れていたことによる。

芭蕉というと江戸の芭蕉庵の印象が強いが、晩年は関西を中心に活動している。これは、芭蕉のパトロン的弟子に関西（とくに大阪）の商人が多かったことが大きいだろう。日本文学研究家のドナルド・キーンは面白いことを書いている。

「芭蕉の時代、大坂（「大坂」は江戸時代の表記、引用者注）の俳句は、商人たちの趣味としての教養のひとつでした。そして大坂が天下の台所と言われたこの時代、どこの藩でも米の商いに大坂に行く人はみな『大坂弁』ができたそうです。いわば当時の『国際語』です。多分このおかげで、伊賀上野出身の芭蕉の言葉が、奥の細道でも通じたのでしょう」（『芭蕉終焉の地〈御堂筋〉』）

9月9日の重陽の節供のところでも書いたように、芭蕉の最後の旅は奈良から大阪に向かうものであった。弟子の争いの仲裁のためと言われているが、大阪に着いた芭蕉は寝込んでしまった。弟子たちが看病をしたが回復はせず、病床で詠んだ「旅に病で夢は枯野をかけ廻る」が最後の句[*4]になった。

用語解説

- [*1] **【南御堂】**大阪市中央区の真宗大谷派難波別院のこと。京都の東本願寺の別院であるが、もともとこの地に本願寺があった。徳川家康に京都の土地を寄進され移転したため、大阪の堂は別院となった。
- [*2] **【許六】**1656～1715。森川許六。彦根藩士として井伊直澄に仕えるとともに芭蕉に弟子入りし蕉門十哲に数えられた。
- [*3] **【西行】**1118～1190。平安末～鎌倉初期の歌人。北面の武士で鳥羽上皇に仕えたが、無常を感じて出家、各地を遍歴しながら多くの歌を残した。この地へは双林寺の阿弥陀房を訪ねるために立ち寄った。
- [*4] **【最後の句】**芭蕉は病床で句の中七下五を「なほかけ廻る夢心」とどちらがよいかを、最後まで考えていたという。

11月13日

京都町奉行、ええじゃないかを禁止

きょうとまちぶぎょう、ええじゃないかをきんし

［歴史］

「ええじゃないか」は慶応3年（1867）に起こった庶民の熱狂的な集団乱舞で、東海から始まり、近畿、中国、四国に及んだ。騒動はお札の降下から始まり、人々は異装をして踊り狂った。11月13日には京都町奉行が禁令を出したが、まるで効果はなかった。

伊　勢における「ええじゃないか」は次のようなものだったという。「昼夜鳴物などを打ちたたき、男女老若も町中を大さわぎ、または面におしろいなどをつけ、男が女になり、女が男になり、また顔に墨をぬり、老母が娘になり、いろいろと化物にて大踊り、ただよくも徳もわすれ、ゑじゃないかとおどるのみなり」（『不思議之扣』、藤谷俊雄『「おかげまいり」と「ええじゃないか」』より）こうした状況はほかでも同様で、

『絵暦貼込帳』（国立国会図書館蔵）より「慶應四豊年踊之圖」。河鍋暁斎が「ええじゃないか」を描いたもの。

アーネスト・サトウ[*1]も大阪で緋縮緬の着物[*2]を着た一団が踊っているのを目撃している（『一外交官が見た明治維新』）。

こうした騒ぎが起きた背景に、おかげ参りの関係をみる説がある。おかげ参りは周期的に起こった伊勢神宮への集団参拝をいい、寛永15年（1638）から文政13年（1830）の間に7回起こっている。宝永2年（1705）の時は2月弱の間に362万人が伊勢神宮に押し寄せたという。ええじゃないかは踊りが中心で必ずしも伊勢神宮へは参拝していないので同じ現象とはいえないが、共通している点が二つある。一つはお札が降ることが騒ぎのきっかけになっていること。もう一つは沿道の人たちが参加者たちに食事などの接待[*3]をしていることだ。今でも四国では遍路の人に接待をする習俗があるが、宗教行為をする者を援助することによって功徳が得られるという信仰に基づく。こうした助けがあったため騒ぎは拡大・持続し、奉行所の抑止もきかなかった。

用語解説

- ***1【アーネスト・サトウ】** 1843～1929。ロンドン生まれ。文久2年（1862）に来日、通訳官として日英交渉に携わる。また「ジャパン・タイムズ」に「英国策論」を書いて日本の政局に影響を与えた。その後、ウルグアイ・モロッコ・日本・中国の公使を歴任した。
- ***2【緋縮緬の着物】** 女性の下着である緋色の長襦袢のこと。
- ***3【接待】** おかげ参りでは子どもたちが家や奉公先を抜け出して伊勢参宮をする「抜参り」が流行ったが、それが可能であったのも接待があったからである。

11月14日

しるしの杉玉 | しるしのすぎだま

 ［食］

毎年11月14日には奈良県桜井市に鎮座する大神神社で「酒まつり」(醸造安全祈願祭)が行なわれ、全国の酒造業者・杜氏[1]などが参列する。そして、しるしの杉玉が授けられる。

酒 蔵や酒店の店先に巨大化したマリモみたいな緑色の球体がぶら下げられているのをご覧になったことがあるだろう。これは杉の葉を球形に束ねたもので、しるしの杉玉という。原形は大神神社の拝殿に吊るされているもので、直径1.8メートル、150キロある。杉は大神神社の神木であり、神霊が宿る依り代[2]である。つまり、杉玉は酒の神である三輪の神(大

杉玉

神神社祭神)の神徳が宿っており、これによって酒造りが見守られているという"しるし"なのである。　大神神社の祭神[3]が酒の神とされることについては、『日本書紀』崇神天皇8年の条に次のような出来事が記録されている。

　「冬十二月二十日、天皇は大田田根子に大物主神を祀らせた。この日、活日は御酒を天皇にたてまつり、歌を詠んでいうのに、『この神酒は私の造った神酒ではありません。倭の国をお造りになった大物主神が醸成された神酒です。幾世までも久しく栄えよ、栄えよ』天皇も歌っていわれた。『一晩中酒宴をして、三輪の社殿の朝の戸をおし開こう。三輪の戸を』」(宇治谷孟氏の訳を一部略して引用)

　この由緒から「うまさけ(味酒)」は「三輪」の枕詞となっている。なお、「酒まつり」では、この活日の「此の神酒は　我が神酒ならず　倭成す　大物主の　醸みし神酒　幾久　幾久」の歌で作られた神楽を4人の巫女が舞う。

用語解説

*1 【杜氏】日本酒の醸造を担う職人のこと。

*2 【依り代】神の霊(魂)を宿らせる物体のこと。神社の神体(御霊代)も依り代の一種であるが、多くの場合、祭の間など一時的に神霊を宿らせるものをいう。

*3 【大神神社の祭神】三輪山に鎮座する大物主神のこと。大国主神の幸魂・奇魂(幸いや霊験をもたらす神霊の意)で、大国主神の国造りを助けた神。

11月15日

七五三 | しちごさん

［人生］

11月15日[*1]は全国の神社（一部の寺院も）で七五三が祝われる。3歳と5歳の男児、3歳と7歳の女児が無事な成長を神に感謝し、今後の加護を願うものだが、実は明治以降に成立した新しい行事である。

『国芳国貞錦絵 七五三祝ひの圖』（国立国会図書館蔵）

近世以前の文書には「七五三」という文句はあまり出てこない。明治以降に定着した言葉だからだ。では、近世以前はどうなっていたのか。天保9年（1838）刊の『東都歳事記』を見ると11月15日の項に「嬰児宮参」とある。これが七五三の前身ということになるが、一つの行事ではない。3つの行事を同日にやっている。『東都歳事記』によれば、その3つとは、3歳の髪置（髪を伸ばし始める祝い）、5歳の袴着（初めて袴を着用する祝い）、7歳の帯解（女児のみの行事で、帯を締めて着物を着る祝い）である。まったく別個の行事ではあるのだが、同時期に行なうもので意味合いも似ているので一緒に行なうようになったらしい。

　なお、江戸時代も親が子どもを着飾らせて自慢し合うという風潮があり、あまり加熱したため幕末には禁止令も出されている。

　ちなみに、皇室では今も古式ゆかしい袴着[*2]の儀礼が行なわれている。儀礼の内容は、東宮御所の広間で東宮侍従と東宮大夫（東宮職の長）がお子様に白絹の袴をつけ、紐を結ぶというものだが、男子の場合、これに続いて深曽木の儀がある。これは天皇・皇后両陛下から贈られた童形服（平安時代の貴族の衣裳をもとにした子どもの儀礼服）を着けられた親王殿下が碁盤の上に立ち、東宮大夫に髪の毛先を削いでもらうというもの。面白いのはその後で、「えいっ」という掛け声とともに盤上から畳へ飛び降りる[*3]のだ。

用語解説

* **[*1]【11月15日】** 11月15日は休日ではなく、また該当する子どもの数が多いので、11月15日の1日だけではなく、11月を七五三の期間としている社寺が多い。
* **[*2]【袴着】** 皇室では「着袴の儀」という。
* **[*3]【飛び降りる】** いくつかの神社は七五三のシーズンに大きな碁盤を境内に設置して、深曽木の儀を疑似体験させてくれるところがある。もちろん子ども限定。

11月16日

KEYWORD ◈ 箕、徳川吉宗、須佐之男命、来訪神

箕祭 | みまつり

 ［住］

箕は竹や藤皮などを編んで作る農具で、脱穀や運搬など広汎に用いられる。一方で悪霊を祓うのに用いるなど呪具としての性格もある。箕祭は1年の農作業が終わるこの時期に箕を祀って感謝する儀礼で、冬（11月）の季語にもなっている。

現 在では「箕」といっても通じない人が多くなってしまったが、かつては農家なら必ず数個の箕が置いてあるものだった。柄のないちり取りのような形で、穀物を風であおりながら脱穀したり、土などを運んだりするのに用いた。箕祭はこの箕に対して1年間の働きを慰労するもの。田辺大愚の「古き箕を上座にかけて祭りけり」という句が、その様子を伝えている。

箕には呪具としての性質もあった。たとえば、ミサキなどの妖怪に取り憑かれた時は箕であおぐとよいとされる。葬式より戻った時は箕の先に置いた塩を肩越しに撒くものだといわれる。これらは箕の穀物と殻をより分ける機能から、悪しきものを選別して払いのける力があると考えられたようだ。8代将軍の徳川吉宗は生まれて間もなく儀礼的な捨て子にされた（10月21日参照）が、その際、産土神社の宮司が箕と箒を使って拾っている。これも吉宗の悪運をより分け捨てる意味があったのだろう。

いっぽう雨具の蓑[*1]にも呪具としての性格があった。『日本書紀』にはこんな話がある。須佐之男命が高天原でのさまざまな悪行の罪を問われて追放になった時、天上界は長雨が続いていた。須佐之男命は蓑を着て笠をかぶって地上に向かったが、あまりに雨風が強いのでどこかで休ませてもらおうと思った。しかし、罪を犯した須佐之男命を泊めようという家はなく、須佐之男命は苦しみながら地上へ下った。この故事から蓑笠をつけて他人の家を訪れるのを忌むようになった、というものだ。ここでは蓑は忌むべき衣装となっているが、ナマハゲなどの来訪神[*2]は蓑を着ていることが多い。つまり、箕は異界からの来訪者であることを示す衣であったのだ。それゆえ人がこれを着たまま家に入るのを忌んだのだろう。

用語解説

*1【蓑】藁や菅、藤、シュロの皮などで作った雨合羽。なお、伊勢神宮内宮の別宮・風日祈宮の風日祈祭（5月14日）では蓑笠が供進される。これについて神宮司庁編『神宮要綱』（1929年）は「蓑笠を供進することは神宮に最も深き縁由を有する行事」としている。

*2【来訪神】大晦日の夜などに家々を訪れて幸運をもたらす異形の神のこと。秋田県男鹿半島のナマハゲ、鹿児島県甑島のトシドン、佐賀県見島のカセドリなど。平成30年（2018）にユネスコ無形文化遺産となった。

326 ｜ 霜月

11月17日

KEYWORD ◇ 養老、『十訓抄』、酒の泉

元正天皇、改元の詔を発す
げんしょうてんのう、かいげんのみことのりをはっす

［歴史］

霊亀3年（717）9月20日、元正天皇は美濃国の当耆郡（今の岐阜県養老郡）に行幸し、温泉に浸かった。すると、手や顔がつるつるになって痛いところも癒えたため、元号を養老に変えるという詔を11月17日に発した。

　ずは表題の詔*1の一部をお読みいただきたい。
「朕は今年九月、美濃国不破の行宮*2に赴き、数日間逗留した。その時、当耆郡の多度山の美泉を見、手や顔を洗ったところ、肌が滑らかになるようであった。また痛いところを洗うと、痛みが全く除かれてしまった。私の体にとって大きな効き目があった。また聞くところによると、これを飲んだり浴びたりする者は、白髪が黒くなったり、禿げ髪にあらたに生えたり、あるいは見えない眼が見えるようになったという。その他永らくの病気もすべて治ったという。（略）まことに考えてみると、美泉は大瑞（最大のめでたいしるし）である。（略）霊亀三年を改めて養老元年とし（以下略）」（宇治谷孟訳）

『長春閣鑑賞』（国立国会図書館蔵）より「養老瀧圖」

　この出来事は鎌倉時代には説話に変貌する。建長4年（1252）に成立した教訓説話集の『十訓抄』では、こんな話になっている。美濃国の貧しい孝行息子が酒好きの老父のために少ない稼ぎをやりくりして酒を買っていたが、あるとき山中で酒が湧く泉*3を発見した。喜んだ息子はこれを汲んで親を養った。この話を聞いた元正天皇は現地を視察し、神が孝行を褒めて酒を湧かしたのだとして孝子を美濃国の国司に任ずるとともに元号を養老としたというものだ。

　美肌の温泉が酒の泉になってしまっている。時代の風潮の変化のためだろうか。なお、千葉県の夷隅郡大多喜町（養老渓谷）や船橋市（子者清水）にも類似の養老伝説が伝わっているが、傾斜した地形を表す「よろ」が由来ともいわれる。

用語解説

*1 【詔】天皇が発する命令のこと。宣命ともいう。天皇の命令にはほかに勅があるが、臨時の大事は詔、尋常の小事は勅といった使い分けがある。

*2 【行宮】天皇が地方で滞在する際に用いる仮の宮のこと。

*3 【泉】現地では滝の水が酒に変わったと伝わる。この滝を養老の滝と呼び、現在も観光名所となっている。

大神神社御鉾祭
おおみわじんじゃおほこまつり

［祭事］

11月17日から21日頃は七十二候の「金盞香」にあたる。水仙が咲く時節であることをいう。また、毎年11月18日から24日頃には栃木市惣社町に鎮座する大神神社で五穀豊穣や安産を祈願する御鉾祭が行なわれる。

大神神社（栃木市惣社町）

大神神社と聞くと奈良県桜井市の三輪山の麓に鎮座する三輪明神大神神社のことを連想するが、惣社町の大神神社は第10代・崇神天皇の皇子である豊城入彦命が三輪明神の分霊を迎えて創建したのだという。その後、下野国（今の栃木県）の惣社*1となり、国司の崇敬を受けた。

　御鉾祭はその惣社・大神神社の秋季大祭として行なわれる。パンフレットによると、この祭は次のようなものだという。「神様から命をいただき、その命が成長していく、それを寿ぐ祭です。神に仕える童女（くるめさま）を中心に祭は進行します。境内にお仮屋を作り、御神体お鉾を出御し、中の日におひもとき、還御祭、最終日に翌日祭があります。その後、年番受け渡しの行事が行なわれます」。簡単にまとめると、仮設の社殿に移された鉾に宿る祭神に「くるめさま」役の少女が奉仕して、豊作や安産などを願うというものだ。

　惣社・大神神社は境内に歌枕*2の「室の八嶋」があることでも知られる。琵琶形の池に8つの島が浮かび、そこに8社が鎮座する名勝で、古くから煙（水蒸気とも川霧ともいう）の名所とされている。芭蕉も『おくのほそ道』の旅で弟子の曽良と共に訪れて、「糸遊*3に結つきたる煙哉」と詠んでいる。ただ、なぜかこの句は『おくのほそ道』には収録されていない。

用語解説

*1【惣社】総社とも書く。その国（この場合は下野国）の主な神社の神を祀った神社をいう。国司は治める国の神を祀る必要があったが、国内の神社をめぐるのは容易ではないので、国衙（諸国に設置された政庁）の近くの神社にそれらの分霊を祀って、ここで祭祀を行なった。これを惣社（総社）という。

*2【歌枕】和歌の題材とされた名所のこと。「室の八嶋」は場所ではなく竈からたつ煙とする説もあるが、芭蕉は大神神社のことと考えて訪れている。

*3【糸遊】晴れた日にクモの子が糸に乗って飛ぶこと。陽炎の意味でも使われる。

豊川稲荷秋季大祭
とよかわいなりしゅうきたいさい

［祭事］

毎年11月の第3土曜・日曜日に愛知県豊川市の豊川稲荷で秋季大祭が行なわれる。これは豊川稲荷を鎮守とする妙厳寺が嘉吉元年（1441）11月22日に創建されたことを祝うもので、鎮座祭ともいう。

豊川稲荷は神社ではない。禅宗（曹洞宗）寺院である妙厳寺の鎮守[*1]で、祀られているのも宇迦之御魂神や豊受比売神[*2]ではなく、荼枳尼眞天だ。荼枳尼眞天（荼吉尼天）は仏教を守護する護法神であるが、もとは鬼神だという。中村雅彦氏によると「荼吉尼天の原型はインドの夜叉神ダーキニーから来ている。ダーキニーは愛染明王の前身であり、その起源はインドのパラマウ地方（ベンガル地方の南西部）に居住していたドラヴィダ族の一部族、カールバース人が地母神の配偶者として信仰していた女神であり、元は農業神だった」（中村陽監修『稲荷大神』）だという。

その荼枳尼眞天が妙厳寺の鎮守になったのには、こういう経緯があるという。後鳥羽天皇の皇子であった義尹は曹洞宗の開祖・道元に師事し、師の死後に宋に渡った。その帰途、船上にキツネに乗った霊神が現われ、自らを荼枳尼眞天だと名乗り、義尹とその教えに従う者を守護することを誓ったという。妙厳寺開山の義易は義尹の6代法孫[*3]であったので、妙厳寺を創建した時に義尹が彫った荼枳尼眞天像を鎮守として山門に祀ったとされる。

荼枳尼眞天は農業神であることから稲荷と同一視されるようになり、広く信仰されるようになった。大岡越前守忠相[*4]も熱心な信者で、江戸の邸内に分祠を建てた。これが赤坂の豊川稲荷の前身である。

用語解説

- **[*1]【鎮守】** もとは一定の地域を守る神のことであるが、「寺院の鎮守」という場合はその寺院を守護する神のこと。その土地の神を祀る場合と、宗派の守り神を勧請する場合がある。
- **[*2]【宇迦之御魂神や豊受比売神】** ともに穀物や食物の神。宇迦之御魂神は倉稲魂神とも書く。伏見稲荷大社をはじめ稲荷神社の多くが主祭神を宇迦之御魂神（倉稲魂神）とするが、一部の神社は豊受比売神（豊宇気毘売神）としている。豊受比売神は伊勢神宮外宮の祭神・豊受大神と同じ神だともいわれる。
- **[*3]【6代法孫】** 6代後の弟子のこと。
- **[*4]【大岡越前守忠相】** 1677〜1751。江戸中期の幕臣・大名。8代将軍・徳川吉宗に見出されて江戸南町奉行を務めた。

11月20日

西宮神社誓文祭
にしのみやじんじゃせいもんさい

［祭事］

毎年11月20日には兵庫県西宮市に鎮座する西宮神社で誓文祭が行なわれる。これは「十日戎」（1月10日参照）で得たご利益への感謝の祭とされる。

　　さまざまな願いを社寺に祈願する人は多い。しかし、お願いをするばかりでは神様・仏様に対して申し訳ない。せめて願いがかなった時はお礼参りをしておきたい。お礼参りをして初めて祈願は完結するものだ。

『摂津名所圖會』（国立国会図書館蔵）より「西宮神社」

　個々の祈願については個々にお礼参りするのが当然だが、社寺の祭の中には祈願祭と感謝祭が対になっているものがある。神社の祈年祭（豊作祈願）と新嘗祭（収獲感謝）は、その典型的な例である。西宮神社の誓文祭は、祈願祭の一種といえる十日戎に対する感謝祭といえるものだ。神社のホームページはその意義を次のように説明している。

　「当社では年の初めの祈願である『十日えびす』に対する感謝のおまつりとして、旧暦十月二十日の一ヶ月遅れの新暦十一月二十日に誓文祭が行われてきました」

　これと似た名前の"神事"がある。「誓文払い」である。「誓文」とは契約書みたいなものであるが、ここでは心にない約束事を意味する。商人や遊女は客の気を惹くために相手を喜ばす嘘をつくが、嘘は嘘なのでその罪はいつか自分に返ってくる（ひどい場合は地獄に墜ちるなど）。そこで、そうならないように、10月20日の恵比須講（10月20日参照）の日に、四条京極の冠者殿社*1に参拝した。そうすると、そうした「誓文」がすべてなかったことになり、嘘の罪に問われなくなるのだという。

用語解説

*1 【冠者殿社】京都市下京区の四条通に面して鎮座する八坂神社の境外末社（境内の外にある末社）。素盞嗚尊の荒魂を祀るが、ここを詣でるとなぜ誓文がなかったことになるのかは不詳。

11月21日

KEYWORD ◆ 一休宗純、酬恩庵、後小松天皇、大徳寺

一休忌 ｜ いっきゅうき

 ［人生］

文明13年（1481）11月21日、禅僧の一休宗純が隠棲していた酬恩庵（一休寺、京都府京田辺市）で入寂[*1]した。88歳であった。「頓智の一休さん」として親しまれているが、実像は少々違ったものであった。

　一休というとアニメの『一休さん』を思い出す人も多いだろう。だが、一休と名乗るのは25歳の時からで、小僧時代の法名[*2]は周建であった。その一休の墓は酬恩庵の境内にあり、宗純王廟と呼ばれている。宗純は一休の諱であるが、王廟とついているのは一休が皇族であるとされることによる。このため墓所は宮内庁が管理している。"一休さん"が皇族というのも意外かもしれないが、第100代後小松天皇の皇子と伝えられており、一休自身もそれを匂わせる和歌を残している。ただ、自身の出自などについて明確に語ったものは残っておらず、そこにも一休の屈折した自意識がみられる。

　6歳で出家し、17歳で西金寺の謙翁に師事した一休はその清廉な禅風[*3]に大きな影響を受けるが、21歳の時に死別することになった。そのショックからか、一休はこの年、自殺未遂をしている。

　その後、堅田（今の滋賀県大津市）の祥瑞庵の華叟に師事、悟を開くが、その悟りを証明する印可状を焼き捨ててしまう。一休が奇矯な行動をし、頓智を披露するようになるのは、この頃からで、大きな朱鞘の太刀を腰に差して歩いたり、大事な法要に着古した法衣で列席したりしている。これらは着飾って文化人気取りをする五山僧[*4]の堕落した実態に対する皮肉であった。しかし、その一休も晩年には大徳寺の復興を成し遂げるいっぽうで、盲目の美女と同居し、彼女との性生活を露骨に詠んだ漢詩を書くようになる。これを露悪とみるか、読者を試す比喩・虚構とみるか、すべては受け手に委ねられている。

用語解説

*1【入寂】高僧の死を表わす言葉。「寂」は「寂滅」のことで、煩悩を滅して悟りの境地に至ったことを示す言葉。

*2【法名】仏弟子としての名。僧は出家する時に俗世との縁を切るので、出家者としての名を新たに授かる。これを法名（法号・法諱）という。死者に贈る戒名も同様のものである。また、諱は出家した時に師から授かる僧としての本名にあたるもの。

*3【禅風】禅僧としての生き様や指導法などのこと。

*4【五山僧】京都五山に選ばれた禅寺の僧のこと。五山については11月25日参照。

11月22日

近松忌 | ちかまつき

 ［文芸］

近松門左衛門（1653〜1725）は江戸前期の浄瑠璃・歌舞伎作者。人形浄瑠璃や歌舞伎に繊細な心理描写を取り入れ近代的な劇に発展させた。11月22日はその近松の忌日である。また、二十四節気の「小雪」（小雪がちらつく頃）でもある。

近松門左衛門は越前にあった吉江藩（今の福井県鯖江市）に仕えた杉森信盛の子として福井もしくは吉江で生まれた。しかし、父が浪人となったため一家で京に移住、公家の家に仕える身となった。その後の事情は明らかではないが、25歳頃には浄瑠璃作家になっていたとされる。

浄瑠璃作家としてキャリアをスタートさせた近松は、初代の坂田藤十郎[*1]などの歌舞伎役者のために脚本を書いて、名声を高めていった。そして、元禄16年（1703）に人形浄瑠璃のために書いた『曽根崎心中』が大ヒットし、浄瑠璃作家としての地位を固めた。

『曽根崎心中』は実際にあった心中事件に取材したものであった。この事件は当時大きなニュースになったらしく、近松の作品だけではなく、ほかにもルポルタージュ風の読み物などが刊行されている。また、『曽根崎心中』が大成功した背景には心中が社会的風潮になっていたことがある。あまりに心中が続くため、幕府は禁令を発し、生き残った場合は晒しものにしたり、殺人罪で処罰したりしたが効果はなかった。近松はこうした風潮に乗ったわけではあるが、事件を扇情的には扱わず、愛の究極の形として称賛したところに特徴がある。そこでは身分や封建的規範[*2]は意味を失い、愛の純粋性だけが称賛される。近松は身分制度や武家支配への反対を表明したわけではないが、こうした作品を通して日本人の価値観や死生観を大きく変えていったのである。近松はその後も『国性爺合戦』[*3]『心中天網島』といった傑作を残し、72歳で没した。

用語解説

*1【初代の坂田藤十郎】 1647〜1709。江戸前期の歌舞伎役者。元禄時代を代表する名優といわれ、上方歌舞伎の始祖ともいわれる。江戸歌舞伎を大成した初代市川團十郎と並び称されることが多い。

*2【封建的規範】 評論家の村松剛氏は『死の日本文学史』でこう書いている。「男女の心中の前提には、第一に恋愛情熱の絶対化がある。たかが女ひとりのために命を棄てるなどということは、武士道のたてまえからは許されないはずで、したがって心中の美化はこの世界では成立しない」

*3【『国性爺合戦』】 台湾を舞台に清への抵抗活動を行った鄭成功を描いたもの。

11月23日

新嘗祭 ｜ にいなめさい

 ［祭事］

新嘗祭（「しんじょうさい」とも読む）は今年採れた新穀を神に捧げる神事で、宮中および全国の神社で行なわれる。また、11月22日から26日頃は七十二候の「虹蔵不見」にあたる。虹が見えなくなる頃というが、実際にはそんなことはない。

新嘗祭について面白い神話が『常陸国風土記』[*1]に載っている。

昔、神祖の尊[*2]が、（子どもである）諸神のもとをめぐっていた時のこと、駿河国の富士山までやってきたところで日が暮れてしまった。そこで神祖の尊が泊めてほしいと言うと、富士山の神は「新嘗の祭で物忌みをしているところです。今日はお泊めできません」と言った。これを聞いた神祖の尊は恨み泣いて「お前の親ではないか、なぜ泊めようとしない。お前のような山は冬も夏も雪が降って凍りつき、誰も登らず供え物をする者もいなくなれ」と呪った。続いて筑波山のところに行くと、筑波山の神は「今日は新嘗祭の日ですが、喜んでお泊めしましょう」と言って迎え入れ、飲食を捧げて接待をした。喜んだ神祖の尊は「愛しいわが子よ、お前のもとには人々が寄り集まり飲食をするだろう。絶えることなく栄えるであろう」と歌う。

この話から新嘗の日には神が訪れてくること、そして身を慎んでそれを待つべきことがわかる（富士山が悪役になっているが、これは常陸国の国自慢の話であるため）。こうした特徴は刈り上げ祭などの民間の収穫祭にも共通する。

『古事記』『日本書紀』の神話では天照大御神が稲を地上にもたらしたということが新嘗祭を行なう根拠となっている。すなわち、新嘗祭は天照大御神の子孫である天皇を崇敬する理由を示すものであり、朝廷が日本を治める正当性を知らしめる祭でもあった。なお、宮中の新嘗祭は「神嘉殿[*3]の神座に天照大御神の御霊をお招きして、米、粟をはじめとする穀物の今年の出来を報告、感謝し、また新穀で作ったご飯やお酒を陛下が御自身で天照大御神にお供えになり、且つ又御自身でもお召し上がりになる、神秘的な儀式」（中澤伸弘『宮中儀礼』）だという。

用語解説

[*1] 【『常陸国風土記』】元明天皇の詔（713年）によって編纂された「風土記」の一つで、今の茨城県の地誌・神話・産物などが記されている。『出雲国風土記』とともにほぼ完全に残る数少ない「風土記」の一つであるが、巻末を欠いているので正確な成立時期はわからない。

[*2] 【神祖の尊】神々の親の神の意。

[*3] 【神嘉殿】皇室の祭祀場である宮中三殿に付属する施設で、新嘗祭の祭場。

11月24日

KEYWORD ◈ 小豆粥、智者大師智顗
あずきがゆ、ちしゃだいしちぎ

大師講 | だいしこう

［祭事］

11月23日の夜から11月24日にかけて行なわれる行事で、小豆粥*1などを供えて"大師"を祀る。大師が誰であるかは地域によって異なり、新嘗祭（11月23日参照）の夜に訪れる神との関係も指摘されている。

嘉永4年（1851）に刊行された『増補俳諧歳時記栞草』の「大師講」にはこう書かれている。「智者大師*2の忌日なり。（略）これを天台会といふ。俗もまた大師講を修し、各小豆粥をくらふ。枯柴を折て箸とす。是を智恵の粥といふ」

引用の（略）としたところには比叡山や寛永寺、日光の輪王寺などで大師講が行なわれることが書かれている。これらの記述はおおむね正しい。しかし、誤解を生む表現でもある。というのは、この文章を素直に読むと、智者大師を祀る行事

『長春閣鑑賞』（国立国会図書館蔵）より「天台大師影」

が民間に広まったかのように思えてしまうからだ。だが、民間で行なわれている大師講と天台宗の寺院の大師講（天台会）は、まったく別の行事といえる。

実際、大師講の大師が誰であるかは地域によって異なる。弘法大師（空海）とするところが多いが、元三大師*3や慈眼大師*4とするところもある。中には高僧のこととは思えないものとして語られているところもある。たとえば柳田国男は「オダイシには、二十三人とかの子があり、それを養うのに骨が折れるので、長い箸を三本添えて、団子を突き刺して食べさせるようにする」という伝承を『年中行事覚書』に記録している。

もちろん僧である大師に子どもがいるはずはなく、それも23人はありえない話だ。つまりこれは、多産すなわち豊作・豊穣をもたらす神のことだと考えられる。時期も新嘗祭と近接しているので、『常陸国風土記』が語る新嘗祭の夜に訪れる神祖（11月23日参照）を歓待する習俗と関係しているのではないかとも想像される。

用語解説

*1 【小豆粥】福島県いわき市では大師講を11月の4日・14日・24日に行なうが、この時に作る大師講団子（小豆と白玉を入れた粥）を給食で出している。

*2 【智者大師】天台宗を大成させた中国の名僧、智顗（538〜598）のこと。天台大師ともいう。11月24日に没している。

*3 【元三大師】比叡山を復興した良源（912〜985）のこと。祈祷にもすぐれていたとされ、鏡に映った姿が鬼になったともいい、その姿を写した角大師のお札が各地の天台寺院で授与されている。

*4 【慈眼大師】徳川家康のブレーンとなり、日光東照宮や上野の寛永寺を創建した天海（1536〜1643）のこと。

11月25日

KEYWORD ◈ 蘭渓道隆、鎌倉五山、京都五山、
五山十刹、足利義満

建長寺開堂供養
けんちょうじかいどうくよう

［歴史］

**建長5年（1253）11月25日、鎌倉の建長寺の仏殿が完成し、初代住持（住職）とな
る蘭渓道隆*1 が初めて堂内に入る法要が行なわれた。**

鎌 倉は今や世界的観光地となり、さまざまな国からの旅行者が闊歩するように
なったが、建長寺や円覚寺、浄智寺といった禅宗の大寺院が甍を並べて
いた鎌倉時代も渡来僧が中国語で教えを説き、中国式の作法で儀礼が行なわれ
る国際都市であった。当時、中国はモンゴルの侵攻により宋が滅亡に瀕しており、
有能な人材を招きやすい環境にあった。その結果、禅の名僧をはじめ、各種の
技術者が来日し、鎌倉文化を花開かせていったのである。

　その中でもとくに禅宗の発展はめざましかった。それまでの禅宗は天台宗などと兼
学になっていたが、蘭渓道隆の来日以降、教えの面でも儀礼・制度の面でも中国
の禅宗寺院と同様の純粋禅が行なわれるようになった。そして、それを鎌倉や京都
で学んだ者たちが地方へと伝え、禅宗寺院は急速に増えていった。こうした禅宗
寺院をランク付けしようというのが五山制度*2 である。

　五山とは禅宗寺院の寺格（寺院の格式）制度の一つで、中国の南宋時代（1127
〜1279）に始まるものとされる。日本では鎌倉幕府が最初に取り入れ、延慶3年
（1310）頃に鎌倉の浄智寺・建長寺・円覚寺・寿福寺を五山に認定した。その後、
京都の大徳寺・南禅寺・建仁寺・東福寺も含まれるようになった。その後は権力
者の意向によって順位が変動したが、至徳3年（1386）、室町将軍の足利義満が
南禅寺を五山の上におき、京都五山は天龍寺・相国寺・建仁寺・東福寺・万
寿寺、鎌倉五山は建長寺・円覚寺・寿福寺・浄智寺・浄妙寺と定まった。

用語解説

*1 【蘭渓道隆】1213〜1278。臨済宗の僧。今の中国四川省出身。寛元4年（1246）に来日。北条時頼に請われて
　　建長寺の開山（創建住職）となった。その後、建仁寺・寿福寺などの住職を歴任し、日本に純粋な禅を広めた。
*2 【五山制度】正しくは五山十刹という。最高クラスの5寺院とその下のランクの寺院を示す。十刹はかならずしも10カ寺
　　とは限らない。

11月26日

大根 ｜ だいこん

 ［食］

冬の代表的な野菜である大根は、冬の祭事のお供えとしても必需品である。とくに二股大根は特別な意味合いをもって供えられる。いっぽうで十日夜（11月3日参照）や亥の子（11月2日参照）には大根畑に入ってはいけないといった禁忌もある。

冬 の神事・仏事、民間の祭事において、大根は欠かせない供物である。冬の京都の風物詩として社寺で振る舞われる「大根焚き*1」は、その顕著な例だろう。冬の祭で大根が重視されるのは、ほかに採れる作物が少ないという事情もあるだろうが、大根が作物の象徴とされているという面もある。これは田の神を祀る儀礼で大根が重視されていることからも推察できる。

　大根の中でも二股大根は特殊な供物として珍重される。十日夜*2や亥の子の供物は二股大根とされているし、大黒天や聖天*3の供物も二股大根がよいとされる。聖天信仰で有名な待乳山聖天（本龍院、東京都台東区）は「大根は清浄、淡白な味わいのある食物としてすべての人に好まれ、しかも体内の毒素を中和して消化を助けるはたらきがあるところから、聖天様の『おはたらき』をあらわすものとして尊ばれ、聖天様のご供養に欠かせないお供物とされています」としているが、一般的にはその形から豊穣をもたらす神聖な性行為を象徴するものといっていいだろう。田の神を家に迎えて接待をする能登半島（石川県）の「アエノコト」では二股大根を供えることを「大根のメムカエ」と呼ぶことも、これを裏書きしている。「メムカエ」は「女迎え」、すなわち田の神の嫁取りのことだと思われる。

　こう考えてくると、十日夜や亥の子の日には大根畑に入ってはいけないとする禁忌（入ると大根が腐る、太らないなどというほか、入った者が死ぬというのもある）の意味もわかってくる。おそらくその日には大根畑で田の神の聖婚が行なわれるのだろう。だから、邪魔をしてはいけないのだ。

用語解説

*1 【**大根焚き**】千本釈迦堂（大報恩寺）・了徳寺・三宝寺・蛸薬師堂・法住寺・鈴虫寺（華厳寺）・三千院などが有名。諸病封じになるという。

*2 【**十日夜**】十日夜である10月10日を「大根の年取り」と称する地域も多い（東北地方および長野・群馬・新潟など）。

*3 【**聖天**】大聖歓喜天のこと。歓喜天ともいう。ヒンドゥー教の神ガネーシャが仏教に取り入れられたもので、象頭人身の姿をとり、男神と女神が抱き合う形が多い。夫婦和合・子授け・安産・財運などのご利益があるとされる。

11月27日

鶴屋南北没 | つるやなんぼくぼつ

 ［文芸］

文政12年(1829)11月27日、4代目・鶴屋南北が75歳で死去した。南北は『天竺徳兵衛韓噺』や『東海道四谷怪談』など名作歌舞伎を多く残し、今見るような歌舞伎を完成させた狂言作者とされる。

4代目・鶴屋南北は宝暦5年（1755）に江戸の日本橋の紺屋（染め物屋）の職人の子として生まれた。二十代から狂言作者の見習いとして研鑽を積んだが下積み生活が長く続いた。出世作となったのは享和3年(1803)、南北50歳の作、『天竺徳兵衛韓噺』で、

『隠亡堀の場 東海道四谷怪談』(国際日本文化研究センター蔵)

芝居は大受けでロングラン公演となった。この芝居は屋体崩しや早変わりといったケレン[1]を多用したもので、これが南北芝居の特徴の一つとなった。

もう一つの特徴は「綯交ぜ」という筋立てにある。これは別個のストーリー（歌舞伎では「世界」という）を組み合わせるもので、代表作の一つ『東海道四谷怪談』では、お岩の幽霊が伊右衛門に復讐する筋と忠臣蔵[2]の筋が綯交ぜとなっている。また、「色悪」（二枚目の悪役）、「悪婆」（惚れた男のために悪事を働いてしまう中年女）といった、現代のドラマに通じる役どころも生み出している。

『東海道四谷怪談』で使われた戸板返し（戸板の上のお岩の死体が別人の死体、白骨に早変わりする演出）や仏壇返し（幽霊が人を仏壇の中に引き込む仕掛け）といったケレンは、そのまま化け物屋敷でも使われており、現代のホラー映画の演出にも採り入れられている。このように、南北の作品はその後のショービジネスに多大な影響を与えているのである。

用語解説

*【ケレン】歌舞伎用語で奇をてらった演出をいう。屋体崩しは舞台上に組んだ建物のセットを一瞬で壊してみせる演出。このほか宙乗りもケレンに含まれる。なお、現代のスーパー歌舞伎は、このケレンをより大規模で派手にしたものといえる。

*【忠臣蔵】赤穂藩の浪士47人が吉良上野介を討って主君・浅野内匠頭の遺恨をはらした、実話に基づく話。現在も人気の演目で、さまざまな形で芝居や文学、さらには映画・テレビドラマ化されている(12月14日参照)。

報恩講 | ほうおんこう

 ［祭事］

11月28日は浄土真宗の開祖・親鸞(1173〜1262)の命日で、これに合わせて浄土真宗各派は報恩講を行なう。また、この時期は七十二候の「朔風払葉」にあたる。

11月27日頃から12月1日頃は七十二候の「朔風払葉」にあたる。ここでいう「朔」は「初め」という意味ではなく、北を表わす。北風の季節になったことを示すものといえる。これに少し似た言葉に「お七夜荒れ」というものがある。主に北陸で使われるもので、浄土真宗の寺院で「お七夜」が行なわれる頃に天気が荒れることをいう。お七夜は親鸞の遺徳を讃える法要である「報恩講」のことをいう。報恩講は親鸞の忌日の旧暦11月28日までの七日間行なわれたので「お七夜」というのだが、新暦採用以後、宗派によって報恩講の日程が違ってしまったので話がややこしくなってしまった。

たとえば、真宗大谷派 *1 や真宗仏光寺派 *2 は旧暦をそのまま新暦に移して11月21日から28日にかけて行なうが、浄土真宗本願寺派 *3 は旧暦を新暦に換算して1月9日から16日にかけて行なう。とすると、お七夜荒れはいつのことをいうのであろうか。困ったことに、11月の下旬も1月の中旬も北陸の天気が荒れる頃で、富山の初雪は11月27日頃、大雪が降りやすいのは1月15日ともいう。なお、報恩講の最終日を示す「御満座」をつけた「御満座荒れ」という言葉もある。

親鸞の享年は90(数え歳で。満年齢では89歳)で、当時としてはきわめて長寿であった。臨終には娘と息子が弟子たちとともに付き添っており、彼らは親鸞ほどの名僧であれば何か奇跡が起こるのではと期待していたようだが、ごく穏やかに死を迎えたようだ。その報告を手紙で受けた妻の恵信尼 *4 は「臨終の様子はどうあれ極楽往生は疑いありません。あなた(娘の覚信尼のこと)や息子が臨終に立ち会えたことは嬉しいことです」と返事に書いている。

用語解説

*1 【真宗大谷派】京都市の東本願寺(真宗本廟)を本山とする浄土真宗の一派。
*2 【真宗仏光寺派】京都市の佛光寺を本山とする浄土真宗の一派。
*3 【浄土真宗本願寺派】京都市の西本願寺(本願寺)を本山とする浄土真宗の一派。
*4 【恵信尼】1182〜1268 ?。親鸞の妻。結婚の時期については説が分かれるが、承元元年(1207)の流罪以降、親鸞を支え続けた。真筆の書簡が10通現存しており、親鸞の実像を知る上で第一級の史料となっている。

11月29日

黒田如水誕生

くろだじょすいたんじょう　　🏯 ［歴史］

天文15年（1546）11月29日、黒田如水こと黒田孝高（通称・官兵衛）は、播磨国姫路（今の兵庫県姫路市）に生まれた。竹中半兵衛とともに豊臣秀吉に仕えた軍師として知られるが、死ぬまで信仰を保ったキリシタンでもあった。

『肖像集』（国立国会図書館蔵）より「黒田如水入道」

　謹慎な言い方になるが、黒田如水はいい時期に世を去ったといえる。如水は慶長9年（1604）3月20日に死去しているが、もしあと10年ほど長生きしていたら、高山右近[*1]のようにマニラかマカオに追放になっていただろう。如水が真のクリスチャンであったかというと疑問の余地はあるが、豊臣秀吉による伴天連追放令（1587年）や二十六聖人殉教[*2]（1597年）の後も信仰を捨てなかったことは、それなりの覚悟があったからだと思われる。

　修道士らの報告書によれば、如水の葬儀はキリスト教式で行なわれたという。墓所に向かう行列では弟の黒田直之が十字架を掲げ、墓穴に棺を置いた後は賛歌[*3]が歌われたという。もっとも、その数日後には大規模な仏式の葬儀も行なわれており、幕府に対して言い訳ができるようにはなっていた。

　もちろん、如水は生まれながらのキリシタンではない。祖父の黒田重隆は姫路郊外の広峯神社の御師[*4]の屋敷に寄寓し、ここから身を起こしたとされるので、少年時代の如水の周囲には伝統的な信仰の雰囲気が強かったと考えられる。むしろ、そうした環境で育ったことがキリスト教へ関心を抱かせるもとになったのかもしれない。それとも殺し殺される戦国に生きる憂いからの救いをキリスト教に求めたのだろうか。

用語解説

- **[*1] 【高山右近】** 1552～1615。戦国時代のキリシタン大名。摂津・高槻城主、播磨・明石城主などとして戦国の世を乗り切ったが、幕府のキリシタン禁令のためマニラに追放され、現地で亡くなった。
- **[*2] 【二十六聖人殉教】** 豊臣秀吉が行なったキリシタン弾圧の一つ。京都で熱心に布教をしていたフランシスコ会の修道士やその信徒らが捕縛され、長崎に連行された上で磔にされた。
- **[*3] 【賛歌】** 神を讃える歌。日本では賛美歌といわれることが多いが、賛美歌はプロテスタントの用語で、カトリックでは賛歌という。
- **[*4] 【御師】** 特定の社寺に所属して、その信仰を広めるとともに、参詣者の宿泊・参拝の手配をした宗教者。

11月30日

KEYWORD ◎ 国譲り神話、経津主神、神饌

香取神宮大饗祭
かとりじんぐうだいきょうさい

 ［食］

大饗祭は香取神宮（千葉県香取市）で年間70回も行なわれる神事の中でも、もっとも歴史があり（600年以上前から続くという）、もっとも大規模で、旧儀を重んじる重要な祭祀とされる。

大饗祭の由来については壮大で不思議な話が二つ伝わっている。一つは国譲り神話[1]に関わるものだ。香取神宮の祭神・経津主神は天孫[2]瓊瓊杵尊が地上に降り立つのに先立って地上を平定したとされるが、この時に随従した33柱の神々をねぎらって饗宴を行なったことに由来するというもの。もう一つは『下総国名勝図会』に載るもので、それによると、旧暦10月に神々は出雲に集まるのだが香取神宮の神だけは神社に留まって東国を守っているのだという。それで出雲から帰ってきた神々が、そのお礼としてご馳走を供えるのだという。

今も大饗祭には神職の手になる野趣あふれるご馳走が神前に並べられる。ジャーナリストの南里空海氏の『神饌——神様の食事から〝食の原点〟を見つめる』には、その内容が詳しく書かれているので、少々長くなるが引用させていただく（原本は一点ずつ改行されているが紙面の都合から改行なしで列挙した）。
「大御食（巻行器[3]）　一六台（明治以前までは三三台）、御箸　二台、御盃五枚　一台、御神酒　二樽　一台、鴨羽盛　二台、鳥羽盛（鮭・鮫）　四台、餅　一台、乾魚（一台二五尾）　五台、撰切（鮭や鮫の皮や骨を細かく切ったもの。棄てるものは一つもなく、すべて使い切る）　一台、鮭腹子二胞　一台、鮒一台、膾　一台（現在は、大根等の酢漬けとしているが、古来は鮒ずしのような、発酵食品だった）、海菜　一台、柚子（一五個）　一台、塩水　一台」[4]

用語解説

[1] 【国譲り神話】地上の神々の王として君臨していた大国主神に対し、天照大神が地上の統治権を自分の子孫に譲ることを迫る話。大国主神は抵抗し高天原からの使者を懐柔するが、最後に送られた武神（経津主神または武甕槌神）に屈服する。

[2] 【天孫】「あめみま」とも読む。天照大御神の孫のこと。瓊瓊杵尊の子孫である天皇の意味で使われることもある。

[3] 【巻行器】水郷特産のマコモで編んだ独特の容器。ここにゆでた米を詰める。これを大御食と呼んでいる。「台」は神饌を載せた三方の数を表す。

[4] 【「大御食〜一台」】南里空海氏は神饌の列挙の後に「これらすべて利根川と水郷で獲れたものを熟饌（調理した神饌のこと、引用者注）にして献じてきた」と述べている。

12月1日

川浸り朔日

かわびたりついたち

［祭事］

12月1日のことを「川浸りの朔日」とか「乙子の朔日」という。餅や団子を水神に供える日で、尻を川に浸けるなど、少々奇妙な習俗があった。

民｜俗儀礼の中には、七夕や月見のように生活習慣が変わっても維持されているものもあれば、忘れ去られていくものもある。「川浸りの朔日」は、ほぼ忘れられている儀礼といえるだろう。その理由として、川が日々の生活から切り離されてしまったことがある。

かつては衣類や野菜を川で洗ったり、夕食の菜にするため魚を捕ったり、あるいは盆に精霊を流したりと、川は生活に近いもので、子どもにとっては遊び場でもあった。しかし、それだけに事故も多かった。大雨による洪水や日照りの時の

『百鬼夜行拾遺』（国立国会図書館蔵）より「河童」

渇水も頭の痛い問題であった。そこで事故や災害が起きぬように、水神や川の神に願うのが12月1日に行われる儀礼の本来の形であったようだ。

この12月1日の呼び方には二つの種類がある。一つは「乙子の朔日」で、西日本で多い。「乙子」とは「弟」「末っ子」の意味[*1]で、12ヵ月を兄弟になぞらえたものだ。この言い方をする地域では、12月1日につく餅も「乙子の餅」と呼んだりする。西国ではないが秋田でも、この日に作る小豆餅のことを「乙子の餅」といい、これを食べると水難に遭わないという。『東都歳事記』も「今日製する餅を乙子のもちといふ、又川浸餅といふ。水土を祀るの義ともいへり。此日餅を食へば水難なしといへる俗習によりて武家にてもこの事あり」と述べている。

東国では「川浸りの朔日」が多く、この日に尻を川に浸すという習俗を伝えるところが少なくない。これを行なうと河童に襲われないなどというのだが、水神を祀る前に行なっていた禊（みそぎ）が省略されたのだろう。このほか水難除けに「朝、鳥が鳴く前にナスの漬物を食べる」（兵庫県）、「餅や団子を膝に塗る」（近畿・中国地方）、「朝ついた餅を川に投げる」（栃木県）といった習俗があった。

用語解説

*1【「弟」「末っ子」の意味】昔話に出てくる「乙姫（おとひめ）」は「妹」の意味である。これに対して姉は「兄姫（えひめ）」という。

12月2日

KEYWORD ◈ 褞袍、行願寺、不空羂索観音

丹前・紙衣 | たんぜん・かみこ

[衣]

日本の伝統的な防寒着に丹前（褞袍）がある。大きめに作られた着物に綿を詰めた「綿入れ」の一種だ。紙で作られた紙衣も旅行用や僧の修行用に使われた。

『今様三十二相 さむ相』
（国立国会図書館蔵）

　日本では毛皮を使った防寒着は普及しなかった。といっても、まったく使われなかったわけではない。冬山で仕事をしなければならない猟師はもちろん、意外にも僧などが使っていた。とくに山岳で修行をする山伏（修験者）にとっては必需品で、山伏十二道具*1の一つに引敷*2が入っている。京都の行願寺*3を創建した行円という平安中期の僧は、常に鹿皮をかぶっていたとされ、革聖といわれた。若い頃に殺生した鹿のことを忘れないようにするためと伝えられるが、不空羂索観音*4を意識していたのかもしれない。

　しかし、これらは例外的なもので、一般的な防寒着といえば綿を詰めた着物、いわゆる綿入れであった。このうち今も温泉旅館などで使われている丹前（褞袍）は、男物の着物に綿を入れたもので、もとは男性の部屋着であったが、伊達男*5のファッションに取り入れられ流行した。搔巻は掛け布団にもなるよう大きめに作られた綿入れで、子どもをおんぶしても着られるようにしたものは「ねんねこ」という。ちゃんちゃんこは袖なしの羽織の綿入れのことである。

　紙で作った紙衣も防寒下着として重宝された。軽いので旅行用によく、芭蕉も『おくのほそ道』に「紙衣一衣は夜の防ぎ」と書いている。また、時宗の開祖・一遍（1239〜1289）も遊行（各地を遍歴すること）する僧の必需品に「紙のきぬ」をあげている。実は紙衣は今も使われている。東大寺の修二会、通称・お水取り（3月12日参照）で修行する練行衆が身に着けている。

用語解説

*1【山伏十二道具】山伏必携の12アイテムのこと。額につける頭襟（頭巾）や法螺（法螺貝を使った笛）、金剛杖などがある。

*2【引敷】鹿・熊・ウサギなどの毛皮で作った尻当て。行者が獅子に座ることを表わすという。

*3【行願寺】京都市中京区にある天台宗の寺院で、通称、革堂。

*4【不空羂索観音】網で獲物を捕らえるように人々を漏れなく救う観音。鹿皮をかぶった姿で造られる。

*5【伊達男】おしゃれな男、格好をつけた男のこと。堅気ではない無頼の徒であることが多かった。

12月3日

秩父夜祭 | ちちぶよまつり

 ［祭事］

12月2日から6日頃は七十二候の「橘始黄」にあたり、橘の実が色づいてくる時節をいう。また、12月3日には秩父神社（埼玉県秩父市）の例大祭、通称「秩父夜祭」が行われる。

秩 父の冬は厳しい。雪はさほど降らないが、夜の気温は氷点下まで下がる。北海道に比べたら大したことはないだろうが、それでも夜祭を行なうにはけっしていい条件ではない。それにもかかわらず、なぜ夜の祭を行なうのか。実は夜でなければならない理由がある。秩父夜祭は星の祭でもあるからなのだ。

秩父夜祭

秩父夜祭は秩父の総鎮守である秩父神社の例大祭である。秩父神社は神々の世界で問題が起こった時に解決策を練った智恵の神、八意思兼命と、その10世の子孫で秩父を開拓した神、知知夫彦命などを祀る神社であるが、秩父夜祭は妙見の祭としての性格が強い。妙見とは妙見菩薩のことで、北極星または北斗七星を神格化したもの。天の中心にいることから、人々の運勢を司るとされ、武神としても信仰された。秩父神社の場合、ここに在来の山岳信仰が習合しており、妙見様は女神で武甲山[1]の男神と恋仲だとする。しかし、武甲山の神には諏訪神社[2]の祭神という正妻がいるので、普段は会うことができない。12月3日のみは正妻が黙認するので、御旅所で逢瀬がなされるという。

このため夜祭は諏訪神社に祭を行なうことを報告することから始まる（12月2日）。翌日の祭本番では妙見様の神霊を乗せた神輿が、6基の屋台・笠鉾の先導で御旅所に向かう。しかし、諏訪神社の前を通る時だけは、遠慮してお囃子をやめることになっている。

用語解説

*1【武甲山】秩父盆地の南側にそびえる標高1304メートルの山。秩父神社の神奈備山（神体山）で、妙見山とも呼ばれる。

*2【諏訪神社】長野県の諏訪大社の分社で、秩父市番場町に鎮座する。諏訪大社は武神の建御名方神とその妃神を祀るので、武甲山の正妻とするには少々合わない気がする。あるいは大和三山のように3つの山の三角関係の神話があったのかもしれない。秩父神社のホームページによれば、夜祭には春に迎えた武甲山の龍神（水神）を初冬に歓送する意味もあるという。

12月4日

炉・炭櫃・炬燵・湯婆・懐炉

ろ・すびつ・こたつ・たんぼ・かいろ

 ［住］

日本では部屋中を暖める暖炉のような暖房は発達しなかった。その代わりに火鉢や炬燵といった体の一部分を暖めるものが用いられた。11月11日の「炉開き」で少し触れたが、改めて日本の暖房の歴史を振り返ってみよう。

　　日本の住宅建築は密閉性に欠け、建具も襖や障子[*1]といった断熱効果が低いものなので、部屋全体を暖める暖房は発達しなかった[*2]。では、どんな暖房が使われてきたのだろうか。

　もっとも古い暖房は、家の中で枝や木片、炭を燃やす炉だ。縄文人の家でも弥生人の家でも炉が中央にあった。炉は暖房用であるとともに調理の場でもあり、信仰の場でもあった。やがて住宅に床が作られるようになると、炉は囲炉裏に発展する。この段階になると信仰の場としての性格は薄れたが、火を神聖視する意識は近世まで受け継がれた。

　貴族の邸宅では囲炉裏は使われず、炭櫃や火桶と呼ばれた火鉢が使われた。炭櫃は角形で火桶は丸いものをいい、名前が違うからには用途が違うはずだが、どう使い分けていたのか、よくわからない。清少納言は『枕草子』で、火桶・炭櫃で手をあぶったり足をすりあわせたりする人がいたことを書いており、そんな人を「にくきもの」（気に入らないもの、見苦しいものの意）と述べている。

　炬燵は囲炉裏の上に櫓を置き布団で覆うものと、炭櫃・火桶の上に櫓を置くものの2系統があった。囲炉裏から発展したものは掘り炬燵に、炭櫃系は移動式の炬燵になった。

　湯たんぽは室町時代に中国から伝わり、当初は湯婆と呼ばれていた。当初は患部を暖める医療用であったようだ。温めた石を布で包んだものも湯たんぽのように使われていたが、元禄時代（17世紀末）に保温性の強い灰（懐炉灰）が発明され、これを金属製容器に入れる懐炉が登場した。

　いずれも形は変わったものの、今も現役で使われている。

用語解説

*1 【襖や障子】これらの建具が使われるようになったのは10世紀後半以降のことである。

*2 【部屋全体を暖める暖房は発達しなかった】唯一ともいえる例外が高野山の土室で、これは土壁で囲った部屋に囲炉裏を作るというもの。部屋というより蔵に近い。

12月5日

納めの水天宮

おさめのすいてんぐう　　［祭事］

12月5日は今年最後の水天宮の縁日である。それで「納めの水天宮」という。最後となると行っておかねばと思うのが人情。師走の忙しくなる頃ではあるが、参拝者で境内は賑わう。

　一年最後の縁日を「納めの＊＊」という。そう聞くとありがたみが増しているように思えるから不思議だ。もう今年はないのだという焦りのような気分も手伝って、自然と足が向いてしまう。シニカルに考えてみれば、あと一月経てば「初＊＊」となるわけだから、なにも焦ることはないのだが。少しでも多くのご利益をいただきたいという庶民の心に応えてのことか、この後も「納めの観音」（18日）、「終（しま）い大師」（21日）、「納めの不動」（28日）と納めの縁日が続く。

　さて、水天宮は福岡県久留米市に鎮座する水天宮を総本宮とする神社で、天御中主神・安徳天皇・建礼門院（けんれいもんいん）・二位（にい）の尼（あま）*1 を祀る。天地の始まりに出現した神とされる天御中主神を除けば、平家滅亡の悲劇の主人公ともいえる人物たちだ。

　久留米市の水天宮は、壇ノ浦（だんのうら）の戦いから辛くも生き残った按察使局伊勢がこの地まで逃れ来て、建久（けんきゅう）元年（1190）に創建したとされる。伊勢（後に出家して千代と改名）は建礼門院に仕えていた女官で、まさに幼帝安徳天皇の最期を目撃した人物であった。こうしたことから3人を神として祀ったのだという。

　東京の水天宮は、もともと久留米藩有馬（ありま）氏の上屋敷に祀られていた邸内社（ていないしゃ）であった。しかし、江戸庶民の間にその信仰が広まったため、毎月5日は門を開いて参拝を許した。感謝した江戸っ子は「情け有馬の水天宮」と称したと伝えられる。安産祈願で知られ、今も戌（いぬ）の日には多くの参拝者が訪れる。

『小倉擬百人一首 文屋康秀』（国立国会図書館蔵）より安徳天皇と典侍の局

用語解説

*1【安徳天皇・建礼門院・二位の尼】 安徳天皇（1178〜1185）は第81代の天皇で、平清盛（たいらのきよもり）の孫にあたる。3歳で即位したが、壇ノ浦の戦いの際に8歳で入水して崩御された。建礼門院（平徳子、1155？〜1213）は清盛の娘で高倉天皇の皇后となり、安徳天皇を生んだ。二位の尼（平時子、？〜1185）は清盛の正妻で建礼門院の母。安徳天皇を抱いて入水した。

12月6日

KEYWORD ◈ 天武天皇、大和三山
てんむ　　　　やまとさんざん

持統天皇、藤原京に遷都す

[歴史]

じとうてんのう、ふじわらきょうにせんとす

持統天皇8年（694）12月6日、天皇は藤原京への遷都を行なった。藤原京は唐の長安をモデルとした日本初の本格的な条里都市*¹。都市の出現によって古代的"近代化"が進むことになったが、その一方で今にも通じる都市問題が生じ、さらには神道の変質ももたらしたのであった。

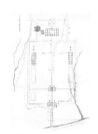

『藤原京研究』（国立国会図書館蔵）より「都府樓遺址と平面復原圖」

藤 原京は天武天皇*²の頃より造営が始まった、日本最初の計画都市である。かつては平城京や平安京に比べて規模も小さく、未完成の都市だと思われていたが、近年の発掘調査により東西は5.3キロメートル、南北は4.8キロメートルに及ぶ大規模なもので、大和三山*³もその域内に取り込まれていることがわかった。このプランは平城京や平安京を超えるもので、古代史上最大の都市といえるものである。さらに特徴的であったのは、政治の中心となる藤原宮（平安京における大内裏にあたるもの）が都の中央にあったことだ。これは平城京・平安京のように唐の長安をそのまま模すのではなく、古代中国で理想とされた都市の形を実現しようとしたものと考えられている。

　藤原京の出現は日本が急速に"近代化"したことを内外に印象づけたことであろう。だが、その一方で、都市特有の問題、人口集中によるゴミや排泄物の増加、疫病の流行といった課題に直面することになった。それだけではない。精神的な拠り所である信仰も変質を余儀なくされていった。

　都に居住を義務づけられた官人たちは故郷の祭祀と切り離されることになり、氏族の祭や行事に参加できなくなったのである。朝廷が行なう神事には参列させられるものの、それは個人の信仰と結びつくものではなく、精神の拠り所とはなりえなかった。藤原京は15年ほどで役割を終えたため、これらの問題は表面化しなかったが、平城京・平安京で大きな社会問題化していった。

用語解説

*1 **【条里都市】** 敷地を東西と南北の道で碁盤目状に区画した都市のこと。

*2 **【天武天皇】** ?～686。第40代天皇（在位673～686）。律令国家としての基盤を固めるとともに、伊勢神宮の重視など神道の制度も整備した。

*3 **【大和三山】** 奈良県橿原市にある畝傍山・香具山・耳成山のこと。高い山ではないが飛鳥人は神聖視し、『万葉集』には三山を詠んだ歌がいくつも収録されている。

12月7日

紫宸殿の前に橘を植える
ししんでんのまえにたちばなをうえる

［住］

12月7日はおおよそ二十四節気の「大雪」にあたり、大雪が降るような季節になったことを示す。12月7日は天徳3年（960）*1 に、平安宮の紫宸殿の前庭に橘が植えられた日でもある。いわゆる右近の橘である。ただし、これが初めてではなく、以前から植わっていたものが枯れてしまったための植え替えである。

紫宸殿は内裏の正殿である。内裏は天皇のプライベート空間といったことがいわれるが、天皇は国を霊的に治める存在であるから、その地位にある限りその行動すべてが国の命運につながっており、純粋な意味でのプライベートは存在しない。洗面も食事も儀礼としての性質をもつ。とくに節目となる儀礼は国家儀礼としての意味合いをもつので、公的な性質の強い紫宸殿で行なわれ、立太子の礼（親王などが皇太子となったことを天皇が公式に表明する儀礼）などもここで行なわれた。なお、平安中期以降は朝廷の正殿である大極殿の機能も兼ねたので、天皇が出御（出席）するほぼすべての公の儀礼が紫宸殿で行なわれるようになった。

『前賢故実』（国立国会図書館蔵）より「田道間守」

こうした紫宸殿の前に植えられる橘には、特別な意味合いがあったものと思われる。ただの飾りであるのなら、植え替えの時に違う花木にされてもいいはずだが、その後も橘が植えられ続けた。ちなみに、橘と対になっている左近の桜は、もともとは梅であったのを9世紀半ばの植え替えの際に桜にしたものなので、特殊な意味は薄いだろう。

では、橘にはどんな意味があったのか。一般には、田道間守（多遅摩毛理）の伝説*2 から、不老長寿を象徴するものとされる。田道間守が渡った常世国は不老長生の楽園とされることから、ここから持ち帰った橘も不老長寿の霊樹と考えられたのだ。常緑樹であるところも不老性を感じさせる。

用語解説

*1【天徳3年（960）】天徳3年を西暦に換算する場合、959年とされるのが一般的であるが、この年の12月7日は今の暦でいうと960年の1月7日にあたる。

*2【田道間守（多遅摩毛理）の伝説】『古事記』『日本書紀』にみえるもので、垂仁天皇に命じられて常世の国へ「非時の香の菓」（時期を問わず実る木）を求めに行ったが、戻ってきた時には天皇は世を去っており、悲しみのあまり死んでしまったというもの。『古事記』『日本書紀』ともに、この木は橘だとしている。

臘八粥 ｜ ろうはちがゆ

 ［食］

12月7日から11日頃は七十二候の「閉塞成冬」にあたる。12月8日は釈迦が悟りを開いたとされる日で、各宗の寺院では成道会が行なわれる。とくに禅宗の修行道場では、釈迦の修行の厳しさを偲ぶため12月1日から8日まで不眠不休で坐禅をする臘八接心が行なわれる。この修行を終えた後に食する粥が臘八粥[*1]である。

ご存じのように日本の仏教は多くの宗派に分かれている。真言宗や浄土真宗のように宗派の中でさらにいくつもの派に分かれているものもある。そして、宗派ごとに行事も違っているのだが、仏教寺院であれば宗派にかかわらず行なう行事がある。いずれも開祖の釈迦の生涯に関わるもので、誕生を祝う降誕会[*2]（4月8日）、悟りを開いてブッダになったことを祝する成道会（12月8日）、そして、この世を去ったことを悲しみ、その偉業を讃える涅槃会（2月15日）である。これらを総じて三仏忌ともいう。

　教義の上からは、三仏忌の中でも成道会がもっとも重要である。釈迦が悟りを開かなければ仏教は存在していないからで、僧たちが修行を積むのも、釈迦が悟ったことを理解するためといえる。だが、それは容易なことではない。釈迦は当初、超人的な苦行を重ねて悟りを得ようとした。だが、苦行では悟りに至らなかった。極端な苦行も快楽主義も悟りに導かないことに気づいた釈迦は苦行をやめ、スジャータという娘が献じた乳粥を食べて苦行で痩せ衰えた体を養った。そして、菩提樹の下に坐して瞑想を行ない、ついに悟りに至ったのである。

　このスジャータが献じた乳粥になぞらえて食べるのが臘八粥なのであるが、中国では別の由来も語られている。食料が米一升だけになってしまった寺の話で、修行する多くの僧のために韋駄天の像が集めてきたさまざまな穀物や干し果物、ナッツ類を入れて粥にしたのが始まりとする。日本の臘八粥については『増補俳諧歳時記栞草』（1851年）に温糟粥という名で、醴・餅・焼栗・菜を細かく刻んで煮る方法と、昆布・串柿・大豆・粉薬を粥に混ぜる方法が述べられている。

用語解説

*1 【臘八粥】臘八とは臘月八日の略で、12月8日のこと。
*2 【降誕会】仏生会、灌仏会、花祭などともいう。

漱石忌 | そうせきき

 ［文芸］

大正5年（1916）12月9日、文豪・夏目漱石は家族や弟子たちに看取られて50年の生涯を閉じた。漱石は禅の造詣が深く参禅もしているが、最晩年に若い禅僧2人と親密な交流があったことはあまり知られていない。

夏目漱石は慶応（けいおう）3年（1867）1月5日、今の東京都新宿区に生まれた。本名、金之助（きんのすけ）。第一高等学校（東京大学教養学部の前身）時代に正岡子規と交流をもち、漱石のペンネームを使うようになった。帝国大学（現・東京大学）では英文科に入学。27歳の時に大学院に進学、東京高等師範学校の英語教授になっているが、この頃に円覚寺（えんがくじ）で参禅したといわれる。明治28年（1895）に松山中学校（愛媛県松山市）の教員、その翌年には第五高等学校（熊本市）の教授となっている。明治33年9月から36年1月までイギリス留学。明治38年1月から『ホトトギス』*1に『吾輩は猫である』の連載を開始。以後、名作の数々を発表していった。

交流のあった禅僧は神戸の僧堂の修行僧二人で、ファンレターを送ってきたことから交通が始まった。漱石は上京してきた彼らを家に泊め、あれこれと世話をする一方、素朴な彼らとの会話を楽しんだという。

「雲水（うんすい）さんたちがかえって一月もたたないうちに病床につくのですが、ちょうど夏目が危篤になったころには、禅宗の方では大事な臘八接心（ろうはちせっしん）（前項参照）の真最中で、接心に入っては新聞も読むことができないので、そんなこととは露知らず、八日に臘八があけて、晩には例の甘酒の接待*2があるというので、大きな丼を楽しみにして神戸の町へ買いに出たのが若い方の雲水さん、町でふと新聞を見ると夏目が危篤だということにびっくりして、甘酒の楽しみなんぞどこへやら、大きな丼を抱いたまま、ぼろぼろ大粒な涙を流しながら神戸の町をところかまわず歩いたそうです」（夏目鏡子（きょうこ）『漱石の思い出』*3）漱石は禅僧たちの手紙を手文庫（手元に置いて文具などを入れておく箱）の中に大切に仕舞ってあったそうだ。

用語解説

*1 【『ホトトギス』】明治30年（1897）に創刊した俳句雑誌。漱石はこの雑誌で『坊っちゃん』も発表している。

*2 【例の甘酒の接待】この僧堂では臘八粥の代わりに甘酒を出したらしい。前項参照。

*3 【『漱石の思い出』】著者の夏目鏡子は漱石の妻。鏡子はこの文の最後に禅僧たちから「始随芳艸去、又逐落花回」（始め芳草に随って去り、又落花を逐うて回る）、「野火焼不尽、吹春風又生」（野火焼けども尽きず、春風吹いて又生ず）という弔電を送ってきたことを記している。前者は『碧巌録』（へきがんろく）という禅書、後者は白居易の詩の一節である。

12月10日

熊野本宮大社御竈木神事
くまのほんぐうたいしゃみかまぎしんじ

［祭事］

毎年12月10日には熊野本宮大社（和歌山県田辺市）で御竈木神事が行なわれる。熊野の信仰は平安後期頃より皇室から庶民に至るまで広く普及し、参詣者の列はアリの行列のようだともいわれた。

　竈木神事の意味について熊野本宮大社のホームページは次のように説明している。「今から約1100年前、清和天皇の御代に始められたという特殊神事[*1]で、まだ朝明けやらぬ浄闇[*2]のなか、氏子の1〜15歳に至る男子が正月の神饌を煮炊きするために用いる薪を奉納します」。子どもの健やかな成長を祈るこの神事は、県の無形民俗文化財に指定されている。

『小倉百人一首』（国立国会図書館蔵）より和泉式部

　かつては御竈木神事に50人ほども参加したというが、最近は数人という。多くの参拝者を集める熊野本宮大社でさえ、氏子行事になると後継者問題が浮上してくる。「蟻の熊野詣で」といわれた中世には考えられないことであろう。

　では、なぜ中世の人々はそんなにも熊野に惹きつけられたのか。『梁塵秘抄』[*3]に「徒歩より参れば道遠し、すぐれて山峻し」と詠まれたように、熊野詣では厳しい道のりであった。それでも熊野へと向かったのは、熊野詣でが現世と来世のご利益があるとされたことに加えて、身分の上下、男女、職業などの区別なく救ってくれるからであった。

　こんな話が伝わっている。和泉式部[*4]が熊野参詣をした時のことだ。本宮の近くまで来たところで月経（月の障り）が始まってしまった。血の穢れがあっては参拝できないと悲しんだ和泉式部は「晴やらぬ身のうきくも（浮雲）のたなびきて　月の障りとなるぞ悲しき」と詠んだ。すると熊野の神が現われて「もとよりも塵に交わる神なれば月の障りもなにか苦しき」と詠んで、月経でも参拝してもかまわないと教えたとされる。

用語解説

*1【特殊神事】 その神社特有の祭のこと。

*2【浄闇】 穢れのない浄い闇のこと。神事の多くは夜の浄闇の中で執行される。

*3【『梁塵秘抄』】 後白河法皇が編纂した歌謡集。当時流行った今様を集めたものだが、一部しか現存していない。

*4【和泉式部】 生没年不詳。平安中期の女流歌人。恋愛の歌を多く残したことから恋多き女と考えられ、多くの伝説が生まれた。

12月11日

KEYWORD ◈ 檀家制度、大徳寺、紫衣

沢庵忌・白隠忌
たくあんき・はくいんき

[歴史]

12月11日は江戸時代を代表する2人の禅僧の忌日である。反骨精神を発揮して徳川家光や柳生宗矩[*1]の帰依を受けた沢庵宗彭(1573〜1645)と、禅の公案[*2]を体系化し臨済禅を刷新した白隠慧鶴(1685〜1768)である。

一般に江戸時代は宗教、とくに仏教の沈滞期だとされる。幕府が定めた厳しい制約のもと、布教や新寺の創建が原則禁止されるいっぽう、檀家制度[*3]で経済的に安定したこともあって、宗派間で切磋琢磨することがなくなったというのである。だが、宗学(宗派の教理の研究)を深めることを通して社会に大きな影響力をもった名僧もいた。沢庵と白隠もそうした禅僧であった。

沢庵は但馬国出石(兵庫県豊岡市)に武士の子として生まれた。幼くして出家し、京や堺で修行をしたのち、南宗寺(堺の臨済宗寺院)・大徳寺[*4]の住持(住職)を歴任したが、天皇が幕府の許可なく僧に紫衣[*5]を与えたりすることを幕府が禁じたことに反発して抗議書を書いたため、出羽国(山形県)に流罪となった。だが、その権力に媚びない姿勢が逆に評価され、徳川家光から品川の地を寄進されて東海寺を創建した。また、柳生宗矩には剣禅一致を説き、その言葉が『不動智神妙録』としてまとめられている。

白隠は駿河国原宿(静岡県沼津市)に、商家の子として生まれた。15歳で出家、越後国(新潟県)で修行中に「300年来、自分ほど痛快に悟った者はいない」と感じるが、その増上慢(うぬぼれ)を信濃国飯山(長野県飯山市)の道鏡慧端に打ち砕かれ、その厳しい指導のもと大悟した。白隠は庶民に平易に教えを説くとともに、臨済禅に用いられていた公案を整理・体系化した。ここから「日本の臨済宗はすべて白隠の系統によって占められている」ともいわれる。

用語解説

- ***1【柳生宗矩】** 1571〜1646。江戸初期の剣術家。徳川家康にその技能を認められ、兵法指南役となった。のちに加増され柳生藩藩主となる。
- ***2【公案】** 禅問答など禅の修行に用いられる逸話をいう。禅僧はその内容を深く考えて境地を高める。
- ***3【檀家制度】** 檀家とは寺院を経済的に支える人物のことであるが、ここではキリシタン対策としてすべての者に菩提寺をもつことを定めたことをいう。つまり日本人はすべてどれかの仏教宗派の信者ということになったのである。
- ***4【大徳寺】** 京都市北区にある寺院。臨済宗大徳寺派大本山。
- ***5【紫衣】** 紫色の法衣のこと。尊い僧の証として天皇から下賜された。

12月12日

KEYWORD ◈ 「なめとこ山の熊」、『古事記』、マタギ、アイヌ

熊蟄穴 │ くまあなにこもる

 ［歳事］

12月12日から16日頃は七十二候の「熊蟄穴」にあたり、熊が冬眠に入る頃であることをいう。オオカミより大きな肉食獣がいなかった日本では、熊は恐怖の対象であるとともに畏敬の存在でもあった。

日本人は熊に対して複雑な感情を抱いてきた。襲われたら助からないだろうという恐怖感と、肉や薬[*1]をもたらしてくれる獲物という意識、そしてどこか愛嬌ある姿に対する愛着が綯い交ぜになっている。そうした感情は宮沢賢治（1896～1933）の童話「なめとこ山の熊」によく表現されている。

『熊志』（国立国会図書館蔵）より「熊圖」

熊に関する日本最初の記述は『古事記』神武天皇の条であろう。畿内進攻に失敗した神武天皇は熊野から上陸をはかるが、巨大な熊の出現に遭い将兵ともとも意識を失ってしまう。この熊は神の化身であったようだが、熊野の神であるかはわからない。なお、「熊野」の「熊」は動物の熊とは関係ないらしいが、熊野信仰が広まった地域では熊は熊野神社のお使いと考えられ、狩猟やその肉を食べることはもちろん、人に居場所を教えることもよくないとされた。

熊野信仰地帯ではない地域でも熊は特殊な動物として扱われた。民俗学者の谷川健一氏は秋田県のマタギ[*2]が獲った熊を解体する前に葬祭を行なうことを記録している（『神・人間・動物』）。マタギの統率者が「南無 財宝 無 授覚仏」と7回唱え、柴で3回はらった後、逆さにした熊皮に「光明信士」と3回繰り返す。そして、「これよりのちの世に生まれて、よい音を聞け」と引導をわたすのだという。この最後の言葉には、「なめとこ山の熊」の猟師が撃ち殺した熊にいう「やい。この次には熊なんぞに生れなよ」という言葉に通じる心情が込められているといえよう。

熊に対する信仰がもっとも篤かったのはアイヌであろう。彼らは熊を動物の皮を着た神と考えていた。動物の神は人間と同じ姿をしているのだが、人間界に来る時に熊の毛皮と肉を身に着ける。そして、毛皮と肉をおいて神の世界へ帰るのだという。

用語解説

*1 【薬】熊の胆嚢は「熊の胆」といって胃薬や強壮剤になるとされる。

*2 【マタギ】東北を中心に北海道や北関東で活動する、集団で大型獣を狩猟する人々のことをいう。

352 │ 師走

12月13日

煤払い | すすはらい

🏠 ［住］

現代では大掃除は年末の都合のいい日に行なうもので、家ごとに異なっているのが当たり前だが、近世まで煤払いは12月13日にやるものだと決まっていた。そして、なぜか胴上げもされていた。

12　月13日は煤払いの日であった。これは庶民だけの習慣ではなく、江戸城も大名屋敷も商家でも同様であった（さぞかし江戸の町は埃っぽかったことだろう）。なぜ13日なのかについては諸説ある。12月13日が鬼宿日[*1]とする説もよくいわれ、『増補俳諧歳時記栞草』もこの説を紹介しているが、婚礼以外は吉だから煤払いをするというのは

『江戸歳時記』（国立国会図書館蔵）より「商家煤掃」

説明としては不十分な気がする。もとは20日であったが徳川家光の命日と重なるので13日になったというものも、なぜ13日かは明らかではない。民俗の方では12月13日は正月の準備を始める時とされていて、門松用の松を取りに行ったり注連縄をなったりしていた。おそらく煤払いも正月準備の一つとして行なわれたのであろう。

　また、煤払いはただの掃除ではなく、一種の神事であったらしい。そのため煤払いは男が行なうものだとされ、新潟県の山古志村（現・長岡市）などでは「ススニゲ」と称して女や子ども、老人は親戚の家に避難した（常光徹『魔除けの民俗学』による）ことからも推察できる。また、掃除に使った笹竹を「煤神様」と呼んだり、餅や串柿、茶などを供えて祀り、正月明けのトンド焼き（左義長、1月15日参照）で焼いたりしていたことも、これが神事であったことを示唆している。『増補俳諧歳時記栞草』にも「家内に煤竹を入れ、すゝ餅を祝ふ」とある。

　常光徹氏は「煤掃きに関するいくつかの資料に目を通すと、その目的は、家のなかに溜まった煤や埃を払うと同時に、目には見えないが屋敷に取り憑いているかも知れない邪気を祓う行事でもあるのがわかる」と述べている（前掲書）。おそらく煤払いの時に行なわれた胴上げも、もとは宗教的な意味があったのだろう。しかし、江戸時代にはその意味も忘れられていたようだ。ちなみに、大奥の女中たちも胴上げをやっていたらしい。

用語解説

*1 【鬼宿日】 天球を28に区分して月がどのエリア（宿）にあるかで吉凶などを判断する二十八宿の一つ。鬼宿はかに座の中心部にあたり、月がこのエリアにある日は、婚礼以外は何ごとをするにもよい吉日とされる。

赤穂浪士、吉良邸に討ち入りする

あこうろうし、きらていにうちいりする

[歴史]

元禄15年（1702）12月14日夜、赤穂藩（今の兵庫県赤穂市、相生市など）の元藩士47人が、主君の仇と狙う旗本の吉良上野介義央の屋敷に討ち入り、その首を取った。この"快挙"は評判となり、翌年には芝居となった。

　かつては年末となると『忠臣蔵』*1の映画かドラマが決まってテレビで放映されたものだが、最近では「忠臣蔵」という言葉すら聞かなくなってしまった。しかし、歌舞伎では通し狂言*2も行なわれたりしているので、根強い人気があるのだろう。この話は元禄14年から15年にかけて実際に起こった事件に取材したもので、近世以降もっとも人気があった演目の一つである。あまりに人気があったため、いわゆるスピンオフ*3やパロディーも数多く作られている。

『江戸繪日本史 赤穂義士
復讐吉良邸討入之図』（国
立国会図書館蔵）

　事件の発端は江戸城内での赤穂藩主・浅野内匠頭長矩と吉良上野介とのいざこざであった。当時、江戸城では朝廷の使者への接待が行なわれており、その作法を指南していた吉良と教えを受けていた浅野の間で対立が深まったらしい。芝居では吉良のいじめがあったとするが、真相は不明。元禄14年（1701）3月14日、浅野は城中で吉良に斬りかかり傷を負わせた。通常、こうした事件は当事者双方が処分されるものだが、将軍の綱吉は吉良を無罪とする一方で浅野をその日のうちに切腹させ、浅野家を取り潰しとした。

　当初、赤穂浪士たちは浅野家再興の道が探ったが、それが不可能とわかると仇討ちによって主君の恨みをはらすことを決断。そして、元禄15年12月14日に決行された。討ち入り後、浪士たちに対する同情論が広まり助命の動きもあったが、幕府の裁定は浪士全員の切腹であった。打ち首としないことで、浪士たちの言い分を一部認めた形になっている。

用語解説

*1 【『忠臣蔵』】赤穂浪士の討ち入りを題材とした文学・芝居などを総称して「忠臣蔵」という。

*2 【通し狂言】歌舞伎や人形浄瑠璃では、筋が複雑で長い芝居は人気のある段だけ演じられることが多いが、最初から最後まですべて上演することを「通し狂言」という。この場合は『仮名手本忠臣蔵』のことで、全11段ある。

*3 【スピンオフ】脇役やサイドストーリーをメインにして作った作品のこと。たとえば、吉良の家来の清水一角（一学）を主人公にしたものなど。なお、『仮名手本忠臣蔵』など江戸時代の作品は、幕府批判ととられるのを防ぐため室町時代のこととし、登場人物の名前も変えている。

12月15日

KEYWORD ◈ 火之迦具土大神、御阿禮祭、『古事記』

秋葉の火まつり

あきばのひまつり

 ［祭事］

火防の神として古くから有名で、全国に分社をもつ秋葉山本宮秋葉神社（静岡県周智郡春野町）。そのもっとも重要な祭が12月15・16日に行なわれる。「秋葉の火まつり」と呼ばれる例大祭である。

火
伏の秋葉様への信仰は江戸にも及んでいる。今は電気街・オタクの街となった秋葉原も、もとは秋葉神社の分社が建つ原っぱ[*1]という意味であった。本宮のある秋葉山に参拝する者も多く、参拝者が多く歩く道は秋葉街道と呼ばれた（複数ある）。参拝者がとくに集まるのが「火まつり」で、かつては11月16日に行なわれていた。現在は12月15日に祭神の火之迦具土大神を招く御阿禮祭[*2]が行なわれ、16日の例大祭では弓の舞・剣の舞・火の舞が披露される。

『東海道名所之内 秋葉山』
（国立国会図書館蔵）

弓の舞は左手に弓、右手に鈴を持った神職が舞うもので、最後に5本の矢を東西南北中央に向けて射る。その飛ぶ方向によって翌年の収穫がわかるという。次の剣の舞は、まず神職が左手に剣、右手に鈴を持って舞い、続いて両手に剣を持って舞う。秋葉神社のホームページによれば、先の舞は「地上の精霊を宥め、悪魔を抑える舞」で、後の舞は「穢れを切り祓う舞」という。最後の火の舞は、本殿に奉安されている万年の御神燈から火を移した松明を神職が持って舞う。これによって火難・水難・諸厄・諸病を除くのだという。

『古事記』によると、祭神の火之迦具土大神は、伊邪那岐神・伊邪那美神が国生み・神生みをした際に、最後に生んだ神とされる。火の神を生んだため伊邪那美神は火傷を負って死んでしまった。嘆き悲しんだ伊邪那岐神は伊邪那美神を生き返らせようと、黄泉の国（死者の国）へ向かうが、姿を見るなという禁忌を破って失敗したという。

用語解説

*1 【原っぱ】延焼を防ぐための火除地であった。

*2 【御阿禮祭】「みあれ」は「御生れ」とも書き、神の誕生・出現・復活を表わす。神迎えの神事の名称に使われることが多い。

12月16日

氣多大社鵜祭
けたたいしゃうまつり

［祭事］

毎年12月16日には氣多大社（石川県羽咋市）で鵜祭が行なわれる。神となった鵜を神前に放つという奇祭であるが、すでに6月9日の項で触れているので、ここではその背景にある神話について述べたい。

　ず鵜祭の概要についてまとめておこう。まず七尾市の鵜浦町で1羽の鵜が捕獲され、二泊三日の道中を経て氣多大社へ運ばれる。この鵜は神様として扱われ、沿道の人たちも「鵜様」と呼んで拝む。16日午前3時頃、祭典が始まり、祝詞奏上、撤饌（お供えを下げること）がすむと、本殿内を除いて明かりが消され、神職と鵜捕部（鵜を連れてきた者）の問答の後、鵜が本殿に向かって放たれる。その後、鵜は再び捕らえられ、海に帰される。

『絵本百千鳥』（国立国会図書館蔵）より「鵜」

　実はこの祭は能になっている。慶長10年（1605）には演じられていたことがわかっている古典で、今は金春流*1でのみ演じられる。あらすじは、勅使*2が氣多大社に向かう途上で雪にあい、やむのを待っているところに海女の姿をした神の化身が現われて、鵜祭の不思議を語るというもの。まるで祭の宣伝劇のようだが、それだけ祭の知名度が高かったことが知られる。

　この能以外にも鵜祭の起源に触れる古文書がいくつかあるが、内容に違いがあってはっきりしない。ただ、注目される共通点もある。氣多大社祭神の大国主神（大己貴命）が能登に来た時に起源があるとすることと、その時に櫛八玉神が鵜に変身して魚を捕って大国主神に捧げたことに始まるとしていることだ。このうち櫛八玉神の話は『古事記』の類話が取り入れられたものと思われる。大国主神は能登を荒らしていた怪物（魔王）*3を退治して気多に鎮座したと伝えられるので、鵜祭が、大国主神がやって来た時に始まるとするのは、氣多大社の創建神話に関わっていることを示唆しているのだろう。

用語解説

*1【金春流】能の流派の一つ。奈良の春日大社・興福寺に奉仕した大和四座に起源をもつ。伝説では聖徳太子に仕えた秦河勝を始祖とする。

*2【勅使】天皇の勅や供え物を伝える役割を担った者のこと。

*3【怪物（魔王）】何を退治したかは文書によって異なる。大蛇・毒蛇・化鳥・鷲・魔王などがある。

12月17日

KEYWORD ◈ 鱖魚群、ボロ市、浅草寺

年の市 | としのいち

 ［歳事］

12月17日から21日頃は七十二候の「鱖魚群」にあたる。産卵のために鮭が遡上する時期であることをいう。いっぽう人の世ではこの時期に正月用品などを売る年の市が開かれた。

筆者の家にほど近い本立寺（東京都練馬区）は御会式[*1]を12月の9日・10日に行ない、これに合わせ門前町で「関のボロ市」が開かれる。御会式が12月にずれ込んだため年の市と合流したものらしい。この2日間は普段は閑静な住宅街に露店がずらりと並び、参拝者で道が埋まる。筆者が初めてこの祭を訪れた30年ほど前は、年の市らしく農具やザル・箒の類い、あるいは骨董や古着を売る店なども目立ったのだが、最近は飲食の露店ばかりになってしまった。今では正月準備の買い物はホームセンターやデパート、あるいはインターネットでするものになっているが、かつてはこうした年の市で購入していた。

江戸の年の市では浅草寺（台東区）のものが有名で、その混雑ぶりは子どもや老人は危ないと言われるほどであった。これも形を変えながら今も続いており、羽子板市と呼ばれている（12月18日参照）。このほか富岡八幡宮（江東区）や神田明神（神田神社、千代田区）、愛宕権現（愛宕神社、港区）などの年の市が有名であった。

年の市では「お宮[*2]、御神酒徳利と口かざり[*3]、木の皿、へぎ盆[*4]、鏡餅の台、三方、門松、しめ縄、橙、海老、羽子板、つく羽根、凧、破魔弓、餅焼網、灰ふるい、火箸、その他勝手用金具類、桶類、箒、ちりとり、雪かき、暦、大小の柱かけ」（三谷一馬『江戸年中行事図聚』）などが売られた。古着を売るところもあり、そういったところはボロ市とも呼ばれた。これらの商品は年を越すと売れないので、大晦日には大安売りとなり、これを狙って買う者も多かった。

用語解説

[*1] 【御会式】日蓮宗の開祖・日蓮の忌日法要のことで、本来は10月13日に行なわれる（10月13日参照）。

[*2] 【お宮】神札を奉安するための宮形のこと。社殿の形を模していることから、こう呼ぶ。神棚と混同されがちだが、神棚は神札や宮形を安置する場所のことである。

[*3] 【口かざり】神棚に供える御神酒徳利の口に差しておく御幣などの形をした飾りをいう。

[*4] 【へぎ盆】片木盆と書く。縁のついた白木の角盆で、供え物などを置く。

12月18日

羽子板市　はごいたいち

［歳事］

12月18日は一年最後の観音の縁日（終いの観音）。これに合わせて境内で開かれるのが羽子板市だ。その年の世相を表わした羽子板などが売られ話題になる。しかし、もともとは年の市（前項参照）であった。

12月17・18日に浅草寺で行なわれる年の市は、江戸でもっとも賑わうことで知られていた。通常、浅草寺は夕刻に門を閉ざして翌朝まで参詣を許さなかったのだが、17日の夜は門を閉ざさず、一晩中参詣を許した。それだけ参拝者が多かったからだ。

露店は境内だけではなく、門前町一帯に続いており、『東都歳事記』（1838年刊）によれば、「南は駒形より御蔵前通り、浅草御門迄、西は門跡前より下谷車坂町上野黒門前に至る迄、寸地を漏さず」並んでいたという。今、地図で確かめてみると、南側は1.2キロメートル、西側は1.7キロメートルほども露店が続いていたことになる。

『六十余州名所図会 江戸 浅草市』
（国立国会図書館蔵）

そこで何が売られていたかというと、「注連飾りの具、庖厨[*1]の雑器、破魔弓[*2]、手鞠、羽子板等の手遊び、其余種々の祝器」などであった。なかでも羽子板が有名なため、羽子板市と呼ばれるようになった。なお、なぜ羽子板を売っていたかというと、子どもの初正月の祝いには、男の子なら破魔弓、女の子なら羽子板[*3]とされていたからだ。正月の注連飾りも浅草寺の年の市の名物で、ガサ市とも呼ばれた。藁製の注連飾りが、がさがさ音がしたからという。

浅草寺ではこの日より恵比寿・大黒天のお札や縁起小判を授与する。

用語解説

*1 【庖厨】台所のこと。

*2 【破魔弓】破魔矢とともに魔除け・厄払いとする縁起物。家の棟上げ式でも鬼門に向けて飾られたりする。なお、「破魔」は当て字で、「はま」は的を意味する言葉であった。

*3 【羽子板】羽子板を初正月の祝いにするのは、羽子板でつく羽根についている玉がムクロジ（無患子）の実を使っていることからで、子どもが「患わない」まじないになるからとも、「豆に暮らせるから」ともいう。

12月19日

賢所御神楽 かしこどころみかぐら ［文芸］

賢所御神楽*¹とは宮中に祀られる天照大神などに捧げられる神楽のことで、天岩戸隠れ神話に由来するものとされる。宮中祭祀の分類としては小祭であるが、天皇が出御され、「神々をお慰めするとともに、そのご恩に感謝し、さらに新しい年の弥栄えをお祈りする」(入江相政編『宮中歳時記』)重要な祭儀である。

賢所とは宮中の祭祀場である宮中三殿の本殿ともいうべきところで、皇祖神たる天照大御神が祀られている。賢所御神楽はその前庭で行なわれる神楽をいう。

この時期*²に御神楽が行なわれることについて、中澤伸弘氏は「丁度太陽が冬至にむけて日照時間が短くなることと関連してゐます。御神楽を奏して再び神の威力を増すことを祈念するのは、この太陽の復活とも関連して来る

『宮中御儀式絵巻物』(国立国会図書館蔵)より内侍所御神楽の絵図

のです」(『宮中祭祀』)と述べ、天照大神が天岩戸に隠れて天地がまっ暗になった際に、岩屋の前で神楽を奏して誘い出したことに倣うものだとしている。

祭儀の理念としてはこれで正しいのだろうと思うが、賢所御神楽が恒例化したのは寛治元年(1087)であり、その背景には「度重なる宮中の火災に伴う神鏡*³の損壊を動機として、天照大神の神霊慰撫のために始められた神事芸能」(『事典　古代の祭祀と年中行事』)という側面もあったと考えられている。

儀礼の概要は次のようなものだ。「天皇陛下は当日午後五時、賢所内陣にご昇殿、ご参拝になる。午後六時から賢所前庭の神楽舎で庭火を焚き御神楽が行なわれる。神楽舎の三方(正面を除く)に幔幕を張り巡らし、西南の隅に入口を設ける。神楽舎の正面中央に庭火を設け、掌典補(皇室の祭祀をつかさどる職員)が奉仕する」(『宮中歳時記』)。通例、天皇が神楽に直接携わることはないが、堀河天皇*⁴は御簾の中から笛を吹いたという。

用語解説

*1【賢所御神楽】東京遷都以前、京都の御所では賢所のことを内侍所ともいったので、内侍所御神楽ともいう。

*2【この時期】近世以前は12月中旬の吉日を陰陽師が占って決めたが、現代はおおむね12月15日。なお、神楽については11月7日参照。

*3【神鏡】三種の神器の一つであり、賢所の御神体となっている八咫鏡のこと。

*4【堀河天皇】1079〜1107。第73代天皇(在位1086〜1107)。「末代の賢王」と称され、楽器も得意であった。

12月20日

伊勢姫忌 | いせひめき

［文芸］

伊勢は平安前期の女流歌人。『百人一首』の歌が広く知られているが、ほかにも名歌を多く作っており、紫式部にも影響を与えたという。生没年は不詳だが、伊勢の住居跡に建つとされる伊勢寺（大阪府高槻市）では毎年12月20日に伊勢姫忌を行なっている。

『小倉百人一首』（国立国会図書館蔵）より伊勢

伊勢姫というと上杉謙信が心惹かれた敵将の娘のことを思い浮かべる方もおられるだろうが、ここで取り上げるのは三十六歌仙の1人にも選ばれている平安前期の女流歌人、伊勢のことである。

平安時代に活躍した女性の多くと同様、伊勢も本名はわかっていない。伊勢という通称は、父の藤原継蔭*1の赴任先よりとったものらしい。三十六歌仙に選ばれていることからもわかるように、伊勢は平安時代を代表する歌人の1人で、『古今和歌集』に22首、『後撰和歌集』に71首など、勅撰和歌集*2に200首近い作品が収録されている。『百人一首』の「難波潟短き葦の節の間も　逢はでこのよを過してよとや」*3でご存じの方も多いだろう。

この歌からもわかるように恋多き女性であったようだ。宇多天皇の女御の温子の女房となるが、宇多天皇の寵を受けて皇子を生んでいる。皇子は早世してしまうが、宇多天皇の皇子の敦慶親王の愛人となり、のちに歌人となる中務*4を生んだ。

どのような晩年を過ごしたのかわかっていないが、高槻に住んでいたという伝承があり、伊勢寺はその屋敷跡に建つとされる。境内には廟堂もあり、毎年12月20日に伊勢姫忌が執行されている。

用語解説

*1 【藤原継蔭】生没年不詳。平安前期の貴族。伊勢の守、大和の守、薩摩の守、隠岐の守などを歴任している。

*2 【勅撰和歌集】天皇の命により編纂された和歌集のこと。『古今和歌集』から『新続古今和歌集』まで21集ある。なお、『古今和歌集』に22首というのは女流としては最多である。

*3 【「難波潟〜過してよとや」】「難波潟の茎が短い葦の節と節の間のようなほんの短い間さえ会わずに、この世での生を終えてしまえというの?」といった意味。

*4 【中務】平安中期の女流歌人。母の伊勢同様、三十六歌仙の1人に選ばれている。

後醍醐天皇、三種の神器を持って吉野へ
ごだいごてんのう、さんしゅのじんぎをもってよしのへ

［歴史］

隠岐への流罪をものともせず鎌倉幕府を倒し天皇親政を実現した後醍醐天皇（1288
〜1339）であったが、武士への処遇の悪さや急進的な改革のため武士・公家両方の
不満が高まり、花山院に幽閉された。しかし、三種の神器を持って吉野へ脱出。こ
れにより朝廷は南朝と北朝に分裂することになった。

後 醍醐天皇の生涯はまことにめまぐるしい。その概要を箇条書きにしただけで
も、この項は終わってしまうだろう。倒幕の計画が発覚して隠岐に流された
のが元弘2年（1332）。翌年には隠岐を脱出して都に戻って建武の新政を始めた
のだが、各地で反乱が起き、新田義貞を破った尊氏軍が京に入ったのが建武3
年（1336）。天皇は花山院に幽閉されるが、隙をみて脱出。三種の神器を持って
吉野へ向かったのが同年の12月21日であった。天皇は幽閉されている間に三種
の神器を尊氏に渡しているが、それは偽物だったという。

　なぜ尊氏は三種の神器を欲しがったのか。それは後醍醐天皇の代わりに即位さ
せた光明天皇の正当性を担保するためであった。三種の神器は皇位の象徴であ
り、天皇はこれを身近に置かねばならないとされていた。それゆえ、後醍醐天皇も
神器を携えて吉野へ向かったのである。

　三種の神器とは、八咫鏡・草薙剣*1・八尺瓊勾玉をいう。このうち鏡と勾玉は
天照大神が天岩戸に隠れてしまった時に、誘い出す祭祀のために作られた。草
薙剣は須佐之男命がヤマタノオロチを退治した時に、その尾から発見され、天照
大神に献上されたものだ。

　三種の神器は天照大神から孫の邇邇芸命に渡され、以後、天皇の宮殿に奉
安されていたが、神威が強すぎるということで鏡と剣は外に移すことになり、宮中には
分霊が置かれた。鏡は垂仁天皇の皇女の倭比売によって伊勢に運ばれ、伊勢神
宮内宮の神体となり、剣は日本武尊によって尾張に運ばれ、熱田神宮の神体となっ
たと伝えられる。

用語解説

*1【草薙剣】『日本書紀』によれば、もとの名は天叢雲剣といったが、日本武尊が遠征の際に草を刈って逆徒の焼き討ち
に対抗したことから草薙剣と呼ばれるようになったとする。

12月22日

冬至 | とうじ

🌀 ［歳事］

冬至は1年で一番昼が短い日だ。とくに大きな祭事・行事は行なわれないが、カボチャを食べるとか柚子湯に入るといった家庭内の行事は今も行なわれており、皇室にもあるという。

『本草図譜』（国立国会図書館蔵）よりキクサノトウナス

冬至は太陽の南中高度[*1]がもっとも低くなる日であるが、二十四節気の一つでもある。今の暦ではおおよそ12月22日になる。上に冬至に大きな祭事・行事はない、と書いたが、例外がある。「朔旦冬至」である。旧暦（陰暦）を使っていた頃のもので、11月1日が冬至になることをいう。陰暦のシステム[*2]上、20年に1度訪れるものだが、瑞祥とされ祝宴や叙位[*3]、恩赦などが行なわれた。日本では聖武天皇が神亀3年（726）に行なったものが最初とされる。

　現在、冬至の民俗でもっとも広く行なわれているのは、カボチャを食べることであろう。これはほぼ全国的にみられるものであるが、なぜ食べるのかについては地域によって異なる。鈴木棠三『日本俗信辞典 植物編』には、中風[*4]にならない・伝染病にかからない・長生きする・運がよくなる・災難をのがれる・火事を防ぐ・小遣いに不自由しない、といった理由を載せている。また、柚子を食べたり、風呂に入れたりするというところも多く、風邪をひかない、体が冷えない、中風にならないなどといわれる。コンニャクを食べるところもある。

　こうした習俗は皇室[*5]でも取り入れていたようで、入江相政編『宮中歳時記』には「皇居においても、冬至の日のご朝食の膳に焼小餅を一個ずつお出しする習わしがある。丸い小餅を薄めに焼いて柔らかく練った白味噌を添えたものである。また、柚子湯もお使いになる」とある。

用語解説

*1【太陽の南中高度】太陽が真南にきた時（もっとも高度が上がった時）の見かけ上の高さ。地平線との角度で測る。

*2【陰暦のシステム】暦法のこと。陰暦は実際の季節とのズレが大きくなりやすいので、さまざまな調整がなされる。冬至がある月を11月とするという決まりもその一つである。

*3【叙位】官僚などに位を授けたり、位を上げたりすること。

*4【中風】脳卒中などの後遺症による半身不随をいう。

*5【皇室】引用文は昭和天皇の御代のことである。

12月23日

餅 | もち

 ［食］

今では地方でも少なくなってしまったが、かつては12月に入るとさかんに餅つきを行なった。これは庶民の家でも貴族・武士の家でも、社寺でも同様であった。

　正月に限らず餅は祝い事に不可欠なものであった。節供には小豆餅や団子がつきものであったし、家を新築する際には餅撒きをするものであった。秋田では婚礼の際に餅つきをし、これを「落ち着き餅」といった。花嫁が婚家に入った時につき始めるといい、花嫁が家になじむための呪法と思われる。つき上がった餅は餡餅にしてふるまうそうだ。

『北斎漫画』(国立国会図書館蔵)
より「餅ハ 餅屋」

　正月には鏡餅などのお供えのほか、雑煮用にも必要なので、大きなお屋敷や家族・使用人が多いところなどは何臼もつかねばならなかった。男手のないところは近所に頼んだりもしたが、江戸時代には杵を担いで臼を転がしながら町を回る、米搗屋もいた。ただし、餅はいつついてもいいというわけではなく、12月29日や大晦日につくのは「苦餅」「一夜餅」といって忌んだ。

　餅が祝いに不可欠とされたのは、聖なる食べ物である米を濃縮したものだからだろう。『豊後国風土記』には餅を的にして矢を射たところ、餅が白い鳥になって飛び去り、それからは不運が続いて長者が没落してしまったという話[1]を載せている。聖なる食物を軽んじた罰があたったわけだ。

　ところが、地域によっては正月には餅を避けるところもある。これを「餅なし正月」という。広い地域で行なわれているものではないが、群馬県・茨城県・栃木県・和歌山県・愛媛県などにそうした習俗を伝える地域がある。先祖が貴人に餅を与えなかったからとか、敵が攻めてきて餅をつけなかったなどの理由をあげ、禁を破ると餅が赤くなったり火事になったりするという。『三省堂年中行事事典』は里芋・山芋を行事食とする焼畑農耕文化に由来するとするが、餅を神の食べ物として人が食べるのを禁じたといった習俗の名残ではないだろうか。

用語解説

*1 【話】『山城国風土記』には秦氏の祖先の秦伊侶具が餅を的にして矢を射たところ、餅は白い鳥になって山に飛び去り、そこに稲が生えたという話を載せており、これが伏見稲荷大社の由緒としている。伊侶具が餅を的にした罰を受けていないのが不審である。

12月24日

KEYWORD ◈ 乃東生（なつかれくさしょうず）、クリスマス、ミサ、聖ニコラオス

サンタクロース

[歳事]

12月22日から26日頃は七十二候の「乃東生」にあたり、漢方に使われる夏枯草（6月24日参照）が芽を出す季節であることをいう。また、12月24日はクリスマス・イブでもある。

ご存じのようにクリスマス[*1]はキリスト教の儀礼であるが、日本で広まっているものはアメリカで通俗化・商業化されたもので信仰性は薄い。しかし、すでに日本の年中行事として定着しており、文化にも少なからぬ影響を与えているので、本項と次項では"クリスマスの習俗"について述べたい。

12月24日はクリスマス・イブ、つまりクリスマス前夜祭とされる。だが、前夜祭という行事があるわけではない。そもそも教会暦は日没を1日の始まりとするので、われわれがクリスマス・イブと呼んでいる時間帯は、すでにクリスマス当日になっている。なお、伝統的には24日の深夜からクリスマスのミサが始まり、真夜中過ぎまで続く[*2]（今は昼間に行なうところが多い）。

明治33年刊『さんたくろう』（国立国会図書館蔵）の扉絵

ミサに参列しない一般の日本人にとっては、クリスマス・イブはサンタクロースが来る日という認識であろう。サンタクロースは、4世紀に今のトルコ西南部にあったミュラという街の主教[*3]だった聖ニコラオスがモデルとされる。聖ニコラオスは貧しい家に金貨を投げ込んだとされ、ここからサンタクロース伝説が生まれたという。しかし、今のようなサンタクロース像が定着したのは近代のことで、『岩波キリスト教辞典』によると、「赤い服に白髯（はくぜん）、長靴姿を最初に描いたのはドイツの画家モーリッツ・フォン・シュヴァント、トナカイの引く橇（そり）はアメリカの神学者クレメント・クラーク・ムーアの『聖ニコラスの訪問』という詩に始まり、いずれも19世紀である」という。なお、サンタクロースはプレゼントを配るだけではなく、悪い子には罰を与えるともいう。

用語解説

*1 【クリスマス】英語の「Christmas」は「キリストのミサ」という意味。ミサはイエス・キリストの血と肉として聖別したぶどう酒とパンを授けるカトリックの儀礼（秘跡）が行なわれる典礼（祭儀）をいう。

*2 【真夜中過ぎまで続く】これは、誕生したばかりのイエスを最初に礼拝した羊飼いたちが、天使からイエス降誕のお告げを受けたのが真夜中だったという『聖書』の記述（明確にそう書いてあるわけではないが）による。

*3 【主教】古代教会の職務の一つ。特定の地域の教会・聖職者をまとめる。日本のカトリックでは司教という。

12月25日

クリスマス

 ［祭事］

クリスマスはケーキを食べる日でも、パーティーをやる日でもなく、キリスト*1であるイエスが降誕した日を祝う日である。敬虔な祈りを捧げるべき日なのである。

『キリスト教物語』（国立国会図書館蔵）より「キリストとその母マリア」

キリスト教の教義を知らないとクリスマスの本来の意義はわからない。ごく簡単にいうとイエスの誕生を祝う日ということになり、その意味では釈迦の誕生を祝う灌仏会（降誕会、4月8日参照）と類似の行事ということができる。しかし、その意味合いはかなり違う。釈迦は真理を悟った人間であるが、キリストであるイエスは人間ではなく、天地を創造した神と一体の存在である。

神が創った最初の人間であるアダムとイブは、神が食べてはいけないと禁じた善悪の知識の木の実を食べてしまったため、決して許されない罪（原罪）*2を負うことになった。これによって人間はさまざまな苦しみを味わうことになり、欲望に突き動かされてさらに多くの罪を重ねることになった。それは人間が人間であるかぎり避けえないことなのであるが、これを憐れんだ神がイエスという人間の肉体を持って人の世界に現われ*3、人間たちの罪を一身に背負って十字架に架けられた。これによって神と人間の関係は修復された*4、とキリスト教は説く。つまり、イエスは十字架に架けられるために生まれてきたのであり、クリスマスとはその慈愛を思って感謝し祈る日なのである。

いっぽう民俗としてのクリスマスは、キリスト教が伝わる前のヨーロッパの冬至祭の要素が見られる。クリスマスツリーもその一つで、ゲルマン民族の聖樹信仰に由来するとされる。また、丸太形のケーキ（ブッシュ・ド・ノエル）も、大木を森から切り出して燃やした名残という。

用語解説

*1 【キリスト】救世主のこと。ヘブライ語ではメシアという。もとは虐げられていたユダヤ人を救い出す者のことであったが、キリスト教においては人間を原罪から救済する者を意味するようになった。

*2 【原罪】人間が生まれながらに負っている罪。これはたんにアダムとイブの罪を継承しているのではなく、アダムとイブの罪をきっかけに繰り返され続けていく人間の罪のことをいう。

*3 【人間の肉体を持つ人の世界に現われ】ここからイエスの降誕を「受肉」ともいう。

*4 【神と人間の関係は修復された】これを神と人の新たな契約と考え、「新約」と呼ぶ。

忘年会 | ぼうねんかい

 ［食］

忘年会の歴史は古い。室町時代、あるいは鎌倉時代に遡るともいわれる。その頃の実態ははっきりしないが、江戸初期には今と変わらない年忘れの宴会が行なわれていたようだ。

忘年会をやらなければ年は明けない、という人も読者の中にはおられるだろう。昔の人もそうだったようで、そんな気持ちを読み込んだ俳句や川柳が作られている。

一説によると忘年会は鎌倉～室町時代に始まるという。年末に行なっていた連歌の会が起源だともいう。ただし、それは儀礼的なもので、今の忘年会とはまったく違ったものであったと思われる。

われわれがイメージするような忘年会は、やはり江戸時代に始まったと考えていいだろう。それは松尾芭蕉（1644～1694）の「せつかれて年忘するきげんかな」という句からもわかる。忘

『吾輩ハ猫デアル 上』
（国立国会図書館蔵）
の扉絵

年会への出席をためらっていたのだが、せっつかれて行ってみたらすっかりご機嫌に……。現代の誰かさんのことだといっても、なんの不思議もない。芭蕉はほかにも忘年会の句を二つ作っているが、謎めいているのが「半日は神を友にや年忘レ」だろう。京都の上御靈神社での句会で詠んだものというが、夢幻能[*1]めいた雰囲気が漂う。もう1句「人に家をかはせて我は年忘」からは、弟子の新居でのんびり年末を迎えるセレブな芭蕉が垣間見える。これに対して小林一茶の「独身や上野歩行てとし忘」は少々切ない。

芭蕉の句からもわかるように、江戸時代はもっぱら「年忘れ」と言い、「忘年会」とは言わなかった。「忘年会」が登場するのは明治になってからのことで、夏目漱石の『吾輩は猫である』（1905年）にその用例が見られる。しかし、そこでは「その日は向島の知人の家で忘年会兼合奏会がありまして」といった使われ方がされていて、すでに言葉が定着していたことがわかる。漢語と酒が好きだった明治の知識人たちが宴会の誘い文句にでも使って広めたのだろうか。

用語解説

*1 【夢幻能】 神や幽霊など人間ならざるものが登場する能のこと。これに対して人間のみが登場するものは現在能という。

快慶作 僧形八幡神像開眼

かいけいさく そうぎょうはちまんしんぞうかいげん

[文芸]

快慶[*1]**作「僧形八幡神像」は東大寺の勧進所八幡殿に安置されている秘仏。その胎内には墨書があり、その記述から快慶の作であり、建仁元年(1201)12月27日に開眼されたことがわかる。僧の姿をした神という不思議な像は、八幡信仰の複雑さを表わしている。**

東 大寺の僧形八幡神像は快慶の傑作として知られ、国宝に指定されている。同じ慶派[*2]とはいえ、運慶[*3]のような豪放さはなく、快慶らしい繊細で優美、そしてどこか生々しい像である。もとは鎮守の八幡宮(現・手向山八幡宮)の神体とされていたが、神仏分離により東大寺に移された。

　坊主頭に袈裟、手には錫杖を持つという地蔵菩薩を思わせる姿の神像は、見慣れない人には異様に感じられるかもしれない。神仏習合時代、神は仏の化身とされたので、仏像を神の像として神社に安置するということもされたが、僧形八幡神はあくまでも僧の格好をした神の像なのである。ここに八幡信仰の特殊性がある。

　八幡神を祀る神社の総本宮とされるのが、大分県宇佐市に鎮座する宇佐神宮である。だが、宇佐神宮で祀られる神、すなわち八幡神のことは『古事記』『日本書紀』に記されていない。両書が編纂された頃、宇佐神宮の存在は朝廷に知られていなかったようだ。しかし、その後、急速に存在感を高めていった。一つには隼人[*4]の乱を鎮定するといった武神としての神威によって、もう一つには東大寺大仏の造立を助けるといった仏教との関係強化によって、そして三つ目には数多くの託宣によって。その託宣の中には八幡神の正体は応神天皇であるといったものもあった。こうしたことにより、八幡神は皇祖神・武家の守護神としての地位を獲得していったのである。

用語解説

*1 【快慶】生没年不詳。鎌倉前期の慶派の仏師。運慶の父の康慶の弟子で、東大寺や興福寺の復興などで活躍した。代表作に浄土寺阿弥陀三尊像、醍醐寺弥勒菩薩坐像などがある。

*2 【慶派】鎌倉時代に活躍した仏師の一派。奈良仏師から出た康慶を祖とし、一門に慶がつく仏師が多かったことからこう呼ぶ。

*3 【運慶】?〜1223。慶派の代表的な仏師。雄渾で躍動感をもつ像を多く造った。代表作に願成就院毘沙門天立像、興福寺無著・世親像などがある。

*4 【隼人】古代の九州南部にいた一族。大和朝廷に対してしばしば反乱を起こした。

12月28日

南都焼討 | なんとやきうち

[歴史]

治承4年(1181)12月28日*¹、蜂起した源氏に呼応して反平家の軍をおこした南都（奈良）の大寺（東大寺・興福寺）を平定するため、平清盛は息子の重衡を総大将とする軍を派遣した。

事 件の背景には追い詰められた平家の状況があった。各地では源氏以外の反乱が頻発しており、これまで平家方であった者の離反も続いていた。さらに清盛らの頭を痛めたのは、比叡山延暦寺や園城寺*²、東大寺、興福寺といった大寺院の反抗であった。これらの寺院は多くの僧兵や武器を擁し、その武力は武士団に対抗しうるほどになっていた。孫の維盛が源頼朝との富士川の合戦で無様な敗戦を喫したばかりでもあり、これ以上反乱を誘発させないためにも、清盛としては寺院勢力には強い態度をみせねばならなかった。

12月25日、清盛は11日に園城寺を焼き討ちにした平重衡を総大将とした軍を南都へ派遣。戦闘は27日から始まった。平家軍は早期決着を目指していたのだろうが28日夜になっても膠着状態が続いたため、焼き討ちを決行することにした。『平家物語』は民家につけた火が風にあおられて寺院に燃え移ったとしているが、堂宇に火をつけたことは疑いないだろう。ただ、すべてを焼き払うまでのことは考えてはいなかったに違いない。ところが、火の手は予想以上に大きくなり、東大寺の大仏殿や興福寺の3つの金堂など、両寺の主要伽藍を焼き尽くしてしまった。東大寺の大仏の首も落ちたという。『平家物語』は火災で焼け死んだ者は「大仏殿の二階の上には二千七百余人、山階寺(興福寺のこと)には八百余人」としている。

こうして平家の勝利とはなったが、寺社を焼き僧を殺す悪逆非道な一味という印象を社会に与える結果となり、離反する者をさらに増やすことになってしまった。いずれ仏罰があたると人々は噂したとおり、翌年1月14日に高倉天皇、閏2月*³の4日には清盛が世を去り、噂は現実のものとなったのだった。

用語解説

* ***1【治承4年(1181)12月28日】** 治承4年は新暦に換算するとおおむね1180年に入るが、12月28日は年を越して1181年の1月15日に相当する。
* ***2【園城寺】** 滋賀県大津市にある古寺で、三井寺ともいう。天台寺門宗総本山。
* ***3【閏2月】** 治承5年(1181)は閏年であったので、2月の後に閏2月があった。

12月29日

12月29日

12月29日

12月29日

12月29日

12月29日

12月29日

KEYWORD ◈ 鹿角解、門松、注連飾り、鏡餅、年棚、年神、恵方、一夜飾り

正月飾り | しょうがつかざり　　🏠［住］

12月27日頃から12月31日頃は七十二候の「鹿角解」にあたり、牡鹿の角が落ちる時節であることを示す（10月11日参照）。また、正月飾りは明日（30日）までに飾るものとされる。31日に行なうと一夜飾りになるからだ。

正月飾りは地域によって特色があり、形や飾る場所、名称なども違っていたりするが、基本は門松・注連飾り・鏡餅である。最近は門松と鏡餅のみという家も多いようだ。また、門松や注連飾りの代わりに縁起のいい意匠（松、鶴亀、小判、金糸銀糸など）をデザインした飾りを玄関につけたり、陶器やプラスチック製の鏡餅を飾ったりする家もある。

『正月揃』（国立国会図書館蔵）の挿絵

今では忘れられかけている習俗ではあるが、家の中には年棚（年徳棚・恵方棚）を作るものであった。神棚を代用したり、神棚を延長したりする形で祀ることもあったが、神棚とは別に、その年の恵方*1に向けて祀るものともいわれる。年棚には年神*2の依り代となる御幣を奉安し、注連縄を張り、鏡餅や供物を供えた。

門松は門の両脇に一対というのが現在の一般的な形だが、かつては庭や土蔵の入口、家の中などにも立てた。門松は年神が降臨してくる目印とされるので、神が迷わないよういくつも立てたのだろう。

注連飾りも今とは違うものであった。今の注連飾りは玄関の上に飾りつけるだけのものだが、かつては恵方だけを空けて家の周囲に張り巡らせるものであった。つまり、幸いをもたらす年神だけが入れるように結界するわけだ。

鏡餅は年棚のほかに各部屋、竈の上、床の間、臼の上、農具の前などにも飾った。丸餅が一般的だが、四角い餅を重ねるところもある。

なお、一夜飾りを忌むのは、31日には年神を迎えるといった正月儀礼が始まるので、30日までに飾っておかないと間に合わないということであろう。

用語解説

*1【恵方】陰陽道で福徳を司るとする歳徳神は、年によっている方角が変わる。恵方はその年の歳徳神がいる方角とされる。ちなみに、令和4年（2022）の恵方は北北西である。

*2【年神】正月に各家にやってくる神のこと。地域によって祖先神とも田の神ともいわれ、性格は一定ではない。歳徳神ともいわれるが、陰陽道の歳徳神と必ずしも同じ神ではない。

大納会 │ だいのうかい

 ［歳事］

毎年12月30日（土日祭日と重なる場合は、前日の29日）には、証券取引所で大納会が行なわれる。一年間の取引を締めくくる催事だ。東京の取引所は所在地から兜町とも呼ばれるが、この地名には意外な歴史がある。

日本経済の中心地、日本のウォール街ともいわれる兜町（現在の地名としては日本橋兜町）の歴史は古い。19世紀半ばには、ここに平将門を祀った鎧稲荷と兜塚（兜岩）があったことがわかっている。兜岩の由来には諸説あって、平将門を討った藤原秀郷が将門の兜を埋めたとも、源義家が自らの兜を埋めた、あるいは義家が岩に兜を掛けて戦勝祈願をしたともされる。いずれも伝説の域を出

明治33年刊行『日本之名勝』（国立国会図書館蔵）より東京株式取引所

ないが、平将門なら10世紀、源義家なら11世紀に遡ることになる。いずれにしろ、兜町は猛将ゆかりの土地ということになる。

余談であるが、都内には似たような由緒を持つ社寺がいくつかある。新宿区の鎧神社は日本武尊が鎧を埋めた地といい、青梅市の武蔵御嶽神社にも日本武尊の鎧埋蔵伝説がある。また、北区の平塚神社には源義家の鎧が埋められているという。

さて、大納会の際には打ち立ての生そば（持ち帰り用）が振る舞われるそうだが、これは年越しそば[*1]ということなのだろう。年越しそばの起源もはっきりしないが、江戸中期には食べられていた。なぜ大晦日にそばを食べるかについても諸説あって、そばの実が邪気を祓う三角形をしているから、細く長く生きるように、細工師が金箔の屑を集める際にそば粉を使うから金回りがよくなる、などといわれている。

用語解説

*1 【年越しそば】東京では「晦日そば」、関西では「つごもり（晦日）」から転じて「つもごりそば」と言ったという。

12月31日

おおはらえ　としがみ　ぼんのう

除夜の鐘 | じょやのかね

［人生］

一年の最後のこの日、各神社では半年分の罪穢れを祓う大祓が行なわれる。大晦日の夜に訪れる年神を迎える前に清めておくためだろう。ただ、訪れてくるのは年神だけではないようだ。いっぽう、寺院では除夜の鐘が撞かれる。除夜の鐘がなぜ108回かというと諸説があって明らかではない。

読 者のみなさん、ご苦労様でした。いよいよ12月31日です。しかし、近世まで大祓も除夜の鐘も12月29日か30日に行なわれていた。

　なぜか。旧暦では一カ月は29日か30日[*1]までで、31日という日はなかったからだ。新暦になって12月は31日までとなったので、大晦日の行事はこの日に移った。儀礼そのものには大きな違いはない。

　この日は、まず神社で大祓が行なわれる（6月30日参照）。6月の大祓（夏越しの大祓）は伝染病が流行りやすい時期だからということもあるのだが、12月の大祓（年越しの大祓）は神迎えの前のお清めとしての意味もあるのだろう。新たな年を迎えるためのお清めといってもいい。だが、訪れてくるのは年神だけではなかったようだ。それは、「十二月晦の夜よみ侍りける」という詞書きをもつ和泉式部の「亡き人の来る夜と聞けど君もなく　わが住む宿や魂なしの里」[*2]という歌からも知られる。鴨長明の『徒然草』にも「晦日の夜、（略）亡き人のくる夜とて魂まつるわざは」と書かれている。

　なお、死んで間もない人の霊は個性をもっているが、時間が経つと他の祖先霊と混じり合い、祖神となっていくとされる。それが年神だという説もある。

　除夜の鐘にも世を清める意味があると思われるが、なぜ108回なのだろうか。煩悩の数だからというのが通説になっているが、なぜ煩悩は108なのか。これにも諸説ある。六根（人間の6つの感覚器官）×感覚の3つの種類（好・悪・平）×穢れのあるなし×過去・現在・未来＝$6 \times 3 \times 2 \times 3 = 108$。1年には12カ月・二十四節気・七十二候があるので、$12 + 24 + 72 = 108$。煩悩は四苦八苦を生むので4×9（四苦）＋8×9（八苦）＝108。さて、どの説を選びますか。

用語解説

[*1]【29日か30日】 29日の月を「小の月」、30日の月を「大の月」といった。どの月が大の月かは年によって異なった。

[*2]【「亡き人の～魂なしの里」】 「死んだ人が帰ってくる夜と聞いていたのに、あなたは帰ってこず、ここは魂のない里なのだろう」といった意味。『後拾遺和歌集』所収。

おわりに

お読みいただき、ありがとうございます。
どんな感想を抱かれたでしょうか。

本来、このような本は
古今の典籍を諳んじている博学の人士が執筆すべきもので、
筆者のような浅学非才の者が取り組むようなものではありません。
代わりに活躍してくれたのが中学生頃から無闇と買い集めてきた
辞書・古典・社寺のパンフレットなどでした。
その中にはきっと使う機会などないなと思いながらも購入したものもあります。
かてて加えて今日は国立国会図書館や東京大学付属図書館などの
蔵書や各種の論文などもインターネットを使って閲覧できるという、
鬼に金棒ならぬのび太にドラえもんのような好環境に恵まれて、
なんとか1冊を書き終えることができました。
それらの書籍、あるいは参照した社寺などのホームページの
著者・編者・制作者のみなさんに、この場を借りてお礼を申し上げます。
先人の業績と編集関係者の努力なくして本書はありませんでした。

本書が、お読みいただいた方々の日々を
少しでも豊かにするものであることを願ってやみません。

渋谷申博

索引

※この索引は、主に各ページの「KEYWORD」「見出し」「用語解説の各項目」として掲載した言葉を抽出したものです。そのため、上記3項目以外の本文や図版解説テキストには対応していない場合もあります。

あ行

参考文献

＊1項目のみで使っているものや社寺などのホームページなどは省略しています

田中宣一・宮田登編
『三省堂年中行事事典』
三省堂、2012年

岡田荘司編
『事典　古代の祭祀と年中行事』
吉川弘文館、2019年

藤井正雄編
『仏教儀礼辞典』
東京堂出版、1977年

松下純孝編
『佛教行事とその思想』
大蔵出版、1976年

三谷一馬
『江戸年中行事図聚』
中央公論社(中公文庫)、1998年

中澤伸弘
『宮中祭祀──連綿と続く天皇の祈り』
展転社、2010年

入江相政編
『宮中歳時記』
角川書店(角川文庫)、1985年

福田アジオ・内山大介・小林光一郎・
鈴木英恵・萩谷良太・吉村風編
『図解説　日本の民俗』
吉川弘文館、2012年

神田より子・俵木悟
『民俗小辞典　神事と芸能』
吉川弘文館、2010年

新谷尚紀・関沢まゆみ
『民俗小辞典　死と葬送』
吉川弘文館、2005年

堀切実校注
『増補俳諧歳時記栞草』上・下
岩波書店(岩波文庫)、2000年

高浜虚子
『新歳時記』
三省堂、1951年増訂版

皆川盤水監修
『新編　月別仏教俳句歳時記』
東京新聞出版局、2006年

五来重
『宗教歳時記』
角川書店(角川選書)、1982年

中村義雄
『魔よけとまじない──古典文学の周辺』
塙書房(塙新書)、1978年

鈴木棠三
『日本俗信辞典　動物編』
KADOKAWA（角川ソフィア文庫)、
2020年

落合偉洲・加藤健司・
茂木栄・茂木貞純編
『全国一宮祭礼記』
おうふう、2002年

笠原英彦
『歴代天皇総覧』
中央公論新社(中公新書)、2001年

『別冊歴史読本　歴代天皇・皇后総覧』
新人物往来社、2006年

高橋健司
『空の名前』
光琳社出版、1992年

林完次
『宙ノ名前』
光琳社出版、1995年

『日本宗教事典』
弘文堂、1994年

國學院大學日本文化研究所編
『縮刷版　神道事典』
弘文堂、1999年

禅学大辞典編纂所編
『新版　禅学大辞典』
大修館書店、1985年

稲田浩二・大島武彦・川端豊彦・
福田晃・三原幸久編
『日本昔話事典』
弘文堂、1994年

大貫隆・名取四郎・
宮本久夫・百瀬文晃編
『岩波キリスト教辞典』
岩波書店、2002年

伊吹敦
『禅の歴史』
法蔵館、2001年

後藤淑
『日本芸能史入門』
社会思想社(現代教養文庫)、
1978年

勝田至編
『日本葬制史』
吉川弘文館、2012年

青木直己
『図説　和菓子の歴史』
筑摩書房(ちくま学芸文庫)、2017年

松下幸子
『祝いの食文化』
東京美術(東京美術選書)、1991年

矢野憲一
『伊勢神宮の衣食住』
角川学芸出版(角川ソフィア文庫)、
2008年

赤瀬政信
『沖縄の神と食の文化』
青春出版社、2003年

小倉慈司・山口輝臣
『天皇と宗教』(「天皇の歴史」09)
講談社、2011年

佐藤久光
『遍路と巡礼の社会学』
人文書院、2004年

三田村鳶魚
『江戸の風俗』
大東出版社、1941年

植田重雄
『ヨーロッパ歳時記』
岩波書店(岩波新書)、1983年

『年刊　日本の祭り
二〇一八～一九年版』
NPO日本の祭りネットワーク、2019年

『週刊神社紀行
上賀茂神社・下鴨神社』
学習研究社、2003年5月15日

『図説浅草寺──今むかし』
東京美術、1996年

倉野憲司校注
『古事記』
岩波書店(岩波文庫)、2007年改版

坂本太郎・家永三郎・
井上光貞・大野晋校注
『日本書紀』
岩波書店(岩波文庫)、
1994～1995年

中村啓信監訳
『風土記』上・下
KADOKAWA(角川ソフィア文庫)、
2015年

宇治谷孟訳
『続日本紀』上・中・下、
講談社(講談社学術文庫)、
1992～1995年

石田穣二訳注
『新版　枕草子』
角川書店(角川ソフィア文庫)、1979年

中村俊定校注
『芭蕉俳句集』
岩波書店(岩波文庫)、1970年

著者プロフィール

▌渋谷申博（しぶや のぶひろ）

1960年、東京生まれ。早稲田大学第一文学部卒。日本宗教史研究家。
『図解 はじめての神道・仏教』（ワン・パブリッシング）、『諸国 一宮・二宮・三宮』（山川出版社）、
『眠れなくなるほど面白い 図解 仏教』（日本文芸社）、『歴史さんぽ 東京の神社・お寺めぐり』
『神々だけに許された地 秘境神社めぐり』『聖地鉄道めぐり』
『一生に一度は参拝したい 全国の神社・お寺めぐり』『全国の神社 福めぐり』（以上、小社刊）、
『歴史の裏に潜む呪術100の謎 呪いの日本史』（出版芸術社）ほか著書多数。

STAFF

編集	小芝俊亮（株式会社小道舎）
編集協力	小芝絢子（株式会社小道舎）
表紙デザイン	別府 拓（Q.design）
本文デザイン	酒井由加里、村上森花（Q.design）
DTP	G.B.Design House
写真提供	渋谷申博
営業	峯尾良久、長谷川みを（G.B.）
校正	篠原 亮

日本の暮らしと
信仰365日

初版発行　2022年3月30日

著者	渋谷申博
発行人	坂尾昌昭
編集人	山田容子
発行所	株式会社G.B.
	〒102-0072　東京都千代田区飯田橋4-1-5
電話	03-3221-8013（営業・編集）
FAX	03-3221-8814（ご注文）
URL	https://www.gbnet.co.jp
印刷所	音羽印刷株式会社